Mysterious
人类神秘现象
Phenomena
段晓蕾 / 编著
中国華僑出版社

图书在版编目（CIP）数据

人类神秘现象 / 段晓蕾编著. —北京：中国华侨出版社，2014.6
ISBN 978-7-5113-4544-8

Ⅰ.①人… Ⅱ.①段… Ⅲ.①科学知识—普及读物 Ⅳ.①Z228

中国版本图书馆CIP数据核字（2014）第066876号

人类神秘现象

编　　著：段晓蕾
出 版 人：方　鸣
责任编辑：元　涛
封面设计：韩立强
版式设计：李　倩
文字编辑：李华凯
美术编辑：潘　松
部分图片来自：www.quanjing.com&www.ICpress.cn
经　　销：新华书店
开　　本：720mm×1020mm　1/16　印张：26　字数：700千字
印　　刷：北京鑫海达印刷有限公司
版　　次：2014年7月第1版　2017年1月第3次印刷
书　　号：ISBN 978-7-5113-4544-8
定　　价：29.80元

中国华侨出版社　北京市朝阳区静安里26号通成达大厦三层　邮编：100028
法律顾问：陈鹰律师事务所
发 行 部：（010）58815874　　传　　真：（010）58815857
网　　址：www.oveaschin.com
E-mail：oveaschin@sina.com

如果发现印装质量问题，影响阅读，请与印刷厂联系调换。

前言

Preface

爱因斯坦曾说："我们所经历的最美妙的事情就是神秘。它是人的主要情感，是真正的艺术和科学的起源。因为如果不再感到奇怪，不再表示惊讶，那就和死了一样，和一只掐灭的蜡烛没有什么不同。"

在漫长的探索外在世界与自身、创造文明社会的历史进程中，人类发现了各种各样匪夷所思的神秘现象：为什么黑洞能吞噬靠近它的任何物质，即使光也无法逃逸？为什么火星上只有河床而无流水？诡异的百慕大三角为何会成为无数飞机与船只的梦魇？轰动一时的尼斯湖水怪到底是人为的闹剧还是真有其物？充满神秘力量的金字塔，其中的超自然现象究竟作何解释？为什么有的人去世千年以后，其肉身仍完好如初……这些令人困惑不解的神秘现象广泛而真实地存在着，有些是人类当前的认知能力和科技水平所不能完全解释的，有些是其真实面目被历史尘封，还有些则是由于当局者的刻意隐瞒和篡改。它们所散发出来的神秘魅力，像磁石一般吸引着人们好奇的目光，并激起人们探求真相的强烈兴趣。在对这些现象破译和解析的过程中，人们不但能够获得知识上的收益，还能得到愉快的精神体验。

鉴于此，我们组织编写了这本《人类神秘现象》。本书以知识性和趣味性为出发点，精选了各领域中最有研究价值、最具探索意义和最为人们所关注的200多个神秘现象，分为星外传奇、地球揭秘、奇域之谜、失落的文明、生命探奇、人体之谜、宗教探秘、动植物探奇、建筑奇迹、文化谜踪10个部分，内容涉及天文、地理、自然、科技、历史、文化、宗教等诸多方面，可谓包罗万象。对于每个神秘现象，编者并未以一家之言取信于读者，而是在参考了大量文献资料、考古发现的基础上，客观地将多种经过专家学者分析论证的观点一并提出，展示给读者，或引经据典，或独辟蹊径，或提供佐证，或点明主题，帮助读者客观、科学地分析其成因及特点，使读者既多了一个与专家学者面对面交流的机会，又多了一条了解真相的途径，从而见微知著、去伪存真，努力揭示出现象背后的真相。写作风格上，本书力求通俗易懂、精准生动，将大量未知的现象用深入浅出的语言完整表述出来，可读性强，符合不同层次读者的阅读需求。

同时，编者精心挑选了400余幅精美图片，包括实物图片、自然风光、建筑景观、出土文物、摄影照片等，与文字相辅相成、相得益彰，生动地展示各种神秘现象，使读者犹如身临其境，获得一种更直观、更具震撼力的视觉冲击。流畅的叙述语言、逻辑严谨的分析理念、图文并茂的编排形式、新颖独到的版式设计等多种要素的有机结合，引领读者进入精彩玄妙、匪夷所思的神秘世界，使读者在轻松获取知识、提升科学和文化素养的同时，得到更广阔的审美感受和愉快体验。

目录

Contents

第一篇 星外传奇

第二篇 地球揭秘

第三篇 奇域之谜

第四篇 失落的文明

第五篇 生命探奇

第六篇 人体之谜

第七篇 宗教探秘

第八篇 动植物探奇

第九篇 建筑奇迹

第十篇 文化谜踪

第一篇

CHAPTER ONE

星外传奇

legends of Alien Planet

宇宙的诞生 yu zhou

21 世纪到了，世纪更替，千年狂欢，但人们并没有忘记那些长期困扰人类的疑问。人们渴望通过找寻这些问题的答案，并以此来更多地了解大自然。

宇宙是永恒不变的吗？宇宙有多大？宇宙是什么时候诞生的？宇宙中的物质是怎么来的？关于宇宙的疑问太多了，人们从远古时代就提出了许多诸如此类的问题。

当人类第一次仰望苍穹，看到了广阔无垠的天空和闪闪发光的星星，不禁想知道这一切究竟是怎样产生的。

各个民族、各个时代都有种种关于宇宙形成的传说。不过那都是建立在想象和幻想基础上的优美的神话故事。在今天，科学技术的日益发展，使人类有了强大的认识自然的工具，但关于宇宙的成因却一直没有定论，都还处在假说阶段。人们总结了一下，大致有以下几种假说：

在 7000 光年远的天鹰座星云中诞生了一颗新星

在云柱的顶端有几个椭圆形的块状物，和巨大的云柱相比，它们显得很渺小，这就是刚诞生的新星。

第一种假说是“宇宙永恒论”。这种假说认为，宇宙并不是动荡不定的，宇宙中的星体、星体的数目和分布以及它们的空间运动从开天辟地时开始，就一直处于一种稳定状态，宇宙是永恒的。持这种假说的天文学者把宇宙中的物质分成了恒星、小行星、陨石、宇宙尘埃、星云、射电源、脉冲星、类星体、星际介质等几大类，认为在大尺度范围内，这些物质处于一种力和物质的平衡状态。也就是说，一些星体在某处消逝了，另一些新的星体一定会在另一处产生。宇宙在整体范围内是稳定的，即使发生了变化，也只是局部的变化。

第二种假说是“宇宙分层论”。这一观点认为宇宙的结构是分层次的，恒星是一个层次，恒星集合组成星系是一个层次，若干个星系结合在一起组成的星系团是一个层次，一些星系团再组成超星系，成为一个更高的层次。

哈勃望远镜是最著名的太空望远镜，于1990年由航天飞机发射。它的主聚光镜直径为240厘米。它由NASA控制，通过无线电波向地面上的天文学家发射数据。哈勃望远镜在地球上空610千米处围绕地球旋转，因此不受地球大气层的影响——大气层会折射星光、模糊图像。哈勃望远镜能制作出更清晰的图片。

第三种假说就是到目前为止许多科学家都比较赞同的“宇宙大爆炸”理论。这一观点是由美国著名天体物理学家加莫夫和弗里德曼提出来的。他们认为，大约在200亿年以前，我们今天所看到的天体物质都集中在一起，构成一个密度极大、温度高达100亿摄氏度的原始火球。

这个时期的天空中，到处充满了辐射，恒星和星系并不存在。后来因为某种未知的原因，这个原始火球发生了大爆炸，组成火球的物质被喷发到四面八方，并逐渐冷却下来，密度也开始降低。

爆炸发生2秒钟之后，质子和中子在100亿摄氏度的高温下产生了，随后的11分钟之内，自由中子衰变，进而形成了重元素的原子核。大约1万年以后，氢原子和氦原子产生。在这1万年的时间里，散落在空间中的物质开始在局部联合，这些物质凝聚成了星云、星系的恒星。大部分气体在星云的发展中变成了星体，因受星体引力的作用，其中一部分物质变成了星际介质。

此后，科学家建造了太空望远镜，并以“哈勃”命名，希望能够借它来确定哈勃常数。哈勃常数是以“哈勃”命名的宇宙膨胀率，多年以来成为宇宙中最为重要的数字。哈勃常数的物理意义就是星体互相抛离的速度和距离之比。常数数值越大，表示宇宙扩张到今天的大小所需的时间就越短，宇宙就越年轻。哈勃常数与宇宙现在的年龄有关，涉及宇宙的过去，还将决定宇宙的未来。

宇宙有一个开始，是否一定会有一个结束？宇宙产生于“无”，是否最后的归宿也是“无”呢？

从一开始，人们就围绕哈勃常数展开了激烈的争论。按照哈勃本人测得的数值可以

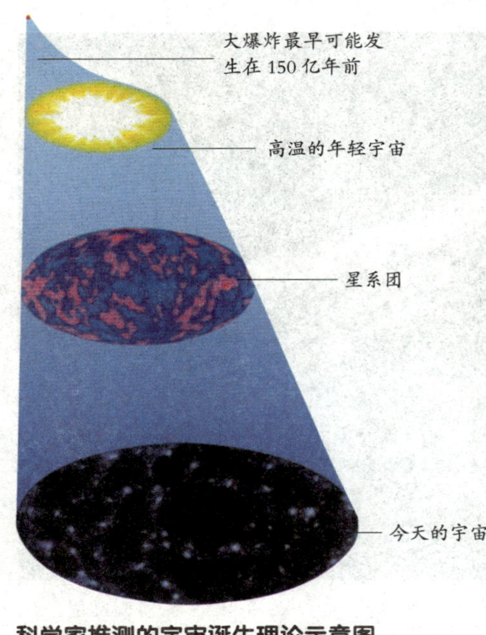

科学家推测的宇宙诞生理论示意图

推算出，宇宙的年龄约为20亿岁，但是地球就有40亿岁，这显然是不可能的。很显然，宇宙应该比在它其中的星球诞生得更早。科学家们自20世纪70年代开始，不断地采用各种手段测算哈勃常数，并得出了不同的结果。但是人们从这些数值出发，推算出的宇宙年龄却是大相径庭的。

科学家们一方面围绕着哈勃常数展开喋喋不休的争论，而另一方面，科学家们对某些星体年龄的测定却更为准确。现阶段，天文学家们已经测知，银河系中一些最古老的星系的年龄约为160亿岁。如果是这样的话，大爆炸只能在160亿年以前发生，而根据科学家们最近用哈勃望远镜得到的一些观测结果分析，宇宙的年龄约为120亿岁。这个结论证明，宇宙确实比存在于它其中的古老星系更年轻。

如果测算结果是正确的，那么只能说明原先的假设出现了错误，宇宙可能不是从爆炸中诞生的。

宇宙的年纪这么“小”，再度让自己的身世在人们眼中变得神秘起来。

1999年9月，印度著名天文学家纳尔利卡尔等人对大爆炸理论发起挑战，并提出了一种新的宇宙起源理论。他们把自己的研究成果命名为“亚稳状态宇宙论”，这是纳尔利卡尔和另外3名科学家共同提出的新概念中最重要的观点。

他们认为，宇宙不是由一次大爆炸形成的，而是由若干次小规模爆炸共同形成的。这种新理论认为，宇宙在最初的时候是一个巨大的能量库，被称为“创物场”，而大爆炸理论所描述的是没有时间和空间的起点。

在这个能量场中，接二连三的爆炸逐渐形成了宇宙的雏形。此后小规模的爆炸还在不断地发生，导致局部空间的膨胀。局部膨胀时快时慢，综合在一起便形成了整个宇宙范围的膨胀。

以前，人们认为宇宙在时间上是无始无终的，在空间上是无穷无尽的，是无限的。但是在观测中人们发现，宇宙一直在膨胀，只不过是速度慢了下来，这就形成了一个全新的宇宙有限观，这一观点几乎将宇宙无限的旧观念完全代替了。宇宙学家根据观测，推算宇宙在超空期中的一个小点上爆炸，先膨胀再收缩，到最后死亡消散，大约要经过800亿年。现在大约只过了160亿年，宇宙间的一切在以后的600亿年中将逐渐向中心一点集拢，当时空都到了尽头，宇宙也就不复存在了。就像超巨星在热核燃烧净尽，引力崩溃，所有物质瞬间向中心收缩，形成我们至今仍不可见的黑洞一样，成为存在而不可见的超物质，这也许就是宇宙死亡的模型。

宇宙 yu zhou 为什么在不断地膨胀

中国古代有盘古开天的神话故事，古代西方国家有上帝创造世界的传说，这些都是人们关于宇宙诞生的想象。在科学界，科学家们把观测所及的宇宙称为“我们的宇宙”。科学家们通过观测发现了一个惊人的情况：我们的宇宙正在不断地膨胀。

美国天文学家斯莱弗早在 1912 ~ 1917 年期间用口径 60 厘米的望远镜在洛韦尔天文台观测天体时，出乎意料地发现，除了仙女座大星云和另一个星系正奔向我们之外，在他研究的 15 个星系中有 13 个星系都在离开我们，因为这 13 个星系的光谱中都发现了红移。这些星系退行的速度平均每秒达 600 多千米。

哈勃在几年后用 2.5 米口径的望远镜观测天体，证明了许多星云属于银河系以外的天体系统。在这之后，哈勃在 1929 年又发现了“哈勃定律”，这一定律的提出震惊了世界，并迅速为世人所熟知。

作为验证宇宙膨胀工作的开始阶段，“哈勃定律”所涉及的星系的数目、视向速度和距离都很有限，还必须做更多的观测工作来进一步核实“哈勃定律”。哈勃与他的同事哈马逊密切合作，开始了研究观测工作。哈勃和哈马逊于 1931 年联名发表了一篇文章，这篇文章扩充了观测资料，并进一步肯定了“哈勃定律”。

对于“哈勃定律”的含义以及星系都在退行的问题，人们一直都迷惑不解。星系愈远退行速度愈快这一奇怪现象也让科学家们难以理解。宇宙学家们回顾了历史，并对自爱因斯坦相对论问世以来的这段时期进行了认真分析，终于找到了问题的答案。

宇宙仍在膨胀，所有的星系都在彼此远离。天文学家们也不知膨胀是否会永远持续下去。如果它停止，宇宙开始压缩，星系也许会相互接近。然后宇宙也许会终结于“大压缩”——大爆炸的反面。这可能会引发另一次大爆炸，并诞生一个崭新的宇宙。

人们注意到，荷兰天文学家德西特早在1917年就证明了一项由爱因斯坦在1915年发表的广义相对论得出的推论，即宇宙的某种基本结构可能正在膨胀，其膨胀速率恒定。

在弗里德曼宇宙模型的基础上，比利时天体物理学家勒梅特对哈勃观测到的河外星系红移做了解释，认为红移是宇宙爆炸的结果，因而得出了宇宙膨胀的结论。勒梅特对宇宙膨胀进行了详细的研究，认为膨胀总是从一个特殊的端点开始的。于是，他进一步提出宇宙起源的设想，认为宇宙起源于一个“原初原子”。后来人们常常称其为“宇宙蛋”。由于这个宇宙蛋很不稳定，结果在一场大爆炸中，宇宙蛋碎裂成无数碎片，逐渐演变成为千千万万个星系；最初这场宇宙大爆炸在100多亿年后，就留下了现在的星系退行现象。

那时，勒梅特的这种宇宙膨胀理论还没有经观测证实，科学家们都非常吃惊和怀疑，并对他的理论不屑一顾。后来，英国著名的天文学家爱丁顿提请科学家们注意勒梅特的宇宙膨胀理论，并为此专门写了一篇文章。直到这时，人们才开始关注勒梅特的理论。

1930年，根据勒梅特的“宇宙蛋”理论，爱丁顿开始对河外星系普遍退行进行解释。他认为星系的退行是由于宇宙的膨胀效应，而“哈勃定律”的发现恰好揭示了宇宙正在膨胀，为人们理解宇宙膨胀效应提供了理论基础。

宇宙膨胀现象的发现可以帮助我们弄清许多问题，比如夜晚天空为什么是黑的。我们的宇宙和它所具有的恒星星系等都是有限的，由于这些有限的天体距离地球十分遥远，它们发出的光线十分微弱，所以夜晚的天空是黑的。简单地说，夜黑是宇宙膨胀造成的结果。

寻找宇宙中心

yu zhou zhong xin

从古至今，人们每天都能看见太阳东升西落，好像太阳在围绕地球运转，这自然会让人们产生地球位于宇宙中心的想法。后来，这种观点被日心说推翻，它认为太阳才是宇宙的中心。那么，宇宙的中心到底是什么？地球、太阳、银河系还是河外星系，更或者宇宙根本就没有中心？其实很久以前就有人思考过这个问题，人们通过大量的观测工作记录了许多测量数据，并根据这些数据形成了一些观点和看法，但到目前为止还未形成一个系统的具有说服力的学说。

早在公元90～168年，古希腊学者托勒密就建立起了世界上第一个完整的地心宇宙体系。他在总结前人的观点和测量数据的基础上，特别是针对那时关于行星的观测结果，提出地球处在宇宙的中心静止不动这一说法。恒星均位于被称作“恒星天”的固体球壳上，其他的天体如太阳、月亮、五大行星等都沿各自的轨道绕行在地球周围，每颗行星都在一个小圆轨道上做匀速转动，人们将这些小圆轨道称为“本轮”。“本轮”的中心又在一个被称为“均轮”的大圆轨道上围绕地球匀速转动。这样，在以地球为中心的轨道上，“恒星天”和太阳、月亮、五大行星等各自做匀速运动。

就当时的科学状况而言，托勒密的地心说中许多内容是比较科学的。例如，托勒密在研究天体运动时，建立了新的几何学模型和坐标参考系。另外，他把恒星固定在被他称为“恒星天”的固体球壳上，俗称“水晶球”，至今人们还将这种假想的“天球”概念保留在天文观测上。但是，托勒密的理论是错误的。

托勒密

托勒密是伟大的亚历山大天文学家，在他死后的1500年里，他的著作一直是天文学的权威。

中世纪期间，欧洲教会就是利用这个错误来维持统治的，使西方认为地球是宇宙中心的错误历史延续了1400多年。在这段时期，教会总是宣传上帝居住的极乐天堂是最高天堂，“上帝选定的宇宙中心是地球”。教会把地心宇宙观奉为神圣不可侵犯的真理。

但是，教会的统治并不能阻止人们探寻真理的脚步。

从14世纪中期开始，随着人类不断扩大生产活动、发展经济，社会需求提高了，一种新的文化潮流在欧洲兴起。15世纪，航海事业的发展促进了天文学的进步，为了正确导航，天文学家需要精确地观测和预报天体的位置。这时人们发现，采用托勒密理论计算出来的行星位置与实际偏差很大，因此他的理论显得非常不实用。

哥白尼

天文学家哥白尼花了他生命的大部分时间在德意志的弗罗恩堡大教堂学习古老的天文典籍，他的理论震惊了世人。

即使是这样，仍有一些人坚决地维护地心说理论，他们采取在“本轮”上再加“本轮”的方法来处理出现的偏差，若计算出来的行星位置仍与实际位置存在偏差，就再加上一个“本轮”，以此类推进行下去，直到不再有偏差存在为止。有时几颗行星的“本轮”数多达八十几个，而且某颗行星究竟应该被加上多少个“本轮”才合理，谁也无法确认。天文学由此陷入了尴尬的局面。

1543年，波兰天文学家哥白尼在《天体运行论》一书中向传统的地心说提出了挑战，认为地球是一颗不断转动的普通行星，太阳才是宇宙的中心，其他的天体都围绕太阳运转。那么，哥白尼是一个什么样的人，他的宇宙观又是如何形成的呢？

伟大的哥白尼于1473年2月19日诞生在波兰西部维斯杜拉河畔的托伦城。21岁时，哥白尼求学于文艺复兴的中心——意大利。

在意大利生活的10年当中，哥白尼深受当时文艺复兴思想的影响，例如他曾拜访过达·芬奇这位文艺复兴的代表人物。年长他20岁的画家兼科学家十分蔑视宗教神学，认为教会利用天堂来做买卖，而天堂全是虚构出来的。达·芬奇企图恢复一些古典哲学家的天文学说，主张宇宙的中心不是地球。和达·芬奇一样，意大利天文和数学家诺瓦拉也反对

哥白尼的天体图

哥白尼的天体图不再把地球当成宇宙的中心，而只给了我们一个“半中心”，或者是以太阳为中心。当然，我们现在知道了即使是太阳也不是宇宙的中心，而仅仅是上亿颗星星中的一颗。

地心说，哥白尼经常和他在一起观测天象，探讨怎样改进“地心说”。当时，哥伦布发现新大陆的消息也将哥白尼创立新的天文学说的热情和勇气激发出来了。

哥白尼仔细阅读了各种古罗马和古希腊的哲学著作后，初步提出了“地动”的思想。这个在今天看来十分古老的科学见解在当时却显得很新鲜。

回到波兰后，哥白尼将全部的精力投入天文学研究工作上。经过数十年的辛勤工作，他终于创立了新的宇宙结构理论。哥白尼认为，巨大的天球并没有动，人们看到的天球的运动只是一种表面现象。只是因为地球在自转，所以人们产生了错觉，认为天球在动。他大胆指出，地球不是宇宙的中心，地球只是绕着太阳在转，太阳才是宇宙的真正中心。

随着科学技术的发展，有人又提出一种新的观点，认为太阳仅是太阳系的中心，银河系也有中心，它周围所有的恒星也都绕着银河系的中心旋转，但是宇宙是没有中心的，即不存在一个中心，让所有的星系围着它转。这种观点可用宇宙不断膨胀的理论加以解释。因为在三维空间内，宇宙的膨胀一般不发生，只有在四维空间内宇宙才有可能膨胀。四维空间不仅包括普通三维空间的长度、宽度和高度，还包括时间。尽管描述四维空间的膨胀困难重重，但也许我们可以通过气球的膨胀来解释它。

假设宇宙是一个不断膨胀的气球，而星系遍布在气球表面的各个点上，我们人类就住在某个点上。此外，还需要假设星系只能沿着表面移动而不能进入气球内部，或向外运动而不会离开气球的表面，在某种意义上我们被描述为一个存在于二维空间的人。假如宇宙不断膨胀，即气球的表面不断地变大，那么，表面上的每个点的距离就会越来越大。其中，若以某个人所在的某一点为定点，这个人将会看到其他所有的点都在后退，而且距离他越远的点，其退行速度越快。

现在，倘若我们要寻找气球表面上的点的退行起点，那么，我们就会发现它其实已经不在气球表面上的二维空间内了。由于气球的膨胀实际上是在三维空间内从内部的中心开始的，而我们所处的位置在二维空间上，所以我们无法将三维空间内的事物探测清楚。

同样的道理，三维空间内部不是宇宙膨胀的起点，而我们却只能在宇宙的三维空间内运动。在过去的某个时间，即宇宙开始膨胀的时候，或许是亿万年以前，虽然我们可以看到，可以从中获得有关的信息，而回到那个时候却是不可能的。所以说，宇宙没有中心。

但这种观点同样无法解释所有的现象，宇宙到底有没有中心仍有待证明。

为了研究太空中看不见的光线，美国宇航局研制发射了高能的天文观察系统。在其发回的 X 射线宇宙照片中，天文学家发现了惊人的一幕：那些人们认为已经湮灭了的星体，依然能放射出比太阳这样的恒星体更为强烈的宇宙射线。这证明了长久以来人们的一个大胆设想：宇宙中确实存在着看不见的“黑洞”。

什么是黑洞呢？要解释这个问题，我们要先从万有引力谈起。

牛顿的万有引力定律认为，地球和宇宙间的一切天体，都具有强大的相互吸引力，它们能牢牢地吸引住附近的一切物体。比如地球的引力吸引着地表的物质使之不能随意地飞离地球；人们想要把人造卫星送上围绕地球运行的轨道，至少要使发射的火箭有每秒钟 7.9 千米的速度。如若不然，因为地球的引力，人造卫星就会被拉回地面，我们称这个速度为第一宇宙速度；如果我们要把一只飞船送到火星上去，也就是说要让飞船摆脱地球引力的控制，那么发射的火箭就要把速度提到每秒 11.2 千米，这个速度叫作第二宇宙速度，又被称为天体的表面脱离速度。不同天体的表面脱离速度也不同，这与质量关系密切。比如说，月球的质量比地球小，表面脱离速度就比地球的表面脱离速度小很多；而太阳的质量比地球大许多倍，表面脱离速度就会相应大许多。

那么，人们不禁又要问：有没有可能在宇宙中有这样一些天体，它们的表面脱离速度能超过每秒 30 万千米，比光速还要大？它自己的引力如此之大，以至于连它所发射的光都跑不出来？

1798 年，法国天文学家拉普拉斯从牛顿力学出发，预言了宇宙中可能存在引力如此之大的大天体。他认为宇宙中最明亮的天体，很可能我们根本就看不到它。他大胆地假设说，如果有一个天体的密度或质量很大，达到了一个限度，这时它很可能是不可见的。因为光速也低于它的表面脱离速度，也就是说，光无法离开它而最终到达我们这里。他的预测其实就是一种早期的黑洞理论。

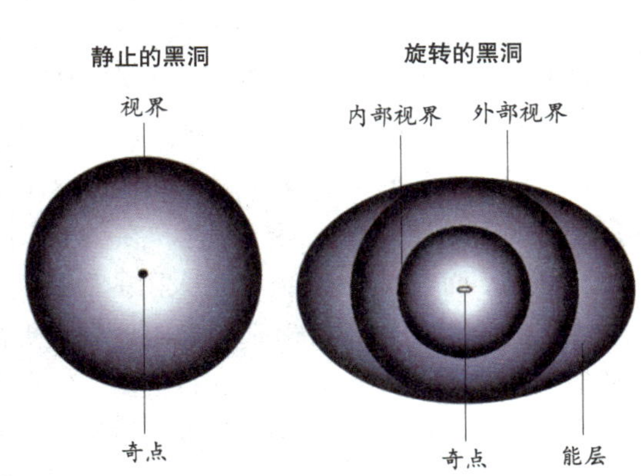

黑洞的构造

所有的黑洞基本结构相同，中心的奇点部分被一个不可见的边界围着，我们称它为“视界”，没有东西可以从里面逃出来。视界的尺码叫史瓦西半径，它的名字得自于一个认识到它重要性的物理学家。旋转的黑洞就更复杂了。

近代以来，爱因斯坦发表了广义相

科学家理论设想中的时空隧道——蠕虫洞

对论，越来越多的自然科学家从牛顿力学和广义相对论出发，得出了类似结论，纷纷预言黑洞的存在。依据牛顿的万有引力理论，科学家得出，一个球形的天体，一旦它的质量超过太阳质量的2倍，就可能引发“引力崩溃”。也就是说，它可能会向自己的中心引力坍缩，成为一个体积无限小、质量无限大的质点。依据爱因斯坦的广义相对论，德国科学家史瓦西计算出了一个可能具备无穷大引力的天体半径。他进一步阐述说，一个天体一旦半径达到了这个大小，就很可能有无限大的引力，任何物质都不能从它那儿逃脱出来，只能被它吸引进去。即便光线速度极快，也“难逃噩运”。这个有能力把一切吸引住的地方，人们无法看到它，因而称之为黑洞。

当今科学家们更加确切地定义了黑洞，他们认为黑洞是广义相对论能够预言的一种特殊天体。这种天体具有一个封闭的边界称为“视界”，这是它最基本的特征。视界的封闭也是相对而言的，外界的物质和辐射可以进入视界，而视界内的一切都无法逃逸到外面去。更简单地说，黑洞不向外界发射和反射任何光线，人们根本没办法看到它，这就是黑洞之所以“黑”的原因；同时任何东西一旦进入其中，就再也出不来了。黑洞似乎永远都处于饥饿的状态，是个填不饱的“无底洞”，有人形象地把它叫作“星坟”。

人们已不再置疑是否有黑洞，科学家一直在寻找能说明黑洞存在的证据。黑洞本身是不能被直接观测到的，但它有相当大的引力场，这就会影响附近天体的运动。于是人们找到了间接观测黑洞的方法，那就是由附近天体的运动来推测黑洞的存在。如果有物质落向黑洞，当它接近但还没有到达视界时，就会围绕着黑洞外围做高速旋转，运动轨迹呈盘状或喇叭状，而且这些物质在高速旋转时会因摩擦而产生高温，同时释放出强大的高能X射线。人们用仪器是可以探测到X射线的，所以这类高能辐射也成为科学家们寻找黑洞的重要线索。根据这一点，天文学家开始在浩瀚的宇宙中细细搜寻。终于，人们发现在天鹅座附近有奇特的强X射线源，这就是著名的“天鹅X-1射线源”，有一颗比太阳大20倍的亮星和它相互围绕着旋转。天文学家们估计，这个X射电源便是一个黑洞，而且这个黑洞大概拥有8倍太阳的质量。人们还估计，在一个名叫M87的椭圆星系的核心，存在着一个质量巨大的黑洞，而它甚至有90亿倍太阳的质量。

从这些结果出发，科学家们大胆地做了更深一步的设想。他们认为，在整个宇宙中，普遍存在着黑洞，而且组成宇宙的主要天体很有可能就是黑洞。他们还进一步预言，在银河系中心，很可能也存在着一个质量相当于500万个太阳质量的巨大黑洞。正是由于它巨大的引力，才将成千上万颗恒星吸引住，这些恒星和气体的运行速度极快，而且都围绕着银河系中心旋转，成为一个十分巨大的集合体，银河系由此而成。

那么，是什么原因导致宇宙中黑洞的形成呢？有人认为，恒星到了晚年，耗尽全部的核燃料，由于自身引力会发生坍缩。如果坍缩物质的质量比太阳质量大3倍，那么最终的坍缩产物就是黑洞。此类黑洞的质量一般不会很大，不超过太阳质量的50倍。另外还有人认为，由于在星系或球状星团的中心部分密集分布了很多恒星，以至于星与星之间极易发生大规模的碰撞，导致超大质量天体的坍缩，质量超过太阳1亿倍的黑洞就这样形成了。

还有一种说法认为，也许是在宇宙大爆炸时，产生了极为强大的力量，一些物质被如此强的力量挤压得非常紧密，于是产生了“原生黑洞”。

一旦证实了黑洞的普遍存在，宇宙的神秘甚至超乎我们的想象。我们知道宇宙仍处于不断地扩张中，这是宇宙大爆炸的结果，爆炸中心的宇宙核仍是一切物质的来源。宇宙是否会在宇宙核的物质变得很稀薄时停止扩张？是否会因为各天体的自身引力而导致收缩？相对论的回答是肯定的，黑洞的存在部分地证实了相对论的判断。

也许宇宙不会消失在一个黑洞中，却很可能会消失在几百万个黑洞中。因此，彻底地揭开黑洞之谜，还关系着人类对于宇宙归宿的追问。

没有光能从黑洞中逃逸。科学家之所以知道黑洞的位置，是因为它们吞噬了附近恒星发出的光并发射出X射线。

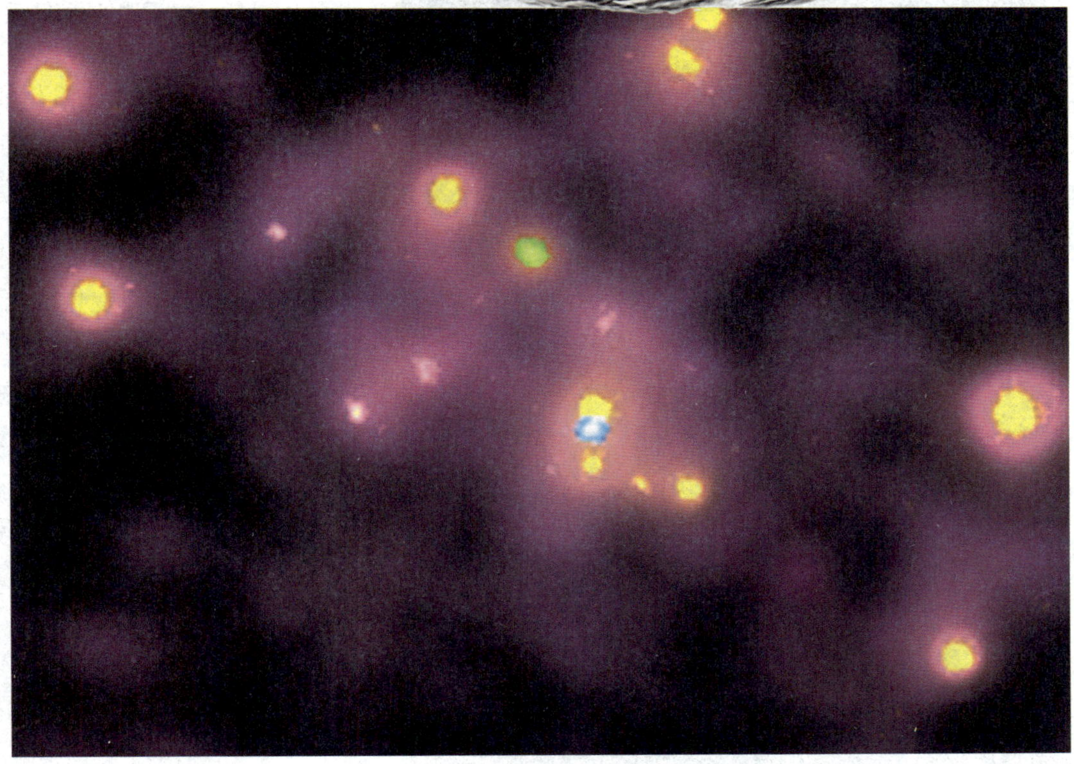

该X射线图显示了仙后星系的中心部分。中央部分的蓝点显示了一个超级大黑洞，旋进它的气体温度高达1×10^{6}℃。

银河系的中心到底是什么

yin he xi de zhong xin

在科学技术不发达的古代，人们都毫无例外地把人类居住的地球看成是宇宙的中心，这就是有名的“地心说”。直到16世纪，哥白尼才提出了“日心说”向“地心说”挑战。经过长时间艰苦的努力，哥白尼的“日心说”逐渐占了上风，取得了这场争论的胜利。“日心说”的主要贡献是把地球降为一颗普通行星，而把太阳作为宇宙中心天体。到18世纪，赫歇耳又进一步指出，太阳是银河系中心。到20世纪，卡普利批驳了太阳是银河系的中心的说法，他把太阳流放到银河系的悬臂上，认为太阳离银河系中心有几万光年之遥。

当太阳“离开银心”之后，谁坐镇银河系的中心就成了天文学家特别关注的大问题。因为，银心距离人类并不算太遥远，理应把它的“主人”搞清楚。但是，由于银心处充满了尘埃，要想透过这层厚厚的面纱，看清银河系中心的真相，实在不容易。

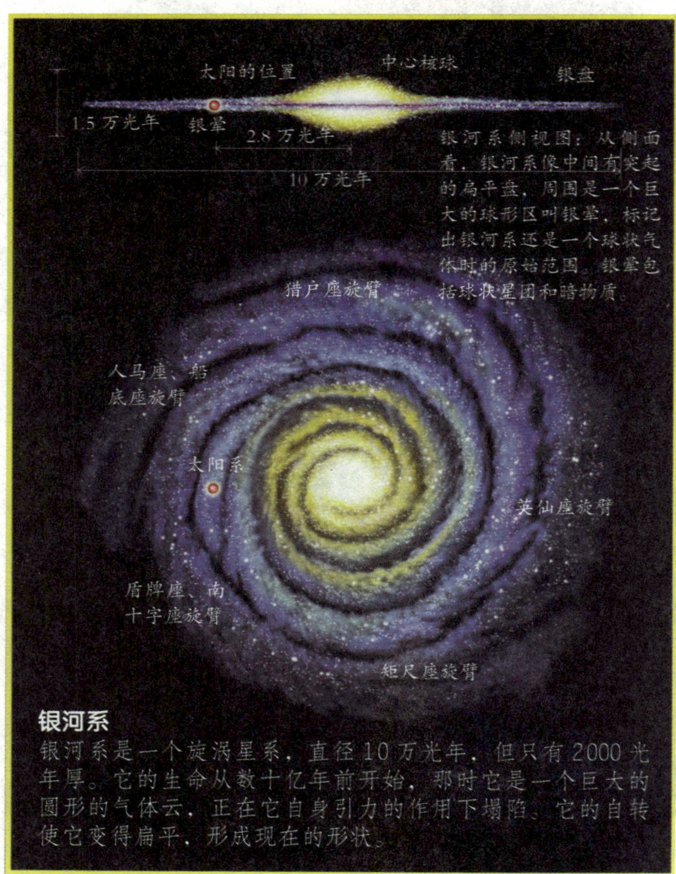

银河系

银河系是一个旋涡星系，直径10万光年，但只有2000光年厚。它的生命从数十亿年前开始，那时它是一个巨大的圆形的气体云，正在它自身引力的作用下塌陷。它的自转使它变得扁平，形成现在的形状。

随着科学技术的进步，观测银河系的手段也在不断改进，人们对银心的了解也在不断增加。这种方法主要是接收尘埃无法遮挡的红外线和射电源，然后再对之进行分析研究。就像医生测人体心电图一样，天文学家们从红外线和射电波送来的大量有用信息来观测银河系的内部结构。

最先接收到银心射电波的科学家是美国贝尔实验室的工程师詹斯基。由于银心核球的红外线和射电波信号很强，詹斯基认为，它似乎不是一个简单的恒星密集核心，而很可能是质量极大的矮星群。1971 年，英国天文学家提出了这样的假设：核球中心部有一个大质量的致密核，或许还是一个黑洞，其质量约为太阳质量的 100 万倍。这种假设有一个前提，那就是如果核球中心真有一个黑洞，那么银心应有一个强大的射电源。于是，天文学家们开始了对银心射电源的探测。20 世纪 80 年代，美国天文学家探测到以每秒 200 千米的速度围绕银心运动的气体流，这种气体流离中心越远速度越慢，他们估计这是银心黑洞射电源的影响造成的。另一些美国天文学家也宣布探测到银心的射电源，这说明银心可能是一个黑洞。

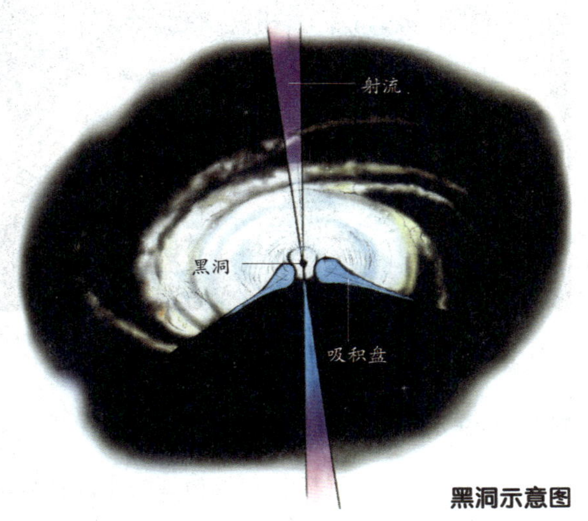

黑洞示意图

但这种说法遭到了苏联天文学家的质疑，他们认为证明银心是黑洞的证据不足，并提出了另外一种假设：银心可能是恒星的诞生地，因为其中心有大量的分子云，总质量为太阳质量的 10 万倍，温度为 200K ~ 300K。由于天文学家对于银心是否为黑洞的问题争论不休。为了解决这个问题，美国天文学家海尔斯提出了一个假设，即一对质量与太阳相当的双星从黑洞旁掠过时，其中一颗被黑洞吸进后，另一颗则以极高速度被抛射出去。这个假设得到了天文学家们的认同。但经过计算，根据掠过黑洞表面的距离，这样的机会并不大。海尔斯的判据虽不能最终解决问题，但不失为一条探测的路子。然而，要最终搞清楚银心的构成，仍有许多工作要做。

宇宙中真的存在 fan wu zhi 反物质吗

从中学时代我们就知道，世界是由物质组成的。但是，如今科学家提出了“反物质”的概念，对传统观点提出了挑战。那么，反物质是什么？宇宙中是否真存在反物质呢？

反物质和物质是相对立的。它们是两个不同的概念。众所周知，物质构成了世界，而原子构成了物质，原子核位于原子的中心。原子核由质子和中子组成，带负电荷的电子围绕原子核旋转。原子核里的质子带正电荷，电子与质子所携带的电量相等，但一正一负。质子的质量是电子质量的 1 840 倍，它们在质量上形成了强烈的不对称性。这引起了科学家的关注。因此，有一些科学家在 20 世纪初就认为二者相差悬殊，因而应该存在另外一种电量相等而符号相反的粒子。如，存在一个同质子质量相等但携带负电荷的

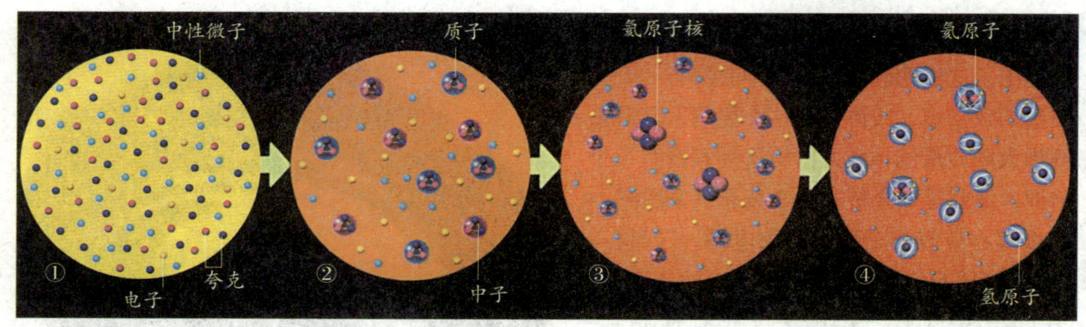

①形成了夸克、电子、中性微子等。

②夸克相互附着，形成质子和中子。

③由质子和中子形成氦原子核。

④质子、氦原子核抓住电子，形成氢原子和氦原子等（宇宙的膨胀）。

物质的诞生示意图

粒子和另一个同电子质量相等但携带正电荷的粒子。这就是“反物质”概念的最初观点。

狄拉克是英国青年物理学家，他根据狭义相对论和量子力学原理，于1928年提出了这样一个设想：在自然界中，存在着带负电的电子，同时还存在着一种与电子一样但能量与电荷都为正的正电子。这种电子可以称为电子的“反粒子”。

狄拉克认为，物质和反物质一旦相遇，就会互相吸引，并发生碰撞而湮灭，各自的质量也消失了，并释放出大量能量，这些能量以伽玛射线的形式出现。在我们周围的物质世界中不可能有天然的反物质存在的原因就在于此。

狄拉克的这一设想，对科学界震动很大，科学家们认为这种设想极有道理，因而，他们极力寻找和制造反物质。

1932年，美国物理学家安德森研究了一种来自遥远太空的宇宙射线。在研究过程中，他意外地发现了一种粒子，这种粒子的质量和电量都与电子完全相同，唯一不同的是在磁场中弯曲时，其方向与电子相反，也就是说它是正电子。这一发现论证了狄拉克的设想，并大大激励了人们的研究热情，他们纷纷投入到寻找反物质粒子的工作中。1955年，在美国的伯克利，钱伯林和西格雷两位科学家利用高能质子同步加速器发现了反质子。西格雷等人于1957年又观察到了反中子。

欧洲一些物理学家于1978年8月，成功地分离了300个反质子达85小时，并成功地储存了这些反质子。1979年，美国新墨西哥州立大学的科学家进行了一个实验，在实验中，把一个有60层楼高的巨大氦气球，放到高空，气球在离地面35千米的高度上飞行了8个小时，捕获了28个反质子。关于反质子的发现层出不穷，这些发现激发了人们的兴趣。反中子和中子一样都不带电，但它们在磁性上存在差别。中子具有磁性且不断旋转，反中子也不断旋转，但其旋转方向与中子恰恰相反。

顺着这个线索，物理学家们继续寻找下去，结果，发现了一大群新奇的粒子。到目前为止，已经发现了300多种基本粒子，这些基本粒子都是正反成对存在的，也就是说，任何粒子都可能存在着反粒子。

这样，用人工的方法把反质子、反中子和正电子组成反物质原子这一设想在理论上是成立的。在实践中人们利用粒子加速器人工制造出由一个反质子和一个反中子组成的反氘核，这个反氘核是人工制造出的第一类反原子核，它是美国布鲁克海文实验室研制成功的。由两个反质子和一个反中子组成的反氦-3核是第二类反原子核。苏联在塞普霍夫加速器上曾获得5个反氦-3核。而反原子是由正电子与这些反原子核相结合而得到的。1996年1月，欧洲核研究中心宣告德国物理学家奥勒特等利用该中心的设备合成得到第一类人工制造的反原子，即11个反氢原子。由于这一科研成果意义重大，欧洲核研究中心专门开会庆祝反原子的人工合成。物理学家们预言，技术上进一步的改进将会使大量生产反物质原子的设想成为可能。

对于反物质在自然界中究竟有没有的问题，人们观点各异。以往的一些理论认为，在宇宙中，正物质和反物质是对称的、同样多的。虽然，反物质在地球上只能出现在实验室里，且时间短暂，但是在茫茫宇宙中的某些部分却有可能存在一些星系，这些星系由反物质构成。在那些星体上反物质的存在是极其“正常”的，而正物质却很少在那些星体上存在。物质与反物质在电磁性质上相反而其他方面均相同，那么，在宇宙总磁场影响下，它们各自向宇宙的相反方向集中，分别形成星系与反星系。根据这种观点，宇宙应该一分为二，由正物质和反物质两部分构成。可以想象，由反物质构成的星系应该距离我们极其遥远。但是，至今我们也无法获得关于反星系分布的直接证据，因为由反物质组成的星系与正物质组成的星系发出的光谱完全相同，而我们今天的天文观测手段还较落后，没法将它们区分开来。

宇宙中应该存在一个反物质世界，这从理论上讲是行得通的，可事实上并不这么简单。自然的反粒子和反物质在地球上是不存在的。科学家们研究发现，核反应中产生的反粒子被大量正常粒子包围着，所以产生出来没多久就会和相应的正常粒子结合，两者结合后，反粒子便不存在了，它转化成了高能量的光子辐射。可人们至今还没有发现这种光子辐射。在我们地球上很难找到反物质，因为普通物质无处不在，而反物质一旦遇到它就会湮灭。事实上，反物质仍能以自然形态存在于地球以外的宇宙中。由于反物质发出的光与物质发出的光一样，所以人们无法从恒星发出的光来判断它是物质还是反物质。因此人们推断，完全可能有反物质构成的恒星存在于宇宙中，或者在距别的星球足够远的孤立空间中，甚至在银河系中。自然界是有对称性的，所以，其中必同时存在着由物质组成的星体和由反物质组成的星体。当然，物质和反物质不可能同处在一个星体中，因为二者碰到一起就

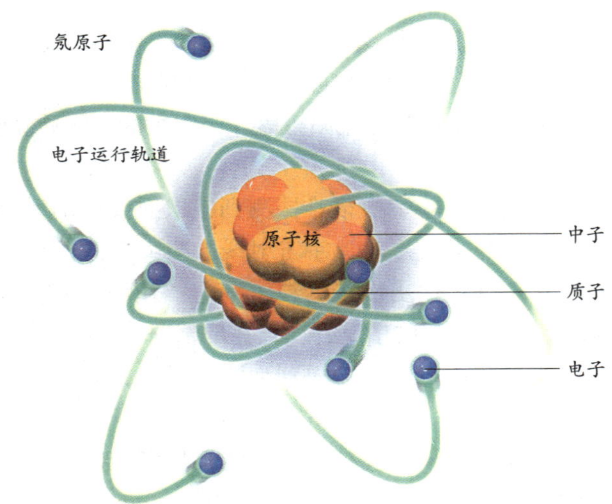

原子和分子模型构造示意图

所有的物质是由原子构成的，而原子则是由质子、中子和电子构成的。质子和中子形成原子核，而电子则围绕原子核不断地旋转。原子与原子经过化学结合则构成了分子。

从太空看去，基本上由海洋覆盖的地球几乎是蓝色的。云层盘旋在人们熟悉的陆地形状的上方。地球受到延伸至太空6万千米处的巨大磁场的保护，从而不受太阳辐射的侵害。

要湮灭。

到底在宇宙中有没有自然存在的反物质，还有待于科学技术的进一步发展去证实。物理学家们努力搜寻反物质，希望能在宇宙中寻找到它们。

能不能直接观测太阳系以外宇宙中的反物质呢？可以，但目前只有一个办法，那就是研究宇宙射线。

在地面实验室中很难探测到宇宙射线中的反物质，因为有一个稠密的大气层在地球上空。穿越大气层时，宇宙射线会与大气碰撞而产生次级粒子，这些次级粒子又会与大气粒子碰撞产生更次级的粒子，这样几经反复，地面上测不到原始的宇宙射线，因此也无法确定宇宙射线中反物质存在的情况。为此，人们想方设法把探测器送上大气的最高层，并一直希望能将探测器送到太空。过去，人们多次用高空气球把高能反物质望远镜等探测器送到高空，探测宇宙射线中的正电子与反质子，但收获不大，从未发现过比反质子更重的反原子核。现在，随着航天技术的发展，到太空中去寻找反物质的愿望终于可以实现了。

1998年6月3日6时10分（北京时间），美国“发现”号航天飞机载着阿尔法磁谱仪，从肯尼迪航天中心发射升空。“发现”号航天飞机的成功发射，标志着探索宇宙反物质的重大科学实验的开始。值得一提的是，阿尔法磁谱仪主要由中国科学家参与研制。

阿尔法磁谱仪的英文名字是Alpha Magnetic Spectrometer，简称AMS，它主要由上下各

2 层的闪烁体、永磁体、紧贴永磁体内壁的反符合计数器、内层的 6 层硅微条探测器以及契伦科夫探测器等各种探测器组成。

在阿尔法磁谱仪中，由铷铁硼材料制成的永磁体是其主体结构，其重量约 2 千克，高 1 米、直径 1.2 米、长 0.8 米，是一个空心圆柱体，其中的磁场强度为 1400 高斯，能长期在太空中稳定工作。根据磁场反应的粒子电荷以及粒子的速度、轨迹、质量等信息，AMS 可以推断粒子的正与反。可以说，当今最先进的粒子物理传感器就是 AMS。

航天实验证明，阿尔法磁谱仪经受住了发射升空时的剧烈震动和严酷的太空工作环境的考验，运行状况良好，捕捉到许多带电粒子的踪迹，这些粒子是由次宇宙射线发出的。按照预定的计划，2001 年 2 月，阿尔法磁谱仪被装载到阿尔法国际空间站上，进行长达 3 年的反物质空间探测。

人们如此热切地探求反物质，其目的不仅在于要证实理论的正确与否，而更实际的则是在于获取巨大的能量。

任意半吨物质与半吨反物质相遇，则发生湮灭，并且会放出能量，这种能量将是燃烧 1 吨煤所放出的能量的 30 亿倍。只要用正、反物质各 1 吨发生湮灭，湮灭所产生的能量就可以解决全世界 1 年所需的能量。而且湮灭后不留残渣和任何有害气体。因此，反物质是极干净的超级能源，同时更是理想的宇宙航行能源。据计算，10 毫克的反质子只有一粒盐那么大，却可以产生相当于 200 吨化学液体燃料的推进能量。通过这些能量，可以轻而易举地将巨型航天器送入太空。科学家们设想造一艘头部装一面巨大的凹面反射镜的光子巨船，要使飞船开动时，就将燃料库中的物质和反物质分别有控制地输送到凹面镜前，让它们在凹面镜前适当位置接触、湮灭，再转化为极其强烈的伽马射线，即光子流。这种光子流被凹面镜反射出去，产生巨大的反作用力，就像气体从火箭喷口喷出一样，推动飞船前进。

自然界喜欢对称性，在宇宙中完全有可能有反物质构成的恒星存在于宇宙中，甚至在银河系中，也存在由反物质构成的星体。

尽管至今我们仍不能确定宇宙中有反物质，但我们也不能过早予以否定。因为距离我们 100 多亿光年的天体是人类已观测到的最遥远的天体，但这并不是宇宙的边缘，也许在更遥远的太空中会有反物质存在。也可能确实有反物质存在于我们已经观测到的宇宙中，只是由于某种原因使我们无法看到这些反物质。

暗物质之谜 *an wu zhi*

宇宙大爆炸理论认为，宇宙诞生之前，没有时间，没有空间，没有物质，也没有能量。约 150 亿年前，一个很小的点爆炸了，逐渐膨胀，形成了空间和时间，宇宙随之诞生，并经过膨胀、冷却演化至今，星系、地球、空气、水和生命便在这个不断膨胀的时空里逐渐形成。

最新的天文观测和膨胀宇宙论研究表明，宇宙的密度可能由约 70% 的暗能，5% 的发光和不发光物体，5% 的热暗物质和 20% 的冷暗物质组成。也就是说，宇宙中竟有九成物质是看不见的暗物质，其中可能包含有宇宙早期遗留至今的一种看不见的弱相互作用的重粒子——冷暗物质正是支持膨胀宇宙论的关键。

宇宙中的暗能、暗物质至今尚未被发现，这就给我们留下了一系列关于宇宙中的暗物质问题的谜团。

人类共同关心的问题是：宇宙中的暗物质究竟有多少？它们在宇宙中占有多大的比例？目前天文学家还无法确知。只是给出了一些估计的数字：在宇宙的总质量中，重子物质约占 2%，也就是说，宇宙中可观测到的各种星际物质、星体、恒星、星团、星云、类星体、星系等的总和只占宇宙总质量的 2%，98% 的物质还没有直接观测到。在宇宙中非重子物质的暗物质当中，冷暗物质约占 70%，热暗物质约占 30%。

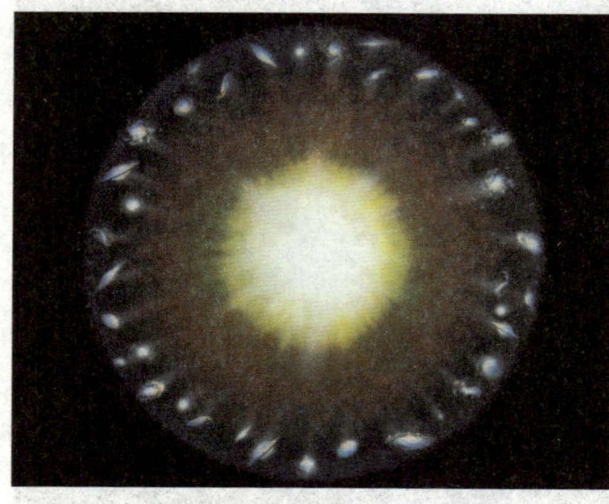

科学家能够探测到太空中的背景辐射，它们可能是宇宙大爆炸时遗留下来的。20 世纪 20 年代，天文学家埃德温·哈勃发现，除了银河系之外还有别的星系。地球和每一个星系之间的距离都以不可思议的速度在增大。

紧接着，下一个问题又来了：宇宙中存在的大量非重子物质的暗物质组成成分究竟是些什么粒子？它们的形成及运动规律又是怎样的呢？于是，寻找暗物质、探求暗物质的性质就成了世界高能物理研究的热点之一，寻找的途径包括在超大型加速器上的实验，还包括在地下、地面和宇宙空间对宇宙线粒子的测量。中国科学院高能物理研究所在寻找暗物质的研究方面在国际上一直处于领先地位。1972 年，高能所云南高山宇宙线观测站曾观测到：一个从宇宙射线中来的能量大于 3000 亿电子伏特的粒子碰撞石墨中的粒子后，产生了 3 个带电粒子。

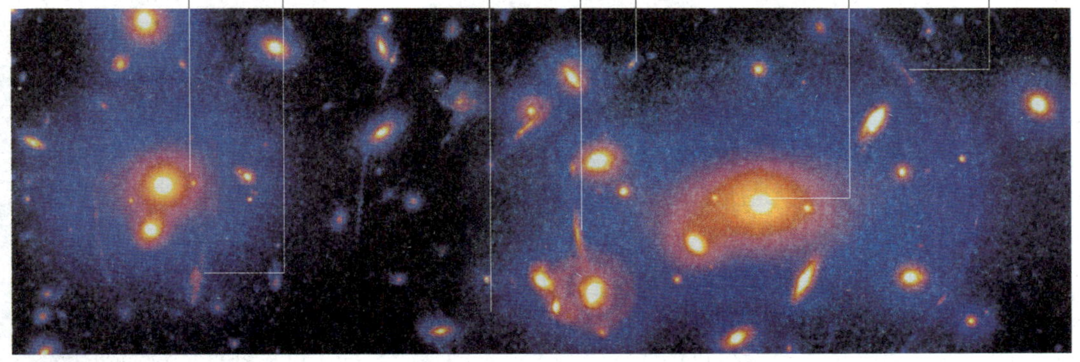

宇宙幻景

这张哈勃图像上发光的弧弦就像宇宙蜘蛛网的一缕缕网线。这为暗物质的存在提供了强有力的证据。阿贝尔 2218 是距地球 30 亿光年的一个星系团，它相当于一个引力透镜。通过它的来自更遥远星系的光的射线受到其引力的影响，聚集而成为明亮的曲线。聚集光所需的引力要比可见星系提供的引力强 10 倍，所以这个星团 90％的质量必定存在于暗物质上。

分析表明，其中一个是负介子，一个是质子，还有一个是能量大于 430 亿电子伏特、寿命长于 0.046 纳秒的带电粒子。许多科学家认为若此事能被证实，它将肯定是超出标准模型的新粒子，而这个新粒子就可能是暗物质的粒子。

1979 年，科学家发现，在仙女座背景方向的温度比天空其他方向的要高，那里存在着巨大的未知质量。“失踪”的物质哪里去了呢？按照牛顿物理万有引力定律，星系中越往外的行星绕该星系中心的转动速度越慢。太阳系中的行星运转正是这样的。但已观测到有许多星系，其外边缘行星比中心附近行星绕转得更快。这说明除看得见的星系或星系团外，还有大量暗物隐藏在其中，它们像晕一样包围着星系和星系团。那么，这些像晕一样的东西是由什么物质构成的呢？有人认为是 X 射线和星系际云，但它们远没有估算的暗物质那么多；也不是年老的恒星，如体积很小的中子星和白矮星，它们行将死亡时会抛出大量物质，但人类并未观测到。英国剑桥大学的物理学家霍金认为有可能是黑洞。还有不少科学家认为是“中微子”。并提出了暗物质的“中微子”模型。但研究这个模型还存在一定的困难，例如，按此模型只有在超星系团周围才有晕，但实际上在星系周围也观测到晕；而且中微子是否有质量，科学实验也未最终确证。

20 世纪 80 年代，美国和苏联的一些科学家提出了暗物质的“轴子”模型。按照这个模型，混沌伊始（宇宙爆炸后不久有一个混沌不分的时期），宇宙就如一坛重子和轴子混合交融的浓汤。后来重子由于辐射能量，慢慢地转移到团块中心去了，结果普通发光物质的核被冷子晕包围，形成了星系似的天体。这个模型简洁美妙，有人用计算机对这种模型进行了模拟演算，最终得到的宇宙演化图像与我们今天观测到的宇宙十分吻合。但这个模型毕竟是假想的产物，它能否成立，还需要更多的实验来验证。

从理论上说，冷暗物质粒子应该具有一种质量很重的中性稳定粒子，它不直接参与电磁相互作用，但可以参与弱相互作用和引力相互作用。这种粒子肯定是超出标准模型的粒子，如果能在实验中直接观测到这种粒子，将是探讨物质微观世界结构和基本规律方面的重大突破。目前中科院高能所参加了由意大利罗马大学牵头的意中合作组的冷暗物质粒子研究。为了避免各种信号干扰，意大利国家格朗萨索实验室建在一个高速公路穿过的山洞下，岩石厚度有 1000 米。中意科学家研制的 100 千克低本底碘化钠晶体阵列安装在意大利格朗萨索国家地下实验室，经过 8 年的实验，科学家们已经探测到这种物质粒子偶尔碰撞碘化钠晶体中的原子核时发出的微弱光线，并获得了这种信息的 3 个年调制变化周期，还据此推算出这种粒子的质量至少是质子的 50 倍。实验的初步结果提供了宇宙中可能存在一种重粒子，即冷暗物质粒子的初步证据。

科学家们认为，这种粒子的存在将非常有力地支持膨胀宇宙论和超对称粒子模型，困扰天文学家 70 多年的谜团就能澄清，粒子物理、天体物理、宇宙学将会有突破性发展。但实验中要确认冷暗物质的存在及特性，尚需进一步的观测数据和可靠证据，我们期待着关于暗物质的一系列谜团早日揭开。

太阳系 tai yang xi 是怎样起源的

目前，人类的活动还没能突破太阳系之外，而太阳同人类的关系是如此密切，离开了太阳，人类将永远处于黑暗之中，所以两个多世纪以来，许多杰出的思想家都在积极探讨太阳系的起源。关于太阳系是如何起源的，200 年来还没有一种权威说法，人们提出了一种又一种假说，这些假说已经有 40 多种了，但其中影响比较大的，主要有以下几种观点：

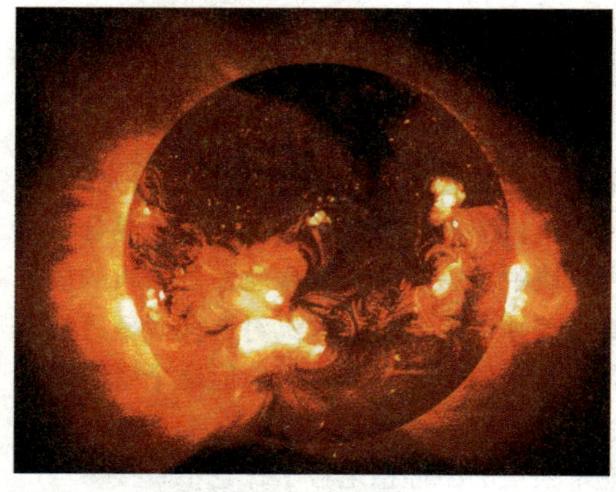

高倍太空望远镜下拍摄到的太阳

灾变学说。法国的布封首先提出了这个学说。20 世纪前 50 年，又有一些人相继提出这个假说。这个学说认为太阳是太阳系中最先形成的星体。一个偶然的机会使一颗恒星（或彗星）经过太阳附近（或撞到太阳上），太阳上的物质被其吸引出（或撞出）一部分。这部分物质就形成了后来的行星。根据这个学说，行星物质和太阳物质应来源于一个共同体。它们有“血缘”关系，或者说太阳和行星是母亲和子女关系。他们认为一次偶然撞击事件形成了今天的太阳系，而没有从演化的必然规律去客观地探讨太阳系的起源问题，因为行星系在银河系中是比较普遍的，银河系中绝不只有太阳系这个行星系。只有从演化的角度去探求才有普遍意义。就撞击来说，如果撞击到太阳上的是小的天体，它的质量太小，不可能把太阳上的物质撞出来，太阳必定会吞噬掉这个小天体。1994 年彗星撞击木星就是一个很好的例证。对木星发起连续攻击的 21 块彗核，在木星表面仅引起小小一点涟漪，结果彗星被消化掉了。如果说恒星与太阳相撞，这种可能性就更小了。因此，曾提出灾变学说的一些人，后来也纷纷放弃了原有的观点。

在 2015 年左右，欧洲宇航局的“达尔文”号空间探测器将利用盖亚假说的观点去寻找遥远行星上的生命。因为生命以一种独特的方式改变着行星的大气的化学成分，这些化学物质能够揭示数光年远的星球上是否存在生命。

星云说。德国伟大哲学家康德首先提出了这种观点，几十年以后，法国著名数学家拉普拉斯也提出了这一问题。他们认为，一个原始星云形成了整个太阳系的物质，太阳是由星云的中心部分形成的，行星则是由星云的外围部分形成的。然而康德和拉普拉斯他们的观点也存在差异，康德认为太阳系是由冷的尘埃星云经过进化性演变，首先形成太阳，然后形成行星。拉普拉斯则相反，认为十分灼热的气态原始星云迅速旋转后，先分离成圆环，行星由这些圆环凝聚而成，稍晚一些后才形成了太阳。尽管他们的观点差别很大，但是假说的前提是一致的，因此人们把他们的假说合称为“康德—拉普拉斯假说”。

俘获说。此种学说则认为，太阳在星际空间运动中与一团星际物质相撞后，太阳靠自己的引力捕获了这团星际物质。后来，在太阳引力作用下这些物质加速运动渐渐地由小变大，最终形成了行星。这个学说的基本前提也认为太阳是最早形成的星体。但是，行星物质不是来源于太阳，而是由太阳捕获而来。它们与太阳物质没有“血缘”关系，只是“收养”关系。

目前，各种假说都有自己的计算和理论根据，但都存在着不足之处，至今仍没有哪一种假说得到科学界的普遍承认。也许随着科学技术的发展，新的理论和方法会最终告诉我们太阳系起源的真正原因。

宇宙 yu zhou 中还存在其他太阳系吗

行星、卫星、小行星和彗星围着太阳旋转，就像围着篝火狂欢的人群。太阳和绕它旋转的各种天体一起组成了太阳系。

太阳是个中等大小的恒星，这对于我们人类的生存是很有利的。夜空里有成千上万的恒星和太阳一样大，一样明亮，但是它们离我们太远了，看起来就是一个亮点。遥远的恒星还远不止这些，在银河系里，数以亿计的恒星需要借助于天文望远镜才能看得见。

但是我们的星系也并不是唯一的星系。在漆黑空旷的宇宙里，可能有上千亿个星系，每个星系都包含数十亿颗恒星。宇宙之大让人难以想象。

宇宙中有数不清的恒星，那么，为什么我们的太阳是唯一一颗有行星绕行的恒星呢？天文学家一直在研究这个问题。看起来，即使不是所有的恒星都有行星环绕，至少有一些恒星有，这是显而易见的。

据天文学家估计，宇宙中大约有 1 兆兆亿颗行星。关键是，如何找到它们，而这项工作虽然是一件困难的事。因为同恒星相比，行星又小又暗。虽然有时可以反射其邻近恒星的光，但它

围绕太阳转动的行星距离太阳的远近各不相同。

们自己并不发光。所以，即使使用最强大的天文望远镜，在地球上可能也无法看到遥远恒星的行星。一个普通大小的行星将消失在它的恒星的光芒中。可以想象一下这样的情景：在你前方 3.2 千米处有一只 1000 瓦灯泡，你所要做的是寻找这只灯泡附近的一粒灰尘。在地球上寻找其他恒星的行星就是这么艰难，所以天文学家试图尝试其他方法。他们认为最好的方法就是找出它们对自己恒星的万有引力作用。

万有引力是由质量引起的，所有天体之间都存在相互吸引的力。恒星吸引行星，于是行星绕恒星旋转。同样，行星也会反作用在恒星上一个相同大小的拉力。我们知道，恒星在自转的同时也会在宇宙穿行，而它的行星也跟着它运动。

天文学家们试图寻找恒星在穿过宇宙时微小的摇摆。因为这些摇摆很可能是我们看不见的行星在绕恒星旋转过程中施加给恒星的力的方向不断改变而形成的。

1991 年，英国天文学家们曾经宣布，他们发现了行星大小的绕脉冲星旋转的天体。脉冲星是一种高速旋转的，体积小、密度大的恒星，它在旋转的过程中，还会发出无线电波。天文学家之所以认为有行星绕它旋转，是因为他们发现无线电信号发生了波动——就像该脉冲星在摆动。几个月后，美国科学家在第一颗脉冲星上也发现了类似的波动，看起来绕脉冲星旋转的是两三颗行星。

但是 1992 年 1 月，英国天文学家又宣布了一个出人意料的结果：他们之前的发现是错误的。科研小组没有把我们自己星球绕日运动考虑进去，这也会影响对数据的分析。

但是美国科研小组的研究成果似乎没有问题。他们的发现和其他科研小组的类似发现几乎可以肯定我们生活的太阳系不是宇宙里唯一的太阳系。

脉冲星与中子星的奥秘

mai chong xing　zhong zi xing

由于大气不均匀起伏，当星光通过地球大气时，导致恒星的光看起来一闪一闪的，这称为“行星际闪烁”。充满行星际空间的太阳风引起了宇宙射电源的闪烁现象。天文学家通过射电望远镜发现的宇宙射电源，称为“射电源”，其波长从 1 毫米 ~ 30 米，它是电磁辐射异常强的局部区域。

1967 年春天，英国剑桥大学卡文迪许实验室为了进一步研究宇宙射电源，设计建造了一种新型的时间分辨率很高的射电望远镜。为了保证仪器的正常运转，天文台决定开展人工分析工作。英国天文学家休伊什教授的研究生乔丝琳·贝尔小姐接受了这一个任务。

在观测时人们发现，每到子夜时，一个神秘的射电源便会发生闪烁，同时自动化记录笔绘出了一连串间隔都是 1.337 秒的脉冲曲线，这个神秘的射电源发出的无线电脉冲波长是

小型恒星爆炸成超新星后，会以脉冲星的形式结束生命。我们称它为脉冲星，是因为它会散发出脉冲能量。天文学家认为脉冲星会快速旋转并发出微弱的能量。当散发着微弱能量的脉冲星通过地球时，我们就能看到一股脉冲能量所发的光。

3.7 米。

到 1968 年 1 月，发出这种波长 3.7 米的脉冲的射电源已发现了 4 个。根据观测到的宽 16 毫米的脉冲，可以断定天体的发射区尺度限定在 3000 千米以内。后来的精密测量表明，的确是由于该天体自转而发出的脉冲信号。

1968 年 2 月，休伊什教授观测到的来自天体的周期性脉冲射电辐射，其周期短而且精确，仅为 1.3373011 秒。这一天体被天文学家形象地命名为“脉冲星”。

脉冲星的直径只有十几千米，它绕轴自转一周的时间只需三四秒钟甚至更短。它的磁场高达 1 万亿高斯以上，而地球磁极的磁场强度仅为 0.7 高斯。脉冲星的电子以无线电波的形式从它的两个磁极逃逸出来，并带出能量。脉冲星高速自转时发出的无线电波束会很有规律地到达地球。

不久后，射电天文学家在蟹状星云中发现了一颗脉冲星，它能在可见光的范围内发出辐射，它的脉动特别快。这颗脉冲星以前被认为不过是一颗普通的恒星，随着观测仪器精确度的提高，有人发现它每秒钟会闪烁 30 次，而且光的闪烁正好和射电辐射的时间相一致。

然而，脉冲星到底是一种什么样的天体呢？它是否一会儿膨胀一会儿收缩呢？它收缩时是否发射出能量呢？

一个天体如果不是一直发射能量，而是周期间歇性的，那么，在不发射能量的时候，它一定会发生某种物理现象。它也许正绕着它自己的轴或围绕着另一个天体运转，并且每绕转一周，就发射出一股能量。

早在 1934 年，德国著名天文学家巴德和兹维基就在一篇论文上指出，超新星现象实际上是星体的一种粉碎性爆炸，这种爆炸包括两个方面：一方面是大量的外部物质被抛射向太空，另一方面星体的中央部分坍缩，变为一颗恒星，因为它是由排列紧密的中子构成的，所以称为“中子星”。

脉冲星被发现后，中子星又引起了广泛的注意。科学家们分析认为，只有白矮星或中子星能发出如此快速的脉冲信号。这样小的天体应当会飞快地自转，否则就不会产生上述的脉冲现象。而且，在这样的天体上，表面的某些点可能会使其中的电子通过。这样，当中子星高速自转时，电子就会从这些点逃逸出来，像一个旋转喷头喷出的水那样喷射出来，从而产生射电脉冲波，或者它每旋转一周，就会朝地球的方向喷射出一些电子，同时会逐渐失去能量。

至此，人们终于明白，天文学家曾经担心永远无法探测到的中子星就是脉冲星。

宇宙中相互“残杀”的星星

xing xing

一般人都知道，宇宙中星体之间的距离非常遥远，彼此接近的机会很少。但经过天文学家的观测和研究，发现星球之间也存在彼此吞食、互相残杀的现象。科学家们把这类星球称为宇宙中的“杀星”。

巨椭圆星系吞食质量较小的椭圆星系后，其亮度分布会发生明显变化。

美国天文学家发现了这种互相吞食的现象。主角是两颗恒星，并且是一对双星，都已进入衰亡期，均属白矮星。这两个星球体积很小，可质量要比太阳大得多。经观测发现，这两颗星体靠得很近，彼此围绕着对方旋转运动。其中一颗大的恒星，在不停地吞吃比它小的那一颗。大恒星把小恒星的外层物质剥下来吸到自己身上来，自己变得越来越胖，质量和体积不断增大。而那颗被吞食的恒星，变得越来越小，最后只剩下一个光秃秃的星核了。

不只是星球之间存在着彼此吞食的现象，星系之间也在互相吞食和残杀。现在有一种理论认为，宇宙中的椭圆星系就是两个旋涡扁平星系互相碰撞、混合、吞食而形成的。有人曾经用计算机做过模拟实验：用两组质点代表星系内的恒星，分布在两个平面里，由于引力作用，星系内的恒星在一定的规律作用下相向而行，逐渐融合成一个整体。

加拿大天文学家科门迪通过观测还发现，某些巨大的椭圆形星系，其亮度分布异常，仿佛中心部位还有一个小核。他认为，这是一个质量较小的椭圆星系被巨椭圆星系吞食的结果。

但由于星系之间、天体之间距离都极为遥远，碰撞和吞食的机会很少，所以，要想证实以上说法是不是成立，还需要一段时间。

行星 *xing xing* 会聚的现象是如何产生的

地球和人类会因为大行星的会聚而招致灾难吗？答案是：肯定不会的。这是因为，行星运动规律决定着行星会聚，并非上天的旨意。由于八大行星绕太阳公转的轨道参数都不一样，因此它们在运行中肯定有聚有散，它们的会聚就像它们的分离一样合情合理，并没有什么特别之处。要说行星会聚有什么特别，那就是它极少出现。据计算，八大行星同时位于太阳一侧 180° 以内的机会是极少的，大约平均需要 178.9 年出现一次。

有人认为，引发地震的一个重要原因就是由于大行星的会聚。其理由是，行星会聚使地球受到的引潮力增大，因而触发地震的可能性很大。而事实并不是这样的。地球所受到太阳系天体的引潮力主要来自月球和太阳。月球的质量虽然只有太阳质量的 1/2700 万，但

按一定比例绘制，太阳系最大的行星——木星比 1300 个地球加起来还大。土星拥有由冰和岩石颗粒组成的环系统，太空船已经在木星、天王星和海王星周围发现了类似的环和许多小卫星。地球的卫星——月球较大，只比水星小一点点。

月球与地球的距离只有太阳与地球平均距离的 1/390，所以月球对地球的引潮力要大于太阳对地球的引潮力，前者是后者的 2.25 倍。金星质量虽小，但与地球的距离近，所以，金星对地球的引潮力在八大行星中是最大的，它对地球的引潮力大约是行星总引潮力的 87%，然而它对地球的引潮力仅仅为月球引潮力的 1/20000。

那么，大行星的会聚给地球带来的影响到底有多大呢？1997 年，美国天文学家米尤斯通过计算表明，即使八大行星都和地球处在一条直线上，而且它们都处在和地球最近的距离处，它们对地球总的引潮力也只等于太阳平均引潮力的 1/6400。显然，五星会聚时的引潮力还要小于这个值。可见，行星会聚时的潮汐引力对地球的影响几乎可以忽略不计，当然也就不可能引发地震。

大行星的会聚会给地球的气候带来影响吗？多数科学家认为不会有影响。因为计算表明，八大行星当中，金星、水星、木星、地球四颗行星对太阳的引潮力占所有行星的引潮力总和的 97%，而且它们几乎每三四年就有一次比较接近的机会，而并没有给太阳带来异常现象，当然也就不会给地球上的气候带来影响。

但是，也有人看法不一样，他们认为，地球的温度与行星和太阳的相对位置有一定联系。通过计算，太阳和其他八大行星都处于地球的同一侧，靠最外边的两颗行星的地心黄径相差最小的年份，他们发现九星（这里指的相聚是以地球为中心，太阳和其他八大行星散布于一个扇形区域内，称为九星地心会聚）也具有一个会聚周期，周期近似于 179 年。他们把九星如此相聚的年份与历史上气温变化相对照发现，近千年来在行星相聚的年份，中国都会出现低温期。不过，地球气候的变化，究竟是不是行星和太阳会聚在地球的同一侧影

响所致，目前还没有明确的结论。

行星会聚会给地球和人类带来灾难的说法显然没有根据，但是月球、行星、太阳位置的排列和变化到底会不会影响地球、这种影响究竟有多大，值得科学家们进行深入研究。

探寻 X 行星

X xing xing

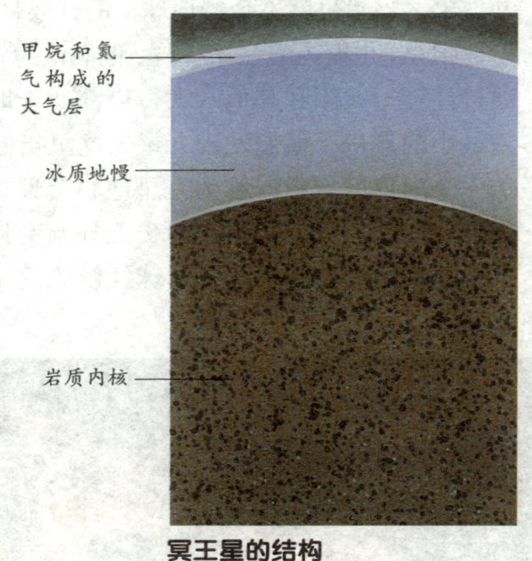

冥王星的结构

茫茫宇宙，浩瀚无垠，我们所居住的地球不过是沧海一粟。作为太阳系家族中的一分子，地球有其他 8 个兄弟行星，按距离太阳的远近，依次为水星、金星、地球、火星、木星、土星、天王星、海王星（2006 年 8 月 24 日，国际天文联合会宣布冥王星为一颗矮行星，不再属于太阳系九大行星之列）。人类自诞生以来，一直对自己所居住的地球及地外环境进行着不懈的探索。人类的智慧是不可估量的，早在进入文明历史之前，人类就已经确定了水星、金星、火星、木星和土星的存在，并对这 5 颗星体进行了长期的追踪观测，只不过那时地球连同这 5 个星体的行星身份还未被知晓。16 世纪时，一批学者用自己的鲜血甚至生命换来了真理的曙光，在他们的努力下，“地心说”不攻自破，使人们普遍接受了我们所处的星系是以太阳为中心，这个家族中有 6 个行星成员的科学理论。随着科学的发展和观测技术的进步，人们不断修正着关于宇宙的理论体系。1781 年发现了天王星，1846 年发现了海王星，1930 年发现了冥王星。此时，许多科学家认为太阳系的结构已趋于完美了，也就是说，太阳系中的行星只有这 9 颗了。

但也有一些科学家对这种说法表示怀疑，他们认为冥王星并不是太阳系最远、最后的一颗大行星，太阳系里还有处于冥王星之外的第 10 颗行星存在。有人称这第 10 颗行星为“冥外行星”，还有人称它为“X 行星”，一语双关，既表示了它的未知性，也巧妙地表达出罗马数字中“10”的意思。

人们之所以这么热衷于 X 行星存在的讨论，很大原因是考虑到发现天王星、海王星和冥王星的过程，正是因为这种大胆猜测和不懈探索。

天王星的发现者是德国天文学家威廉·赫歇耳。1781 年 3 月 13 日夜晚，他发现天角

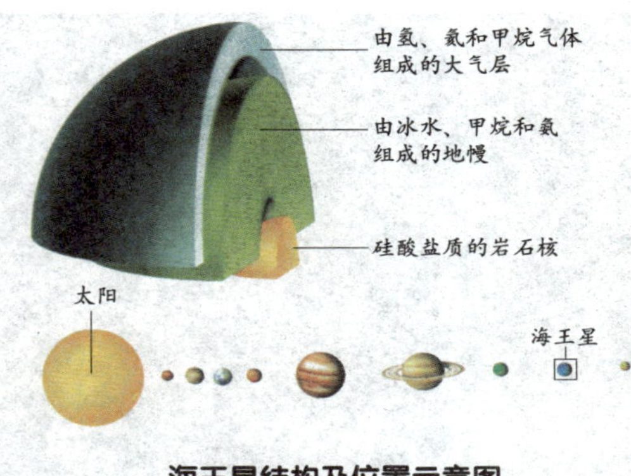

海王星结构及位置示意图

一颗恒星旁边有一个模糊的斑点，经过几天的观察，他确定这个斑点是不断移动的。这说明它不是恒星，但究竟是什么还无从考证。赫歇耳认为是一颗彗星，并写了一份关于它的报告递交给英国皇家学会。这颗“彗星”的发现轰动了整个欧洲，使得许多天文学家都来计算它的轨道。在进一步的观测和计算过程中，人们发现这颗彗星没有彗发，也没有彗尾，并且拥有接近正圆形的运行轨道而不是像一般彗星的扁长的椭圆形轨道。种种迹象表明这颗新发现的星体是一颗行星。最终人们承认它是太阳系的另一颗行星，并将它命名为“乌拉努斯”，即我们所熟悉的“天王星”。

经过认真测算之后，人们发现与地球相比，天王星的直径是地球的 3.98 倍，质量是地球的 14.8 倍，离太阳的距离是地球与太阳距离的 19.2 倍，是个不折不扣的大家伙。紧接着人们又根据牛顿定律计算出了天王星运动的理论轨道，这与观测到的实际轨道略有偏离，于是有人断言，在天王星之外一定还有别的干扰它的行星。1846 年 8 月，法国天文学家勒威耶发现了海王星，并以古罗马传说中海神的名字“尼普顿”命名。

这证实了人类的理论猜想是可以变为现实的，因此，当天文学家们发现海王星的实际轨道和理论轨道仍不完全相符时，便立刻提出了大胆假设，认为在海王星的外围还存在一颗没有被发现的行星。

随着人们对天王星和海王星的观测工作进一步精确化，这两颗行星的实际轨道也逐渐显示出与理论值的微小偏差。人们越来越强烈地意识到，这两颗行星的运动还在受着其他未知天体的影响。但是海王星离我们已经非常远了，要在更遥远的浩瀚星空中找到一颗并不显眼的陌生行星是一件非常困难的事情。1930 年，美国天文学家汤博在检查双子座的一张照片时终于找到了这颗行星，通过一段时间的连续观测，科学界确认了它就是太阳系的

从冥王星表面可以看到卡戎

根据国际天文学联合大会通过的新定义，“行星”指的是围绕太阳运转、自身引力足以克服其刚体力而使天体呈圆球状，并且能够清除其轨道附近其他物体的天体。根据新定义，同样具有足够质量、呈圆球形，但不能消除其轨道附近其他物体的天体被称为“矮行星”。因此冥王星是一颗矮行星。

从海卫一上看，海王星很大。海卫一的表面是冰冻的氮和甲烷，大约有 -235℃，是太阳系中最冷的星球表面。

第九大行星，位于海王星以外约 16 亿千米的冥王星。汤博用古希腊神话中冥王“普鲁通”的名字为它命名。

专门用于改进轨道理论的电子计算机经过测算得出结论，如果冥王星是影响天王星和海王星运转偏离的全部因素，则它的质量必须达到地球质量的 1/10。然而根据美国天文学家克里斯蒂在冥王星周围发现的一颗冥卫星，可以精确地测定出冥王星的总质量只能抵得上 0.0022 个地球，远远没有达到上述的要求。

冥王星的“不够秤”使它根本不可能对天王星和海王星的运动造成巨大影响，由此，第十颗大行星——“X 行星”又成为新世纪的大胆预言。

20 世纪 70 年代，美国先后发射了“先驱者 10 号”、“先驱者 11 号”、“旅行者 1 号”和“旅行者 2 号”空间探测器，它们飞掠木星、土星、天王星、海王星，甚至会飞出太阳系去进一步探索更为广泛的宇宙空间，寻找“X 行星”也是其中的一项重要任务。但目前发回的照片及资料还没有显示有新行星的存在。不过，这并未使天文学家探索的脚步有任何停顿。

同时，试图利用偏移理论来确定第十颗行星位置的美国天文学家罗伯特·哈林顿认为，这颗行星的质量应当是地球的 2 ~ 3 倍，比天王星和海王星小。它距离太阳约为 150 亿千米，轨道周期为 1000 年，由于轨道过长，其椭圆形趋势更为明显。它位于南部天空，轨道与太阳系平面的倾角为 30°，极有可能在南十字星座附近的半人马星座，目前正在远离我们而行。

哈林顿还认为，这颗行星曾与海王星相撞过。在相撞之前，冥王星只是海王星的一颗卫星，以正常的圆形轨道绕海王星运转。由于两颗星的相撞，海卫一的轨道被颠倒了，海卫二的轨道被拉长，变得极扁；最为重要的是，撞击还把冥王星从海王星那里“独立”了出来，升格为绕太阳运行的大行星。当然这只是哈林顿对冥王星形成原因的一种猜测。也有人认为天王星和海王星的运行偏离是有其他原因的，例如，太阳系中存在质量足够大的彗星或是在海王星附近有一个小黑洞；或者还有人干脆否定引力定律本身的正确性。

目前，这个神秘的“X 行星”仍然没有定论。

水星 shui xing 的真面目

平常，人们很难看到水星，这主要跟水星与太阳之间的角度有关。水星距太阳最远时达 6900 万千米，最近时约 4500 万千米。从地球上看去，它距太阳的角最大不超过 28°，水星仿佛总在太阳两边摆动。因此，水星几乎经常在黄昏或黎明的太阳光辉里被淹没。只有在 28° 附近时才能见到它。

水星在中国古代被称为“辰星”。水星绕太阳运行的速度的确很快，每秒约 48 千米，它只需要 88 天就能绕太阳公转一周。在很长一段时期里，天文学家一直认为它的自转周期也是 88 天，跟公转周期一样长。

尽管也有人怀疑过水星的自转周期，但由于仪器、技术等方面的原因，人们对水星精确的自转周期仍不知晓。随着天文学观测水平和仪器精密程度的提高，水星自转周期终于被测出来了。1965 年，美国天文学家用阿雷西博天文台射电望远镜向水星发射了雷达波进行探测。这是一架世界上最大的射电望远镜（口径 305 米），它测出了水星的精确的自转周期为 58.646 天。原来，水星绕太阳公转 2 圈的同时，绕其轴自转 3 周，因此，水星的自转周期刚好是公转周期的 2/3。

此后，科学家对水星进行了更深入的探测和研究，但即使是当时地球上最好的望远镜，也很难让人们看清水星表面的情况。于是，科学家们采用了行星探测器这种高端的工具。美国于 1973 年 11 月 3 日发射了“水手 10 号”行星探测器，它是至今为止地球人的唯一访问过水星的宇宙飞船。这次发射的主要任务是探测水星，顺便考察一下金星。“水手 10 号”的总重量约 528 千克，从磁强计杆顶端到抛物面天线外缘的宽度达 9.8 米。宇宙飞船经过 3 个多月的飞行，于 1974 年 2 月 5 日飞越金星，离金星最近时只有 5000 千米。飞船在对金星考察的同时，借助金星的引力支援，其运动的速度和方向发生改变，进入了一条飞向水星的轨道，终于在 3 月 29 日到达水星上空。

由于大部分水星表面的信息都是由“水手 10 号”探测器提供的。“水手 10 号”始终飞经水星的同一侧，所以至今只有水星的部分图像。

航天科学家精心设计了这艘飞船的轨道。当它到达水星上空并进行观测之后，就成为一颗绕太阳运行的人造行星了，绕太阳公转的周期设计为水星公转周期的 2 倍，也就是 176 天。这样，当水星刚好绕过 2 周时，飞船就遇到水星一次。“水手 10 号”飞船先后 3 次遇见水星，并获得了一批高质量的照片，其摄影镜头能把水星表面一二百米大的地面结构细节分辨清楚。

科学家们通过分析飞船的反馈资料发现，水星表面上布满了无数大小不一的环形山和凹凸不平的盆地和坑穴等。一些坑穴显示出陨星曾多次撞击过同一地点，这与月球表面很像。水星表面与月面的不同之处是，直径 20 ~ 50 千米的环形山不多，而月面上的直径超过了 100 千米的环形山很多。水星表面上到处都有一些被称为“舌状悬崖”的扇形峭壁，其高度为 1 ~ 2 千米，长数百千米。科学家们认为，它们实际上是早期水星的巨大内核变冷和收缩时，在其外壳中形成的巨大的褶皱。水星上有一条大峡谷，长达 100 多千米、宽约 7 千米，科学家将其命名为“阿雷西博峡谷”，以纪念美国阿雷西博射电天文台测出水星自转周期一事。

科学家们还发现水星阳面和背面的温差很大。由于没有大气而直接受到太阳辐射的侵袭，在太阳的烘烤下，水星向阳面温度高达 427℃，而背阳面温度却冷到 -170℃。水星表面一丁点儿水都没有。水星质量小于地球，它的地心引力只及地球的 3/8，所以其表面上的物体，只要速度达到 4.2 千米 / 秒就可以逃逸。

“水手 10 号”飞船探测到水星不仅有磁场，而且是一个强度约为地磁场 1/100 的全球性的磁场。水星磁场的发现说明，在其内部很可能有一个高温液态的金属核。科学家根据水星的质量和密度数值，推算其应有一个直径约为水星直径 2/3 的既重又大的铁镍内核。

随着世界航空航天技术的发展，科学家们对水星的探测力度将会继续加大，终有一天，水星的真实面目会呈现在地球人的面前。

神秘的“太白” *jin xing* 金星

金星是全天空最明亮的一颗星星。晚间在西方天空出现时，被叫作“长庚星”。早晨在东方天空出现时，被叫作“启明星”。它距太阳的平均距离为 1.08 亿千米，距太阳的角为 47° ~ 48°，人们之所以能时常看到它，主要是因为其大部分时间同太阳的角较大。夜空中除了月亮以外，其他所有的星星在亮度上都比不上它。由于常有银白色的、像金刚石的闪光从金星发出，所以，它在中国素有“太白”的别称。

科学家们后来知道，金星非常明亮的原因与其周围有浓密的大气层有关，大气反射了照在它上面的 75% 左右的太阳光。金星离地球最近时，平均为 4000 多万千米。人们常将金星视为地球的孪生姊妹，因其大小、质量和密度与地球差不多。金星的公转周期约为 225 天。20 世纪 60 年代初，通过用雷达反复测量，天文学家得知金星的自转周期为 243 天——

竟然长于它的公转周期。另外，金星的自转方向是逆向的，确切地说，它的自转方向是自东向西的，在金星上太阳西升东落，昼和夜（一天）的时间远远长于地球，在那里看到的太阳约是我们所见到太阳大小的 1.5 倍。

金星有厚厚的大气层，这一点天文学家很早就知道了。用望远镜观看，金星只是一个模糊不清的淡黄色圆面，在金星大气的笼罩下，根本无法看清其庐山真面目。人们现在所掌握的金星表面及其大气等知识，主要来自空间飞行探测。

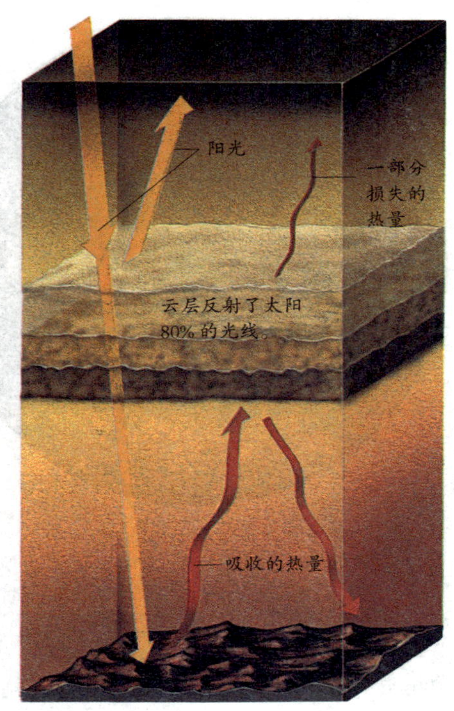

金星的大气层

自 1961 年以来，苏联和美国先后向金星发射的探测器有 30 多个（虽然有几个发射失败），获得了大量的研究成果。1970 年 8 月 17 日，苏联的“金星 7 号”无人探测器成功地实现了在金星表面上着陆探测，曾测得金星温度高达 480℃，表面为 100 个大气压。此后还有多个苏联的探测器都在金星表面实现了成功着陆。美国于 1989 年 5 月发射了“麦哲伦”号探测器对金星进行空间探测，为期 5 年，取得了大量的研究成果。

人类根据对金星的探测结果得知，它那厚厚的大气层几乎全部由二氧化碳组成，因此，它具有巨大的温室效应。其高层大气中的二氧化碳达 97%，而低层处可达到 99%。从许多宇宙飞船发回的照片来看，金星的天空呈橙色，大气中有激烈的湍流存在，还有强烈的雷电现象，有人推算金星上的风速约达 100 米 / 秒。更让人惊讶不已的是，厚厚的浓云笼罩在金星表面上 30 ~ 70 千米左右的高空，云中有具有强腐蚀作用、浓度很大的硫酸雾滴。

总体上看，金星大气层好似一个巨大的温室或蒸笼。尽管金星大气将约 3/4 的入射太阳光反射掉了，但其余那部分阳光到达金星表面并进行加热。大气中的二氧化碳、水汽和臭氧好似温室玻璃，阻止了红外辐射，结果金星蓄积了大量所接受到的太阳能，因而使那里的温度高达 465℃ ~ 485℃。

金星的表面 3/4 为平原，这些基本上由火山运动形成，以陨石坑和熔浆流为标志。它们有被金星上的风蚀过的特征。平原上山脊高达几百米，大裂谷可延伸几百千米。

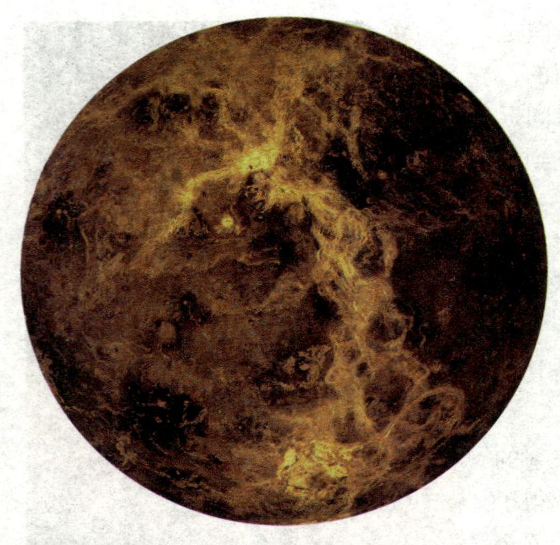

如果能透视覆盖金星表面的厚厚大气层，那么你看到的金星就是这个样子的。太空探测器使用可穿过云层，并反映出表面的火山口和陨石坑的雷达绘制了整个火星的地图。

与水星不同的是，金星上面环形山很少，表面比较平坦，但也有高山、悬崖、陨石坑和火山口。金星上的凹地与月面上的“海”（平原）相似，“海”上有火山。金星有十分活跃的地质活动，其表面有众多的火山、巨大的环形山、许多地层断裂的痕迹以及涌流的熔岩。

金星表面最高的麦克斯韦山位于北半球，远远高于地球上的珠穆朗玛峰；在南半球赤道附近并与赤道平行的地方，是阿芙洛德高原。金星上一处横跨赤道的大高原有近10000千米长、3200多千米宽。有些探测器成功地完成了在金星上的自动钻探、取样和分析任务，人们因此知道了金星表面最多的是玄武岩。

随着科学技术的发展和进步，人类有关金星的探索和研究将会取得更大的成就，金星也将不再神秘。

金星 *jin xing* 上的神秘城墟

据人类目前所知，相对于火星来说，金星的自然环境要严酷得多。其表面温度近500℃，大气中的二氧化碳占到90%以上，时常降落狂暴的具有腐蚀性的酸雨，还经常刮比地球上12级台风还要猛烈的特大热风暴。金星的周围是浓厚的云层，以至于20余年（1960 ~ 1981年）间从地球上发射的近20个探测器仍未能认清其真实面目。

20世纪80年代，美国发射的探测器发回的照片显示，金星上有大量城墟。经分析，金星上共有城墟2万座，这些城墟建筑呈金字塔状。每座城市实际上只是一座巨型金字塔，门窗皆无，可能在地下开设有出入口。这2万座巨型金字塔摆成一个很大的马车轮形状，其圆心处为大城市，呈辐射状的大道连着周围的小城市。

研究者认为，这些金字塔式的城市可以有效地避免白天的高温、夜晚的严寒以及狂风暴雨。

苏联科学家尼古拉·里宾契诃夫在比利时布鲁塞尔的一个科学研讨会上首次披露了在

2004 年 6 月 8 日星期二。在过去的 121.5 年间，这是我们第 1 次看见金星飞越太阳。历史上，这是观测金星凌日最多的一次。与一年前水星凌日的那个微小雀斑相比，这次金星在太阳上映出的斑点大得令人目瞪口呆。正如有人评论的那样："好像是谁一拳在太阳上打出一个大窟窿。"

金星上发现城墟的消息。1989 年 1 月，苏联发射了一枚探测器。该探测器带有能穿透浓密大气的雷达扫描装备，也发现了金星有 2 万座城墟这一重大秘密。

刚开始的时候，人们还不敢断定这就是城墟，认为可能是探测器出了问题，也可能是大气层干扰造成的海市蜃楼的幻象。但经过深入研究，人们确信这些是城市的遗迹，并推测是智能生物留下来的。不过，这些智能生物早已绝迹了。

里宾契诃夫博士在会上指出，我们渴望弄清分布在金星表面的城市是谁造的，这些城市是一个伟大的文化遗迹。这位苏联科学家详细地介绍说："在那些以马车轮的形状建成的城市的中间轮轴部分就是大都会。根据我们推测，那里有一个庞大的呈辐射状的公路网将其周围的一切城市连接起来。"他说："那些城市大多都倒下或即将倒塌，这说明历史已经很悠久了。现在金星上不存在任何生物，这说明那里的生物已绝迹很久了。"

由于金星表面的环境极差，因此不具备派宇航员到那里实地调查的条件。但里宾契诃夫博士强调说，苏联将努力用无人探险飞船去看清楚那些城市的面貌，无论代价多大，

金星的表面
"麦哲伦"号提供的数据给金星全景图增加了大约 4000 个表面地貌。它们都是以著名女性的名字命名的，例如《圣经》里的人物夏娃。

航天探测器拍摄的金星照片

起伏不大的火山平原，覆盖了金星的大部分地区。而9000多米高的玛亚特山是金星上最大的火山之一。

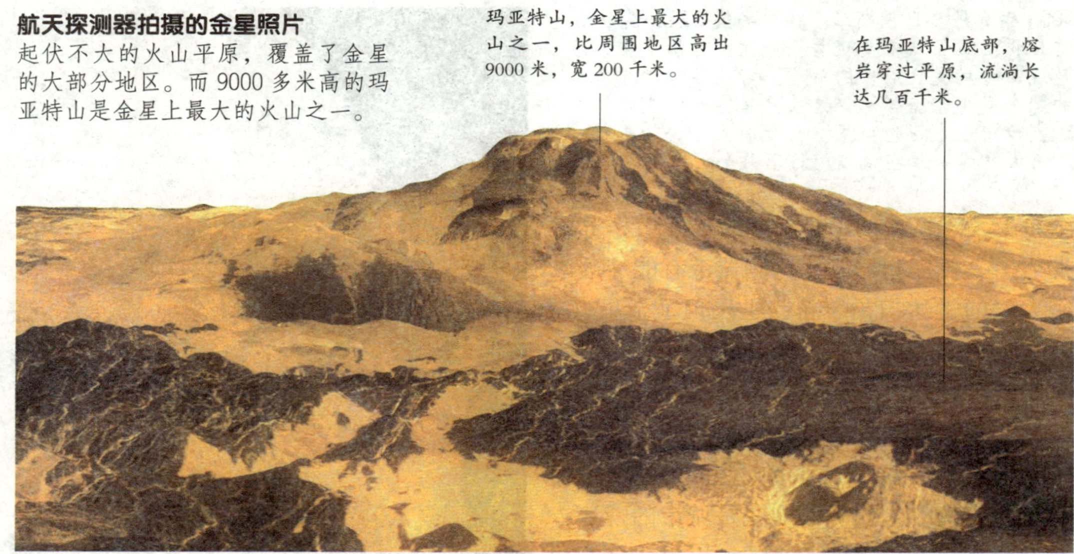

玛亚特山，金星上最大的火山之一，比周围地区高出9000米，宽200千米。

在玛亚特山底部，熔岩穿过平原，流淌长达几百千米。

都在所不惜。

而在1988年，苏联宇宙物理学家阿列克塞·普斯卡夫则宣布：金星上也存在“人面石”，这一点与火星一样。

联系到金星上发现的作为警告标志的垂泪的巨型人面建筑“人面石”，科学家推测，金星与火星是一对难兄难弟，都经历过文明毁灭的悲惨命运。

科学家还说，800万年的金星经历过地球现今的演化阶段，应该有智能生物的存在。后来，金星中的大气成分中二氧化碳越来越多，以至于温室效应越来越强烈，进而使得水蒸气散失，最终使得金星的环境不再适合生物的生存。

迄今为止，人们在月球、金星、火星上都找到了文明活动的遗迹和疑踪，甚至在距离太阳最近的水星表面也发现了一些断壁残垣。地球、月球、火星、金星上都存在金字塔式的建筑。人们将这些联系起来后认为，地球并不是太阳系文明的起点，而是其终点。

倒塌的金星城市中，究竟隐藏着什么秘密呢？那个垂泪的人面塑像到底是否经历了金星文明的毁灭呢？由于这实在太令人捉摸不透了，所以只有等待人类未来的实地探测，但愿这一天能尽早到来。

揭开火星的秘密

huo xing

1877 年，意大利天文学家斯基阿帕雷利用米兰天文台 24 厘米口径的天文望远镜对火星进行观测，发现火星表面上分布着有规则的暗线条。当时，正是火星的“大冲”时期（即在它轨道的近日点附近与地球会合，此时距地球最近）。这些宽 120 千米，有的长 4800 千米的暗线纵横交错，成网络之状。他猜测它们是天然的分割大陆、连接海湾的水道。因此，他把它们命名为“沟渠”。但是，这一结果译成英文时，却被误译成“运河”。

到了 19 世纪 80 年代，由于有人把这些暗线与火星上由智慧生物构筑的运河联系起来，这一话题才引起人们极大的关注。美国的天文学家洛韦尔最早提出这个具有轰动效应的观点。

他认为火星的极冠由冰雪构成，夏季融化的冰雪成为生物的水源；智慧生物构筑的灌溉系统密布于火星表面，各暗线向中央地区交汇，明确显示了要将极地的水引向干旱的赤道地区的意图，而且他把许多暗线交错处的暗斑看成是绿洲，这些绿洲构成了火星文明的中心。

火星探测器拍下的火星表面照片

但是随着天文观测手段的发展，望远镜越来越精细。人们用望远镜观察，发现被当作运河的一条条连续的暗线，实则是由许多孤立的、形状不规则的暗斑组成的。

1971 年 11 月，美国的“水手 9 号”探测器对火星的全部表面进行了高分辨率的照相。这些照片显示，火星表面有许多类似河床的地质构造。这种火星表面冲刷形成的河床，是由像水等易流动的液体所造成的。它们的具体位置和形状与洛韦尔所描绘的大相径庭，毫无疑问，它们只是一些天然河床。

20 世纪 90 年代以后，科学家们对火星的认识进一步加深，“火星探测者”和环火星探测器拍摄了大量的照片，科学家们对这些珍贵的资料进行分析研究，发现在一些峡谷底部有干涸的水塘痕迹和巨型卵石。这些痕迹明显是被洪水冲刷过，因此，科学家们认为在 38 亿年前，火星上确实曾经有过汹涌的洪水。

像地球一样，火星的表面也是起伏不平的；其自转一周的时间与地球几乎相同；也有四季的交替和气候的变化。不同的是，火星的公转周期长达 687 天。而且火星体积较小，它的直径只有地球直径的 53%，体积是地球体积的 15%，质量是地球质量的 10.8%。

从天空中观察火星，有稀薄的大气层以及火卫一、火卫二两个“月亮”围绕着它运行。其大气的成分主要是二氧化碳，占 95%，此外，还有 2% ~ 3% 的氮、1% ~ 2% 的氩，氧的含量很少。火星表面气温和气压变化都很快，一天里，最高温度为 -13℃，最低温度为 -73℃。这些都让我们备受鼓舞，如果可能的话，火星也许将是人类的第二个家园。

寻找火星上的生命 sheng ming

1890 年，美国天文学家珀西瓦尔·罗威尔利用大型望远镜观测火星，偶然发现在火星表面存在着一些沟壑，这些东西看起来和地球上人工开凿的运河极为相似。人们开始怀疑有“火星生命”的存在，大量关于火星人的科幻故事也广为流传。科学家们一直相信火星上有水资源的存在，而且可能是在火星两极或大气高层中以冰雪及水蒸气的形式存在。甚至有许多科学家相信，火星上也可能曾分布有河流和冰川。因为从目前观测到的照片来看，火星上有许多峡谷和沟壑看起来应该是水流冲击而成的。为了证明火星上的确有生命之源——水的存在，美国和苏联两个超级大国从 20 世纪 60 年代起就开始了大量的火星探测工程。

1960 年 10 月，苏联先后两次发射了火星探测器，不幸的是，都还没有进入火星的轨道就失事了。

1962 年 11 月 1 日，苏联又发射了 3 个火星探测器，其中一个在飞往火星的途中与地球失去了联系，而另外2个只飞到火星的轨道上便停留在那里了。

1964年11月28日，美国发射了“水手4号”探测器。在1965年7月14日飞至距火星9280千米的地方，“水手4号”成功地近距离拍到了22张关于这颗红色星球的照片。

1971年5月19日和5月28日，苏联连续发射了“火星2号”和“火星3号”探测器。同年的12月15日，苏联的“火星3号”首次在火星上着陆，并从火星表面向地球发送数据达20秒。

1971年5月30日，美国又成功发射了“水手9号”探测器，同年11月14日，“水手9号”驶入距火星1280千米的轨道，并在该轨道上运行将近1年时间，拍摄照片7328张。依据这些照片资料，美国第一次为火星上的高地、火山、洼地和峡谷等地形命名。

1975年8月20日和9月9日，美国又分别发射了“海盗1号”和“海盗2号”探测器。1976年7月20日和9月3日，这2个探测器依次在火星上成功着陆，大量新的宝贵数据和图像被发回到地球。其中的“海盗1号”在火星上工作了6年，两次登陆都没有在火星上找到任何有生命的特征或痕迹。

由上述事实可看出，在这些早期的火星探测中，最成功的应该是美国的“海盗1号”和“海盗2号”探测器。美国宇航局于1975年发射了这两个“海盗”号火星探测器。探测器经过为期一年的星际旅行，终于成功进入了火星大气层，并分别在火星着陆。科学家们在这两个着陆器上装备了大量的精密仪器，这些仪器能分析火星的土壤，同时也能对火星上的气压、风速、温度等指标进行测量，并确定了组成火星大气的元素构成。

为了探测火星上是否存在生命的迹象，科学家们还专门设计了一些实验。在这些实验中，探测器先是用机械手臂挖掘采集了火星的土壤样本，再通过实验来对土壤样本进行分析研究，结果发现，火星土壤中能够释放出气体。然而那时的科学家却将之归因于化学反应。

在1999年，曾为美国宇航局工作过的南加利福尼亚大学的神经生物学家约瑟夫·米勒要求美国宇航局重新研究20多年前的实验结果。因为米勒坚信，美国宇航局在1975年发射的“海盗”号火星探测器探测收集到的资料中，有可以证实火星上存在生命的证据。但由于后来有关的资料丢失了，到目前为止，美国宇航局的研究还只能证明火星表面发生过化学反应。米勒进一步指出，是美国

“贝格尔2号”登陆器是用于研究火星地质化学成分和寻找火星过去的生命证据的一个多国联合发射的载体。“贝格尔2号”于2003年开始它的火星调查。

宇航局把实验的数据弄丢了。美国宇航局考虑了米勒的意见，彻底查找了档案里的资料，终于有一份被忽视已久的电脑记录被找了出来。由于这份记录所用的是极为陈旧的编码格式，已经没有能识别这种编码程序的设计师在世。因此，米勒只能靠美国宇航局人员保留下来的数据备份进行自己的研究工作。那些数据很少，只是原来的 1/3 而已。米勒把资料集中起来进行分析，终于得出结论，认为在火星上很可能有过生命。2001 年 11 月 28 日，圣迭戈召开的科学研讨会上，米勒将他的研究成果公布于世。

进入 20 世纪 90 年代以后，由于苏联的解体，火星探测几乎成了美国人的“专利”。美国在这期间先后进行了多次火星探测。

1992 年 9 月 24 日，为了考察火星的地理和气候状况，美国发射了“火星观察者”号探测器，为载人飞船飞往火星探测道路。

1996 年，美国将“火星开拓者”号探测器发射到太空中，并把相当多的火星照片发回地球。3 个月后，美国“火星全球测量者”号探测器进入火星轨道，开始绘制火星地图。

2001 年 10 月 29 日，美国火星探测器“2001 火星奥德赛”又在火星上取得了大量的探测结果。

2001 年 11 月底，美国科学家对火星探测器发回的新照片进行了研究，提出了火星表面部分地区很可能存在水的固态形式（即冰）的设想。这项研究结果认为，火星表面在早期分布着广阔的海洋，火星上每平方千米拥有的水量甚至比地球还多。

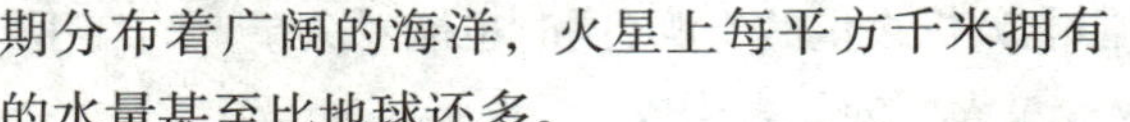

美国布朗大学的科学家在英国《自然》杂

陨星 ALH84001 对科学家而言是很有吸引力的，因为它里面含有化石化的细菌结构。尽管这些微生物化石大小只有地球上细菌的 1/10 不到，但有些科学家还是相信它们意味着几十亿年前火星上确实有生命存在过。

“火星全球探测者”号于 2000 年发现了比较新的水沟痕迹。这些特征是未来研究的重点，因为它们表明液态水可能埋藏在火星地表附近。

志上发表文章说，“火星环球勘探者”探测器仍在围绕火星飞行，并向地球发回了 8000 多张高清晰度照片。在对这些照片进行研究后，发现有一种地形较为光滑。科学家认为，这种地形表明该区域的土层是多孔的土壤里面渗入了水后结冰、凝固而成的，或者是水混合了冰、尘土和岩石等，在火星表面形成了一层厚度达 90 厘米的覆盖层。在庞大的火星表面，从火星寒冷的南极直到大约南纬 60° 的很大一片区域里都是这样的含水区。

虽然目前只找到了水分解反应的产物之一——氢原子，但是这一发现对于推测火星曾经有过的含水量大有帮助。

研究还表明，早期的火星上有一个海洋，其深度最深可达 1.6 千米。由于发生了化学反应，加上小行星和彗星的撞击，致使火星在过去几百万年中逐渐失去了所有的水分。

研究人员认为，水仍然存在于火星土壤深处，或者是处于冰冻状态。

假如将来可以证实这一发现，便会使火星上曾经存在液态水甚至简单生命的可信度大大提高。假如人类可以进一步探测出充足的水资源，那么，人类进行更进一步的火星考察乃至移居火星都将变得更加容易。

火星 *huo xing* 人脸形状图

2001 年 2 月 9 日，两名美国的科学家（弗兰登和奥尼尔）发布了一条令科学界非常震惊的消息，他们称已经在火星上发现了一种构图，这种构图类似于人脸的形状，并认为这进一步证明高级生命有可能在火星上存在过。根据《纽约邮报》报道，这两名科学家在曼哈顿专门举行了一个新闻发布会。在这次会上他们宣布，经过长时间非常仔细的研究后，他们发现在火星地表上有一幅类似于人类脸庞的构图。这幅构图面积巨大，宽度近 5 千米，而“脸孔”上则有着和人类相似的鼻梁、眼睛和嘴唇的轮廓。

火星上的人脸构图

奥尼尔表示，他们的发现堪称“人

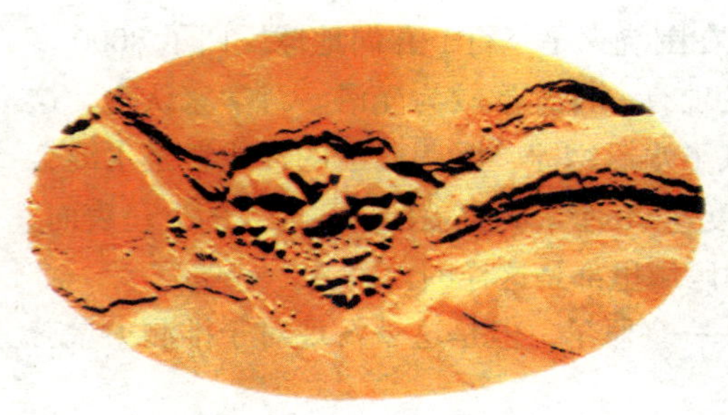

火星上干涸的河床

“海盗”号轨道探测器拍摄到的图片，清晰地显示出了火星上的河床，在数十亿年前，河床里可能有原始生命存在。尽管火星在现在的冰冻条件下，不可能有液态水。

类文明史上最重要的发现”。但美国航空航天局则对这一发现不怎么相信，航空航天局的发言人当天表示，奥尼尔和弗兰登不应该忘记这样一个事实：从来没有高级生命在火星上出现过。但奥尼尔和弗兰登都表示，美国航空航天局的“火星环球勘探者”从太空发回来了65000张照片，他们是对这些照片进行了认真细致的研究后才得出这一结论的。多年来，有关火星上存在高级生命的说法很多，有的科学家甚至怀疑火星是生命的起源地。

2001年2月26日，美国国家航空航天局宣布，在南极发现了一块火星陨石。在对其进行研究后，人们发现此块陨石中含有呈长缝状排列的磁晶体，而只有在微生物的作用下才会形成这样的排列形状。这是到目前为止人类提出的火星上可能存在原始生命最新的有力证据。是否真的如这两名美国科学家所说，火星上存在人脸构图，相信随着科学技术的进步，科学家们终能解开这个难题。

土星 *tu xing* 与神奇的土星光环

大家知道，土星有一个美丽的光环。早在300多年前，意大利科学家伽利略首次用望远镜观测土星，他发现土星两边好像长着什么附着物。可是用那架简陋的小望远镜无法看清楚。伽利略所发现的东西其实就是土星的光环。环绕土星的稀薄的美丽光环，不仅使土星本身变得漂亮，也把整个太阳系装饰得更美观了。当一个人第一次用眼睛接近望远镜的时候，对他来说，除了月亮，土星光环也许就是最奇妙的景色了。人类对土星及其光环的探索，是一个漫长而又艰辛的过程。

随着世界航空航天技术的发展，人类对土星的了解逐步深入。

太空船“先驱者11号”、“旅行者1号”和“旅行者2号”自1979年以来先后探测了土星。飞船从太空深处向地球发回了大量有关土星本体、光环、卫星的彩色照片和多种信息。飞船拍摄的照片显示，土星本体呈淡黄色，彩色的带状云环绕着赤道部，云上有一些美丽的斑点及旋涡状动态结构，北极区呈浅蓝色。

另外，“先驱者11号”还探测出土星高层大气存在着主要由电离氢组成的电离层。土星上存在很强的跨度达6万千米的雷暴闪电（木星上也发现过这种情况）。在距土星128

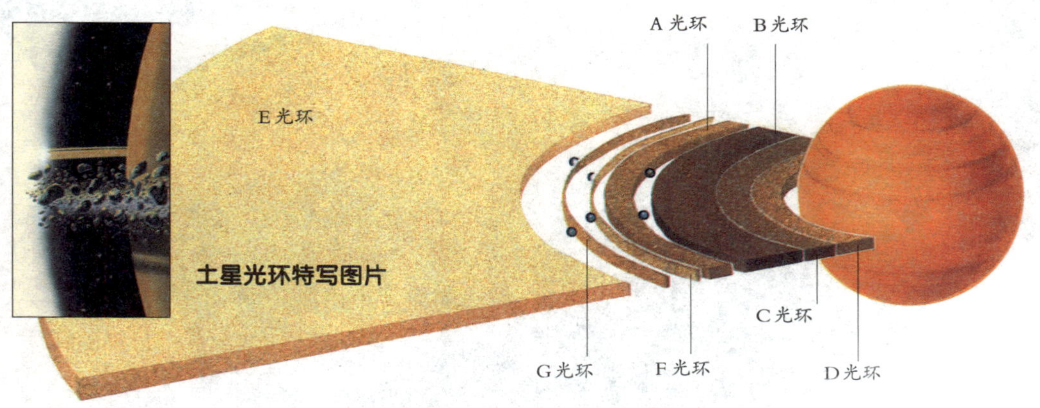

万千米处，飞船发现土星有磁场以及磁层结构。土星磁场强度比木星磁场强度弱得多，其强度只有木星磁场的1/20，但比地磁场要大上千倍。从整体上看，土星磁层像一头头部圆钝、尾部粗壮的巨鲸。位于磁层内的土星辐射带强度弱于地球，但其辐射带范围却是地球辐射带的10倍。空间探测还证实，土星所发出的能量是从太阳得到能量的2.5倍，这一点与木星一样，表明其也有内在能源。

天文学家经过研究发现，土星的光环不是地面看到的3个、5个或7个，而是成千上万个。从飞船发回的照片看上去，土星光环与一张密纹唱片很相似，可谓“环中有环”。让人更为眼花缭乱的是，光环呈现螺旋转动的波浪状，还有的环呈不对称的锯齿状、辐射状，有的光环甚至像辫子一样互相绞缠着。科学家对此现象十分惊异。土星光环在土星表面上空伸展13.7万千米远，其厚度仅有1.6 ~ 3.2千米。事实上，无数大小不等的物质颗粒组成了土星光环，所有的物质颗粒都是直径几米到几微米的石块、冰块或尘埃。构成土星光环的这些物质快速围绕土星运动，在太阳光的映照下，绚丽多姿，土星因此被装扮得异常漂亮。

众多科学家不仅对美丽的土星本身有极大的兴趣，而且也很重视土星的庞大家族。后来，太空船在以前的基础上又发现了13颗土星的卫星，由此使土星卫星的数目达到23颗。土星卫星体积大多很小，有的卫星直径仅二三十千米，直径超过100千米的卫星只有5颗。

土卫六是土星的卫星中最大的一颗，仅次于太阳系最大的卫星——木卫三（半径为2634千米）。土卫六的半径为2414千米，土卫六上存有浓密的大气层，氮（约占98% ~ 99%）为其主要成分，其余是甲烷（即天然气）以及微量的丙烷、乙烷和其他碳氢化合物，厚度约2700千米。一些

土卫六

土星的卫星超过18个——新的小卫星现在仍在被不断发现。其中的一颗卫星，土卫六，是少数没有大气层的卫星。它的天空是巨大的黄色云层。

土星的环由上百万冰的碎片、尘埃和小岩石组成，它在行星赤道处围绕土星转动。环的跨度达27万千米，但却非常窄——只有100米或更细。土星有三组环，主要的是环A和环B，还有第三个更接近土星，在1850年首次被确认的环C。

科学家认为，可能有原始生命在土卫六上存在过。由于它和太阳相距遥远，高层大气的温度在 -100℃左右，低层大气温度约 -180℃。

1997 年 10 月 15 日格林尼治时间 8 点 43 分，美国的“大力神 4B”运载着“卡西尼”号宇宙飞船，从肯尼迪宇航中心顺利升空，开始了为期 7 年的奔向土星的航行。根据计划，“卡西尼”号飞船抵达目标后，对土星和土星的卫星——土卫六进行探测是其主要任务。这次航行的目的是探寻土卫六是否有生命以及获取地球生命进化的线索。

这个项目由欧洲航天局、美国航空航天局和意大利航天局携手合作开发。由“大力神”火箭运载的“卡西尼”号宇宙飞船被送往土星轨道，2004 年 7 月 1 日两层楼高的探险机器人在土卫六登陆。“卡西尼”号完成了有史以来的首次环绕土星轨道运行，从 2004 ~ 2008 年将绕行 74 圈。“卡西尼”号将 45 次扫过土星最大的卫星土卫六，它与火星的大小相近，比水星和冥王星都大。2005 年 11 月 6 日，它在轨道上向土卫六分离释放出“惠更斯”号子探测器（由欧洲空间局制造）。它通过降落伞降落在泰坦卫星上，从而成为在另外一个星球的卫星表面着陆的第一个外空探测器。人类能够依据其反馈的资料更好地了解土星。

“旅行者 1 号”飞船在飞越土星时，对土卫一、土卫四和土卫五的探测取得了很大的成功。在卫星运动方向的半个球面上，发现有很多由撞击形成的环形山，而另外半个球面上却很少有这样的环形山。土卫一的直径约 390 千米，而其最大的环形山直径竟达 128 千米，在环形山的底部有一座高达 9000 米的山峰。

土卫三的直径超过 1000 千米，在其表面，也有许多几十亿年前因陨星撞击而留下的陨石坑，其中一个坑的直径达 400 千米，底深约 16 千米，在它的另一侧有一条长达 800 千米的既深又宽的大峡谷。土卫二直径约 500 千米，它有十分光滑的表面，即“星疤”很少，这实在是一个奇怪的现象。土星卫星可能由一半水冰一半岩石构成，其密度都在每立方厘米 1.1 ~ 1.4 克之间，且有厚厚的冰层覆盖在岩石核的周围。

目前，土星在很多方面仍存在着许多未彻底揭开的谜。科学家们正以严肃认真的态度，努力深入探索和研究这个谜。我们相信，随着现代科学技术的突飞猛进，这些谜总有一天会水落石出的。

木星 mu xing 上有生命吗

也许我们能十分有把握地断定，在太阳系的诸天体中，除地球外，没有任何一个天体拥有智慧生物，但仍无法肯定，在这些天体中也不存在任何生命活动，特别是那些低等的原始的微生物。除火星外，如今木星也被列入了“怀疑名单”。

木星之所以被怀疑可能有生命存在，是因为它的生态条件与地球比较接近。但是，这颗太阳系体积最大的行星上根本没有可供登陆的固态地表，这是一颗由气体构成的巨大星体，大气层中充满了氢气、氦气、氨、甲烷、水，这样的条件对生命的生存有着极大的障碍。

科学家认为，唯一可以在这种环境下维持生命的办法就是在被烧焦之前复制新的个体，并且借助气流的力量把后代带到大气层中较高、较冷的地方。这种极少的生命形态可以在大气层外侧飘浮，其生命活动的能量主要来自所取用的食物。

令科学家欣喜的是，美国“伽利略”号探测器最近拍摄的照片显示，在木星的一颗卫星（木卫二）的表面下可能隐藏着一片海洋。如果这片海洋真的存在，那么其中就可能存

绕木星轨道飞行的“伽利略”号探测器

在生命现象。“伽利略”号探测器拍摄的照片揭示出木卫二表面上有一个网状系统，该系统中的一些山脊和断层很像地球上板块构造形成的形态。有人在“旅行者”号飞越木星以后就猜测木卫二经历过火山活动，此次“伽利略”号拍下的近景照片为这一猜测提供了有力的证据。

据此，某些理论工作者假定，有一片深达200千米的液态水海洋被掩盖在木卫二的冰壳之下。这一观点进一步论证了下述推测：木卫二可能存在类似于在地球深海温泉处富含矿物质的水中繁衍生息的那些有机体的生命形态。

总之，对于木星是否存在生命这一问题，目前我们还无法做出肯定的回答。

月亮 *yue liang* 是撞出来的吗

月亮是地球的卫星，紧紧地围绕着地球而旋转，但月亮到底是怎样形成的呢？科学家们提出了许多假说。目前，有关月亮形成的最重要的学说认为，大约是46亿年前，一颗大小与火星相似的星体强烈划过并碰撞地球形成了月亮。当时因碰撞形成的大量熔岩碎片和尘埃被撞落在地球周围轨道之内，长时间的相互碰撞和聚集后形成了今天的月亮。

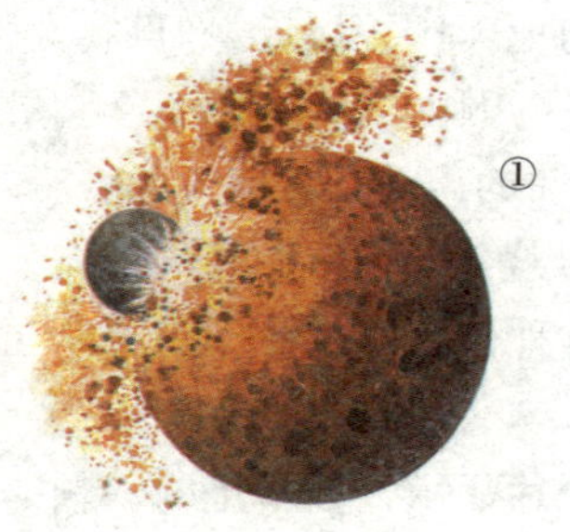

月球是怎么形成的

许多天文学家认为，月球是在几十亿年前另外一颗庞大的天体撞击地球后形成的（①）。撞击时从地球和那颗天体上脱落的物质扩散到太空中，之后这些物质聚集在一起形成月球（②）。这也解释了为什么地球上的岩石和月球上的不同。

阿波罗登月计划的发现有力地支持了这种碰撞学说。宇航员们从月球上采集了大量的土壤标本，这些土壤标本里所含有的矿物质和地球上的非常相近，因此科学家们确信，地球和月亮有着共同的起源。

通过对美国“阿波罗”号宇宙飞船从月球带回的岩石进行了大量的研究后，瑞士联邦科技研究所的科学家发现的最新证据表明，月球和地球曾经真的相撞过。

目前，科学界还有一种月亮生成的理论。此种理论认为，月亮在最早的时候和火星一样大，科学家叫它为Theia，大约在太阳系形成5000万年后，即地球生成的早期，此星球与地球剧烈相撞，并撞击出大堆的熔岩，今天的月球即由其中某些熔岩聚集而形成的。

此外，瑞士科学家们这次还发现，月球岩石里面氧气的同位素含量和地球的完全一致。另外，科学家通过计算机进行碰撞模拟试验，试验显示月球主要构成物质来源于Theia星球的材料。

为此，瑞士的科学家们断定，月亮和地球同位素的含量既然是一致的，那足以证明Theia曾经同地球发生过碰撞。

一个新的计算机仿真模型，为月球起源的大冲撞假说提供了新的证据。

大冲撞假说认为月球是地球与一个路过它附近的天体相互撞击而产生的，月球的某些特征能用此理论来解释。但在此之前建立的大冲撞模型认为，当初的相撞过程必须具备一些条件才能形成现在的月球，比如相撞的天体体积要非常大、发生撞击的次数要足够多；或者是地球还处于体积比现在小得多的早期状态等。由于这些条件过于严格，难以达到，因此大冲撞假说也一直受到科学界的挑战。

在一期英国《自然》杂志上，美国科罗拉多州西南研究所的罗宾·卡内普及其合作者说，在研究中他们把地球和与之相撞的天体划分为两万多个部分，分析相撞时产生的各种现象如各部分之间的压力、引力等相互作用以及温度升高，然后用计算机模拟不同初始速度和角度下的相撞过程并生成三维图像。结果显示，尺寸类似于今天的地球与一个火星大小的天体斜斜地相撞，足可以形成现在的月球。也就是说，相撞所需的初始条件并不像旧模型认为的那样苛刻，月球很有可能通过大冲撞而产生。

现在还没有哪一个假说能完满地解释月球到底是来自何方，天文学界对此也没有确切的解释。也许随着科学技术的发展，有关月球的来源能得到明确的解释。

难窥其实的 *yue liang bei mian* 月亮背面

自古以来，人们就喜欢仰望月亮，然而无论何时何地，人们看到的总是月亮的同一面。为什么人们无法观察到月亮的另一面呢？原因在于月球绕轴自转的周期与绕地球公转的周期刚好相同，因此人们用肉眼始终只能观察到月球的半个球面。

地球的公转轨道面和月亮的公转轨道面存在一个交角，这就使月亮自转轴的南端和北端，每月轮流朝向地球，因而在地球上有时也能看到月亮两极以外的一小部分，占月亮表面的59%。那么，其余的41%的月面（月亮的背面）呢？有人说，月亮的背面，也许有空气和水的存在，重力可能要比正面大一些；也有些人预言那里有一片既广阔又明亮的环形山；还有一部分人认为月亮正面的中央部分是最高地，而背面的中央部分则是一片“大海”——呈暗色的平原。

1959年，苏联发射的“月球1号”探测器在1月4日飞抵离月亮6000米的上空，并拍摄了一些照片传回地球。1959年10月4日，苏联又发射了“月球3号”。它于10月6

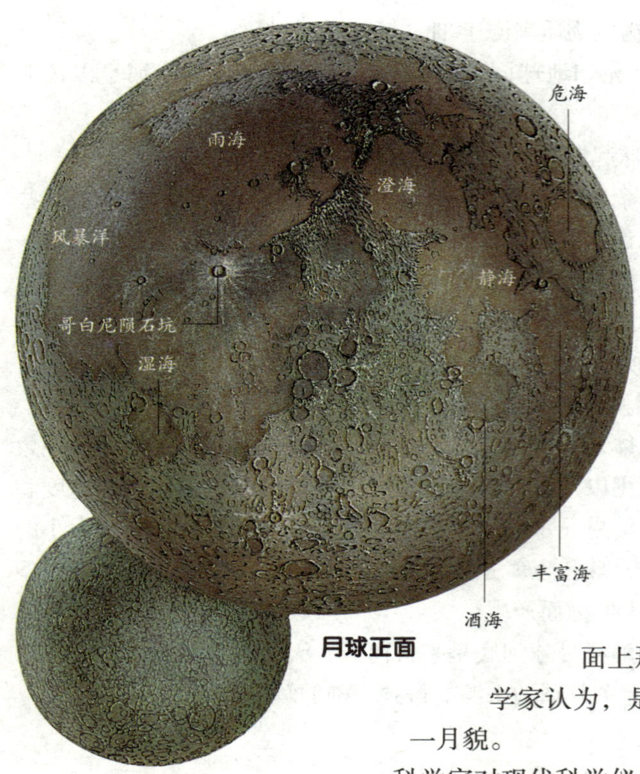

月球正面

月球背面

日开始进入月球轨道飞行，7日6时30分，转到月亮背面大约7000米的高空。当时在地球上的人们看到的是新月景象，而在月亮上正是太阳照射其背面的白天，是照相的大好时机。就这样，有史以来拍摄到的第一批月亮背面的照片公之于众。

月亮的背面也像正面一样，中央部分没有“海”，绝大部分是山区，其他地方虽有一些“海”，也都比较小。背面的颜色相较于正面稍红一些。

1966年，美国“月球太空船”所拍摄的照片，使人们能够仔细地看清同美国西北部的圆丘相似的月面上那些大量错落、形状不一的圆丘。科学家认为，是月亮内部熔岩向月面鼓涌形成了这一月貌。

科学家对现代科学仪器观测的结果和宇航员带回的月亮岩石进行分析，做出了这样的假设：在月貌的形成过程中，火山活动和陨星撞击这两种自然力量都起了作用。在火山活动中，形成了许多圆丘和较小的环形山，而那些大环形山则是陨星撞击月亮时造成的。

而随着科学家观测的深入，产生的有关月背的疑团却愈发复杂。第一件怪事是月球的最长半径和最短半径都在月背。月球半径最大处比平均半径长4000米，最小处比平均半径短5000米，而月球半径的平均值是我们通常所说的1738千米。

第二件怪事则是月球的正面集中了所有的月瘤。月瘤也叫月质量瘤，是月球表面重力比较大的地方。科学家们估计，在这些地方的月面以下有许多高密度物质。此外，月球上还有些地方重力分布小于平均值。令人不解的是，月瘤所在的正异常区和重力偏小的反异常区都在正面，而月背上却没有一处。

另外，月球“海洋”、“湖”、“沼”、“湾”等凹陷结构占了月球正半球面积的一半，共有30余处这样的凹陷分布在月球上，但90%以上都集中在正面，完整的“海”只有两个是在月背上，不足背半球面积的10%，月背其余90%的面积都是由起伏不平的山地所组成，山地的分布结构呈现出几个巨大的同心圆，地形凹凸悬殊，剧起剧伏，而这种地势是正面所没有的。

人们不禁要问：月球正面与背面的这些差异是怎样形成的？自从看到了月球背面的本来面目，科学家便对这一问题从各种角度展开了研究。经过长期的努力，科学界形成了几种不同的见解。

有人认为，在地球引力的作用下月球发生了固体潮，即月球地层也出现类似地球上的潮汐现象，结果就导致了正背面的差别。也有人认为，月球正背面的差异是由巨大的温差所造成的。当地球运转到太阳与月亮之间，月亮上便会发生日全食，此时月球正面的温度会急剧降低，因而形成巨大温差，反复的温度骤变引起了正背面的差别。

奇异的“哈雷彗星”鸡蛋

ha lei hui xing

宇宙间的万事万物都是有联系的，月球围着地球运转，地球的表面因而出现大海的潮汐现象。而每当明亮、巨大的哈雷彗星拖着它那美丽的长尾巴造访地球的时候，人们总会惊奇地发现一种奇特的现象——地球上会随之出现蛋壳上“印”有哈雷彗星图案的鸡蛋。这是不是哈雷彗星对地球影响的表现呢？

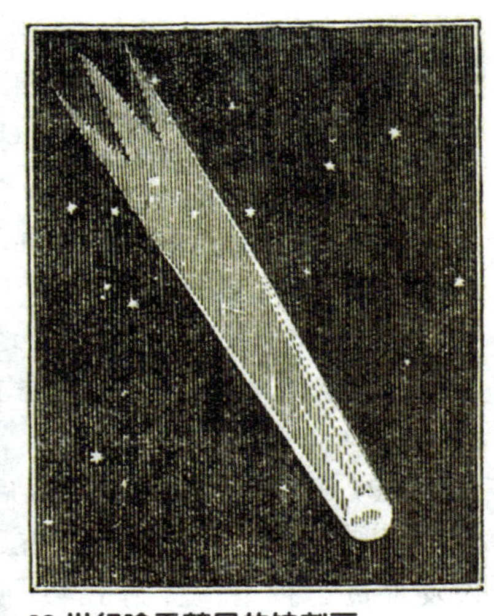

19 世纪哈雷彗星的蚀刻画

1682 年，哈雷彗星经过地球时，在德国马尔堡的一只母鸡生下了一枚蛋壳上布满星辰花纹的蛋。76 年以后，哈雷彗星重访地球时，英国霍伊克附近乡村的一只母鸡也下了一枚带有哈雷彗星图案的蛋。又过了 76 年，哈雷彗星再次出现在苍穹中，希腊有一只母鸡下了一枚“彗星蛋”，图案像雕印在上面的，怎么擦也擦不掉。

哈雷彗星为什么会和奇异鸡蛋周期性地一起出现呢？一个在太空中遨游，一个在大地上诞生，它们之间有联系吗？科学家一般认为二者之间一定存在着某种因果关系，这种现象或许和免疫系统的效应原则，甚至与生物的进化是有关的。但这终究只是猜测，真相如何仍需要进行科学验证。

这个神秘现象依旧在重演。1986 年，同样是在哈雷彗星光顾地球的时候，意大利博尔戈一户居民家里的母鸡下了一枚彗星蛋。在科学技术日新月异、突飞猛进的当今世界，这枚蛋已经成了价值连城的稀世珍宝，也成为最有价值的实物资料。从这里我们可以联想到，中国古代关于灾异和彗星相互联系的丰富记录，虽然其中包含不少封建迷信的东西，但也有相当一部分是古代人们对自然的一种朴素认识和直观反映。

在科学发达的今天，神秘的彗星鸡蛋到底是怎样形成的，依然有待于科学的进一步探索和研究。

小行星 xiao xing xing 会撞击地球吗

近年来，关于地球的命运有一个很敏感的话题，即小行星会撞击地球。的确，在茫茫宇宙之中，地球只是一个很不起眼的星球。既然宇宙中每时每刻都在发生星体碰撞，那么地球也就存在被撞击的可能。但是这里是人类的家园，就目前而言，我们舍此别无居所。因此人们自然会想到一个很令人担忧但不容回避的问题：地球的命运如何？小行星会撞击地球吗？

实际上，这并非杞人忧天。尽管各种星体在茫茫太空的运行都井然有序，大家井水不犯河水，按各自的轨道来回穿梭运行。但是，偌大的宇宙太空，天体运行中的“交通事故”经常发生。经研究，彗星和小行星对地球的威胁最大。太阳系的外部边缘是彗星的活动范围，这种活动范围时时急剧地倾向地球的轨道。这种情形就像一辆车在双向高速公路上行驶，不断有车辆迎面而过，也不断有人从旁边的快车道超车。不过与彗星相比，太阳系小行星对地球的威胁要大得多，毕竟彗星的物质构成还很稀薄。

1807 年，灶神星被发现以后，一直到 1815 年，8 年间再没有人发现过小行星，直到 1845 年发现了第 5 颗之后，每年都有新的发现，小行星的数量急剧增加。23 年后，小行星的数目突破 100 颗，数量达到 200 颗时只用了 29 年。又过 33 年，小行星的数量已经达到 449 颗。截止到 1999 年 1 月初，已有 1 万多颗小行星被人类正式编号记录下来。据估计，约有 50 万颗的小行星能通过天文望远镜用

小行星有时会移动到离地球很近的位置，然而大多数小行星都停留在远离太阳的所谓小行星带内。彗星会横穿太阳系运行到远方，偶尔还会从地球身旁经过。

体积最大的小行星为巨大的岩石块，但是很少有这么大的小行星落到地面上。

照相的方法记录下来。

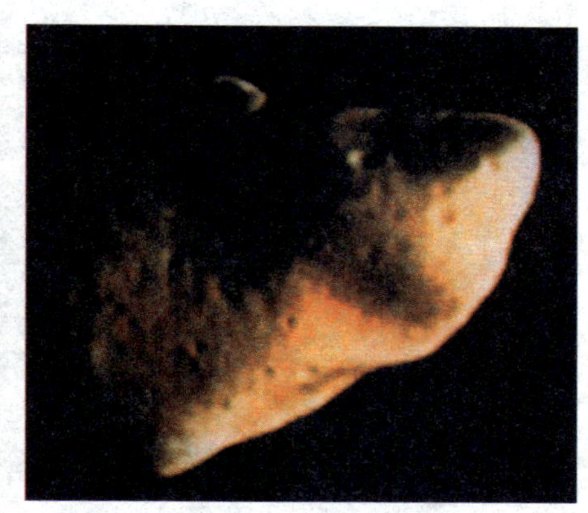
小行星加斯普拉于 1991 年被“伽利略”号宇宙飞船拍摄到。它有 19 千米长，11 千米宽，并在主小行星带的内部边缘绕太阳运转。它的岩石质表面布满了陨坑。

小行星与大行星一样，都紧紧地围绕着太阳旋转，但它们大小不同，形状各异。小行星一般都不大，最大的谷神星直径只有 700 多千米。据统计，只有 100 多颗小行星直径大于 100 千米。约有一两万颗小行星的直径都不到 1000 米，大多数小行星的直径仅有几米、几十米。此外，已发现有小卫星绕着部分行星运转。

1991 年 10 月，“伽利略”号探测器（其主要任务是探测木星）拍摄到大小约为 $19 \times 12 \times 11$ 千米^3，自转周期约 2.3 小时的第 951 号小行星加斯帕拉。其表面有几百个较小的陨击坑，这可能是当它在碰撞时，大陨击坑被强烈的大星震夷为平地。

“伽利略”号探测器还拍摄到一颗具有磁场的叫“艾达”的小行星，同时还发现了艾达的卫星也具有磁场。小行星艾达呈不规则的长条形状，大小约为 $56 \times 24 \times 21$ 千米^3，自转周期是 4.6 小时，其表面有许多撞击坑。距离艾达 1000 千米的小卫星直径为 1.5 千米。据分析，可能是一颗直径达 250 千米的母体分裂而形成的艾达小行星和卫星，迄今它们仍保持着磁场。有趣的是，一年后“伽利略”号宇宙飞船观测到的 4179 号小行星，也是一对形状很不规则的小行星，其中最大的直径为 6.5 千米，其上均有许多陨石坑。

1997 年 6 月 27 日，美国“近地小行星会合”号空间探测器拍摄了一张距离小行星 2400 千米的照片，这颗小行星就是 253 号行星“玛蒂尔达”。它属于碳质小行星，大小为 $57 \times 53 \times 50$ 千米^3，其自转周期为 17.4 小时，表面反射率很低，有 4% 的入射阳光能被反射回去。玛蒂尔达表面上布满了陨石坑，陨石坑比小行星艾达上的陨石坑要大，有一个陨石坑的直径至少在 19 ~ 20 千米以上，相当于它本体直径的 2/5。

小行星通常是由下列物质构成的：石头、碳、金属、石与金属的结合。按它们所在的空间区域分，主要有以下 3 类：（1）位于火星与木星之间的小行星带。在该区域中，小行星围绕太阳运行，轨迹近似圆形。多数小行星，尤其是较大的小行星都位于这一区域。（2）特洛伊小行星群包括两个小行星群，它们与木星在同一轨道上运行，其中一个小行星群在木星之前 60°，另一个小行星群在木星之后 60°。这些小行星的命名是用特洛伊战争中的英雄命名的。（3）绕太阳运行时穿过地球轨道且自身轨道明显伸长的一群小行星，它们的轨道不规则。这类小行星以古希腊与古罗马神话中的太阳神阿波罗命名。

在上述小行星中，只有阿波罗型的小行星对地球有危险。这些小行星通常每隔若干年穿越地球轨道一次，它们穿过地球运行轨道时，虽说它们距离地球相对比较远，但少数的近地小行星仍有可能与地球碰撞。它们主要是平均直径略超过 0.8 千米的石质小行星，直径从 6 ~ 39 千米不等。迄今已发现近 200 颗阿波罗型小行星，而且这个数字还在继续增长。

天文学家认为，可以排除直径小于数十米的近地小行星对地球构成威胁的可能，因为它们往往在与大气摩擦时产生巨大热量，在未到达地面前就已经被燃烧殆尽。直径大约 100 ~ 1000

大多数小行星位于火星与木星之间的行星带上，并且绕太阳运转。特洛伊小行星群的运行轨道和木星轨道是一致的，其中一组位于木星前方60°处，还有一组位于木星后方60° 处。另一些小行星如希达尔戈的偏心轨道与太阳系平面的倾角角度很大。

米以上的小行星对地球构成了较大的威胁。直径 1000 米以上的中等小行星对地球的威胁最大，这是因为它们撞击地球的机会相对比较大，而且它们数量众多。撞击如果发生，会释放出极其巨大的能量，而且会使世界上 1/4 的人口死亡。假定一颗小行星撞上地球，它的密度为 3 克 / 厘米^3、平均速度为 20 千米 / 秒、直径为 1000 米，那么它所造成的冲击相当于数十亿吨黄色炸药的爆炸力，其能量为 1945 年在广岛上空爆炸的原子弹所释放能量的几百万倍。

事实上，从诞生伊始，地球便在漫长的年代里不断受到撞击。说起来人类应感谢这些撞击，因为正是由于这些撞击，地球才会有水或其他生命所需的有机物质出现。大约 45 亿年前，天文学家认为在一团旋转的气体和尘埃云中诞生了太阳系。岩石等物质凝聚为包括地球在内的行星。由于岩石在互相碰撞中释放出巨大的能量，地球最初像一个熔融的球体，热度很高，表面的水、二氧化碳、氨、甲烷等挥发性的物质都沸腾逸散了。随岩石逐渐减弱了撞击，地球慢慢冷却下来，地壳凝结成固体。这时太阳系边缘的寒冷的彗星，携带着水等有机物质撞击地球，于是生命开始了漫长的进化过程。

然而，这些不速之客的光临并非总给地球带来好运。古生物学家认为由于小行星或彗星撞击地球，地球进化史上曾发生了几次 50% 以上的物种灭绝事件。如 5.05 亿年前和 4.38 亿年前，海洋生物被灭绝；3.6 亿年前，海洋和陆地有机体被灭绝；6500 万年前，统治地球 1 亿多年的恐龙被灭绝。特别是恐龙的灭绝，由于距我们时间最近，一直最为人们关注。近来有越来越多的研究人员认为，小行星的撞击造成了这种庞然大物的灭绝。

如果说只能推测和想象上述撞击事件，那么发生在 20 世纪的险情则让我们有了真切的感受。100 年间，天文学家发现过许多次近地小行星与地球近距离照面的情形，真是险象环生。令天文学家们大吃一惊的是，1932 年首次发现阿莫尔型小行星离地球最近时只有 2200 万千米。1989 年，在“1989FC”小行星远离地球半年之后，曾引起一场轰动世界的风波，人人都以为小行星可能撞击地球，后来证实这只不过是新闻报道的失误，让人虚惊一场。1991 年 1 月 18 日，人们发现“1991BA”小行星离地球的距离只是月球到地球距离的一半，仅 17 万千米，当时堪称“近地之冠”。“1997BR”小行星是中国天文学家发现的第一颗距地球距离小于 7.5 万千米的近地小行星，其运行轨道与地球轨道相切。像这样与地球轨道相切的近地小行星，是已知的对地球潜在威胁最大的小行星。2000 年 12 月底，一颗小行星从伦敦上空飞过，吓得不少人直冒冷汗，当时这颗直径为 46 米的小行星距地球仅仅 80 万千米，如果它撞上地球，将会撞出一个 1200 米宽的大坑，后果不堪设想。

相对于这些有惊无险的事件，20 世纪初的那次撞击更让我们感到了它的威力和可怕。1908 年 6 月 30 日凌晨，一个来自太空的火球拖着长达 800 千米的尾巴在通古斯河谷上空爆炸，通古斯河谷位于贝加尔湖西北 800 千米处。大片森林被强烈的冲击波击倒，燃起一场冲天大火，浓烟积聚成的黑云许久不散。遥远的伦敦甚至也听到了爆炸声，约有 1500 只驯鹿葬身火海，所幸没有人死亡。后来人们发现在爆炸中心出现了一个巨大的坑，200 多个直径 1 ~ 50 米的洞穴遍布在周围 3000 米的范围内，30 ~ 60 千米范围内的树木全部倒下，树根齐刷刷地冲着爆炸中心。这一事件被称为“通古斯事件”。由于科学家们在现场没有找到陨石碎片，因此他们几十年来仍一直在苦苦探索。最近有一种为越

小型小行星在到达地球表面前一般都会被地球的大气层烧尽，而大型小行星与地球相撞并摧毁地球的几率则非常小，像图中所示的景象几乎不会出现。

来越多的人所能接受的解释是：一颗石质小行星从东北方向以30°角进入大气层，这颗直径30米的小行星的速度是15千米/秒，它的冲击波的震荡和压力化解了自己，当辐射能达到临界值时，发生的威力相当于1000多万吨TNT炸药的爆炸。让人庆幸的是，它发生在荒凉的西伯利亚地区，虽然当时它没有直接造成人员死亡，但却使周围牧民受到了辐射的损伤。在他们及其后代身上，出现了许多像广岛原子弹事件的受害者一样的怪病。

据科学家预测，21世纪里小行星与地球照面的机会将有7次，这7次都发生在距离小于300万千米的情况下。近来，英国天文学家已计算出一个位置，在这里，小行星带有可能接近地球。这个小行星带可能会增加碰撞地球的机会，而且都是灾难性的。报告说，在适当的条件下，这些天体可以在非常接近地球的轨道上运行。虽说并不能确定地球与小行星是否会发生大碰撞，但这种危险的确存在。也就是说，那些数百万年或数千万年才会有一次的碰撞事件的确可能存在，尽管概率很低，但不能排除这种可能性。

我们只有提前探测到潜在的有巨大杀伤力的小行星，才能避免悲剧的发生。为此世界各国制订了观测计划，都是针对近地小行星的。比如美国的“太空监测计划”、“近地小行星追踪计划”，中国的“施密特CCD小行星计划”等。再者，就是考虑如何拦截小行星或使其偏离原来的轨道而远离地球。形形色色的方案随之被提出来了。方案之一为“打击”，有人提出可用一系列的钨弹排列起来打击小行星，或将数万发至数十万发钨弹用轻质纤维串在一起形成一个打击自投罗网的小行星的三维网络；方案之二是“蒸发”，即在小行星轨道上引发使其汽化的核爆炸；方案之三称“转向”，即通过发射火箭或利用核爆炸拦截或改变小行星运动方向。但以上3个方案产生的碎片会对地球造成更大的伤害。因此，方案之四是：利用太阳能让小行星“光荣妥协”。具体方案是：在小行星活动区域附近安置一面巨大的由超薄片制成的凹面镜，来搜集太阳能；然后利用第二面镜子将能量聚集到小行星上的某个区域，使其发热；在受热不均匀的情况下，小行星会自动转向。甚至有人提出，干脆利用地球上发射的超高能激光，直接推动小行星偏离其轨道。

另外，科学家们设想，或许有一天，人们可能要到小行星上去采集稀有金属，小行星自然就成了天然的航天中转站。

流星雨 líu xing yu 是怎样形成的

在太阳系中，除了行星、小行星、彗星之外，还有一些像小谷粒或比小谷粒更小的天体。它们比小行星还小，也围绕着太阳运行，平时，我们是无法看到它们的。一旦这些小天体遇上地球，就以每秒十几千米到70千米的高速度闯入地球的大气层，与大气发生摩擦，在大气层里化为灼热的蒸气。如果正好在夜晚，我们就可以看到突然有一线亮光，迅速地在空中飞逝，这就是流星。引人入胜的流星雨，其特征是不仅数量众多，而且都是从一个方向落向地球。因此，从地面上看起来，流星雨是从空中一点向外辐射的，如同火花一般。那么，流星雨是怎样形成的呢？

让我们先从流星谈起。在中国古代，有关流星雨的记载很多，它有很多有趣的名字，例如“奔星”、“飞星”、“枉矢”，等等。你如果想观察它，最好在子夜到凌晨之前，并且秋季比春季易观测到。流星的成分主要是行星际空间的固体块和尘埃粒等，当它闯入地球大气层时，与大气摩擦，就会产生“流星雨”。偶然出现的零星流星一般被天文学家们称为“偶发流星”。偶发流星完全随机出现，平时一个夜晚，人们可以看到的偶发流星大约有一二十颗。一个1克重的流星体闯入地球大气燃烧发光，它那美丽的姿态可以与织女星相媲美。

人们在1827年观测到一颗名为“比拉”的彗星，这是一颗“偶发流星”。6年零9个月后，人们发现这颗流星又准时沿地球轨道经过。在1846年，当这颗彗星再一次如期而至时，人们发现它已经变成了一对孪生彗星。这是为什么呢？科学家们经过分析研究，认为这颗彗星曾经和太阳相距很近，它被太阳的引力拉成两半；后来，巨大的引力又将这颗两半的彗星扯成碎片；再后来，这对孪生彗星神秘地消失了，不知是飘向宇宙的其

1833年的狮子座流星暴把一个观测者吓得直喊：“世界着火了！”

他地方，还是变成流星陨落了。

怎样解释流星雨产生的原因呢?

这是因为在茫茫宇宙中有许多像“比拉”那样的彗星，随着时间的推移，或许在某一时刻，这颗彗星便被瓦解成碎片了。但是彗星瓦解后形成的数不清的彗星尘粒构成了流星体，并且仍然运行在原来的轨道上。无数流星体物质和尘埃在浩瀚无边的太阳系中，围绕着太阳公转，这就是流星群。当这些流星群在地球引力的作用下冲入大气层时，由于摩擦便形成了壮观的流星雨。

流星雨每次出现的规模大小不一，这主要取决于每小时出现的流星的数量。“流星暴”是指在一小时内有 1000 颗以上的流星坠落。

流星像箭一样从一个地方向四面八方射出去，这个地方的中心点被称为辐射点。辐射点在英仙座的流星群，被称为英仙座流星群；辐射点在天琴座的流星群，则被称为天琴座流星群。以此类推，各个流星群就都有了各自的名字。

我们可以看到，科学上的成就就是有计划的长时间劳动所结出的硕果，它有时也有赖于各种条件的机缘巧合。然而，不应忘记的是，机会是很少的，必须善于利用它，并为之作好准备。

陨石 yun shi 来自何处

我们经常会看到有关某地又发现新的陨石的报道，这些神秘的外来客曾经让地球人恐慌不已。现在随着人类的研究领域已跨向星际空间，陨石的神秘面纱也渐渐被人类揭开了。

科学家在对陨石的不断研究中发现，陨石是坠落地面的流星体残余。在对其物质成分进行分析后，科学家们认为可以把它们分为三大类：

陨铁，或称铁陨石，其主要成分为铁和镍等金属元素，如铁占 90% 左右，镍占 5% ~ 8%，或更多些。已知世界最大的陨铁质量约 60 吨，现仍位于非洲纳米比亚南部的原降落地。中国的新疆大陨铁，质量约 30 吨，在世界上名列第三。

陨石是各类陨石的统称，有时为了加以区别，将其称为石陨石。多数石陨石中到处可见的是直径一般从零点几毫米到几毫米的很小的球状颗粒。由于它们形成于特殊的条件下，其结构也是前所未见的，在地球上的岩石内还没有见到过这种球状颗粒结构。含球状颗粒结构的石陨石中，球粒陨石约占 84%。1976 年 3 月 8 日，世界最大的石陨石降落在中国吉林省，在已收集到的 100 多块陨石碎片中，一块约 1770 千克的陨石碎片最为重要。

陨铁石，或称石铁陨石，一般比较少见，基本上由铁、镍等金属和硅酸盐各一半组成，是介于陨石和陨铁之间的一种陨石。

据估计，每年降落到地球上来的陨石大约有几千万颗，其中只有很少一部分被人们找到，其余的大部分都落到了荒无人烟的地方或江河湖海里去了。人们在接待这些宇宙来客之时，常常想弄清楚：这些神秘的天外来客究竟来自何处？科学界对此意见不一。

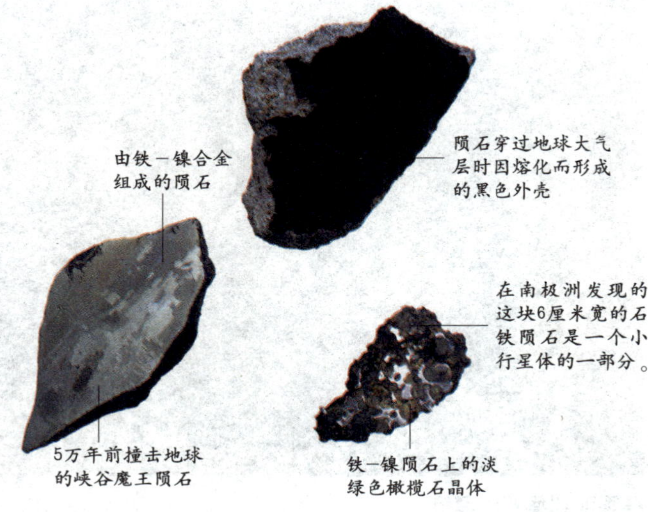

陨石标本

有人认为，陨石来自彗星。因为有些彗星没有彗发和彗尾，只有彗核，这就与小行星难以分别了。日本东京大学的古在山秀博士就认为，最早发现的小行星伊卡鲁斯，很可能就是由彗星转变而来的。有人还分析了小行星和陨石的结构，发现它们具有相同的物质构成。

但更多的人认为，太阳系的小行星带是陨石的故乡。小行星沿着椭圆形的轨道围绕太阳运行，当它们接近地球时，有些便离开了家乡，到地球上安家落户。

1947 年 2 月 12 日上午 10 点左右，在符拉迪沃斯托克北面的锡霍特·阿林山脉，一块巨大的陨石坠落了。根据陨石坠落的方向和角度，考察队员推测出了这颗陨石进入地球大气层时的轨道是细长的椭圆形，远日点在地球内侧，近日点在火星和木星的轨道之间。所有这一切都说明这颗陨石与小行星具有一致的轨道。由此可知，这颗陨石的前身是小行星。1959 年 4 月 7 日晚，科学家根据落在捷克斯洛伐克布拉格市附近菲拉布拉姆镇的那颗陨石的方向和速度，也推测出它的前身是小行星。1970 年，科学家根据降落在美国俄克拉荷马州北部的罗斯特西底的一颗陨石的运行轨道，也证明它曾是一颗小行星。

就在人们寻找陨石的故乡的同时，在陨石当中又发现了金刚石。作为一种比较坚硬的矿物，金刚石若没有高气压是难以形成的。那么，为什么金刚石会出现于陨石里呢？

苏联地质学家尤里·波尔卡诺夫认为，陨石的母体要达到月亮那么大才可能形成金刚石。因为碳元素是构成金刚石的重要物质，至少需要 2×10^6 ～ 3×10^6 千帕，才能使碳元素变成金刚石。月亮的半径是 1700 千米，它的中心部位的压力可达 4×10^6 ～ 5×10^6 千帕。所以，陨石母体如果比月亮的一半还小，金刚石是难以形成的。

另一种说法谈到陨石中金刚石的成因时，认为金刚石是在陨石与地球相撞时形成的。在美国西部亚利桑那州科科尼诺县，有个世界闻名的巴林杰陨石坑。在这个陨石坑的边缘人们找到了含金刚石的陨石。有人认为，可能是在陨石与地球相撞时所产生的冲击力的压力下形成了这种含金刚石的陨石。只要有足够大的冲击力，就可能形成金刚石。在这种情况下，陨石母体可以不必像月亮那么大。

美国亚利桑那陨星坑

这是小行星撞击地球的最好例子。从理论上说，会有许多小行星可能撞击地球，但能对地球造成灾难性影响的并不多。

此外，还有一种观点认为，陨石在空间飘荡的时候，撞到了其他陨石。在足够的冲击力下，金刚石才得以产生。

尽管观点不一，但科学家们仍在寻找新的证据，相信人类终有一天会寻找到陨石的真正的家园。

神秘的 UFO

长久以来，人们都自以为人类才是宇宙中唯一的生命，可是 UFO 的出现使人类开始重新考虑并关注其他星球是否存在生命的问题，以及这些生命是否与地球、人类之间存在着某种联系。一直以来，关于神秘的 UFO 的故事不断充斥在各种杂志、报刊和影视中，那么 UFO 是不是外星人的交通工具呢？它真的是天外来客吗？

UFO 是英文 Unidentified Flying Object 的缩写，中文意思为“不明飞行物”，它主要是指出现在地面附近或天空中的一种奇异的光或物体，也称“飞碟”。这个缩写最早是在美国 1947 年 6 月 24 日出现飞碟时由一名记者在报纸上使用的，一直沿用至今。

最早记载不明飞行物出现的时间是在 1878 年 1 月，美国得克萨斯州的天空中突然出现了一个圆形物体，当地农民马丁发现了它，这条新闻同时登载在 150 家美国报纸上。1947

年6月24日，美国爱达荷州的企业家肯尼斯·阿诺德驾驶私人飞机飞经华盛顿时，发现雷尼尔山附近出现了9个以一种奇特的跳跃方式在空中高速前进的圆形物体。它们就像一种类似鸢形的闪光物，更像是碟盘一类的器具。这些物体以大约2000千米/小时的速度疾飞而过，转眼就在天空中消失了……美国几乎所有的报纸都报道了这一事件，世界性的飞碟热被引发。

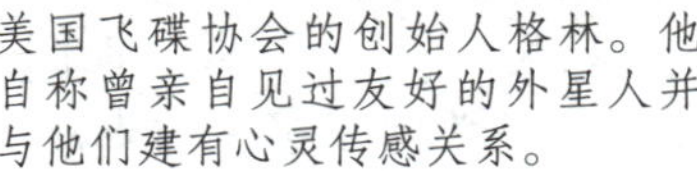
美国飞碟协会的创始人格林。他自称曾亲自见过友好的外星人并与他们建有心灵传感关系。

国外科幻杂志封面，飞碟被绘制成可以悬浮于空中的巨盘。

随着UFO目击事件的日益增多，人类也尝试着想与之较量一番，但是在几次的较量都是以人类的失败而结束。1956年10月8日，一个UFO出现在日本冲绳岛附近，适逢附近正在实弹演习的一架西方盟国的战斗机飞过，机警的战斗机炮手马上向它开炮。结果炮弹爆炸后，先下手的战斗机碎成残片，机毁人亡，而被攻击的UFO却安然无恙。1996年8月的一天，美国西部某导弹基地附近也出现了一架长期滞留的UFO。

自作聪明的人类在对它拍完录像之后，立即启动基地几乎所有的导弹发射装置来攻击它。奇怪的现象又一次发生了，基地所有的装置在同一时刻瘫痪，而UFO依然安然无恙。更为特别的是一束神奇的射线击中了一套最先进的导弹发射装置，使它在顷刻间熔为一堆废铁！科学家们闻讯赶来，一致认为可能是一种类似于高脉冲的东西把这套先进的装置化为废铁的。

几次“以卵击石”的事件造成了巨大损失之后，专门研究UFO的科学家们开始对“妄自尊大”的人们提出忠告：“与UFO相遇时，‘先下手为强’是绝对不可取的；因为与UFO相比，人类的飞机与炮弹就像一个与坦克较量的弹弓。除了无谓的牺牲外，我们别无选择，只能静观其变。”

然而，人类并没有停止对UFO的研究。1967年，由美国政府

这张拥有经典外观的UFO照片拍摄于1967年美国罗得州。

根据专家的判断，这张拍摄于1967年俄亥俄州村庄上空的照片展示的是一种外星人的交通工具。

授权、美国空军协助，以哥诺兰大学著名物理学家爱德华·U.康顿博士为首，组成了歌诺兰大学调查委员会。他们全面分析鉴别了1948年以来美国空军搜集到的12618起UFO报告。18个月以后，他们的研究结果被整理成了一份名为《不明飞行物体的科学研究》（亦称《蓝皮书计划》）。这份共有2400页、重达9磅的报告认为，由于UFO对国家安全并无具体威胁，所以不应再重视UFO的研究了。英国国防部在同时也开展了同样性质的研究，他们调查研究了1967～1972年间闯入英国境内的1631起UFO事件，认为除了极少数未能查实的不明飞行物以外，绝大部分只是高空气球、飞行器碎片、大气现象和飞机等物质。

罗勃·D.巴利是美国“20世纪UFO研究会”的主席，也是研究UFO的权威人士。据他所知，美国军方目前掌握着一架1962年坠毁在美国墨西哥州某空军基地的UFO的最详尽的资料。这个UFO的直径有15米，它的主要原料是一种地球上找不到的金属，外形是典型的碟状飞船。飞碟的飞行速度在着陆时达到150千米/小时，但它的着陆装置未放下来。各种专家对写有文字内容的飞碟碎片进行了分析鉴定，但仍破解不了其中的奥秘。

按照巴利的说法，UFO显然真实存在，但事情却另有蹊跷。2001年3月10日，美国中情局首次大规模解密了859份秘密情报文件。这批在时间上从1947～1991年，内容五花八门的秘密文件，包括了美国中情局从20世纪40年代末一直到现在对UFO现象展开的研究。这50年来的研究结果让人瞠目结舌，UFO的存在并没有确凿证据，换句话说，也许根本就没有UFO！

以美国侦察部为研究对象的历史学家海恩斯将20世纪90年代美国中情局所有关于UFO的秘密内参全部翻阅后，得出的结论是：在1950～1960年间，所谓的UFO超过半数都是美军人员驾驶的侦察飞机。

他认为美国一直在撒一个弥天大谎。海恩斯主要由两个方面确定和推测美国政府的行为：一是当时苏联对美国领空的入侵造成了美国民众的恐慌，美政府假借UFO可以安抚民众；二是因为美国当时的SR-71和A-12是最机密的情报收集机，但它们总是在飞临敌方上空时受到致命的威胁。所以，中情局就以UFO这枚“烟雾弹”来为其护航，这样就会麻痹被侦察国的防空警报系统，从而改变原来的被动状况，同时达到浑水摸鱼的效果。

无论UFO是否存在，全世界仍有约1/3的国家还在对不明飞行物进行持续的研究工作。希望有一天，科学能够破解这一神秘现象。

飞碟传奇

fei die

自从 1878 年飞碟首次光顾地球以来，人们对飞碟的研究已有一个多世纪了。然而随着研究的逐步深入，是否真的存在飞碟再次引起了人们的争论。

坚持认为确实存在飞碟的科学家们在经过长期的研究之后，列举了 5 个飞碟存在的理由。

第一，能够用照相机捕捉到不明飞行物的身影。但是这样清晰可利用的照片数量极少。

第二，不明飞行物能够被雷达探测到。尽管空中警戒系统发现不明飞行物的事例很少见，但也足够让人心神不安的。为了保证美国军队的空中探测能力不被人所知，1969 年以来，美国空中指挥系统一直不愿公布雷达探测到的 UFO 情况。1994 年 1 月 28 日，法国航空公司 A320 班机机组飞行在巴黎上空时，突然发现一个直径达 250 米的红色圆盘状物体飞过，但它躲过了地面雷达的监测。法国航空公司班机人员的发现也被位于瓦尔德瓦兹省的塔韦尼的空军证实了，他们也发现了同样的不明飞行物。美国《蓝皮书计划》的研究文件表明，飞行员肉眼看到的不明飞行物有 1/5 能被雷达监测到。

第三，不明飞行物在人身上也能留下痕迹。不少目击过不明飞行物的人都受到了它的攻击，有的皮肤被烧伤。1967 年 5 月 20 日，加拿大的一位勘察员发现了两个不明飞行物，离他只有几十米远。一个不明飞行物突然向他发出刺鼻气味的气体，同时还射出了蓝光。当他走近不明飞行物时，他的面部、腹部和手被烧伤，几个星期内依然没有消退的迹象，这种奇怪的现象令人难以解释。

第四，不明飞行物还能在地面上留下奇怪的印证。1981 年 1 月 8 日，一个椭圆形的金属物体突然降落到法国瓦尔省的一个村子里。人们很快发现了它，但它在半分钟之后又以极快的速度飞走了。法国空间研究中心所属的一个研究小组对不明飞行物停留过的地面进行了研究，认为这里曾受到过一个大约 1 吨重的物体的重压。士兵在不同地点采集了一些植物和土壤的样品，法国全国农艺研究所生物化学家米歇尔・布尼亚进行研究分析之后发现，距离不明飞行物不远的

飞碟想象图

出现在美国得克萨斯州某农场上空的不明飞行物，这是人类首次发现 UFO，引发了世界性的飞碟热。

植物的化学成分都发生了变化。这是怎么回事呢？各种能够想象到的解释例如化学污染、微波辐射、放射性辐射等最终都被排除，直到目前，依然无法解开这个谜团。

第五，不明飞行物会造成电器故障。不明飞行物会对它出现的地方的电动机的运转发出干扰。彼得·斯特罗克教授在《不明飞行物观察物证》这份报告中，举出高达 441 起之多的这类事件。每起事件中的当事人都声称不明飞行物出现的同时，他们汽车的照明线路发生了故障。最有说服力的事例当属美国警察路易斯·德尔加多在 1992 年 3 月 20 日的遭遇。当他驾车行驶在佛罗里达州海恩斯城公路上时，突然在他前面离地面 3 米高的地方出现了不明飞行物，顿时汽车的电力系统和对讲机都发生了故障，可随着飞行物的消失又恢复了正常。这类情况在飞机上也发生过。据统计，在美国关于飞机驾驶员遭遇不明飞行物，从而造成飞机电力系统出现暂时故障的事例多达 120 起。1977 年 3 月，一架往返波士顿与旧金山之间的联合航空公司的班机上，驾驶员突然发现飞机的自动驾驶仪出现了故障，航向发生了变化（只有一个非常强大的磁场才能产生这种干扰）。与此同时，空中飞过一个奇异的发光物体。目前除了一场核爆炸外，还没有任何已知的东西能够产生如此强大的干扰磁场。

但是，许多科学家仍认为飞碟只是一种物理现象，而并非真正存在。他们从一些物理学尤其是光学的角度对飞碟现象逐一做了解释。

第一，UFO 照片之所以比较模糊，是因为大气透镜成像质量比光学透镜成像质量差很多，所以 UFO 的照片实际上是一个在空中飞行的模糊的亮斑（实像）。

第二，UFO 降落时产生焦痕的原因是大气透镜能将它大面积接收到的光线聚在地表处，将光能转变成热能，因此产生了焦痕。

第三，UFO 持续的时间比较短，是因为大气透镜随地球自转一起运转所成的像即 UFO 也跟着变换移动，而由于人在地球上，所以就会认为 UFO 在远去。

第四，UFO 来去都无声响证明了 UFO 只是光学现象。假如 UFO 是飞行器的话，它在空中作高速运动，就会使空气产生高速的流动，在摩擦作用下肯定会发出声响。

据报道，美国空军曾在 UFO 出现后派飞机去追赶，结果什么都没有发现。但是飞机回机场后，UFO 又出现了。实际上 UFO 出现在空中就是光线通过大气透镜在毛玻璃处形成的实像，而飞机回机场后，随着空气慢慢恢复平静，毛玻璃被重新修复，所以 UFO 又出现了。

第五，UFO 经常以草帽面孔出现，很可能是巨大的光线经过大气透镜后在空中聚集成焦点的缘故。

以上种种解释都无法确证飞碟是否真的存在，争论仍在继续，不过我们相信，这个问题总有一天会大白于天下。

第二篇
CHAPTER TWO

地球揭秘

Secrets of the Earth

地球是怎样诞生的

di qiu

早在远古时代，人类就对地球充满了好奇。那时的人们认为大自然里存在的一切都是由上天创造的，一切都是与生俱来的。西方的“上帝创世说”曾经在相当长一段时间内占据统治地位，人们都相信有一个超乎人力之上的上帝创造了一切。然而，随着人们认识水平的提高和科学技术的发展，人们已经远远不相信“上帝创世说”那样的答案了。

在关于地球起源的各种理论中，较早就产生且比较普遍被人接受的是星云说。科学家们认为在距今约 50 亿年前，宇宙大爆炸后，太阳系星云收缩，形成了以太阳为中心的太阳系。约 4 亿年后，地球开始形成。大概在 46 亿年前，发展成现在的大小和形状，其后可能再过了 15 亿年，地球上的环境才适宜早期的生物生存。

另外，法国生物学家布丰在 18 世纪就创造了“彗星碰撞说”。他认为彗星落到太阳上，把太阳打下一块碎片，碎片冷却以后形成了地球，即地球是由彗星碰撞太阳所形成的。这一学说打破了神学的禁锢，曾一度引起人们的注意。此后，其他科学家继承和发展了布丰的学说，将地球形成原因的研究又向前推进了一步。

然而，1920 年，英国天文学家阿瑟·斯坦莱·爱丁顿却指出，从太阳或其他恒星上分离下来的物质都很热，以至于它们扩散到宇宙空间前还来不及冷却就消散掉了。即使在某种未知的过程下凝聚成了行星，运行的轨道也不会像现在太阳系中的轨道那样有规律。

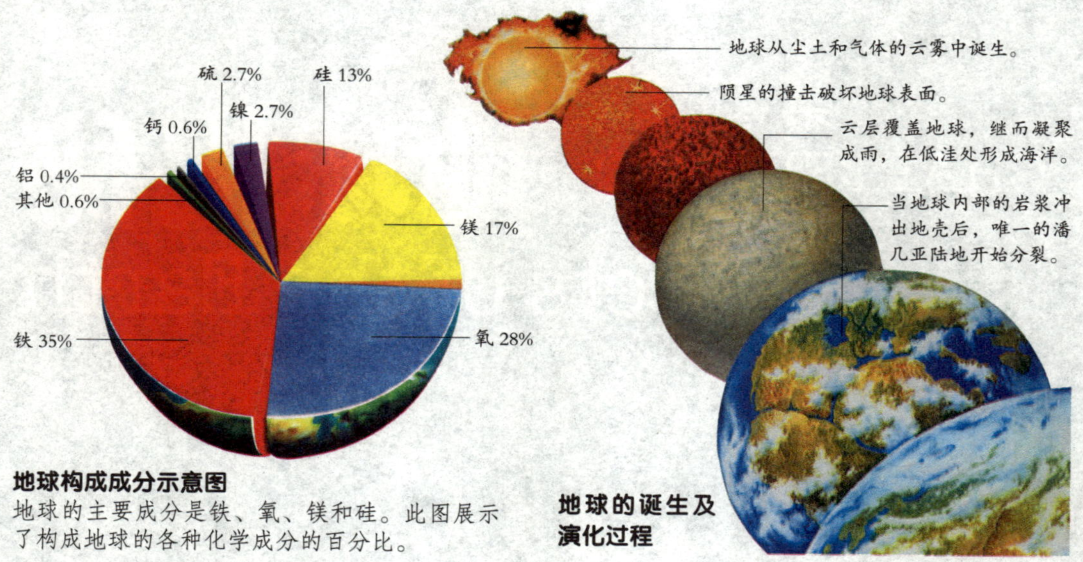

地球构成成分示意图

地球的主要成分是铁、氧、镁和硅。此图展示了构成地球的各种化学成分的百分比。

地球的诞生及演化过程

1936 年，美国天文学家莱曼·斯皮特泽又证实了这一理论。

1944 年，德国科学家卡尔·夫兰垂·克·冯·韦茨萨克对以往的“星云假说”进行了进一步发展，他认为是旋转的星云逐渐收缩形成了行星。如果把星云中的电磁作用考虑进去，就可以解释角动量是以什么形式由太阳转移到行星上去的。

随着人们在该领域研究的不断深入，目前科学家们提出的有关地球起源的学说已多达十余种。除以上两种外，主要还有以下一些学说：

1. 陨星说。1755 年，康德在《宇宙发展史概论》中提出了该学说，他认为太阳系最初是一团由尘与气形成的冷云，并不停地旋转。今天的天文学家利用现代望远镜，看到遥远星际间漂浮着暗黑的尘云，这种云看起来就像康德想象中的太阳系旋转云。

2. 双星说。此学说认为行星都是由除太阳之外的另一颗恒星产生的。假定太阳最先产生，还没有行星。后来太空中有另一个星球从太阳附近掠过，把一块物质扯了出来。掠过的星球继续飞行，而那些被扯出来的物质则凝聚成了太阳系的行星。

3. 行星平面说。该学说认为所有的行星都在一个平面上绕太阳转，原始的星云盘产生了太阳系。

随着人们认识水平的提高和科技水平的进步，人类对地球的形成的认识将越来越深入和趋向统一。我们有理由相信，揭开地球起源之谜并不是一件遥远的事情。

是谁在驱使地球运动

yun dong

远古时代，人们认为地球是平的，太阳落到地平面下面，天就黑了。也有人认为，地球是不动的，太阳嵌在天幕上，由于天幕不停地转动才引起太阳东升和西落。现在，人们已经明白，每隔 24 小时经历的一次白天和黑夜是由于地球自转造成的。在围绕地轴自转的同时，地球又在一个椭圆形远轨道上环绕太阳公转，带来昼夜交替和季节变化，使人类及万物繁衍生息。那么，是什么力量驱使地球如此永不停息地运动?

宇宙间的天体都在旋转，这是它们运动的一种基本形式，但要真正说明这个问题，首先要弄清楚地球和太阳系是如何形成的，因为地球自转和公转的产生与太阳系的形成密切相关。

天文学家认为，太阳系是由古代的原始星云形成的。原始星云是非常稀薄的大片气体云，因受到某种扰动影响，再加上引力的作用而向中心收缩。经过漫长的演化，中心部分物质的气温越来越高，密度也越来越大，最后达到了可以引发热核反应的程度，从而演变成了太阳。太阳周围的残余气体，慢慢形成了一个旋转的盘状气体层，经过收缩、碰撞等复杂

经过长时间的演变，地球的运行轨道从圆形变成椭圆形。

的过程，在气体层中凝聚成固体颗粒、微行星、原始行星，最后形成了一个完整的太阳系天体。

大家知道，如果要测量物体直线运动的快慢，应该用速度来表示，但是如何来衡量物体旋转的状况呢？有一种办法就是用“角动量”。一个绕定点转动的物体，它的角动量就是质量乘以速度，再乘以该物体与定点的距离。物理学中有一条非常重要的角动量守恒定律，就是说，一个转动的物体，只要不受外力作用，它的角动量就不会因物体形状的变化而发生变化。例如一个芭蕾舞演员，当他在旋转的时候突然把手臂收起来（质心与定点的距离变小），他的旋转速度就会自然而然地加快,因为这样才能保证角动量不变。这一定律在地球自转速度的产生中有非常重要的作用。

原始星云原本就带有角动量，在形成太阳系之后，它的角动量仍然不会损失，但已经发生了重新分布，各个星体在漫长的演变过程中都从原始星云中得到了各自的角动量。由于角动量守恒，行星在收缩的过程中转速也将越来越快。地球也是这样，它获得的角动量主要分配在地球绕太阳的公转、地月系统的相互绕转以及地球的自转中。

我们很容易产生错觉，常常以为地球的运动是匀速运动，否则每一日的长短也会改变。物理学家牛顿就这样认为，他把宇宙天体的运动看成是上好发条的钟，认为它们的运行准确无误。而实际上地球的运动也是在变化的，而且非常不稳定。有人研究“古生物钟”时发现，地球的自转速度逐年变慢。距今 4.4 亿年前的晚奥陶纪，地球公转一个周期需要 412 天；而到了 4.2 亿年前的中志留纪，每年只有 400 天；到了 3.7 亿年前的中泥盆纪，一年为 398 天；到了 1 亿年前的晚石炭纪，每年大约是 385 天；到了 6500 万年前的白垩纪，每年是 376 天；而现在一年是 365.25 天。科学家认为，产生这种现象的原因，是由于月球和太阳对地球潮汐作用的结果。在地球上，面向月球及其相反方向的海面会因潮汐力而发生涨潮现象，面向月球一侧的涨潮是因月球的引力大于离心力之故，而相反一侧则是因为离心力大于引力的缘故。当发生潮汐时，海水与海底产生摩擦，使得海面发生变化需要一段时间，因而对地球的自转产生牵制作用。这种牵制力会使地球自转减慢。

由于人类发明了石英钟，便可以更准确地测量和记录时间。通过一系列观测和研究发现，在一年内，地球自转存在着时快时慢的周期性变化：春季自转比较缓慢，秋季则加快。科学家认为，这种周期性变化的原因，与地球上大气和冰的季节性变化有关。另外，地球内部物质的运动，如重元素下沉、轻元素上浮等，都会影响到地球的自转速度。

除此之外，地球公转也不是匀速运动。地球公转的轨道是椭圆形的，最远点与最近点相差大约 500 万千米的距离。当地球由远日点向近日点运动，离太阳近的时候，受太阳引力的作用就会加强，速度也就变快。由近日点到远日点时则相反，地球的运行速度会减慢。

另外，地球自转轴与公转轨道并不是垂直的，地轴也并不是稳定的，而是像陀螺一样在地球轨道面上做圆锥状旋转。地轴的两端也不是始终指向天空中的某一个方向，而是围绕着一点不规则地画圆。地轴指向的不规则，是地球运动所造成的。

由此可知,地球的公转和自转包括了许多复杂的因素,并不只是简单的线速或角速运动。

地球还同太阳系一起围绕银河系运动，并随着银河系在宇宙中飞驰。地球在宇宙中运动不息，这种奔波可能在它形成时便开始了。地球仍然在运动着，它的加速、减速与太阳、月亮以及太阳系其他行星的引力有关。那么，地球最初是怎么运动起来的呢？是否存在所谓的第一推动力呢？ 17 世纪，意大利科学家伽利略发现了惯性定律：一个运动的物体，只要不再受到外力的作用，惯性就会使它保持着原来的速度和方向一直运动下去。后来，物理学家牛顿在发现了三大运动定律和万有引力定律之后，曾用他后半生的全部精力来研究和探索第一推动力。他得出了这样的结论：上帝设计并塑造了这完美的宇宙运动机制，且给予了第一次动力，使它们运动起来，但这显然与现代科学格格不入。

那么，地球运动的能量又从何而来？假如地球运动不需要消耗能量的话，那么它是永动机吗？这些问题现在都还没有答案。

追问地球的年龄 nian ling

我们知道，树有年轮，一棵树生长的年数会在树干横切面上的圆圈数上显示出来，层与层之间的界线非常清晰。与此类似，地球也有“年轮”。科学家通过对地球上岩层的性质和变化的研究，测定地球至少有 46 亿岁了。

地球形成以后，在其不断运动、变化和发展的演变中留下了许多痕迹。组成岩层的主要成分火成岩、沉积岩和变质岩等，其来历都各不相同。通过对各种岩层的探测，人们就可以知道一些地方的地质历史。

20 世纪放射性元素和其衰变成的同位素的发现，使人们找到了一个比较精确计算岩石年龄的方法。

根据科学方法鉴定出，在格陵兰岛西部地区发现的阿米佐克片麻岩是地球上最古老的岩石。英国牛津大学的研究人员使用铷－锶放射性同位素法，测定它已有 38 亿岁。不久前，科学家把放射性年代测定法运用到对陨星碎块年龄的测定中，发现太阳系碎屑的年龄大都在 45

科学家研究地球的历史，是为了了解随着自然力量不断改变地形，地球是如何发展变化的。

在前寒武纪和寒武纪时代，全球陆地形成了好几个不同的部分，直到2.5亿年前飘移合并形成“超大陆”——泛古陆。约2亿年前泛击分裂成冈瓦纳大陆和劳亚古大陆（上图），然后逐渐变成它们现在的样子（下图）。

亿~47亿岁间。他们认为，在同一时期，太阳系的成员大多形成了，因此也可以推测地球大约有多少岁了。

最近澳大利亚地质学家在澳大利亚西部的纳耶山沙石中发现了4块岩石晶粒，它们是锆石碎块或锆的硅酸盐。探测研究表明，这些锆石大多是地球原始表壳的碎块。人们使用离子探针谱分析法，测定了这些矿物样品中铀和铅的同位素离子的相对度，从而对这些岩石的年代做出了判断。这种岩石晶粒至少已有41亿~42亿年的历史，它比格陵兰西部岩石还要早3亿年。

根据这一发现地质学家们认为，早在46亿年前地球就同太阳系的其他行星和月球一起形成了，而且地球在它起源以后一直受到陨石的重力冲击，时间至少长达5亿年，从而使得地球原始表壳的全部形迹遭到毁坏。

在发展过程中，地壳形成了各个不同年代的地层，保存在各种地层中的各种岩石从低等走向高等，从简单走向复杂。

地质学家把地球的历史分成太古代、元古代、古生代、中生代和新生代五个时期：

太古代。从地球诞生到25亿年前。那时，地球上是一片汪洋，海面散布着一些火山岛；陆地面积还很小，上面尽是些秃山。地球上的生命刚刚孕育发生，原始细菌开始繁衍发展。

元古代。距今24亿~6亿年前。这个时候大片陆地出现，在海洋中海洋藻类和无脊椎动物开始繁衍。

古生代。距今6亿~2.5亿年前。地壳运动剧烈，亚欧和北美大陆已形成雏形。最早出现的三叶虫兴盛一时，随后大批鱼类繁殖起来。两栖动物作为陆上脊椎动物之一，已成为当时最高级的动物，爬行类动物和有翅昆虫也出现了。

中生代。距今2.5亿~0.7亿年前。大陆轮廓基本形成，太平洋地带地壳运动剧烈，大山系和丰富矿藏开始形成。那时候是爬行动物的时代，以恐龙为盛。原始的哺乳动物和鸟类也开始出现了。

新生代。1亿年前到现在。地球上出现规模巨大的喜马拉雅造山运动，使得地球上海陆面貌同现在基本相似了。新生代的第三纪哺乳动物开始大量繁殖，第四纪则是人类起源和发展的时代。

随着科技的进步，人类一定能更加准确地测定地球的年龄。

地球未来大揭秘

据日本东京技术学院的一项研究，在10亿年之后地球的海洋将会完全干涸，地球表面一切生物都会灭绝，地球将会有与火星一样的命运。

在研究报告中这项研究的责任人、东京技术学院地球及自然科学教授村山成德指出，大地板块与海洋正逐渐向地幔处下沉。地幔位于地球高热核心（地核）的外层，是地壳中的疏松岩石。村山教授说：“依据当前水分消失速度加快的情形来看，约在今后10亿年内地球表面的水将会消失殆尽。”

村山说，这项研究报告是建立在测量地表下温度的实验以及2000项以计算沉积岩生成时间为目的的学术工作的基础之上所得出的有关结论。

他指出，由于地心逐渐冷却，使地表下100千米深的岩浆降温收缩，每年被抽进地壳的水超过11亿吨，但重新被释放出来的只有2.3亿吨。

报告指出，大量海水自7.5亿年前就已经开始从外围向地幔方向流动，导致今天大陆露出水面。报告还称，这样就为为何大部分大陆在7.5亿年前还在海底沉睡带来了新的解释。

倘若上述理论正确，那么，关于那段时期大气中氧的含量急速增加的原因就可以得到进一步的解释了。报告称，生活在石头上的制氧浮游生物，因为大陆露出水面而在空气中暴露，把大量氧气释放进大气层，不同的生命形态也逐渐被充沛的氧气所孕育。

但是村山指出，自此地面的水量不断减少，这种情形意味着最终这个星球上的生物将会成为历史。

村山指出，在每一个拥有水源的星球上存活的生命体，都将会一遍又一遍地上演在水分完全消失后的“灭绝”的历史，无可避免。他指出，在火星上早已发生过这种情况。科学家们推测火星上曾经有河流流动，但一直找不到水源消失的原因。

不过，村山所指出的地球终会干涸的预言并不可以说明地球人类将会面临所谓的“世界末日”。第一，对人类而言10亿年实在太漫长了，漫长到令世人没有办法去想象；第二，以地球人类的智慧，相较于10亿年而言，在不到弹指一挥间人类即能找到在地球以外的新的定居点。

人类目前所掌握的空间技术就已经对这一蓝图进行勾画。因此，哪怕真有那么一天地球不再适合人类居住，人类也早就在其他的地方繁衍、进化、生息。说不定“火星人”也早就找到了新的居住地，搬走了呢！

地球磁场 dì qiú cí chǎng
为什么会“翻跟头”

为什么指南针会始终指向南方，这在古代曾是一个无法解答的谜，一直到 1600 年才由英国宫廷医生吉尔伯做出科学的解释。原来地球本身就是一个大磁场，北磁极（N 极）在地球的南端，南磁极（S 极）在地球的北端。正是这个大磁场，吸引着磁针始终指向南方。

但是，法国科学家布容 1906 年在法国司马夫中央山脉地区对这里的火山岩进行考察时，却意外地发现那里的岩石的磁性与磁场的方向相反。此后，这一类现象被越来越多地发现，对它的研究也越来越深入。人们终于发现，地球的磁场并非永恒不变的，现在位于南端的北磁极会转到北端去，而位于地球北端的南磁极则会转到南端去。这就是物理上所称的“磁极倒转”。

在研究中科学家还发现磁极倒转的现象曾在地球的历史上发生过许多次。据统计，仅在最近的 450 万年里，就可以划分出 4 个极性相异的时期，地磁场的方向从现在到 69 万年前称为“布容正向期”，基本和目前一样；从 69 万年到 253 万年前，称为“松山反向期”，地磁场方向和现在恰好相反；从 253 万年到 332 万年前，称为“高斯正向期”，地磁场方向又与现在相同；从 332 万年到 450 万年前，称为“吉尔伯反向期”，地磁场又同现在相反。

但是，地磁场方向在每一个磁性时期里，也并不是始终如一的，有时会发生被人们称为“磁性事件”的短暂的极性倒转的现象，例如，在布容正向期里，就发生过被称为“V 带”和“X 带”的反向事件；在松山反向期中，则发生过“吉尔赛”、“贾拉米洛”等正向事件。

当然，在更古老的地质历史时期里也同样存在着地球磁场的这种“翻跟头”式的变化，只不过时间太过久远，我们还没有办法对其变化的具体时限进行确定。

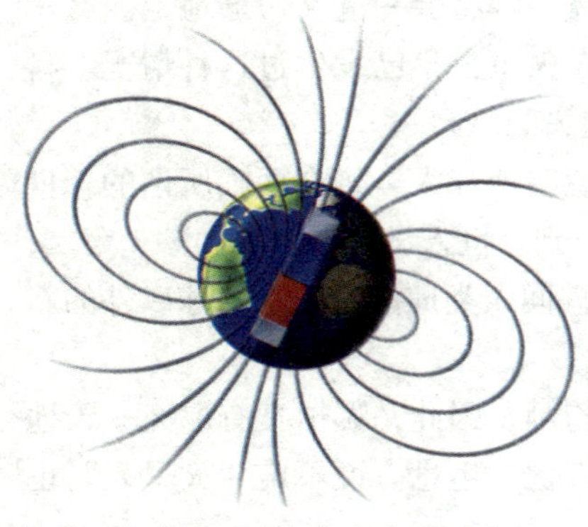

地球磁场是无形的，向太空中延伸。

那么，为什么地磁场会发生变化呢？有人认为，这可能是地球被巨大的陨石猛烈撞击后导致的结果，因为猛烈的撞击能促使地球内部的磁场身不由己地翻转一个跟头；也有人认为，这与地球追随太阳在银河系里漫游相关，因为银河系自身也带有一个磁场，这个更大的磁场会对地球的磁场产生影响，从而促使地球的磁性会像罗盘中的指南针一样，随着银河系磁场的方向而不断地变化；还有人认为，由于地球本身的演变导致了磁极倒转的发生。总之，关于地磁场变化的原因，众说纷纭，莫衷一是。

氧气 *yang qi* 是否会被耗尽

氧是构成生命的重要元素之一，它以气体形式存在于自然界中的合成物——氧气是地球上大多数生命进行各种活动所必需的物质之一。不过，也有人担心氧气会被耗尽，那么，这种担心是不是真的像杞人忧天那样毫无根据呢？

植物吸收阳光、水分和其他生物呼出的二氧化碳，释放出氧气，而氧气又为其他生物体吸收利用。

在空气中氧气占21%，我们和其他生物呼吸空气中的氧，释放出二氧化碳，即体内废气。一个健康的成人每天大约需吸入500升的氧气，呼出约400升的二氧化碳；除人类外大部分其他生物同样也吸收氧而释放二氧化碳。通常，大气中的水蒸气和二氧化碳的含量是不变的。一般二氧化碳含量为百万分之三，但是生产的发展使煤、石油、天然气等含碳燃料被大量使用，造成了大气中的二氧化碳逐年增加。美国世界观察研究所公布了一份报告统计，100年前全世界每年进入大气的二氧化碳仅为9600万吨，而目前则达到50亿吨，预计在最近10年将递增到80亿吨，增长速度惊人。

早在100多年前，就已有人为二氧化碳含量的增加而担心了。1898年，英国物理学家凯尔文曾指出：随着工业的发展和人口的增多，这种情况十分让人担心。地球上的氧气500年后将全部被消耗光，只剩下日益增多的二氧化碳。

二氧化碳增多的直接后果是地球的“温室效应”。同时，它还使地球的温度上升，冰川融化。据科学家预测，如果南极大陆的冰川因高温而融化，其增加的水量则可使美国的摩天大楼淹没20层，并淹没掉荷兰等一些地势较低的国家，使它们不复存在。那时的陆地面积很可能只占地表面积的5%～10%。在更为狭小的陆地上将生存全世界60亿～70亿的人口，人类恐怕也会逐渐灭绝。

那些和凯尔文一样担心氧气将会被耗尽的人们，只看到了问题的一个方面。事实上，除了绿色植物在消耗二氧化碳外，科学家们还发现在二氧化碳和水的作用下，岩石中所含的碳酸钙会变成酸式碳酸钙，这种形式的碳酸钙可以溶解在水中。据分析，每年由于岩石风化耗掉大约40亿～70亿吨二氧化碳，这些风化的岩石随着江河流入大海，它再与石灰化合并重新形成石灰石，并以新的岩石的形式沉入海底。

当然不必担心氧气会被耗尽的主要理由是，地球上生长着种类丰富、数量众多的绿色植物。世界上大量的绿色植物在光合作用中会吸收大量的二氧化碳，同时排出氧气。据科学家们实验分析，三棵大桉树每天吸收的二氧化碳，相当于一个人每天所呼出的二氧化碳的量。因而一些人乐观地认为，地球不会变成二氧化碳的世界，但二氧化碳的含量也会略有增加。

各国科学家积极探索一些新途径，希望能减少二氧化碳的排放量，并尽可能将其再生利用，但是却没有更好的方法增加氧气的生成。专家们认为，减少森林面积的流失、保护绿色植物就是人类最好的保护氧气的方法。这些大量的绿色植物生产了我们人类赖以生存的氧气。

我们可以想象，如果有一天地球上的氧气被消耗殆尽的话，将会出现多么恐怖的场景。而地球上的氧气是否真的会耗尽，则取决于人类的努力程度。如果人类不加克制地乱砍乱伐林木，破坏生态平衡，势必会造成氧气生成机制的阻碍，那么，我们真的可能会在某一天面临缺乏氧气的危机。反之，若人类能未雨绸缪，尽早地采取相应措施，就有可能避免氧气被耗尽的窘境。一切都取决于我们人类自身的行为。

大陆漂移说 *da lu*

在世界地图被绘制出来之前，几乎没有人对我们生活于其中的这个星球的海陆分布状况产生过疑问，人们对大陆形状的兴趣产生于第一张世界地图产生之后。在对现有海陆分布情况做出解释的各种学说中，“大陆漂移说”影响最大，也最具争议。那么，“大陆漂移说”到底成不成立呢？

麦卡托是一名荷兰学者，他于16世纪末结合人类长期积累的地理资料，依据地理大发现，绘制出人类第一张世界地图。由此，人们对地球表面的基本地理状况有了比较准确的了解，许多人还因此对大陆状况产生了兴趣。科学家在19世纪末发现了一种蚯蚓，叫作“正蚯蚓”，它在欧亚大陆与美洲东海岸广泛分布，但在美洲西部却没有。这显然说明，正蚯蚓很可能是从大西洋彼岸的欧亚大陆迁徙到了美洲东海岸。这一发现令当时的许多科学家百思不得其解。

魏格纳是一名德国气象学家，1910年，30岁的他曾因病住院。有一天他躺在床上出神，床对面墙上有一幅世界地图。突然他从地图上获得了某种灵感，发觉大西洋两岸的轮廓非常吻合，他还发现非洲一边的海岸线与南美洲一边的海岸线看上去就像一张被撕成两半的报纸，凹凸相对。他认为美洲与非洲原来是连在一起的，但这个念头一闪而过，并没有深究。

1911年秋天，魏格纳读到了密卡尔逊写的关于蚯蚓奇怪分布的书。读后魏格纳不禁想到他在一年多以前注意到的那个奇怪现象，即非洲的西海岸与南美洲的东海岸中一个大陆

大陆漂移示意图

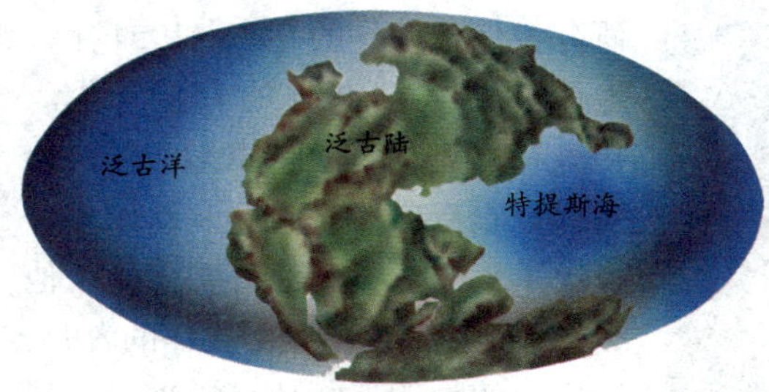

1. 大约 2.2 亿年前，地球上只有一块超级大陆称为泛古陆，被无边无际的泛古洋所包围。这时泛古洋中一个巨大古海——特提斯海开始向泛古陆扩展。

2. 大约 2 亿年前，泛古陆以特提斯海为界，分裂为两部分。北面是劳亚古陆，包括亚、欧、北美的古大陆；南面是由南美洲、非洲、大洋洲、南极洲以及印度次大陆拼合而成的冈瓦纳古陆。

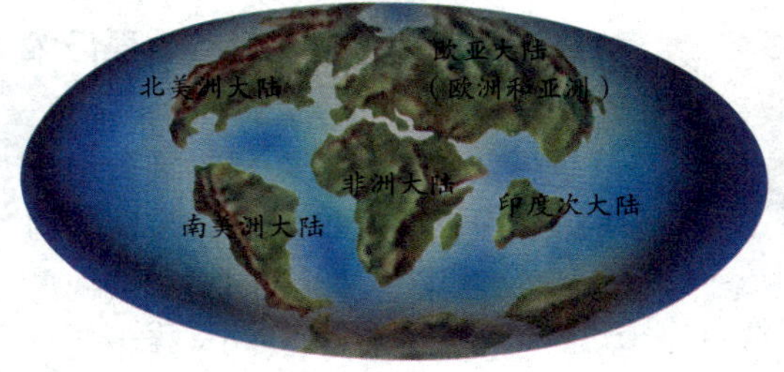

3. 大约 1.35 亿年前，在非洲和南美洲之间开始出现南大西洋，印度次大陆脱离非洲大陆，向亚洲大陆方向漂移，欧洲大陆和北美洲大陆这时仍然是连在一起的。

4. 大约 6000 万年以前，北美洲大陆和欧洲大陆分离，印度次大陆也投入了亚洲大陆的怀抱，大洋洲与南极洲最后分离。经过逐渐漂移，南极洲大陆最后移到了南极地带。

的凸出部分正好与隔海相望的大陆的凹入部分相似，且遥相呼应。他不由地猜测，本来就是一整块的大西洋两岸大陆后来破裂漂移开来，成为现今的东西两个海岸线。如果是这样，蚯蚓就不是横渡大洋了。沿着这个思路，他又进行了许多研究。

魏格纳在 1912 年发表了一篇论文，在论文中他提出了“大陆漂移说”。1915 年他出版了一本轰动世界地质界的著作，书名叫《大陆与海洋的起源》。他认为，地球在远古的时候只有一块陆地，这块陆地叫作“泛古陆”；一个统一的大洋包围着这块泛古陆，这个大洋叫作“泛大洋”。

大约 2 亿年前，地球上发生了一次重大的变化，泛古陆在这次变化中开始发生破裂。破裂了的大陆在地球自转和天体引力的影响下向外漂移，像航行在水面上的船舶一样。这些漂移的大陆在距今约两三百万年前，终于漂到了今天的位置，形成了七大洲、四大洋，即现代地球版图的基本面貌。

许多人对大陆漂移说持怀疑态度，因为人们不相信庞大的大陆可以在水中漂移。另外，限于当时的研究水平，魏格纳的理论也存在着许多破绽和缺陷。1930 年，在第四次前往格陵兰考察时，魏格纳不幸遇难，从此大陆漂移说的主要倡导者也没有了。这一学说一度几乎被人们遗忘。

随着海洋地质研究的深入，古地磁研究所总结的大量资料，魏格纳的大陆漂移学说在 20 多年后，又在新的理论基础上重新获得了生命力。

大陆地盾（中部区域）已经稳定存在了几亿年。但是，由于大陆板块的漂移，它们也移动了很长的距离。澳大利亚“红色中心”的艾雅斯岩（大红岩），是前寒武纪时期澳大利亚板块接近南极大陆板块时冰川沉积物形成的遗迹。

英国物理学家布莱克特是专门研究古代地磁学的专家。1954 年，他找到了大陆漂移的直接证据。1961 年英国人赫兹依据沿大洋海岭对称分布有磁性条带这一新发现，提出了地幔对流和海底扩张说。他设想新地壳的诞生处是大洋的海岭，地幔中的物质不断从海岭当中的裂缝中流出来，并凝结在海岭两边，造成海岭不断向外扩张，并以一浪接一浪、后浪推前浪的方式运动。赫兹认为，迄今这种运动过程仍然持续不断。

1968 年，法国人勒皮雄提出板块构造理论。这种理论认为地球的外壳由 20 几个大板块组成，其中最基本的是太平洋板块、印度洋板块、美洲板块、欧亚板块、非洲板块、南极洲板块等 6 大板块。根据他的板块构造理论，地壳不断发生变化，在整个地质时代载着大陆的板块都在运动着，地球大陆在漫长的年代里实际上被撕裂过若干次。新的海洋就在它们被撕裂时形成了，但有时大陆在板块相互碰撞的情况下又粘接在一起，原来的海洋地带就变成了陆地，在别的地方又撕裂成了新的海洋。

通过大洋海岭的扩张，海底也同样不断扩张，这一点成功地解释了目前地球海陆的分布状态。板块学说是一种全新的地理学观念，它指出，大陆和海洋都有分有合、有生有灭，并非永恒不变。

随着更多的观测事实的积累，20 世纪 60 年代以后，大陆漂移论又在新的理论基础上复活。现在通过人造卫星的精密测量，人们已经证实：大西洋在以每年 1.5 厘米的速度扩展，太平洋上的夏威夷群岛与南美大陆和北美大陆相互靠近的速度是平均每年 5.1 厘米，大洋洲与美洲大陆分离的速度则达到了每年 1 厘米。但是，这并不意味着这一学说已经被所有的人无条件地接受了。

时至今日，人们仍不太相信这个理论。一些科学家就认为“大陆漂移说”的前提是地球体积和地表总面积固定不变，这是从对地壳变动的认识来分析问题的，因而有许多疑点无法解释。他们认为相似的“板块构造说”也是如此。但勒皮雄关于大陆本来连在一起的思想启发了许多研究者，包括后来怀疑、反对他的研究者。

关于大陆漂移说成立与否的争论还在继续，许多新的学说还在不断涌现，到底孰是孰非，尚无定论。但是可以肯定的是，随着对该问题探讨的深入，人类对它的认识必将日益接近事实。

探索 火山爆发的规律

huo shan bao fa

公元 79 年的一天下午，意大利的维苏威火山突然爆发，附近的两座小城全部埋葬在火山爆发喷出的火山灰底下。直到 1600 年后，庞贝这座被火山灰湮灭了的城市才被人们发现。

1902 年 5 月 8 日，加勒比海东部的培雷火山，在沉睡了 50 年后爆发了。大量的气体和火山灰变成的高温黑烟在向水平方向推进时，正好经过距火山 8000 米的圣皮埃尔城，整个城市在猛烈的火焰横扫下被化为废墟。约有 2.8 万人在火焰的侵袭下窒息而死，整个城市除了一个关在地牢里的囚犯侥幸逃了出来外，其他人全部丧生。

1980 年，美国圣海伦斯火山连续发生 4 次大爆发。当时，火山灰同气体在空中摩擦，冲击波穿透云层，产生了雷鸣、闪电和强烈的暴风雨，并有大规模的山崩发生，使原火山的顶部降低了 200 米。

自古以来，火山爆发给人类造成了巨大的危害，它的破坏力足以彻底摧毁火山附近的村庄、城市。因此，人们渴望了解火山爆发的规律，以期最终战胜它。

古罗马人普林尼安是世界上最早详细地考察和记载火山情况的人。公元 79 年，维苏威火山大爆发，普林尼安对这次大爆发进行了实地考察，并且详细地记录了爆发的全部过程，为后人了解这次灾难留下了宝贵的资料。不幸的是，由于他在考察时吸入了过多的火山喷出的有毒气体，做完这个伟大的贡献后不久就去世了。人们为了纪念这位火山研究的先驱，决定以他的名字来给维苏威型火山喷发命名。因此，维苏威型火山喷发又叫“普林尼安型火山喷发”。

20 世纪以来，伴随着科学技术的飞速发展，人们对火山的研究也取得了重大进展。1944 ~ 1945 年，苏联东部堪察加半岛一带的克留赤夫火山开始了大规模的喷发，这次喷发持续了很长时间，而且十分猛烈。喷发停止后，一支探险队深入火山口内，进行了为期近 30 年的系统研究，大大加快了人类预测火山爆发的步伐。1955 年，苏联科学院的火山研究站综合许多前人研究的成果以及他们自己的经验，对堪察加半岛进行了一番实地考察，预测

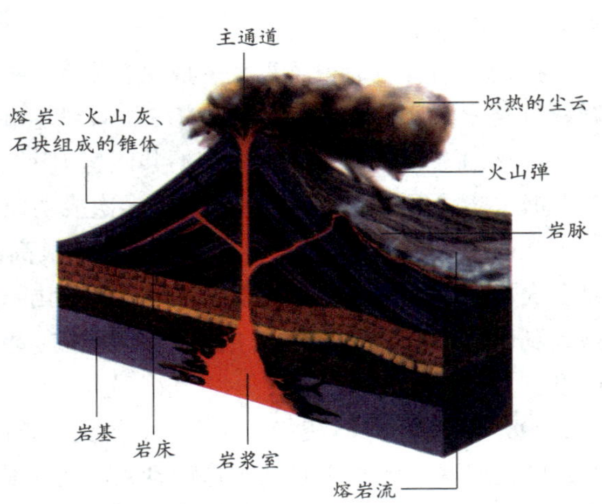

正在爆发的火山的横断面

除了由主火山通道喷出来，附近被称为岩脉的通道熔岩也能流出来。岩床指岩石层间充满熔岩的通道。

该岛的另一座火山将要爆发。果然，10 多天以后，这座火山爆发了。

1982 年 3 ~ 4 月，埃尔奇琼火山突然爆发，大量气体和尘土被喷射到距地面 42 千米的高空，然后降落到北美和南美之间的广大地区，附近的村庄无一幸免地遭受了火山灰和熔岩的袭击。

埃尔奇琼火山的爆发最早是由美国的人造卫星探测到的。火山喷发后地球高层大气中的二氧化氮、臭氧和水汽的含量以及海洋的表面温度都出现了异常，天空中还出现了由几百万吨火山灰和烟气形成的厚达 3000 米的巨大云层。科学家经过分析后认为，由于大量阳光被厚厚的云层所阻挡，使一些地区得不到照射，造成了地表温度的变化，甚至有些地方出现了干旱、热浪和暴雨等灾害。为了彻底研究这个现象以及它所带来的后果，研究人员乘飞机降落到火山口，对火山口进行实地调查。

虽然几个月前大规模喷发已经停止，但仍有水蒸气和有毒的气体从湖水中和地面上大大小小的裂缝中不断地冒出。到这里的人必须戴防护面具，否则几分钟内就会倒毙，但即使戴上了防护面具也只能坚持几小时。这使得考察队员们不得不把营地建立在火山口外，然后每天冒着极大的风险乘直升机出入火山口。但用这种方法也很困难，因为火山口经常有大风，使得直升机飞行困难，加上云层很厚，导致驾驶员很难看清周围的情况，根本无法使直升机安全降落……

在如此恶劣的环境中，考察队员们开始了对火山全面而细致的研究。美国科学家罗斯是第一个走进火口湖的人。火口湖湖面很宽，湖水很浅，只没到他的脚踝，可是热得让人受不了，罗斯咬牙坚持着，用取样管采集到湖水样品。同样毫不畏惧地走进火口湖的美国科学家汤姆斯·卡萨德瓦尔，则用一个小型温差电偶测出湖水的温度为 52℃。这两名美国科学家对湖水进行检测，发现由于很多二氧化硫溶解在水中，使得湖水呈酸性。

美国科学家佐勒花了许多时间和力气才将一台重 17 千克的抽气装置安装在火山口。他利用这台装置，采集到几十管从裂缝中冒出的气体，经过测算他发现埃尔奇琼火山每天能喷出约 400 吨硫。

探险家的冒险取得了重大的成果，专家们根据他们收集的资料研究分析埃尔奇琼火山爆发对全球气候的巨大影响、政府应如何制定相关的农业政策，等等。

在火山专家们和火山探险家的共同努力下，人们已初步掌握了一些火山活动的规律，并根据这些成果和已经积累的经验，多次成功地对火山爆发做出预测。

在意大利的西西里岛上，耸立着欧洲最高的火山——埃特纳火山，历史上这座火山曾多次爆发。1983 年 3 月 28 日，埃特纳火山再次喷发。为了维护人民的生命财产安全，意大利政府决定采取积极的措施，人为地改变熔岩的流向，将它导入附近的一个死火山口里。

1983 年 5 月 14 日凌晨 4 时，人类历史上首次成功使用人工爆破法改变火山熔岩流向。通过电视屏幕，无数人看到了这激动人心的过程。这是人类在征服火山、改造火山的进程中取得的一次伟大胜利。

地震为何难以预测

dì zhèn

地震是一种自然灾害，它的破坏力十分强大，让人谈之色变，使居住在地球上的人们缺乏安全感。许久以来，人类一直渴望能找到一种可以准确预报地震的方法，以减少和预防地震带来的损失。但直到现在，这个愿望仍没能真正地实现。

地震的形成有两种原因，一是火山爆发，一是地下岩石运动。一些地震发生在地下至少 10 ~ 20 千米的岩石圈中，有的甚至深达数百千米，这种深度大的地震和坚硬的岩石圈给人类的观测造成了一定难度。更何况，地震是由多种因素引起的，人们很难一一预测到。所以，想要预测地震是件很困难的事，尤其是临震预报和近期预报。有许多历史资料记载了从自古至今的许多重大的地震的情况和损失，但少有说到抗灾防灾、预防地震的。

现在，科学家们终于找到了一种新的预测地震的方法——运用卫星预测地震，科学家们借助卫星遥感技术进一步了解和观测气象活动。

科学家们发现，当情况异常时，地表温度就会比周围正常温度高 2℃ ~ 6℃。这与地震的发生关系密切，因为，在地震将要发生的地区，地壳会先产生很大的力，挤压震中周围的岩石。这些岩石由于受挤压就会变形而产生裂缝，顺着这些裂缝会释放出二氧化碳、氢气、氮气和甲烷等气体。由此可知，如果一个地方将要发生地震，那么在震前，这个地方的低空大气会局部升温。又因为热物体向外辐射红外线（红外电磁波）时，它的强度大小是受物体温度影响的。所以，当一个地方产生热红外异常现象时，那肯定是因为这个地方的低

1999 年 8 月，发生在土耳其北部的大地震剥夺了大约 3 万人的生命。

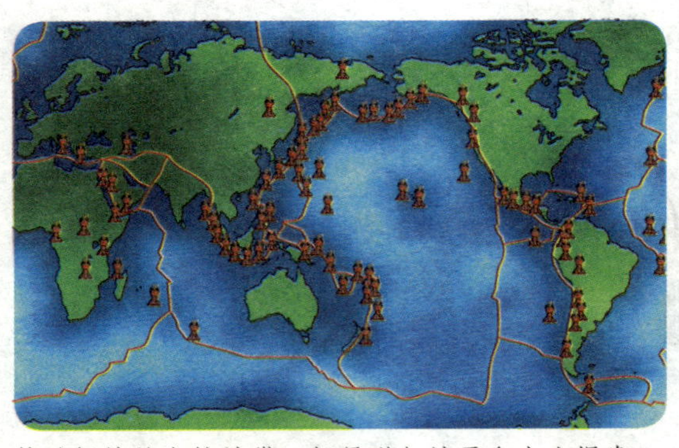
构造板块的交接地带，极易引起地震和火山爆发。

空大气升温，而卫星上的红外探测器就是专门帮助科学家们探测并及时捕捉地球表面温度瞬间变化的。这样，就可以及时掌握地震前发出的信息，从而很好地预测地震。

当然，只有这种热红外地震前兆信息是不够的。地震专家还要结合地质构造、地震带分布以及气象等情况进行全面分析，这样才能准确预测地震发生的时间、地点和震级。

现在，这种新的预测方法已得到了实际的运用，并取得了初步的成效。例如，1997 年，地震工作者对日本列岛做过 7 次预报，除了 1 次失误，其余 6 次都是比较准确的。

在对卫星热红外图像震兆的研究中，地震工作者已经取得了引人注目的成就，虽然仍有许多难题没有解决，但地震预测技术必将日益完善。

地球上的水来自何处

di qiu

从太空中看地球，它是一个大部分为蓝色的圆球，那些蓝色的部分便是水。在太阳系中，地球是唯一拥有液态水的天体。这让人们不禁想问：地球上的水来自何处？

地球其实名不副实，它表面积约 5.1 亿平方千米，其中陆地面积占地球表面积的 29.2%，海洋的面积占 70.8%，是一个实实在在的水球。

地球上有多少水？联合国统计资料显示，地球上总共有 138.6 亿立方米的水。

长久以来，人们对地球上水的来源问题一直争论不休。对此，有两种完全相反的看法，一种观点认为水是从天上（雨雪）掉下来的；另一种观点认为，雨雪是地面上的水蒸发后才到了天上的。

有些科学家说，太阳风导致了水的产生，地球水是太阳风带来的，是太阳风的杰作。首先提出这一观点的科学家是托维利，他认为太阳风是太阳外层大气向外逸散出来的粒子流，电子和氢原子核——质子是其主要成分。地球水中的氢与氚含量之比为 6700 ∶ 1，这同太阳表面的氢氚比是十分接近的。因此托维利认为，根据这个成分对比，可以说明地球水来自太阳风。

研究地球物质成分和内部构造的科学家认为，地球上的水其实是从地球内部挤压出来的，地球表面原本是没有水的。水最早是从星云物质中带来的，在地球形成时，通过地球的演化，后来不断从地球深处释放出来。几乎在每次火山喷发时总会喷出大量气体，水蒸气要占到 75% 以上。地下深处的岩浆中有水分，即使是由岩浆凝固结晶而成的火成岩，水也以结晶水的形式存在其中。

但是，随着人们对火山现象研究的深入，上述观点被推翻。人们发现同火山活动有关的水，是地球现有水循环的一部分，并不是什么从深部释放出来的新生水。

科学家克莱因分析了世界各火山活动区与火山有关的热水中的氚，证明它们与当地的地面水是相同的，从而确认它们是渗入地下的地面水，在火山热力的作用下重新变为水蒸气上升。

后来，科学家根据对某些地区火山热力所导致的氚进行分析，发现人工爆炸能够导致氚含量的升高，这就进一步说明其实是新近渗入地下的雨水变成了火山热水。这些研究成果使那些主张地球水来自“娘胎”的研究者修正了对火山水的看法。

水的来源并无定论，美国衣阿华大学的弗兰克等科学家还提出了一个引人注目的新理论：太空中由冰组成的彗星才是地球上水的来源。

原来，科学家发现，大气中水蒸气分子在太阳紫外线的作用下，会分解成氢原子和氧原子。氢原子向外飘扬，当它到达 80 ~ 100 千米气体稀薄的高热层中时，氢原子的运动速度会超过宇宙速度，能摆脱地球引力离开大气层从而进入太空。这样一来，地球表面的水就流失到了太空。人们经过计算发现，飞离地球表面的水量差不多等同于进入地球表面的水量。可是，有一个奇怪的现象似乎不符合这种说法，那就是地质学家发现，2 万年来，世界海洋的水位涨高了大约 100 米。地球表面水面为什么不断增高呢？这至今还是个谜。

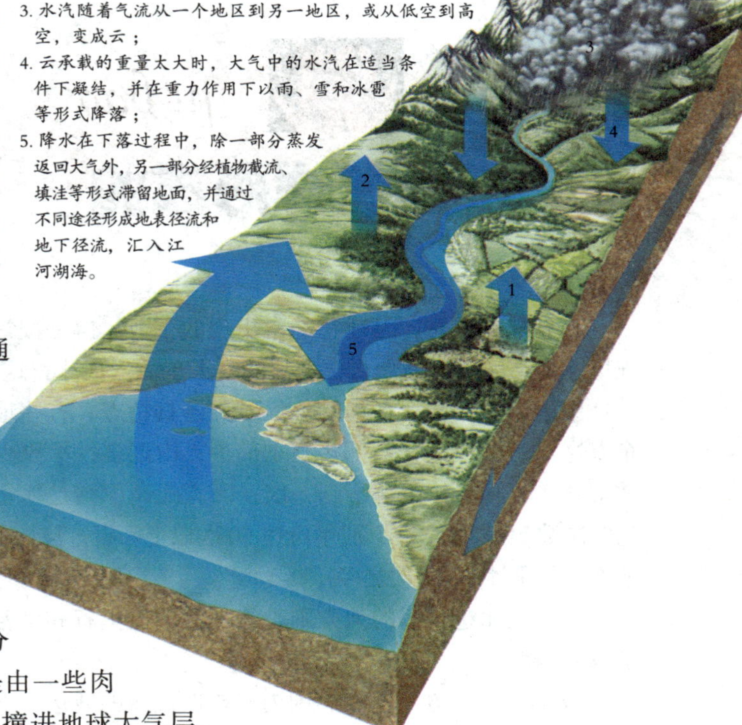

自 1918 年以来，弗兰克等人通过对从人造卫星发回的几千幅地球大气紫外辐射图像仔细研究，发现总有一些小黑斑出现在圆盘形状的地球图像上。每个小黑斑面积约有 2000 平方千米，大约存在 2 ~ 3 分钟。经过仔细研究和检测分析后，弗兰克等人发现这些黑斑是由一些肉眼看不见的由冰块组成的小彗星，撞进地球大气层，

江河的形成过程示意图

融化成水蒸气造成的。这些小彗星频繁地坠入大气层，每5分钟大约有20颗平均直径为10米的这种冰球进入大气层，每颗融化后能变成100吨左右的水，地球因此每年可增加约10亿吨水。地球从形成到今天，大约有46.5亿年的历史，照此计算，这种冰球一共为地球提供了460亿吨水，比现在地球水体总量还多。

关于地球水的来源有许多各不相同的认识，各有各的道理，但真相究竟如何，还有待科学家们收集更多的客观证据，以揭开这个谜。

巨雹 *ju bao* 是怎样形成的

从春末到夏季，是冰雹经常出现的季节。但是按常理来说，只有在冬天那种寒冷的天气里才会结冰，可为什么在炎热的夏天也能形成冰？这实在令人费解。

中国国土辽阔，各地的气候条件各具特点，有些地方就常常发生冰雹灾害。冰雹的分布有这样一个特点：西部多，东部少；山区多，平原少。冰雹在中国东南部地区很少见，常常几年、几十年也遇不到一次；而青藏高原则是冰雹常光顾的地区，局部地区每年下冰雹的次数超过20次，个别年份达50次以上。唐古拉山的黑河一带是中国冰雹最多的地方，平均每年下冰雹34次之多。

世界上冰雹最多的地方则是肯尼亚的克里省和南蒂地区，那里一年365天中有130天左右下冰雹。

1928年7月6日，在美国内布拉斯加州的博达，下了一次规模较大的冰雹，冰雹堆积有3～4.6米高，其中最大的一个冰雹周长431.8毫米，重680克，是当时世界上最重的冰雹块。

1968年3月，在印度比哈尔邦降下的冰雹中，有一块重1000克，一头小牛被当场砸死。这是人类历史上一次严重的冰雹灾害，十分罕见。

那冰雹是怎么产生的呢？它为什么会在夏天出现呢？

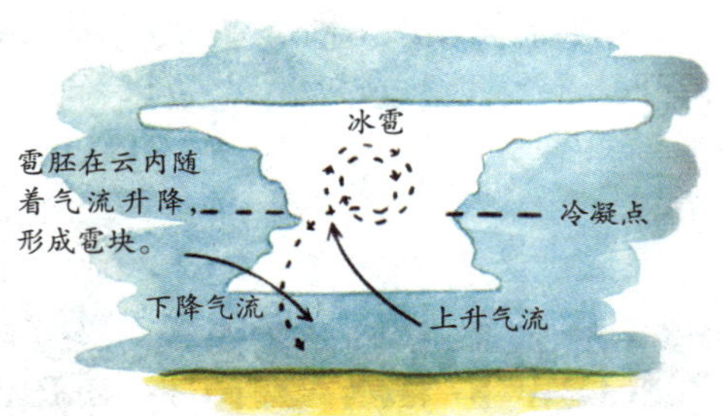

冰雹形成过程示意图
强大的上升气流循环流动，引起雹块增大。当雹块增大到气流托不住的时候，就落到地面上成为冰雹。

原来，在夏天，大量水汽在强烈的阳光照射下，急剧上升，到高空遇冷迅速凝结成小冰晶往下落，一路上碰上小水滴，掺合在一起变成雪珠。雪珠在下降过程中被新的不断上升的热气流带回高空。就这样，雪珠在云层内上下翻滚，裹上了层层冰外衣，越变越大，也越来越重，终于从空中落下，成为冰雹。冰雹小如黄豆，大如鸡蛋，最大的像砖块那么大。

冰雹的中间是雹胚，一般是个小冰粒，外面包裹着一层透明、一层不透明的冰层，好似夹心饼干一样。这种透明与不透明的交替层，可达4～5层，最大冰雹的直径有10多厘米。

冰雹形状并不规则，多数呈球状，有时呈块状或圆锥状。冰雹内部构造很不均匀，中间有一个核，叫雹核，主要是由霰粒或软雹构成，也有由大水滴冻结而成透明冰核的。雹核的外面交替地包裹着几层透明和不透明的冰层，有的冰雹多达十几层甚至30层，在冰层中还夹杂着大小不同的气泡。

1894年5月11日下午，在美国的博文纳一带下了一场大冰雹。人们发现其中有一块冰雹直径竟然长达15.2～20.3厘米。仔细观察后发现，冰雹里居然有一只乌龟，外面才是层层厚冰。原来，在博文纳，那天正刮着旋风，这只不幸的乌龟被旋风卷上天空，直上云霄，在云海里被当作核，被冰晶层层包裹，等到超过上升气流的承托力时，才坠落到了地面。

有趣的是，有时一场冰雹过后，人们会发现一些特大的冰雹，有的重几十千克，足有面盆大；有的竟有汽车那么大。如1957年，中国内蒙古自治区伊克昭盟伊金霍洛旗下了一场冰雹，人们在山谷中发现了一块像一辆吉普车那么大的巨雹。更令人惊奇的是，1973年6月13日，在中国甘肃华池县山庄桥发现的一块巨雹比房屋还高。

这些巨雹真是从天上降落下来的吗？但上升空气是托不住一个重10千克的巨雹的，所以巨雹来自天空的可能性微乎其微。那它又来自何方呢？

由于没有足够的证据，科学家只能对巨雹之谜进行推测。他们认为，在降雹过程中，冰雹云后部受到干冷空气的侵袭，结果降落到地面的雨滴仍保持着冷却性，随风飘下的雨滴聚集在某一冷的物体侧面上，边冻结，边增厚，形成棱形的巨雹。因此，它的原料来自天上，成品却是在地面上加工形成的。这种推测有一定的道理，但目前也只是推测。

巨雹究竟是怎么回事？我们只能寄希望于气象学家的研究。相信有一天，这个谜会被解开。

在空中飘荡的“幽灵” you ling

风是一种常见的自然现象，但是，大自然也造出了许多怪风，它就像在空中飘荡的幽灵，给人类的生产、生活带来了危害。

有一句俗语——“清明前后刮‘鬼风’”，这种所谓的“鬼风”能转着圈跟着人走。世界上当然是没有鬼的，这种风其实是一种尘卷风，它一旦遇到障碍物，便会改变前进的方向，在一个地方打转，有时它还挟带着泥沙、纸屑旋转上升。

有一种叫“焚风”的风可以把东西点燃，在干燥季节能使树叶、杂草等着火，引起火灾；冬季，这种风可以使积雪在很短时间里融化，造成雪崩。焚风最早是指气流越过阿尔卑斯山后在德国、奥地利和瑞士山谷的一种热而干燥的风。实际上在世界其他地区也有焚风，如北美的落基山、中亚西亚山地、高加索山、中国新疆维吾尔自治区吐鲁番盆地。这种风主要是因为受到山脉阻挡时沿着山坡上升而形成的。一般来说，空气流动遇山受阻时会出现爬坡或绕流。气流在迎风坡上升时，温度会随之降低。空气上升到一定高度时，水汽遇冷出现凝结，以雨雪形式降落。空气到达山脊附近后，变得干燥，然后在背风坡一侧顺坡下降，并以干绝热率增温。因此，空气沿着高山峻岭沉降到山麓的时候，气温常有大幅度的升高，从而形成焚风。焚风常造成农作物和林木干枯，也易引起森林火灾，遇特定地形，还会引起局地风灾，造成人员伤亡和经济损失。阿尔卑斯山脉在刮焚风的日子里，白天温度可突然升高20℃以上，初春的天气会变得像盛夏一样，不仅热，而且十分干燥，经常发生火灾。2002年11月14日夜间，时速高达每小时160千米的焚风风暴开始袭击奥地利西部和南部部分地区，数百栋民房屋顶被风刮跑，300公顷森林的大树被连根拔起或折断。风暴还造成一些地区电力供应和电话通讯中断，公路铁路交通

太平洋北部的热带气旋卫星图片

受阻。

在怪风家族里，不仅有可以点燃东西的焚风，还有无比寒冷的布拉风。约100年前，俄国黑海舰队的四艘舰艇停在海岸边，忽然刮来一阵狂风，卷起千层巨浪，刹那间船被冻成了一座冰山，最后全部沉没。布拉风是一种具有飓风力量的极冷的风。2002年12月，海测艇和辅助船“北冰圈”号由于没有及时进入公海，被布拉风吹得冰冻起来并沉入海底。人们经过研究发现，这种可怕的风是因为陆地上空控制的冷空气团和不断上升的海上热空气之间的气压差而形成的。这种风的风力可以达到12级，甚至超过12级，具有极强的摧毁力与破坏力，在这种风的袭击下，一切事物都可被摧毁。

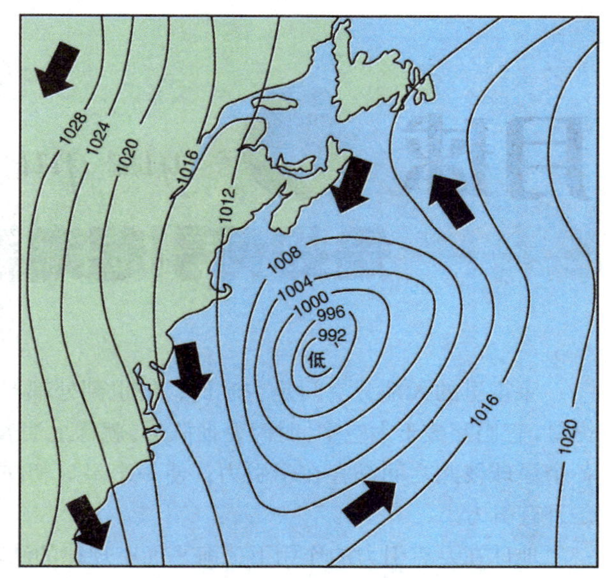

随着气旋内气压改变，会有强风和暴风雨天气。

上面说的这些风虽然很奇怪，但要说对人类危害最大的还得算台风。

台风是一种形成于热带海洋上的风暴，太阳的照射使海面上的空气急剧变热、上升，冷空气从四面八方迅速赶拢来，热空气不断上升，直到到达高空变为冷空气为止。这些热空气冷凝后，立即变为暴雨，四面八方冲来的冷空气夹着狂风暴雨形成了一个大旋涡，从而形成台风。台风对人类危害极大，它有时会把大树连根拔起，会把房顶掀掉，伴随狂风而来的瓢泼大雨还会淹没庄稼、中断交通。海面上，台风的破坏力更是惊人，它掀起滔天巨浪，威胁海上作业人员和海上航行船只的安全。如果台风在空中产生带有垂直转轴的漩涡，就会形成龙卷风，这是一种强烈的小范围旋风，其破坏力远远大于台风。上海浦东地区曾受到过龙卷风的袭击，那场风把一只11万吨重的储油罐轻而易举地抛到120米以外。

台风理所当然是一种恐怖的怪风，然而怪风家族里的一些“微风”也具有一定的破坏力。

一个晴朗的夏夜，一座70米高的铁塔在一声巨响中全部倒塌了。当时除了阵阵微风外，没有任何异常情况，当时人们不知道铁塔为何而塌。后来，人们才发现当气流贴着物体流动时，会形成一个个小旋涡，这旋涡会产生一种使物体左右摇摆的力，从而危及建筑物。建筑物的设计师们只注意到大风，却没有注意到这种微风的破坏力，前边讲的那座铁塔就是被这微风吹倒的。

怪风虽怪，但如果我们巧妙地加以利用，有些怪风也可以为人类造福。比如，人们利用“钦罗克”风带来的热量，在经常出现“钦罗克”风的地方种植一些作物和果树，便可利用“钦罗克”风带来的热量来促进植物的生长，从而使当地也可种植一些原本要栽在南方的植物。只要我们能够认识它们，就一定会找到办法兴利避害，让怪风为人类服务。

月球 yue qiu 是如何引起潮汐现象的

宇宙里的大部分空间是空旷的，但也到处都有四处游移的物质球体，如行星、卫星和恒星。它们穿梭于太空中，时时变换队形，就像上演着一场集体舞。在太空舞会进行的过程中，各个星球彼此之间都存在牵引力，使一个星球朝向另一个星球的平面凸起。这个牵引力就是万有引力。

地球在万有引力的作用下，海平面有规律的涨落，这就是潮汐现象。海平面每 13 小时出现一次涨潮的最高点，叫作“高潮”；当海平面降至最低点的时候就叫作“低潮”。所以你每天都可以看到的潮涨潮落其实就是地球在深邃的夜空中旋转所产生的局部效应。

太阳、月球和太阳系中的所有其他行星对地球上的陆地和海洋都有牵拉的作用，但只有太阳和月球的作用是比较明显的。虽然太阳离地球很远（1.5 亿千米），但太阳的质量也很大，所以它作用在地球上的万有引力相对较明显。月亮的质量虽小（约为地球的 1/81），但它却是地球真正的近邻（距离地球约为 38 万千米），所以它对地球的作用也是相对显著的。

虽然太阳的引力大些，却不如月亮的作用效果明显。引起潮涨潮落的力来自月亮，不仅因为月亮距离地球比较近，而且月亮作用在地球上的引力在各处变化比较明显——大小取决于该处距月亮的距离。刚好朝向月亮的海域由于比其他海域距离月亮更近，所以受到的引力比较大。可事实上，朝向月亮和背对月亮的海域会同时出现涨潮，这又是为什么呢？你可以这样想：在朝向月亮的一面，海水被月亮拉向远离地球的一侧，而在背对月亮的那面，则是地球被拉向远离潮水的一侧，这也会产生涨潮的现象。在月亮绕地旋转的过程中，地球本身也在不停地自转，高潮和低潮交替出现。

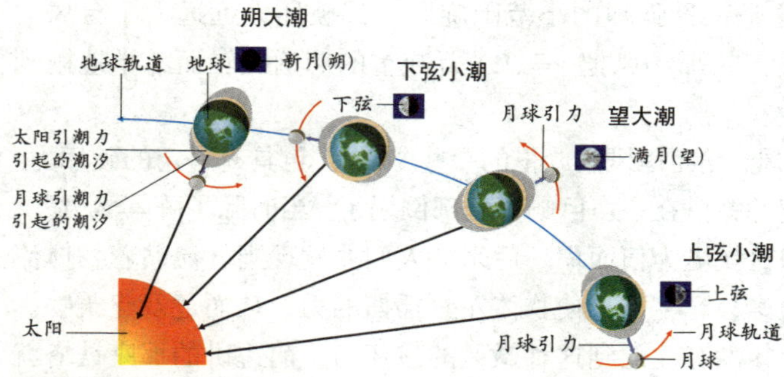

潮汐的起因示意图

地球由于受到月球（或太阳）的引力和因月球绕地球（或地球绕太阳）公转而产生的离心力合力称为引潮力。月球引潮力大约是太阳引潮力的 2.17 倍。海水在天体（主要是月球和太阳）引潮力作用下所产生的周期性运动就是潮汐现象。在朔望日，月球和太阳所引起的潮汐椭球其长轴方向一致，因之潮高相互叠加，形成朔望大潮。

与月亮相比，太阳距离地球太远了，它的引力无法引起地球上不同海域上海平面的显著变化。但是当太阳、月亮和地球排成一线，也就是出现满月或新月时，海平面就会特别高或特别低，叫作“朔望大潮”。朔望大潮每年只出现一次。

涨潮时，海水会向上、向内陆流去。

月亮的引力不足以竖直地提起海水，但当月亮围绕地球旋转时，在某些位置上月亮刚好处于海浪的前方，就加速了海浪的运动，使海水在月亮正对着的海域积聚。

退潮时，海水会退却，从海岸撤回。

每 24 个小时会发生两次潮起潮落。

聚集的海水一般会使海平面升高 1~2 米。当海浪冲向岸边时，海岸再次提升了海浪的高度。在某些海域，海浪可以高出海平面十几米。而在另一些海域，由于部分海水移向了涨潮的地方，这些海域就出现了低潮。

海上怪火之谜 hai shang guai huo

不知你有没有听说过海火现象，但在现实生活中，确实多次出现过海火现象。

1933 年 3 月 3 日凌晨，日本发生三陆海啸时，人们看到，当波浪从釜石湾口附近的灯塔涌进海湾中央时，三四个像草帽般的圆形发光物在浪头底下出现，它们色泽青紫，横排着前进，像探照灯那样向四面八方照去，光亮可以使人看到波浪中的破船碎块。一会儿，这圆形发光物被互相撞击的浪花搅碎，然后发光物就消失了。

1975 年 9 月 2 日傍晚，在江苏省近海朗家沙一带，海面上有微微的光亮随着波浪的起伏跳跃，就像燃烧的火焰那样不断跳动，这种现象一直到天亮才逐渐消失。第 2 天夜晚，再次出现亮光，而且更加光亮。以后逐日加强，到第 7 天，人们看到有很多泡沫在海面上涌现，当渔船驶过时，激起的水流异常明亮，水中还有珍珠般闪闪发光的颗粒，好像灯光照耀一般。几个小时以后，这里有地震发生。

1986 年和 1987 年，在大西洋和印度洋的海面上美国船队和日本船队分别同类似的海上怪火相遇。

联合国曾组织有关地质学家和海洋专家调查过海火现象。调查报告有以下 3 种解释：第一，由于有难以计数的可燃发光微生物群在海底聚集，随着生殖繁衍其群体日益增多乃至涌出水面，再加上光照和空气中的氧气等条件，怪火就可能酿成；第二，由于恰是可燃气体如沼气等的气源在海底，气源膨胀后可燃气体从水面冲出，与空气摩擦燃着成为怪火；第三，由于海洋波涛汹涌，巨浪互相撞击，如条件合适，水中氢氧元素便会被分开，在强光的照耀下，怪火便会发生。

一些学者认为，怪火的出现与地震关系紧密。美国科学家曾对圆柱形的花岗岩、煤、玄武岩、大理石岩等多种岩石试样进行压缩破裂试验，结果发现当有足够大的压力时，这些试样便会爆炸性地碎裂，在几毫秒内会有一股电子流释放出。周围的气体分子正是在这股电子流的激发下发出微弱的光亮。这些样品若被放在水中，水也会因它碎裂时产生的电子流发出亮光。因此，当发生强烈地震时，很多的岩石破裂，破裂过程中释放的电子流足以产生让人感到炫目的光亮。

但怪火现象极为复杂，可能是因为不同的原因造成的，所以海火也具有不同的特征。但海火现象确实存在，且其形成机制我们尚未完全弄清，尚有待我们继续探索。

龙卷风成因探秘

long juan feng

在美国俄克拉何马州阿得莫尔市曾经发生过这样一件怪事：两匹马拉着一辆大车在路上行走，车夫坐在车上，由于天气闷热，他打起了瞌睡，突然一声巨响把他惊醒。睁眼一看，两匹马和一根车辕都已经无影无踪了，而自己和车子却是安然无恙。

俄克拉荷马州的一对夫妇也遭到过这种厄运。在 1950 年的一个晴朗的夏日，他们躺在床上休息。一声刺耳的巨响将他们惊醒，他们俩起来一看什么也没有发现，以为这声音是梦中听到的，于是重新又躺了下来。但是，他们忽然发现他们的床已被弄到荒无人烟的旷野，周围没有房子，没有任何建筑物，也没有牲畜，只有一只椅子还留在他们的旁边，折叠好的衣服仍好端端地摆在上面！据说这件怪事的罪魁祸首是龙卷风。

龙卷风是云层底部下垂的漏斗状的云柱及其伴随的非常强烈的旋风。文献上记载的下银币雨、青蛙雨、黄豆雨、铁雨、虾雨，还有血淋淋的牛头从天而降等现象，都是龙卷风把地面或水中的物体吸上天空，带到远处，随雨降落造成的。龙卷风中心气压极低，中心附近气压梯度极大，产生强大的吮吸作用。当漏斗伸到陆地表面时，把大量沙尘等物质吸到空中，形成尘柱，称陆龙卷；当漏斗伸到海面时，便吸起高大的水柱，称水龙卷或海龙卷。龙卷的袭击突然而猛烈，产生的风是地面上最强的。

龙卷风

在强烈龙卷风的袭击下，房子屋顶会像滑翔翼般飞起来。一旦屋顶被卷走后，房子的其他部分也会跟着崩解。龙卷风的强大气流还能把上万吨的车厢卷入空中，把上千吨的轮船由海面抛到岸上。在美国，龙卷风每年造成的死亡人数仅次于雷电。它对建筑的破坏也相当严重，经常是毁灭性的。1925 年 3 月 18 日，一次有名的“三州旋风”遍及美国密苏里、伊利诺伊和印第安那三个州，损失达 4000 万美元，死亡 695 人，重伤 2027 人；1967 年 3 月 26 日，上海地区出现的一次强龙卷，毁坏房屋 1 万多间，拔起或扭折 22 座抗风力为 12 级大风两倍的高压电线铁塔；1970 年 5 月 27 日，一个龙卷风在湖南形成后经过沣水，在沣水的江心卷起的水柱有 30 米高、几十平方米大，河底的水都被吸干了。

龙卷风在世界各地都曾出现过，中国龙卷风不多见，而在美国、英国、新西兰、澳大利亚、意大利、日本出现的次数却很多。龙卷风在美国又叫旋风，是常见的自然现象。1879 年 5 月 30 日下午 4 时，在堪萨斯州北方的上空有两块又黑又浓的乌云合并在一起，15 分钟后在云层下端产生了漩涡。漩涡迅速增长，变成一根顶天立地的巨大风柱，在 3 个小时内像一条孽龙似的在整个州内胡作非为，所到之处无一幸免。龙卷风漩涡竟然将一座新造的 75 米长的铁路桥从石桥墩上“拔”起，把它扭了几扭然后抛到水中。事后专家们认为，这次龙卷风漩涡壁气流的速度已高于声速，威力巨大。

把高于声速的龙卷风比喻为一个魔术师一点也不为过。1896 年，美国圣路易市发生过一次旋风，使一根松树棍竟轻易穿透了一块 1 厘米左右的钢板。在美国明尼苏达州，1919 年也发生了一次旋风，使一根细草茎刺穿一块厚木板，而一片三叶草的叶子竟像模子一样，被深深嵌入了泥墙中。更让人不解的是，一次龙卷风将坐在家中的一对夫妇和他们的大儿子和小儿子吹到一条沟里，而她的次子则被刮走不见影踪，直到第二天才在另一个市被找到。尽管他吓得魂不附体，但丝毫未受损伤。令人奇怪的是，他不是顺着风向被吹走的，而是逆着风被吹到那个市的。

尽管人们早就知道龙卷风是在很强的热力不稳定的大气中形成的，但对它形成的物理机制，至今仍没有确切的了解。有的学者提出了内引力——热过程的龙卷成因新理论，可是用它也无法解说冬季和夜间没有强对流或雷电云时发生的龙卷风。龙卷风有时席卷一切，而有时在它的中心范围内的东西却完好无损；有时它可将一匹骏马吹到数千米以外，而有时却只吹断一段树干；有时把一只鸡的一侧鸡毛拔完，而另一侧鸡毛却完好无缺，龙卷风

美国中西部的广阔区域以“龙卷风道”（图中深色区域）最为著名。

造成的这些奇怪现象的原因至今都不清楚。

龙卷风的风速究竟有多大？没有人真正知道，因为龙卷风发生至消散的时间短，只有几分钟，最多几个小时。作用面积很小，一般直径只有 25 ~ 100 米，在极少数的情况下直径才达到 1000 米以上，以至于现有的探测仪器没有足够的灵敏度来对龙卷风进行准确的观测。相对来说，多普勒雷达是比较有效和常用的一种观测仪器。多普勒雷达对准龙卷风发出微波束，微波信号被龙卷风中的碎屑和雨点反射后再被雷达接收。如果龙卷风远离雷达而去，反射回的微波信号频率将向低频方向移动；反之，如果龙卷风越来越接近雷达，则反射回的信号将向高频方向移动。这种现象被称为多普勒频移。接收到信号后，雷达操作人员就可以通过分析频移数据，计算出龙卷风的速度和移动方向。为了制服龙卷风，预测龙卷风，人们正努力探索龙卷风形成的规律，以解开这个自然之谜。

球形闪电之谜 *qiu xing shan dian*

夏天，雷电交加的晚上雷声隆隆，火花在天空中闪亮，一道道明亮刺眼的闪电划破寂静的夜空。闪电是人们司空见惯的一种自然现象。专家计算过，全世界平均每秒钟就要发生 100 次闪电。人们常常见到的闪电大多是分杈的枝条状而非平直的线条状，科学家对此有不同的解释。

荷兰科学家曼努埃尔·艾里亚斯解释说，大气放电过程中存在两种媒介，即中性气体和一个充斥着电离气体的通道，通道在一定的时机会成为一个导体，放电时电流进行自由的流动，而电离气体和中性气体由于界限的不稳定就会出现交融，因而出现了分岔的枝条状现象。

科学家还解释说，分枝现象是否出现取决于电场的强度。如果电场强度大，也有可能使阴极和阳极气体迅速形成枝繁叶茂的闪电现象。

除了树枝状的闪电以外，还有一种球形闪电也是多年来科学家研究探索的现象之一。几乎所有的报道都表明，球状闪电出现在雷暴天气下，且尾随于一次普通闪电之后。它出现时常飘浮在离地面不远的空中，接触地面后常反弹起来，而被接触的物质通常会被烧焦，目前，国内外有很多关于球形闪电的报道。

10 多年前，出现在德国的球状闪电却很奇特。人们看到一个大火球自天而降，击在一棵大树顶上，当即分散成 10 多个小火球，纷纷落地，消失了，犹如天女散花一样。

一般情况下，像空气这样的气体并不导电，因为空气中没有带电荷的原子和分子。不过，气体受热或遇到强电场时就会导电，这种情况下，中子从中性原子和分子上被剥离下来，形成等离子体。等离子体是不带电的离子、中子和正离子的高温混合物，等离子体中带电荷的离子可以导电。

在苏联的一个农庄，两个孩子在牛棚的屋檐下躲雨。突然，屋前的白杨树上滚落下一个橙黄色的火球，直向他们逼来。慌乱中一个孩子踢了它一脚，轰隆一声，奇怪的火球爆炸了，两个孩子被震倒在地，但没有受伤。事后，人们才知道那个火球是罕见的球状闪电。

在美国一个叫龙尼昂威尔的小城里曾发生过一件怪事：一位主妇清楚地记得，她放进冰箱的食品是生的，可是在她从市场回到家里，打开电冰箱一看，发现所有的食品都成了熟食。后来，经过科学家的研究才明白，这是球状闪电开的玩笑。不知怎么搞的，它钻到电冰箱里把冰箱变成了电炉，奇怪的是，冰箱竟没有损坏！

一位名叫德莱金格的奥地利医生，在钱包被盗的当天晚上，被请去为一个遭雷击的人看病，他发现那个人的脚上印着两个“b”字，同自己丢失的钱包上的“b”字大小相同，结果钱包就在这个人的口袋里。

1962 年 7 月 22 日傍晚，中国科学工作者在泰山顶上对雷暴进行研究时，目睹了一次奇怪的球状闪电。随着一声巨响，在窗外冒雨工作的科学工作者发现一个直径约 15 厘米的红色火球从西边窗户的缝中窜入室内，大约几秒钟后，又从烟囱里飘出。在离开烟囱口的瞬间，发生了爆炸，火球也消失了。桌子上的热水瓶、油灯都被震碎，烟囱也被震坏。火球所经过的床单上，留下了 10 厘米长的焦痕。

1979 年 1 月 6 日，在中国吉林市，有人曾经看到一个落地球状闪电在气象站办公室转了数圈，然后又腾空而起，往东方飞去。它像个大探照灯，一路照得通亮，最后落入松花江里消失了。

1981 年 7 月 9 日，随着一声惊雷，人们看到两个橘红色的大火球，带着刺耳的呼啸声，从乌云中滚滚而下，坠落在上海浦东高桥汽车站。两个火球在地面相撞，发生一声巨响，消失了。

1993 年 9 月 16 日晚大约 19 时 45 分，江苏省滨海县城天气异常闷热，气压很低，突然一条红火龙从该县东坎镇东村东园组的村东向西飞来，飞到杨某家周围上空时，变为一只火球窜进屋内，紧接着一声巨响，一人遭雷击身亡，身上衣服头发均被烧光，还有二人被击昏在地，身上多处烧伤，后经抢救脱险。

球状闪电这种罕见的自然现象给充满好奇心的人类带来了无尽的遐想。古人在很长一段时间只能借想象来解释它。把它描绘成骑着火团的矮精灵，或者是口吐火焰、兴风作浪的怪物。

暖湿空气迅速上升，急剧降温，就形成了雷暴云。在雷暴云的内部，部分水分结成冰，强烈的气流使冰晶和水滴相互碰撞，冰内的带电粒子电子即受撞后产生电荷，通过闪电的形成释放出去。闪电可使周围的空气达到30000℃的高温，是太阳表面温度的5倍。巨大的热能使空气迅速膨胀，以致膨胀速度比声速还快，并因此产生爆裂的雷声。

在19世纪初，科学家们开始了对球状闪电的漫长的探索。球状闪电虽然罕见，但两个世纪以来，人们还是得到了大量的直观资料，其中包括一些科学家的目击记录。球状闪电是一种奇特的闪电，但它的形成原因至今尚未弄清。有人认为它是一团涡旋状的高温等离子体；有人认为它本身就是一种特殊形式的大气放电等。

最新的科学进展导致了一些科学家将分形理论引入球状闪电的研究，提出分形球状闪电模型：在普通闪电的一次放电瞬间产生的颗粒极小的高温微尘与周围介质碰撞并粘结成一种错综复杂的网状结构——一种分子形结构。它有相对稳定的形状，但密度极小，绝大部分体积是空隙。正是这些空隙储存了球形闪电的能量，它是一种化学能,能量的释放可能是一个链式的化学反应。

从人类已掌握的自然规律出发，科学家们已提出了几十种模型，他们都能不同程度地解释球状闪电的一部分性质。然而，因为不能在实验室中对球状闪电直接研究，无法获得充分的数据，而目击报告中许多现象又似乎矛盾重重，所以，能得到普遍认可的模型至今还没出现。200年已经过去，自然界仍在炫耀它天才的创造，它里面究竟隐藏着什么奥秘？相信总有一天人类能够解开这其中的谜团。

海市蜃楼

hai shi shen lou

19世纪时，欧洲的许多探险队进入非洲撒哈拉大沙漠进行探险。探险队进入沙漠后，所携带的饮用水一天比一天少。有一天，他们忽然发现在前方不远的地方有一个很大的湖泊，湖水在刺眼的烈日照耀下波光粼粼，湖边还映着大树的倒影。探险队员看到这一幅景象，喜出望外，欢呼雀跃地拿着水桶兴奋地向湖边跑去。但跑了很久，也未能靠近那片湖泊。

英国探险家李温士敦在非洲卡拉哈里沙漠旅行时也曾被这种现象欺骗过。当时，他正在沙漠中行走，忽然发现前面出现一个湖泊，干渴难忍的他于是朝湖的方向奔去，结果可想而知，他根本无法接近那片湖泊。

20世纪80年代人们在叙利亚沙漠地区还见到更奇怪的景观。当时，雨季刚过，旱季即将来临。火红的太阳还悬在天空中，乌云飘过后，天空洒下一阵急雨。这时在天际突然出现一弯彩虹，与虹影相辉映的是，在它下面隐现出一座市镇，蓝色的湖水、绿色的树木、白色的房屋。这些奇景是怎么回事呢？

古代人将这些奇异的现象称为“海市蜃楼”。传说蜃是一种会吐一股股气柱的蛟龙，它吐出的气柱仿佛海上“城市”中的幢幢楼台亭阁，远远看去，若有若无。

其实，海市蜃楼是光在密度分布不均匀的空气中传播时发生全反射而产生的。在沙漠中，由于强烈的太阳光照射在沙地上，接近地面的空气被迅速加热，因此其密度比上层空气的密度小，折射率也就小。从远处物体射向地面的光线，进入折射率小的热空气层时被折射，入射角逐渐增大，也可能发生全反射，人们逆着反射光线看去，就会看到远处物体的倒影，仿佛是从水面反射出来一样。沙漠中的行者就常常被这种景象所迷惑。

在海面上也会出现这样的奇景。夏季，海上的上层空气在阳光的强烈照射下，空气密度小，而贴近海面的空气受较冷的海水影响变得较冷，空气密度大，就出现下层空气凉而密，上层空气暖而稀的差异。从两层密度悬殊的空气穿越而过的光线由于短距离内温度相差 7℃ ~ 8℃时，在平直的海面上或海岸，就会出现风景、岛屿、人群和帆船等平时难得一见的奇景。这是为什么呢？其实，岛屿等虽然位于地平线下，但岛屿等反射出来的光线会在密度大的气层射向密度稀的气层时发生全反射，又折回到下层密度大的空气层中来。上层密度小的空气层会使远处的物体形象经过折射后投进人们的眼中，而人的视觉总是感到物像是来自直线方向的，从而出现“海市蜃楼”的奇景。

蜃景与地理位置、地球物理条件以及那些地方在特定时间的气象特点有密切联系，不仅能在海上、沙漠中产生，柏油马路上偶尔也会看到。柏油马路因路面颜色深，夏天在灼热阳光下吸收能力强，同样会在路面上空形成上层的空气冷、密度大，而下层空气热、密度小的分布特征，所以也会形成蜃景。

对于这种奇异的景象，长久以来，人们迷惑不解，以致闹出了不少笑话。

1798 年，拿破仑率领大军攻打埃及，军队在沙漠中行进时，茫茫沙漠中突然出现一个大湖，顷刻间又消失了。不久又出现一片棕榈树林，转眼间又变成荒草的叶子。士兵们被

海市蜃楼景象

这是一个出现在南极的海市蜃楼，它下边的山是真山，上边的一切则是幻像。由寒冷空气形成的海市蜃楼都是正像，出现在物体上方；沙漠里的海市蜃楼，都是倒像，出现在物体下方。

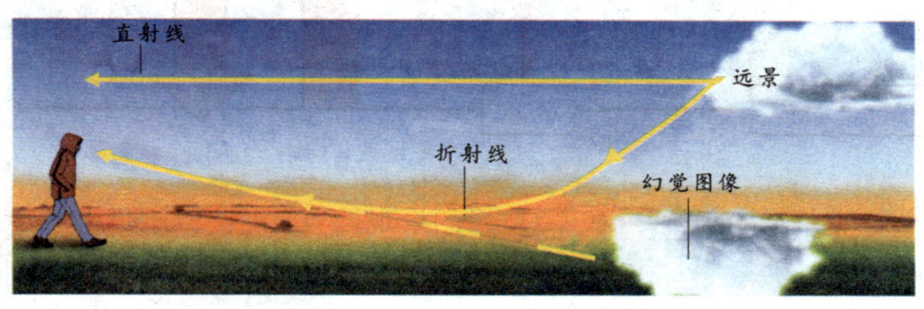

蜃景成因示意图

弄糊涂了，以为世界末日来临，纷纷跪下祈求上帝来拯救自己。

第一次世界大战时，在一次会战中，德军潜艇已达美国东海岸之外，从潜望镜内向海上窥探的艇长却惊讶地发现纽约市就在自己头上，他以为自己指挥的潜艇跑错航线，进入美国海域，赶紧下令撤退。

温室效应的争议

wen shi xiao ying

近年来，全球气候逐渐变暖，科学家们根据长期观测得到的大量数据分析指出，全球气候在20世纪明显变暖，跟20世纪初相比，现在的平均气温上升了0.5℃，这种温暖期是过去600年里从未有过的。

全球气候在整个20世纪确实一直在变暖，但气候变暖是不是因为温室效应呢？会不会持续变暖呢？对此，众说纷纭。

有些科学家认为20世纪气候变暖是小冰期气温回升的延续，是自然演变的结果，跟温室效应无关。在地球存在的46亿年中，气候始终在变化，并且是以不同尺度和周期冷暖交替变化的，也就是说，20世纪气候变暖是正常的自然现象，人们不必恐慌，到了一定的时期气温自然会变冷。科学家经研究发现，第四纪也就是距今250万年前，地球上出现了多

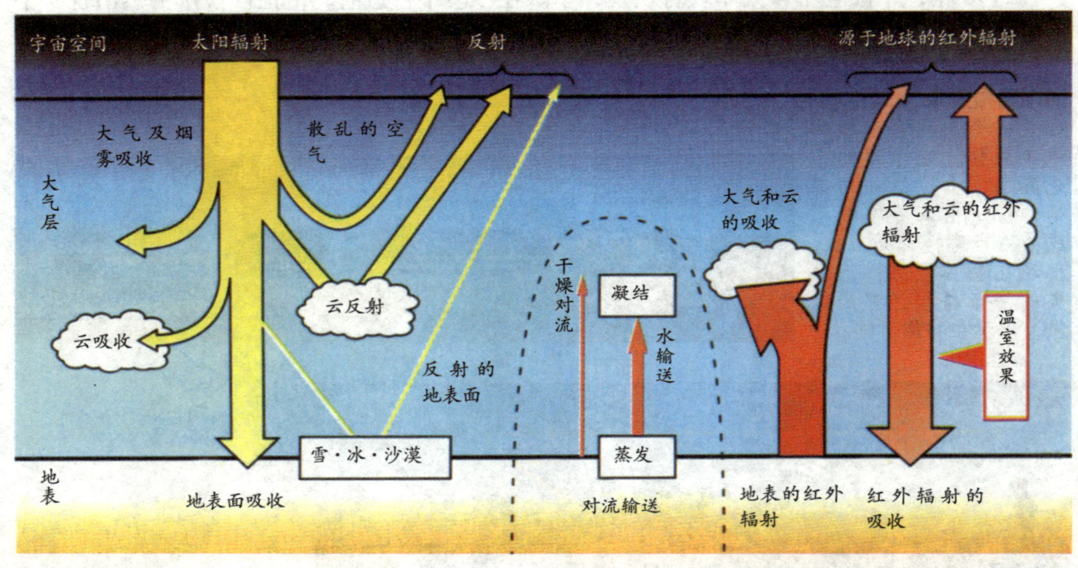

温室效应示意图

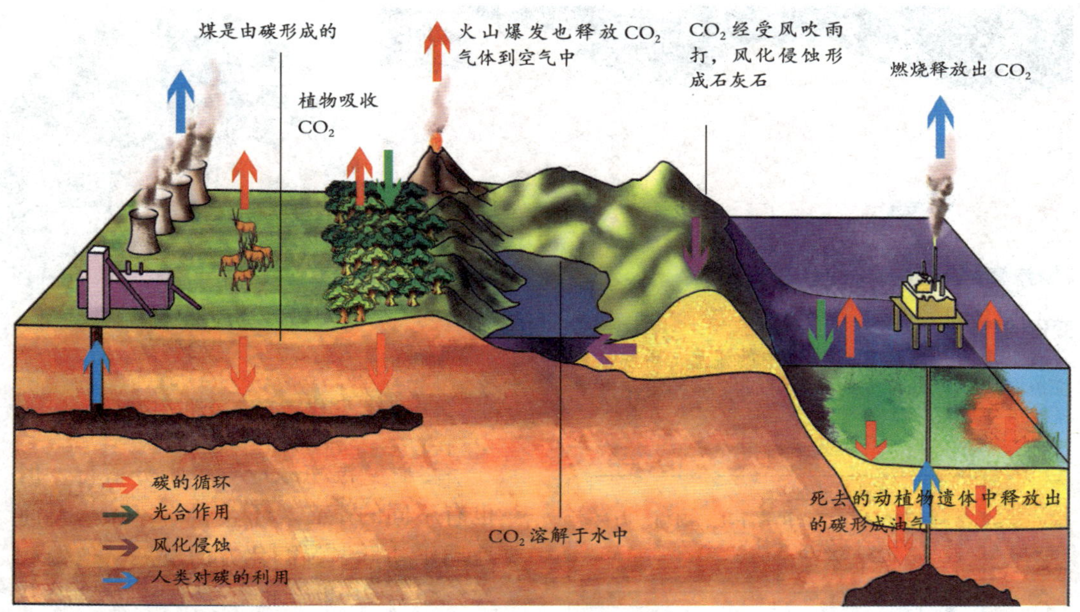

地球上二氧化碳的循环

个不同尺度的冷暖变化。周期越长，气温变化也越大。周期为 10 万年左右的冰期，气温变化了 10℃；周期为 2 万年的，气温仅变化了 5℃。在近 1 万年中，这个规律依然在起作用：10 年尺度气候变化的变幅是 0.3℃ ~ 0.5℃；100 年尺度气候变化的变幅为 1℃ ~ 1.5℃；1000 年尺度气候变化的变幅为 2℃ ~ 3℃。

但还有些人反对以上观点，他们认为，全球气候变暖是因为“温室效应”，而人类是造成“温室效应”的罪魁祸首。近几十年来，发展迅速的工业制造业以及日益增多的汽车等，导致燃烧矿物燃料越来越多，人类向空气中排放的二氧化碳大大增加。加上绿色植物尤其是森林遭到了极大破坏，无法大量吸收人类排出的二氧化碳，因此，大气层中的二氧化碳浓度大大增加，阻碍了大气和地面的热交换，引发“温室效应”。

大量的二氧化碳既能吸收热量，又阻止了地球散热，地球热交换因此失去了平衡，导致全球气温不断升高。一个权威性的政府组织对全球气候变暖的问题进行了大量详尽的研究，他们明确指出了大气中二氧化碳含量的增加是全球变暖的主要原因。科学家们利用电脑收集了大量的技术发展预测、人口增长预测、经济增长预测等相关资料，再根据对未来100年里排放到大气中的二氧化碳数量的35种估计值，做出了7种不同模型来预测全球气候，最终的结论是气温在未来 100 年可能增加 1.4℃ ~ 5.8℃。如果这种预测变成现实，地球将会发生一场大灾难。农业将遭到毁灭性打击；海平面将上升，淹没更多陆地，并导致淡水危机；各种自然灾害将轮番发生，生态平衡将遭到破坏。

据英国《观察家报》2004 年 1 月 11 日报道，由多国科学家组成的国际研究小组在一期英国《自然》杂志上发表研究报告称，全球变暖将导致世界上 1/4 的陆地动植物，即 100 多万个物种将在未来 50 年之内灭绝，这必将对人类的生存造成灾难性的影响。为此，英国多位著名气候专家在剑桥大学召开会议，商讨防止地球继续变暖的办法。

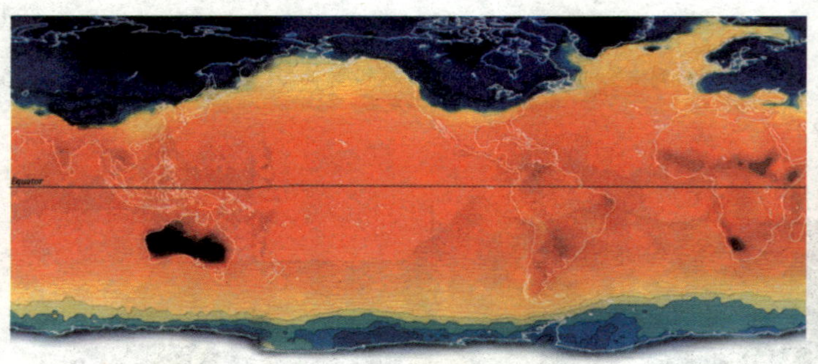

变化的气候

人造卫星对地球大气对流层中的温度（图中红色表示较热）所做的监控图。地球每年大约变暖0.02℃，可能是因为额外的二氧化碳增强了温室效应。这些增多的二氧化碳大都来自燃烧的煤和石油。

科学家在南极洲研究气候

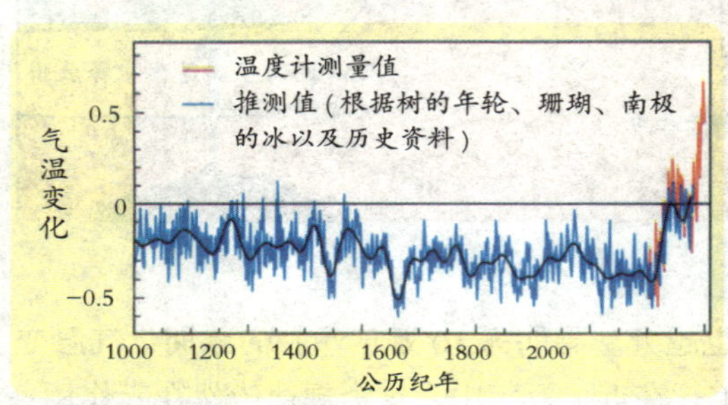

北半球的平均气温变化

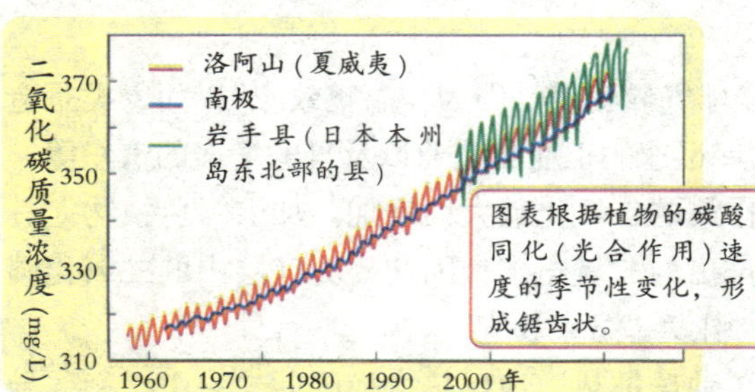

大气中的二氧化碳浓度变化

尽管“温室效应”论十分盛行，但也有不同的声音。不少科学家认为目前地球正朝低温湿润化方向发展。他们认为，尽管20世纪的气温总体上呈上升趋势，但二氧化碳浓度变化与气温曲线变化并非完全一致，20世纪的40～80年代，有过降温的过程。这种看法也不无道理，他们从两个方面提出证据支持自己的观点。

首先，他们认为，气候变化受地球自身反馈机制的影响。一方面，由于大气与海水间存在着热交换，气温升高时，热交换增强，海水吸收热量升温后，对二氧化碳的溶解度也会增加。不仅如此，气温的升高还会增加地球上的生物总量，寒冷地带由于变热，生长在那里的植物生长期变长，植物带也在高温的作用下移向高纬度的地方，二氧化碳被森林吸收后，要经过更长的时间才能回到大气层。另一方面，由于空气极度湿润，植物残体在这种情况下不能充分分解，以泥炭的形式储存到地壳，这正是碳元素从生物圈到地圈的转化过程。

其次，气温上升过程中产生的水蒸气也能起到一定程度的缓解作用。气温升高导致蒸发加剧，大气含水量增加，形成一些云，大量的太阳辐射会被这些云反射、散射掉，从而缓解气温的上升。

气象系统是十分复杂的，无论地球变暖是否因为温室效应，我们都应该加以关注。相信总有一天我们会弄明白地球变暖的来龙去脉，从而改善环境，造福人类。

臭氧层 chou yang ceng 真会消失殆尽吗

我们头上20～48千米处，是环绕着地球的臭氧层。空气里的大部分氧分子（O_2）由两个氧原子组成，而每个臭氧分子（O_3）内包含3个氧原子。

阳光对于臭氧的形成起到了重要的作用。阳光里的紫外线在穿过大气层的过程中使普通的氧分子分解。自由的氧气单原子与邻近的氧分子（O_2）结合，就形成了臭氧分子（O_3）。

臭氧层的臭氧浓度极低，如果将延伸30千米的臭氧分子集中到一起压缩为固体层的话，厚度仅为3毫米。

在地面附近也会存在臭氧。阳光会与汽车尾气或工厂排出的烟中的化学物质发生反应生成臭氧。地面附近的臭氧含量会在闷热的烟雾天里达到警戒水平。吸进臭氧分子对身体是有害的，因为臭氧分子会对肺部形成伤害。练

外大气层是大气层最外面的一层，在这里漂浮着一些较轻的气体

人造卫星

空气在热层中变得非常稀薄，但是，这些气体能吸收来自太阳光中的紫外线，这使得该层上的气温升高到2000℃。电离层（热层之内的一个气层）由被太阳光离子化的气体或者带电的气体组成。无线电信号还能在这些被电离化的气体中传播

在夜晚出现在天空中的极光，可能是因为来自太阳的带电粒子撞击到原子而产生的现象

航天飞机（往返于地球和太空站之间运载人和物资）

陨石

平流顶层是平流层和中间层之间的界线

在中间层，空气变得非常稀薄，因此温度迅速地下降，最高时候的温度为-110℃，不过，这里的空气仍然足够稠密，从而降低陨石下落的速度

声呐气球

对流顶层边缘

对流层和平流层交界处

平流层中含有19%的大气，但是没有水蒸气。这个气层非常平静，因此飞机都在这个气层中飞行

海平面

臭氧层，能够遮蔽危险的辐射，保护地球

对流层的范围大约在地面之上12千米，它是生物能够在其中自然生存的唯一大气层级。对流层包含75%的大气、水蒸气和云。对流层中的变化会引起天气情况发生相应的变化

大气层

大气层被划分为不同的5层。气体的混合物就在这5层中发生着多样的变化。温度也是如此，在对流层，也就是大气层的最低层，温度会下降；而在平流层以上的层级中，温度则会上升。

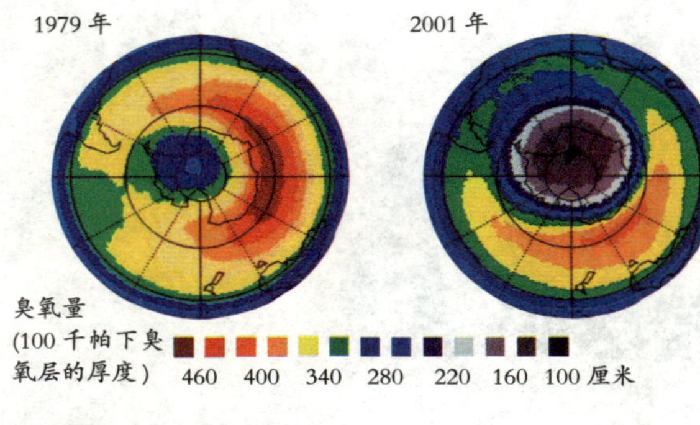

臭氧洞的扩大

8月～10月相当于南极的冬天，这时在南极的上空15～20千米附近，会出现被称为“极域同温层云”的云朵。这种云的粒子和阳光中的紫外线使氯气活化，导致臭氧层急速破坏，从而生成臭氧洞。

习长跑的人如果过多地吸入含有臭氧分子的污染的空气，会感到肺部疼痛，呼吸困难。生长在公路两侧的树木和其他植物往往会因为臭氧污染而生长缓慢。

但是我们头上几十千米处的臭氧层不但不会对我们的健康构成威胁，相反还保卫了我们人类的健康。臭氧会吸收来自宇宙中的紫外线：紫外线会使我们的皮肤颜色变深；如果接受了过多的紫外线照射，我们的皮肤会被灼伤，甚至患上皮肤癌。

从20世纪70年代起，科学家们一直关注臭氧层的变化。他们发现氯氟烃会破坏臭氧层，而氯氟烃被广泛地应用于冰箱、空调和气溶胶罐中。每次使用发胶、摩丝、空气清新剂时，或者当冰箱和空调被送去维修或报废时，都会有氯氟烃气体泄漏进入空气。

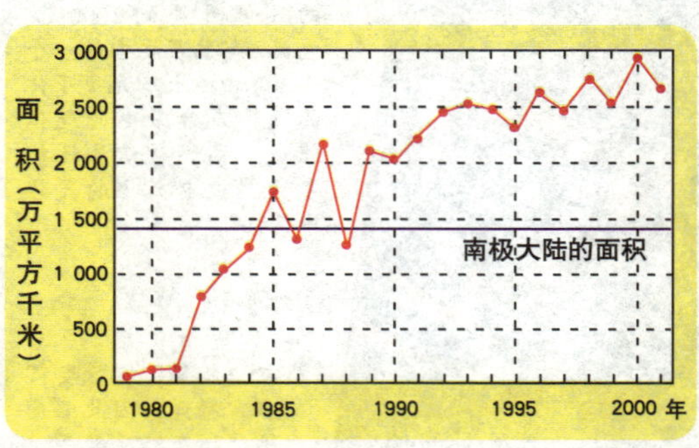

臭氧洞的面积变化

臭氧洞的面积每年都有一定变化，20世纪90年代以后，整体呈扩大趋势。但2002年由于气温较高，极域同温层云未出现扩展，臭氧洞也没有扩大（图表中未含）。

科学家认为，氯氟烃气体在空气中会慢慢地向上飘，最终进入臭氧层。在太阳辐射的作用下，氯氟烃会放出氯气。氯气会分解臭氧分子，生成普通的氧气分子（O_2）。如果这个反应不停地进行下去，臭氧层终究有一天会从地球上永远消失！

在1985年的时候，一位英国科学家公布了一个重大的发现：南极洲的上空出现了一个巨大的臭氧层空洞。这个臭氧层空洞的面积相当于整个美国的大小，每年春天都会出现。当季节改变，风向发生变化时，周围的臭氧分子会被吹过来填补这个臭氧层空洞，但与此同时周围地区的臭氧水平就会显著下降。1992年冬天，欧洲和加拿大部分地区上空的臭氧含量下降了20个百分点。

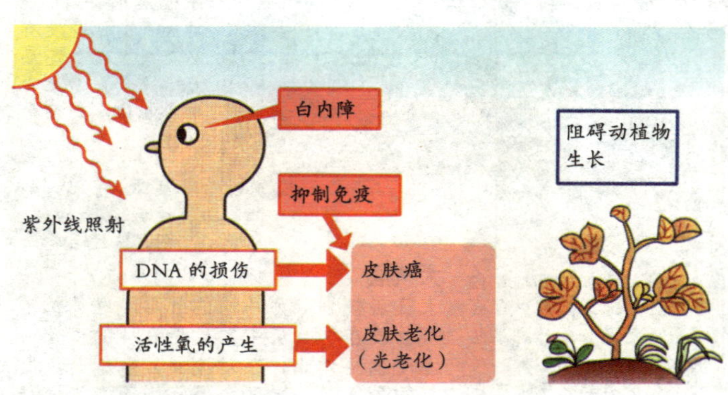

紫外线对生物的危害

研究人员在南极洲的上空还同时发现了大量氯的一氧化物，这是一种在氯气分解臭氧反应过程中释放出的化学物质。由此可见，日常生活里广泛应用的氯氟烃的确是一大隐患。

据估计，臭氧含量每下降1个百分点，到达地面的紫外线就会上升2个百分点，同时皮肤癌的发病率会上升3～6个百分点。紫外线对人体的免疫系统也会造成伤害，使人们更容易患上疟疾一类的疾病。此外，紫外线还会破坏植物细胞——从树木到庄稼。

在澳大利亚发起了“3S”(SLIP，SLAP，SLOP)运动，鼓励人们穿衬衫、戴帽子和涂抹防晒霜，以防止太阳光中紫外线的伤害。

科学家们还担心臭氧层变薄会导致全球范围内的气候变化，而此后的一系列结果将不堪设想。臭氧层有保温作用，而随着臭氧层逐渐变薄，臭氧层附近的空气温度下降，会导致全球风模式的变化，从而导致气候变化。随之而来的可能是长期干旱、庄稼歉收、粮食短缺，甚至大饥荒。

据科学家计算，即使全世界人民都行动起来，采取一切可行的措施阻止破坏臭氧层的活动，使臭氧水平恢复到从前的水平也需要一百多年的努力。

探寻沙漠的形成

sha mo

如今，沙漠正以非常快的速度向人类的生存地带延伸，人类的未来面临着严峻挑战。人们在治理沙漠的同时，也在思索沙漠的形成原因。

从地球上沙漠的分布来看，沙漠是地球上干旱气候的产物。然而，并不是所有沙漠的成因都能用这一观点来解释。例如，塔尔沙漠在平时上空总是湿润多云，而当西南季风来临时，空气中的水汽含量几乎可与热带雨林区相比，即使如此它仍然是一片沙漠。

经过研究，科学家们认为形成沙漠的主要原因是尘埃。塔尔沙漠上空平均每平方千米飘浮着1吨半多的尘埃，是芝加哥上空的好几倍，而且尘埃分布高度也较高。塔尔沙漠没有降雨的条件，也没有成露的条件：白天尘层增温，空气因地面缺少加热而不能上升；夜间，尘埃以散热冷却为主，空气下沉使地面散热减弱。尘埃使空气变得十分干燥，地面只能形成沙漠。

那么，这么多的尘埃又源于何处呢？有的学者指出，人类是破坏生态环境、制造沙漠的真正凶手。

世界上最大的沙漠——撒哈拉沙漠的演变进一步证实了这一观点。谁能想到，在远古时代，撒哈拉的大部分地区曾经是一片植物茂盛的肥沃土地。然而，人类常常为了眼前的

非洲纳米比沙漠中的这些巨型沙丘是世界上最高的沙丘之一。在纳米比，海风使沙一直处于移动状态，沙丘也就像缓慢的海浪一样慢慢向着内陆爬行。

利益，乱砍乱伐，大肆破坏自然，造成了土地的严重沙化，从而加快了沙漠化的进程。

也有人反驳说，有些沙漠产生时，地球上还没有人类。人类不适当地开发自然，固然会使丰美的草原、森林退化成沙漠，但沙漠本身作为一种生态类型，早在人类出现以前就存在了。

到底是人类还是气候制造了沙漠？或是他们共同制造了沙漠？人们对这个问题仍然争论不休。但有一点是无需争论的，那就是为了人类的将来，当务之急应抓紧治理沙漠，努力保护我们的地球家园。

厄尔尼诺现象

e er ni nuo

近些年，每当人们讨论气候和自然灾害的时候，往往会提到这样一个名词——厄尔尼诺。在各种媒体上，它的出现频率也非常高。在人们眼里，厄尔尼诺显然已成了“灾星”的代名词。

厄尔尼诺是南美洲秘鲁渔民最早对影响当地鱼流的秘鲁近海暖洋流的通俗叫法，在西班牙语中是“圣婴”的意思，指的是圣诞节前后发生在南美洲的秘鲁和厄尔尼诺附近，即赤道太平洋东部和中部海水大范围持续异常偏暖现象。厄尔尼诺现象不仅扰乱秘鲁渔民的正常渔业生产，引起当地气候反常，而且在厄尔尼诺现象强烈的年份，还会给全球气候带来重大影响。主要表现在：从北半球到南半球，从非洲到拉美，气候变得异常，该凉爽的地方骄阳似火，温暖如春的季节突然下起大雪，雨季到来却迟迟滴雨不下，正值旱季却洪水泛滥……据记载，从 1950 年以来，世界上共发生 13 次厄尔尼诺现象，其中 1997 年发生并持续至今的一次最为严重。

现在，对厄尔尼诺已有了一个基本一致的定义，用一句话来说：厄尔尼诺是热带大气和海洋相互作用的产物，它原是指赤道海面的一种异常增温，现在其定义为在全球范围内，海气相互作用下造成的气候异常。它表示一系列的海－气反常现象，主要有以下几方面：东太平洋赤道以南海域冷水区的消失；太平洋赤道地区东南信风的消失；西太平洋赤道地区的热水向东部扩散；由上述三种现象引起的一系列气候反常。据专家统计，厄尔尼诺大约每过 2 ~ 7 年出现一次，但却没有一定的周期性，每次发生的强度不尽相同（即表层海温的异常程度不同），持续时间也有差别，短的持续半年，长的持续一年以上。

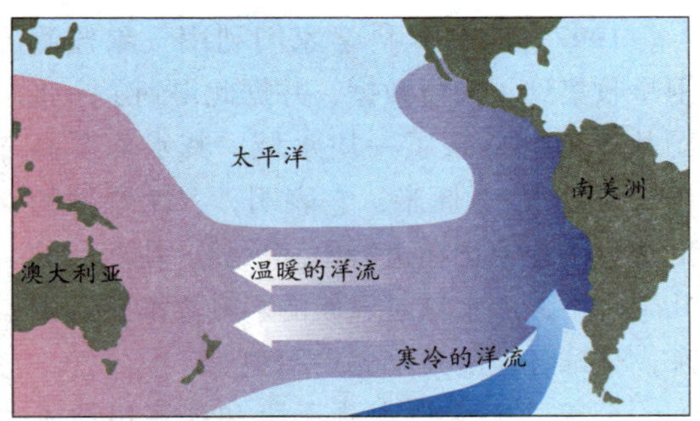

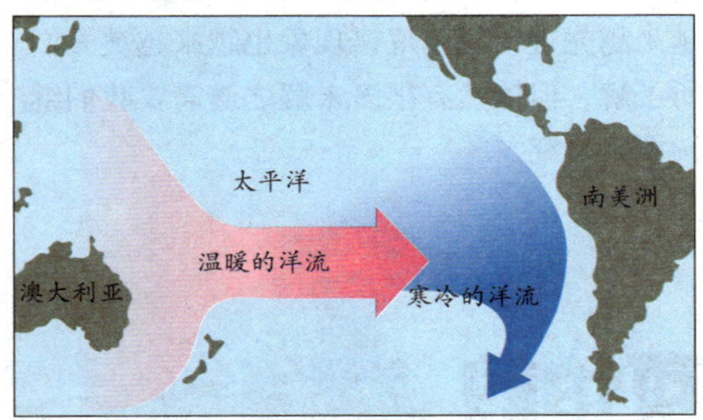

正常年份与出现厄尔尼诺现象时的洋流对比图

厄尔尼诺是指太平洋洋流间或出现的逆转现象。在正常情况下，表面洋流向西流动，为东南亚地区带来湿热的气候，营养丰富的海水沿秘鲁海岸南下，畅流无阻。在厄尔尼诺期间，温暖的洋流向东流动，造成美洲洪涝灾害频繁，东南亚地区干旱少雨。

但到目前为止，科学家们依然没弄清厄尔尼诺现象发生的原因。

有一种观点目前较为盛行，这就是大气因子论。这种观点认为，赤道太平洋受信风影响，形成了海温和水位西高东低的形势。与此同时，在赤道太平洋西侧的上升气流和东侧的下沉气流的影响下，信风会加强；一旦信风减弱，太平洋西侧的海水就会回流东方，赤道东段和中段太平洋的海温因此会异常升高，从而导致厄尔尼诺现象的发生。气象学家已证实，厄尔尼诺确实会引发世界上一些地区气候异常及气象灾害。

随着科技的发展和科学家经验的积累，在过去的几十年中，对厄尔尼诺的研究工作已取得较大进展。

1992 年 8 月，飓风袭击美国佛罗里达州。从图中可以清楚地看到飓风的中心——风眼。

1997 年 9 月，科学家们利用气象监测卫星收集到了大量数据，并据此得到了一张图片。他们发现了一块水域，其水面要高出正常情况 33 厘米，它表明，一次剧烈的厄尔尼诺现象正在进行中。果然，在随后的几个月中，该水域对气候的影响逐渐显露出来，全球各地区几乎无一幸免。

今天，天文学观测手段和计算机技术越来越先进，厄尔尼诺现象也越来越被人们所了解，但依然有很多未解之谜需要我们继续探索研究。

1987 年，当厄尔尼诺再次横行全球时，孟加拉国暴雨成灾。20 世纪 90 年代以后，厄尔尼诺现象越来越频繁，严重地威胁着人类的生产、生活。

可怕的极地雪融 *ji di xue rong*

科学家曾对两极冰雪完全融化的情况下海平面的上升高度做过估算，但是要确切地知道被淹没的陆地面积则必须对全球海岸进行极为复杂的调查。

如果南极东部冰盖融化的话，全球海平面将会上升 60 米，而南极西部冰盖融化的话，全球海平面将会上升 6 米。

虽然一般认为格陵兰岛的冰盖要比南极的稳定，但是一旦格陵兰岛上的冰盖融化的话还是会对全球海平面高度产生一定的影响。比较正式的估计结果是格陵兰岛完全融化后，海平面上升范围在 7.1 ~ 7.4 米之间。

综上所述，南极和格陵兰的冰盖融化后，海平面总的上升高度大致为 74.4 米左右。

北极冰层融化的话不会对海平面高度产生什么太大的影响，因为北极冰盖本身就是由海水结冰而形成，是一块只有一小部分冰层浮出水面的巨大冰块。

人们所关心的其实是冰层融化后随之而来的海水淡化问题，极地冰层是陆地上的淡水，如果冰层融化，大量涌入的淡水将对现有的海水造成一定的冲击。

对冰层融化后被淹没的陆地面积的估算，即便是随意猜测，也要基于全球永远变动的海岸线（假设坡度为千分之一）可能会被新的海平面淹没的状况来进行。

同时，科学家还要考虑当南极大陆所负载的冰盖重量消去后随之而来的地壳反弹现象。冰盖巨大的压力使得南极大陆处于海平面以下，如果消去冰盖的重量，地幔就会相应地向上抬升。今天斯堪的纳维亚半岛之所以仍在不断地上升，便是由于大约 1 万年以前半岛上

南极冰山形成示意图
南极大陆的冰原，大体呈一盾形，中部高四周低。在重力作用下，每年有大量的冰滑入海中，在周围的海面上集结成广阔的陆缘冰。这些冰山随风和洋流向北漂移，在寒冷的季节甚至可漂到南纬 40°。

所负载的冰层被消除的缘故。

神秘的“多个太阳”

duo ge tai yang

在“后羿射日”的古老神话中，天空曾出现过 10 个太阳。虽然这只是一个美丽的传说，但天空中出现多个“太阳”，却是有史书记载的。

相传赵匡胤陈桥兵变时，天上就出现了两个太阳。赵匡胤借此天体异象发动兵变，黄袍加身，创下了宋朝百年基业。

1933 年 8 月 24 日上午 9 时 45 分，在中国四川省峨眉山的上空，太阳的左面和右面，分别有一个太阳，人们对此惊奇不已。

1934 年 1 月 22 日和 23 日，上午 11 时至下午 4 时，古城西安也出现了 3 个太阳并排在天空的奇景。

1965 年 5 月 7 日下午 4 时 25 分和 6 月 2 日晨 6 时，在南京浦口盘诚集的上空，连续两次出现了 3 个太阳并排在空中的景观。

太阳系中只有一个太阳，这是不容置疑的，那这种现象到底是怎么回事呢？

原来，这是由大气变化所引起的。

太阳光被折射后会形成晕。

在离地面 6 ~ 8 千米的高空中，一年四季气温都非常低，这里有大量不同形状的冰晶体，随着大气上下翻滚。当阳光照到这些小冰晶上，它们就如玻璃三棱镜一般折射太阳光，或者如镜面般把太阳光反射回去。由于阳光被折射后光就从不同角度发出去，这样就在太阳周围绕成美丽的光环——晕。

彼得堡的学者洛维茨在 1970 年夏季曾见到这样的奇观："有两个虹彩的光圈在太阳的周围。一个大，一个小。在它们的上面和下面各有一个发出亮光的半弧，就像两个宽大的牛角与光圈上下相连。一条与地平线平行的白色光带从太阳和虹彩光圈中间穿过，在蓝天上环绕。有两个光彩夺目的幻日出现在白色光带与小光圈交叉的地方。幻日面向太阳的一侧为红色，而背离太阳的一侧则拉着一条很长的发光的尾部。在白色光带上能看见 3 个同样的光斑正对着太阳。在太阳上面的小圆环上第 6 个耀眼的斑点在不停地闪烁着。这一复杂的光晕现象在天空中持续了 5 个小时之久。"

光学原理造成了这一让世人惊奇不已的自然现象，其实真正的太阳只有一个，其余的都是虚幻的影子罢了。

第 三 篇
CHAPTER THREE

奇域之谜

Mysterious Places of the World

神秘莫测的 jian xie quan 间歇泉

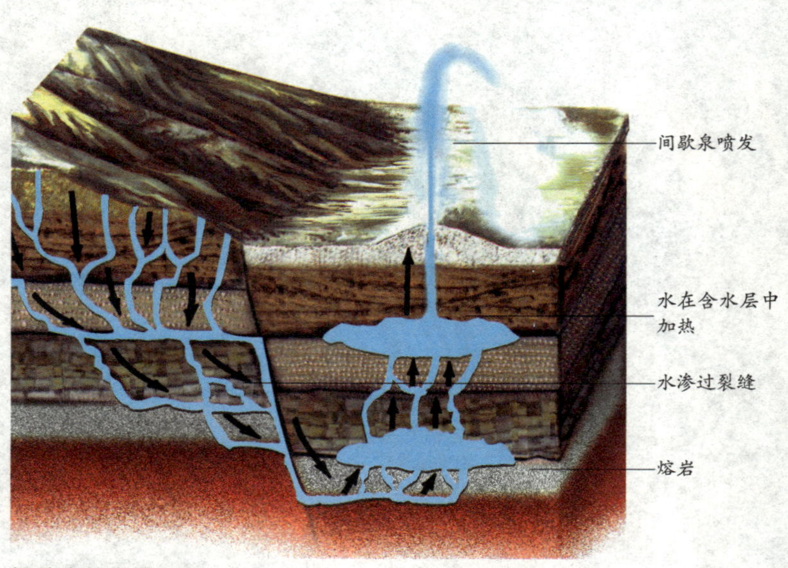

间歇泉喷发原理图

间歇泉与温泉不同，温泉不仅水温高，而且少含硫；间歇泉水温一般比较低，且含大量硫和碳酸气。间歇泉的通道上层狭窄，并且上层的冷水像个盖子，使下层沸水受压力越来越大，终于冲开盖子喷发出来。

在中国西藏自治区雅鲁藏布江上游的搭各加地，有一种神奇的泉水——间歇泉。间歇泉的泉水涓涓流淌，在一系列短促的停歇和喷发之后，随着一阵震人心魄的巨大响声，高温水汽突然冲出泉口，即刻扩展成直径 2 米以上、高达 20 米左右的水柱，柱顶的蒸汽团继续翻滚腾跃，直冲蓝天。它的喷发周期是喷了几分钟、几十分钟之后就自动停止，隔一段时间才再次喷发。

间歇泉

除了中国的间歇泉外，在冰岛首都雷克雅未克附近，还有一眼举世闻名的间歇泉——“盖策”泉。这个泉在间歇时是一个直径 20 米、被热水灌得满满的圆池，热水缓缓流出。不久，池口清水翻滚暴怒，池下传出类似开锅时的呼噜声，随之有一条水柱冲天而起，在蔚蓝色的天幕上飘洒着滚热的细雨，这条水柱最高竟可达 70 米。

科学家经过考察指出，适宜的地质构造和充足的地下水源是形成间歇泉最根本的因素，此外，还要有一些特殊的条件：首先，间歇泉必须具有能源，地壳运动比较活跃地区的炽热的岩浆活动是间歇泉的能源，因而它只能位于地表稍浅的地区。其次，要形成间歇性的喷发，还要有一套复杂的供水系统来连接一条深泉水通道。在通道最下部，地下水被炽热的岩浆烤热，但在通道上部，泉水在高压水柱的压力下又不能自由翻滚沸腾。同时，由于通道狭窄，泉水也不能进行随意地上下对流。这样，通道下面的水在不断地加热中积蓄能量，当水道上部水压的压力小于水柱底部的蒸汽压力时，通道中的水被地下高压、高温的热气和热水顶出地表，造成强大的喷发。喷发后，压力减小，水温下降，喷发因而暂停，为下一次新的喷发积蓄能量。

神奇的 ni ya jia la pu bu 尼亚加拉瀑布

尼亚加拉大瀑布是驰名世界的大瀑布，坐落在纽约州西北部美加边境处，位于尼亚加拉河的中段。这条河流发源于伊利湖，向北流入安大略湖，仅长58千米，但是因为伊利湖与安大略湖地势相差100多米，当河水流经陡峭的断岩带时，便形成了气势磅礴的大瀑布。

尼亚加拉瀑布以山羊岛为界，分为加拿大瀑布和美国瀑布两部分，由三股飞瀑组成。两处瀑布的水源虽来自同一处，可是只有6%的水从美国瀑布流下，其他94%的水是从加拿大瀑布流下。其中，在河东美国一侧的两条瀑布，有着“彩虹瀑”和“月神瀑”的美称，后者因其极为宽广细致，很像一层新娘的婚纱，又称婚纱瀑布，两瀑布中间隔着兰那岛。在河西加拿大一侧的飞瀑最为壮观，形状有如马蹄，故称马蹄瀑。马蹄瀑与前两瀑相距约二三百米，但看上去基本是“三位一体”的半弧形。

历史上的尼亚加拉瀑布，曾是美国和加拿大两国争执不休，甚至兵戎相见的必争之地。1812～1814年间，两国曾多次为此发动战争。后来，双方签订了《根特条约》，规定尼亚加拉河为两国所有，以中心线为界。从那时起近200年来，加美两国享有一条和平的

尼亚加拉瀑布
雄奇的尼亚加拉瀑布还是勇敢者挑战自我、表演绝技的场所。1859年，法国走钢丝演员查理·布隆丹从一条长335米，悬于瀑布水流汹涌处上方49米的钢丝上走过。

边界，双方都在各自的一边设立了尼亚加拉瀑布城。150 多年前，拿破仑的弟弟耶洛姆·波拿巴曾携新娘到瀑布度蜜月，开创了到此旅行结婚风俗之先河。据统计，每年来尼亚加拉瀑布旅游的游客 400 多万人，其中以情侣、恋人居多。

“尼亚加拉”一词来自印第安语，意即“如雷贯耳”。关于这个瀑布有一则动人的传说：从前，有一位美貌的印第安姑娘被部落的酋长相中。酋长想娶她为妻，但姑娘不愿意，于是，在新婚之夜，她独自划着独木舟沿尼亚加拉河而上。在河水中，姑娘变成了美丽的仙女，后来经常出现在大瀑布的彩虹中。

尼亚加拉瀑布原本是人迹罕至、鲜为人知之地，几千年来，只有当地的印第安人知道这一自然奇观。在他们实际上见到瀑布之前，就听到如同打雷般的声音，因此他们把它称为“Onguiaahra”，意即“巨大的水雷”。据传，欧洲人布鲁勒于 1615 年领略到尼亚加拉瀑布奇观。1625 年，欧洲探险者雷勒门特第一个写下了这条大河与瀑布的名字，称为尼亚加拉。

据说尼亚加拉瀑布已存在约 1 万年了，它的形成在于不寻常的地质构造。在尼亚加拉峡谷中岩石层是接近水平的，每千米仅下降 3.5 ~ 4.5 米。岩石的顶层由坚硬的大理石构成，下面则是易被水力侵蚀的松软的地质层。激流能够从瀑布顶部的悬崖边缘笔直地飞泻而下，正是由松软地层上的那层坚硬的大理石地质层所起的作用。更新世时期，巨大的大陆冰川后撤，大理石层暴露出来，被从伊里湖流来的洪流淹没，形成了现今的尼亚加拉大瀑布。通过推算冰川后撤的速度，瀑布至少在 7000 年前就形成了，最早则有可能是在 2.5 万年前形成的，但具体形成于何时还有待考证。

最大的海底溶洞——巴哈马大蓝洞

ba ha ma da lan dong

也许你见过陆地上的溶洞，但你能想象海底也有溶洞，并且虽然这个洞穴位于水下，但洞中却生机勃勃吗？这个神奇的海底大溶洞就是巴哈马大蓝洞。

巴哈马群岛位于美国佛罗里达半岛外的罗萨尼拉沙洲与海地岛之间，整个群岛由 30 个较大的岛、600 多个珊瑚岛和 2000 多个岩礁共同组成，全长 1200 千米，最宽处达 600 多千米，其陆地面积约 14 万平方千米。

群岛中最大的岛屿安德罗斯岛面积有 4300 多平方千米，在岛的南北之间，有一个世界上最大的海底溶洞——巴哈马大蓝洞。巴哈马人称蓝洞为沸腾洞或喷水洞，这是因为有汹涌的潮流在洞口出入的缘故。涨潮时，洞口的水开始围绕着一个旋涡飞速旋动，能把任何东西吸入；落潮时，洞内喷出蘑菇形的水团。一些当地人相信，一种半似鲨鱼半

这个巨大的钟乳洞中，墨蓝如猫眼般的海水，震人心魄。同时，也是一个诱人的潜点。

这张照片清晰地显示出绕经安德罗斯岛的蓝色“大洋之舌”。安德罗斯岛及其周围水域因海洋底部有深邃的洞穴——蓝洞而闻名。

似章鱼的怪物生活在蓝洞内，这种怪物会用长触须把食物拖入海底的巢穴内，吐出不需要的残余物。人们据此来解释水流出入这些洞穴时的猛烈运动。

巴哈马大蓝洞全部洞穴都在水面之下，全长800米，直通大海。各洞窟彼此都有通道连接，各通道左穿右插，又连着小洞窟，像迷宫一样。洞中遍布形态各异的钟乳石和石笋，有的像妖魔鬼怪，有的像飞禽走兽，有的像鲜花树木。这里虽然终年得不到太阳的照晒，但却充满了生机，洞壁上长满了各种各样的海绵，洞里生活着青花鱼等水生动物。

蓝洞中千姿百态的钟乳石和石笋

那么，为什么会在水下形成巴哈马大蓝洞呢？

巴哈马群岛原来是一条巨大的石灰岩山脉的一部分，当时地球上遍布冰川，海平面远远低于现在的海平面。后来，石灰岩受到酸性雨水的淋蚀而形成许多坑洼，逐渐成为洞穴。再以后，地下河因气候的日益干燥而消失了，洞穴也随之干燥，于是从石灰岩中析出的硫酸氢盐和钙慢慢形成石笋和钟乳石，没有水的支撑，洞顶开始坍塌，很多洞窟的顶部成了穹形。距今1.5亿年前，冰川因地球气候转暖而开始融化，海平面也逐渐升高到现在的高度，一部分陆地沦为海洋，于是巴哈马群岛上的一些洞穴就变成了水中洞穴，巴哈马大蓝洞因此形成。

由于一般的海底洞穴一旦形成了便常常被淤泥冲积物充塞掩埋，因而极少有海底洞穴存在。而巴哈马大蓝洞则因为附近大河很少，沉积物少，而且水流较急，能将附近的沉积物迅速冲走而得以存留到现在。但巴哈马群岛至今仍在下沉着，那它将来的命运又会如何呢？

能“报时”的澳大利亚怪石

ao da lì ya guai shi

岩石能报时？听起来近乎天方夜谭，但在澳大利亚中部阿利斯西南的茫茫沙漠中，确实有一块能“报时”的怪石。屹立在沙漠中的这块怪石高达348米，周长约8000米，仅其露在地面上的部分就可能有几亿吨重。

澳大利亚巨石示意图

澳大利亚巨石是物理风化和化学风化共同作用下的产物，一般称为岛山。雨水不断侵蚀岩石的表层，热昼和凉夜则使岩石日复一日经历膨胀和收缩的过程，最终致使岩石表面开裂。

这块怪石通过每天很有规律地改变颜色来告诉人们时间的流逝：早晨，旭日东升，阳光普照的时候，它为棕色；中午，烈日当空的时候，它为灰蓝色；傍晚，夕阳西沉的时候，它为红色。它是当地居民的“标准时钟”，当地居民根据它一日三次的颜色变化来安排农事以及日常生活。

澳大利亚怪石

怪石除了随太阳光强度不同而改变颜色外，还会随着太阳光照射角度的变化而变幻形象：时而像一条巨大的、悠然漫游于大海之中的鲨鱼的背鳍；时而像一艘半浮在海面上乌黑发亮的潜艇；时而像一位穿着青衣、斜卧在洁白软床上的巨人……

怪石为何具有“报时”的功能？

为了解释怪石“报时”的现象，许多考古学家和地质学家对怪石所处的气候条件、地理环境进行了详细考察，并对怪石的结构成分等进行了深入的研究。一些科学家试图这样解释怪石产生的怪现象：怪石之所以会变色是由于怪石处在平坦的沙漠，天空终日无云，空气稀薄，而怪石的表面比较光滑，在这种情况下，怪石表面有镜子的作用，能较强反射太阳光，因而从清晨到傍晚天空中颜色的变化能相应地在怪石上得到呈现。

怪石变幻其形象则是由于太阳光在不同的气候条件下活动而产生反射、折射的数量及角度的不同，这种变化反映到人眼，即成为怪石幻形。

诡秘的幽灵岛 *you ling dao*

西方人酷爱航海，而历来航海史上怪事多多。在斯匹次培根群岛以北的地平线上，1707 年英国船长朱利叶斯发现了陆地，但这块陆地始终无法接近，然而值得肯定的是，这块陆地不是光学错觉，于是他便将“陆地”标在海图上。200 年后，乘“叶尔玛克”号破冰船到北极考察的海军上将玛卡洛夫与他的考察队员们再次发现了一片陆地，而且正是朱利叶斯当年所见到的那块陆地。航海家沃尔斯列依在 1925 年经过该地区时，也发现过这个岛屿的轮廓。但科学家们在 1928 年前去考察时，在此地区却没有发现任何岛屿。

一艘意大利船在 1831 年 7 月 10 日途经西西里岛附近时，船长突然发现在东经 12° 42′ 15″、北纬 37° 1′ 30″ 的海面上海水沸腾起来，一股直径大约 200 米、高 20 多米的水柱喷涌而出，水柱刹那间变成了一团 500 多米高的烟柱，并在整个海面上扩散开来。船长及船员们从未见过如此景观，被惊得目瞪口呆。当这只船在 8 天以后返航时，发现一个冒烟的小岛竟出现在眼前。许多红褐色的多孔浮石和大量的死鱼漂浮在四周的海水中，一座小岛在浓烟和沸水中诞生了，而且在随后10多天里不断地伸展扩张，周长扩展到4.8千米，高度也由原来的4米长到了60多米。由于这个小岛诞生在突尼斯海峡里，这里航运繁忙，地理位置重要，因此马上引起了各国的注意，大量的科学家前往考察。但奇怪的事情发生了，正当人们忙于绘制海图、测量、命名并多方确定其民用、军事价值时，小岛却突然开始缩小。到9月29日，在小岛生成后一个多月，它已经缩小了87.5%；又过了两个月，海面上已无法再找到小岛的踪迹，该岛已完全消失。

类似的事情也发生在大西洋北部。有一座盛产海豹的小岛，它是100多年前由英国探险家德克尔斯蒂发现的，它也因此被命名为德克尔斯蒂岛。大批的捕捉者来到了这个盛产海豹的岛上，并建立了修船厂和营地，但此岛却在1954年夏季突然失踪了。大量的侦察机、军舰前来寻找均无结果。事隔8个月以后，一艘美国潜水艇在北大西洋巡逻，突然发现一座岛屿出现在航道上，而航海图上却从来没有标识过这样一个岛屿。潜水艇艇长罗克托尔上校经常在这一带海域航行，发现此岛后大为震惊，罗克托尔上校通过潜望镜发现岛上有人居住，有炊烟，于是命令潜水艇靠岸登陆。经过询问岛上的居民才知道，这正是8个月前失踪的德克尔斯蒂岛。

类似的怪事还有很多，科学家们称这种行踪诡秘、忽隐忽现的岛屿为“幽灵岛”。它们不同于那种热带河流上常见的、由于涨水或暴风雨冲走部分河岸或沼泽地而形成的漂浮岛。那么，幽灵岛是怎样形成的呢？这种时隐时现的小岛究竟是从何而来，又因何而去的呢？这成为世界海洋科学家们的热门话题。

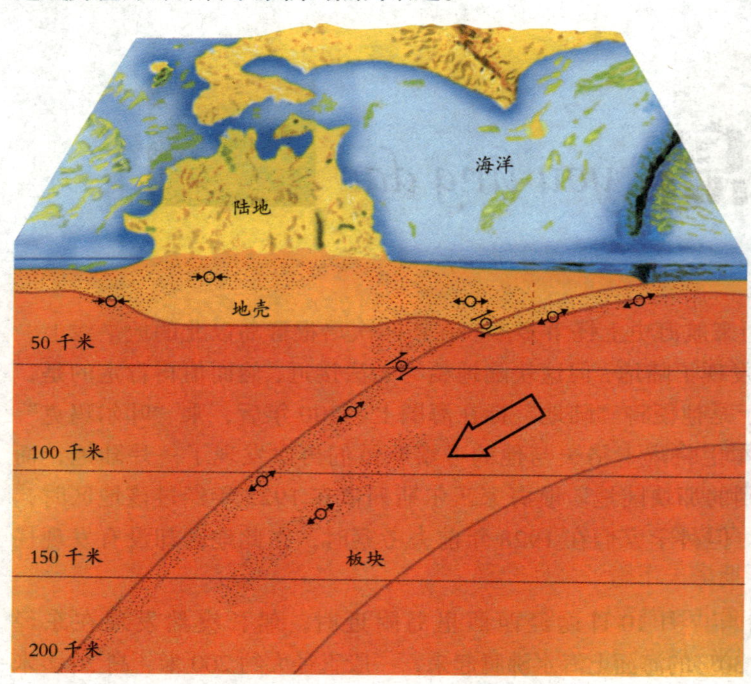

地球内部板块运动示意图

随着地球内部板块运动的变化，海上岛屿便有了出现与消失的可能。

法国科学家对这类来去匆匆的“幽灵岛”的成因做了如下解释：由于撒哈拉沙漠之下有巨大的暗河流入大洋，巨量沙土在海底迅速堆积增高，直至升出海面，因此临时的沙岛便这样形成了。然而，暗河水会出现越堵越汹涌的情况，并会冲击沙岛，使之迅速被冲垮，并最终被水流推到大洋的远处。

另有学者认为，这不过是聚集在浅滩和暗礁的积冰，还有人推测这些幽灵岛是由古生代的冰构成，最终被大海所消灭。多数地质学家则认为是海底火山喷发的作用形成此类小岛。他们认为，有许多活火山在海洋的底部，当这些火山喷发时，喷出来的熔岩和碎屑物质在海底冷却、堆积、凝固起来，随着喷发物质不断增多，堆积物多得高出海面的时候，新的岛屿便形成了。有的学者认为，小岛的消失是因为火山岩浆在喷出熔岩后，基底与海底基岩的连接不够坚固，在海流的不断冲刷下，新岛屿自根部折断，最后消失了。有的学者认为，可能在海底又发生了一次猛烈的爆炸，使形成不久的岛屿被摧毁。还有学者认为，是火山活动引起地壳在同一地点下沉，使小岛最终陷落。

关于幽灵岛的记载，历史上有很多。爱琴海中就曾先后涌现过4个小岛，当时被称为“神岛”。挪威海域的多尔蒂岛从1840年到1929年也曾多次神秘失踪。

以上观点虽然各有各的道理，但都不能说明，为什么有些小岛会一而再，再而三地“耍把戏”呢？为什么它们在同一地点突现、消失，再突现、再消失，而与其邻近的海域却没有异常现象发生呢？到底是什么所为呢？这一难以解开的谜团始终困惑着科学家。

五万年前的陨石坑

yun shi keng

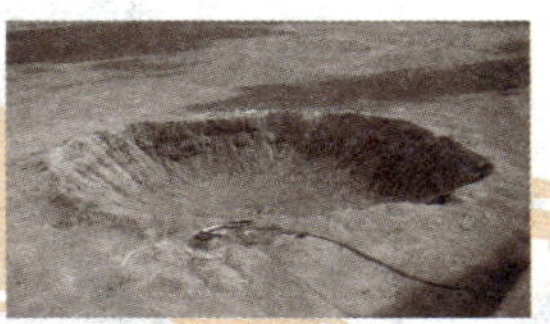

每天有多达几百吨的陨石进入地球的大气层，但大部分都十分小，仅几毫克。一般陨石进入大气层的速度在 10 ~ 70 千米 / 秒，仅仅较大的陨石经大气层摩擦后迅速减速至每小时几百千米并随着声闷响撞击到地表，其中由于几百吨重的陨石减速不大，撞击到地表时造成陨石坑。陨石是宇宙中小天体的珍贵标本，因此，研究陨石为研究太阳系的起源和演化、生命起源提供了宝贵的线索。

美国亚利桑那州弗拉格斯塔夫市附近的巴宁格陨石坑（又称流星陨石坑）是一颗小行星撞击地球的极好例证，被撞出的陨石坑直径 1200 米，深 200 米，猛烈的撞击使坑口周边隆起，高出周围沙漠达 40 多米。它是由约 5 万年前一铁质流星撞击形成，根据陨石坑的大小推算，这颗流星可能重达 90 万吨，直径 100 米。在遇到地球大气层阻力时，大多数流星会燃烧或粉碎。科学家们认为，这颗流星如此之大，运行速度如此之快，以至它能整块抵达

巴宁格陨石坑是北美最大的陨石坑，据说，坑中可以安放下20个足球场，四周的看台则能容纳200多万观众。

地球。它冲落地面发生爆炸，其能量可能是1945年8月毁掉日本广岛市的原子弹的40倍。

当1871年人们发现这个洼地时，都以为它是塌陷的火山口。1890年，有人在洼地岩屑中发现了碎铁。于是，一些科学家开始怀疑那可能是外太空物体撞击地球所留下的痕迹，而并不是火山口。

但最初人们不理解为什么在巴宁格陨石坑看不到陨石本身。这个庞然大物给人们留下了一个大坑和坑边几块陨石铁片，为什么便没了踪影。有人估计陨石就落在坑下几百米的地方，可是谁也没有去挖出它来加以证实。有些人则以为陨石被埋在地下了。后来科学家们推测，这块巨石在落地时已击成碎块了。

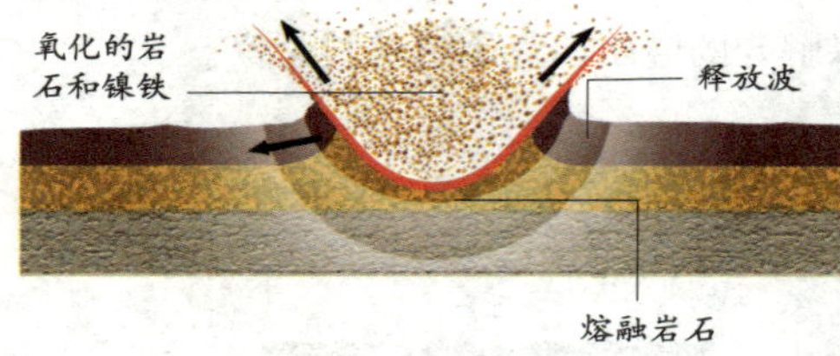

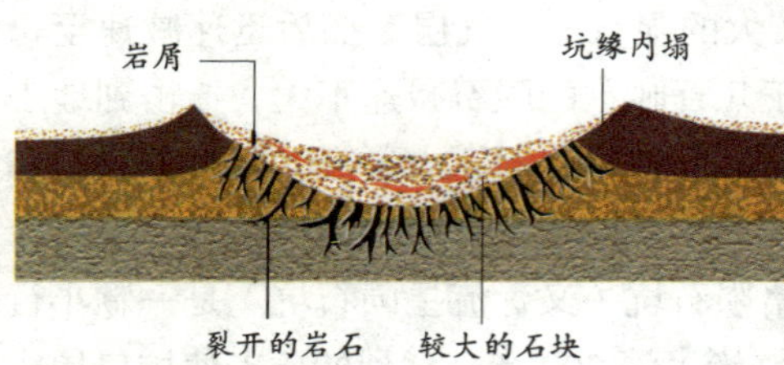

陨石从宇宙空间坠落、燃烧、爆炸后与地球撞击，与地球相比，陨石显得太渺小了，被地球撞得粉身碎骨。陨石砸入地球表面，形成陨石坑。埋在陨石坑下的陨石多呈不规则锥形，表面的融蚀坑、融蚀沟很明显。

费城的采矿工程师巴宁格博士，深信坑里埋有富含铁质的巨大陨石，于是他把那块土地买了下来，并于1906年着手钻探。经过勘查，他发现坑口东南面的岩层比其他方位的岩层高出30米，由此他断定陨石自北面掉落，以低角度撞击地面，留在坑口东南缘地下。于是，钻探工作在东南缘继续展开。但1929年，钻探工作被迫停止。

1960年，有人在坑里发现两种罕见的矽：柯石英和超石英。这两种物质可以在极大压力和极高的温度下制造出来。在坑内找到这两种物质，足以证明坑口由巨大撞击力造成。巴宁格的信念获得证实，为了纪念他，陨石坑现在就以他的姓氏命名。

由于巴宁格陨石坑与月球表面上的环形山非常相像，科学家们利用它来做研究，美国宇航员在那里进行训练。一些游客也被获准前来参观，他们顺着一条很陡的小道花1个小时才走到陨石坑底。

地球表面曾一度布满着陨石撞击的伤痕，已发现的撞击陨石超过 120 个，大部分是 2 亿年以内形成的。科学家认为 6000 多万年前落入地球的巨大陨星导致了地球上许多动植物的灭绝，那时 70% 的生物绝种都是由于陨石撞击地球造成的。估计直径为 10 千米的陨星在白垩纪后期击中了地球，这导致了恐龙的突然灭亡。巨大的陨石还可能造出很深的陨石坑，这个深度足以穿透地壳层，导致大量的火山喷发。如果陨星落入海洋，会导致海啸、巨大的潮汐……

陨石降落是壮观的，但其危害也是巨大的。只有真正揭开陨石之谜，才能造福人类。相信不久的未来，经过科学家们的努力，是可以如愿的。

踩在“火球”上的冰岛

bing dao

冰岛意为“冰冻的陆地”，位于格陵兰岛和挪威中间，靠近北极圈，为欧洲第二大岛。这个岛国约有 75% 是海拔 400 米以上的高原，其余为平原低地。被冰雪覆盖的面积约占全国面积的 13%，境内有许多冰川，其中东部的瓦特纳冰川是欧洲最大的冰川。冰岛不但寒冷多雪，还是世界上火山活动最活跃的地区。因此，冰岛又被人们称为“冰与火共存的海岛”。

公元 7 世纪时，爱尔兰僧侣最早抵达冰岛，他们视此为隐修之地，一直到 9 世纪初期。传统上，公元 874 ~ 930 年之间被定义为冰岛的“垦殖期”，当时斯堪的纳维亚半岛上政治动荡，迫使许多北欧人向西流亡。最先来此垦殖的是挪威人，他们于公元 874 年安身于一个有温泉热气的地方，他们给它起名为雷克雅未克，意为“烟笼湾”，就是现在冰岛的首府。

在这座遗世独立的岛屿上，拥有冰川、冻原、火山、熔岩沙漠等，极冷的冰与极热的火在这犹如世界尽头的土地上共存共荣，交会出精彩的冰火奇景。

冰岛地形特殊，虽然国名为“冰”岛，岛上却有

无尽的冰原、生猛活跃的火山，构筑了这一块介于欧洲与北美洲之间的岛屿，一片冰与火的交会地带。

200多座火山，几乎整个国家都建立在火山岩石上，大部分土地不能开垦，是世界温泉最多的国家，所以被称为“冰火之国”。大自然的伟大力量在冰岛呈现出温柔、粗犷、奇特、怪异、虚幻甚至残酷、无奈，在这个岛上可以领略到冰川、热泉、间歇泉、活火山、冰帽、苔原、冰原、雪峰、火山岩荒漠及瀑布。冰岛地质与洋底相似，其基岩以玄武岩和火山岩屑为主。大陆的基岩上还有一层花岗岩，但冰岛却基本没有。冰岛目前的岩石，大部分早在6000万到4000万年前凝固而成。由于冰岛长期有火山活动，化石极为稀少，所以鉴定地质年代差不多只限于利用岩石中所含的放射性同位素。

冰岛的200多座火山中，有30多座为活火山，史上曾记载的爆发次数就多达150多次。冰岛位于大西洋的海沟上，每次海沟扩张，都会引发火山爆发和地震。18世纪时，频繁的火山爆发毁坏了冰岛1/4的土地，让冰岛人多年看不到太阳。近年来，科学家通过红外线探测器已找出5个地温上升的地区，表示可能有火山爆发的危险。自从公元12世纪以来，冰岛最有名的火山——赫克拉峰每个世纪都约有两次大爆发。

1947年，赫克拉峰开始了最猛烈的一次爆发，整个地区的天色变为一片昏暗，风把一些火山渣和火山灰吹到冰岛以东1600千米外的斯堪的纳维亚半岛。熔岩一股一股地从峰顶的火山口流出，一直流了一年多。熔岩停止流出后，加上新喷出的岩层，赫克拉峰的火山锥加高了130多米。第二年春天，火山爆发停止后，深厚的火山气还继续沿山坡流下，凝聚在附近的山谷中，导致放牧的牲畜常被熏死。

位于冰岛南端的威斯特曼群岛，大约1万年前在火山喷发后，它们才从北大西洋海底升起成为今天的样子。威斯特曼群岛由16个小岛组成，其中最大的一个叫海姆依岛，在冰岛语里是“故乡的岛”的意思。海姆依岛碧波环绕，重峦叠嶂，绿草如茵。但海姆依岛上的两座活火山随时有爆发的危险，埋在冰层底下的火山，一旦苏醒，则掀开冰盖，将大量冰块喷发出来，造成奇特的喷冰现象。

1973年火山突然爆发，四处蔓延的岩浆和直冲云霄的火山灰，毁了岛上1/3的村落，湮没了数百幢民宅。但面对随时可能爆发的活火山，当地人却并没有表现出恐惧和逃避，他们依然安居乐业，生活得悠闲自在。同时，火山也成为海姆依岛最吸引人的景观之一，游客们来此不仅是为了欣赏当地的美景，还盼望能探寻当地奇特的火山地貌，体会与火山为伴的感受。

为了降低火山喷发的危险，科学家们一直在对冰岛进行密切观测，哪一天火神会发威呢？

百慕大 bai mu da 神秘三角区

百慕大三角区位于北大西洋西部，是由 7 个大岛和大约 150 个小岛以及一些礁群组成的群岛。它在科技发达的今天仍然是神秘莫测的海域，在这里先进的仪器都会失灵，而人员一旦遇险则没有生还的可能。这里被称为“魔鬼三角”，是令人恐怖的神秘之所。

在百慕大三角区船只遇险的可怕情况在 500 年前就已经出现了。哥伦布于 1502 年第四次去美洲时，在进入百慕大三角区后，巨大的风暴袭击了他的船队。那种可怕的情景给哥伦布留下了深刻的印象，他把当时的情况告诉了西班牙国王：“浪涛翻卷，连续八九天，我两眼见不到太阳和星辰……我这辈子见过各种风暴，可是从来没有遇到过时间这么长、这么狂烈的风暴。”

17 世纪，海盗袭击曾一度成为船舶神秘失踪的原因，可是岸上从来没有发现过船员的尸体和船只的残片。到了 19 世纪，海盗几乎绝迹，可是船舶失踪的事件依然不断发生。

1925 年 4 月 18 日，日本货船“来福丸”号从波士顿出港。不久，北面出现了低气压，为了进入平静的海区，船员把罗盘刻度向南回转，经过百慕大群岛海域。然而不久，这艘船就下落不明了，船与船员都消失得无影无踪。然而没过多久，美国海军运输船“赛克鲁普”号也同样经历了这样的灾难，19000 吨吨位的大船连同 309 名乘员一起消失在神秘的百慕大三角区……

到了现代，大量的飞机在飞经这一海域时，也经常发生仪器失灵、飞机及人员神秘失踪的事件。

1948 年 1 月 29 日，百慕大机场的控制塔突然收到英国一架从伦敦飞往百慕大三角区的客机的紧急求救。这架飞机请求帮助指明航向，在控制塔做出指示之前，飞机上的 26 名乘客连同飞机全部消失得无影无踪。

1967 年 2 月 2 日，美国一架从佛罗里达机场飞向波多黎各的飞机，在空中与机场的联络良好，机组人员预计下午 3 时

百慕大三角区神秘恐怖的海上巨型旋涡

海面上的海水因海底的强大吸力而形成巨大的旋涡，仿佛被一个无底洞穴在猛烈地抽吸着朝着海底涌去，航行经过这里的船只由于毫无准备，常常会被吸进去，从而消失，所以百慕大海域又称魔鬼海域，是举世闻名的“陷阱海域”。

不祥之海
大约有 1000 名飞行员、水手和乘客在 100 多种不同的飞机或船只失事中消失在百慕大。

到达波多黎各。但后来空中突然没有了电波，飞机再也没能降落。

……

令人百思不得其解的是，救援者在出事现场既没有看到舰船、飞机的残骸，也看不到遇难者的尸体。更神秘的是，一些失踪的船只在许久之后竟重新在此海域出现，可船上却没有一个人影。为了找出百慕大三角区的神秘事件的原因，专家们从不同角度加以探测。

一些人认为百慕大三角区的怪异现象是“虚幻之谜”。美国科学家拉里·库什利用大量可靠的原始资料进行了广泛深入的研究，他说早在 16 世纪哥伦布探险时期就有记载的这些奇异现象，大多是由于狂浪、飓风、海啸等自然灾害造成的。很多研究百慕大的学者在研究这些空难或海难时没有重视它，甚至有意或无意地删去这些情节，这完全出于猎奇心理，甚至有些人为了吸引别人注意还把发生在其他地方的空难、海难事故说成是在百慕大三角区发生的。最后，拉里·库什呼吁：“再也没有比相信百慕大三角区之谜更为糟糕的了。百慕大三角区是最典型的伪科学、超科学、科学幻想和宣传上的胡作非为。”

但更多的人并不否认百慕大的神秘。苏联科学家最早提出海底水文地壳运动说。他们认为，由于百慕大海域的洋流因其极为复杂的海底地貌而纵横交叉、变幻莫测，多个巨大的漩涡流在这里形成，后来美国科学家又进一步证实了这种观点。他们认为，百慕大海域的巨大漩涡在阳光照耀下产生极高的温度，船舰沉没、飞机爆炸就是因此而造成的。次声波地磁引力说是第二种主要观点。苏联地球物理学家 B.B. 舒列金在 20 世纪 30 年代提出，海浪产生的次声波可以解释百慕大三角区的神秘现象。他认为，在发生地震、风暴、火山爆发等自然灾害的同时，次声波也随之震荡，这种次声波人耳无法听到，但是却具有十分巨大的破坏力。处在振荡频率约为 6 赫的环境中，人便会感觉极度疲劳，随后又出现本能的恐惧和焦躁不安；而处在频率为 7 赫的环境中时，人的心脏和神经系统陷入瘫痪。次声波在百慕大三角这个区域十分活跃，它可能就是导致种种惨剧发生的罪魁祸首。此外，一些人还把百慕大三角区同“时空隧道”、外星人基地等联系起来，这些无疑又给百慕大三角区蒙上了更加神秘的色彩。

日本龙三角

long san jiao

1980 年 9 月 8 日，相当于“泰坦尼克”号两倍大小的巨轮“德拜夏尔”号装载着 15 万吨铁矿石，来到了距离日本冲绳海岸 200 海里的地方。这艘巨轮的设计堪称完美，已在海上航行了 4 年，正是机械状况最为理想的时期，因此，船上的任何人都感到非常安全。

这时，船遇上了飓风，但船长对此并不担心。在他眼里，像“德拜夏尔”号这样巨大并且设计精良的货轮，对付这种天气应该毫无问题。他通过广播告诉人们，他们将晚些时候到达港口，最多不过几天而已。

可是，岸上的人们在接到了船长发出的最后一条消息（“我们正在与每小时 100 千米的狂风和 9 米高的巨浪搏斗”）后，“德拜夏尔”号及全体船员便消失得无影无踪。

自 20 世纪 40 年代以来，无数巨轮在日本以南空旷清冷的海面上神秘失踪，它们中的大多数在失踪前没有能发出求救讯号，也没有任何线索可以解答它们失踪后的相关命运。如果在地图上标出这片海域的范围，它恰恰是一个与百慕大极为相似的三角区域，这就是令人恐惧的日本龙三角。

连续不断的神秘失踪事件引发了人们的好奇，科学工作者们开始以不同的方式试图去揭开魔鬼海

龙三角

日本龙三角又称恶魔海、魔鬼海，一个位于日本以南的神秘地方。自 20 世纪 40 年代以来，无数巨轮在这片清冷的海面上神秘失踪，它们中的大多数在失踪前没能发出求救讯号，也没有任何线索可以解答它们失踪后的相关命运。

之谜。

一些科学家试图通过寻找失事巨轮“德拜夏尔”号，以及对其失事原因的研究来揭示这片海域的秘密。

大卫·莫恩是一名失事船只搜寻专家，在确定沉船地点方面业绩辉煌，同时，他始终抱着实用主义的态度，即从纯科学技术的角度进行研究，给出答案。

1994年7月，由大卫·莫恩率领的海洋科技探险队向魔鬼海进发，他们坚信可以揭开事实的真相。

通过对探测器传输回来的图片资料的研究，人们终于找到了沉船的答案。

当年“德拜夏尔”号行驶到这片海域时就遇到了飓风，但像“德拜夏尔”号这样的巨轮应该可以抵御最大的飓风，所以船长也自信地认为他们最多也就是晚几天到达目的地。但这时又突然发生了海啸，海啸形成的两个涌浪将钢铁之躯“德拜夏尔”号架了起来，于是悬空的“德拜夏尔”号被自己的重力压成了3段。巨浪进舱，致使整艘巨轮快速下沉，下沉的速度之快使得船员们没有任何逃生的机会。此外，巨轮在下沉过程中随着海水压力的增大，被挤压变形，最后沉到海床上时已变为了一堆扭曲的钢铁。

这一建立在科学论证基础上的结论不仅为日本龙三角揭开了神秘的面纱，同时足以告慰那些碧渊深处的亡灵，也给了那些长久沉浸于痛苦之中的亡者亲人们一个圆满的答案。纵观历史，2000年来共有100多万艘船只长眠在这片深蓝色的水下，平均每14海里便有一艘沉船，它说明海洋无愧是地球上最神秘莫测的生存地狱。迄今为止，人们依然无法知道在浩瀚的大洋之下，到底还隐藏着多少等待着去探索、发现的神秘。

巨人岛 ju ren dao 催人长高之谜

在浩瀚无垠的加勒比海上，有一个神奇的小岛，它的名字叫“马提尼克岛”，现在人们也称它为“巨人岛”。从1948年起，岛上出现了一种令人们疑惑不解的奇异现象，所有成年人的身材像麦苗拔节似的呼呼往上直窜，成年男子的身高平均达1.90米，成年女子的身高也超过1.74米。而且不光本地土著居民会长高，成年的外地人到该岛来居住一段时期后也会很快长高。

为了对“巨人岛”进行科学考察，64岁的法国科学家格莱华博士和57岁的理连博士开始在岛上居住下来。两年以后，两人发现他们的身高分别增长了6厘米和5厘米。此后，又有外来老年人增高的例子出现。英国旅行家帕克夫人已经年近花甲，她在该岛旅居一个月后意外地发现自己增高了3厘米。更让科学家们感兴趣的是，不仅人会长高，岛上的动物、植物和昆虫的增长也比较迅速。从1948年起约10年时间里，岛上的苍蝇、蚂蚁、甲虫、蜥蜴和蛇等都比通常增长了约8倍。特别是该岛的老鼠，竟长得像其他地方的猫一样大。

这些奇特的现象让科学家们兴奋不已，但也让他们陷入了困惑之中。关于引起这些现象的原因，科学家们意见不一。

有些科学家认为，1948年比利山区可能有一只飞碟或是其他天外来物降落了，这个埋藏在地下的天外来物放出一种性质不明的辐射光，正是这种光使该岛生物长高。但一些科学家对上述说法持怀疑和否定态度，因为还没有确切的证据说明世界上有飞碟或其他天外来物。

有些科学家认为，这种催高身体的放射性物质来自该岛蕴藏的某种放射性矿物，但这种放射性物质究竟是什么，科学家们至今也不知晓。

生长在马提尼克岛的巨大海芋属植物。

“巨人岛”的奥秘究竟在哪里仍是一个有待于科学家们去解开的谜。

富士山 *fu shi shan* 是否“觉醒”在即

富士山距东京约80千米，跨静冈、山梨两县，面积为90.76平方千米。富士山是大和民族心之故乡，素有“圣山”之称，其名字的发音“FUJI”，来自日本少数民族阿伊努族的语言，意思是“火之山”或“火神”。

富士山是一座年轻的火山，据传于公元前286年因地震而形成，最后一次喷发是在1707年。那一次喷出的岩浆曾淹没了附近两座较老的火山，砂土远扬400千米，形成了今日富士山的锥形巨峰。在富士山周围100多千米以内，人们就可以看到那终年被积雪覆盖着的锥形轮廓，昂然耸立于天地之间，显得神圣而庄严。

富士山周围有“富士八峰”，它们分别是剑峰、白山岳、久须志岳、大日岳、伊豆岳、成就岳、驹岳和三岳。富士山西南麓有著名的白系瀑布和音止瀑布。南麓是一片辽阔的牧场，绿草如茵，牛羊成群，是天然的观光胜地。在静冈县裾野市的富士山麓，开辟了面积为74万平方米的游猎公园，里面的野生动物共计有40种1000多头。

自古以来，富士山就是举行日本传统山岳信仰活动的重要场所。今天，作为一项观光登山活动，许多人喜欢登临富士山，在山顶观看日出。

75平方千米的山中湖。湖东南的忍野村有被称为“忍野八海”的涌池、镜池等8个池塘，它们连通着山中湖。西湖岸边也有许多风景区，如红叶台、青本原树海、足和田山、鸣泽冰穴等。五湖中交通最为方便的是河口湖，湖中有鹈之岛，这是五湖中仅有的一个岛。

富士山每年都吸引着数百万人前去攀登，很多人以登上富士山为荣。日本人登富士山的历史始于平安时代（794～1192年）中期，相传第一个登上富士山顶的人是缘之和尚，他冒着生命危险登上了富士山顶，下山时眉毛已被烤焦。在他之后，一代代僧人接踵而来，并在山顶建起了第一批木屋。现在，每年的7～8月被定为登山节。

有人说富士山属于“休眠火山”，不大可能再度爆发。但一些地震专家反驳说，虽说富士山已有好几百年没有喷发了，但这并不说明它就是一座死火山。

最近两年来，日本富士山周围地区发生了多起来自较深震源的低频地震，于是，有关富士山这座活火山何时喷发的揣测越来越多。据史料记载，富士山共喷发过18次，“但是，没有记录在案的喷发远远不止这么多次，”日本火山研究专家宫地直道指出，“对于这部分有待填补的空白，只能靠专家去实地踏勘。”可是，富士山覆盖面积较广，山体自海拔2900米直到山顶，均为火山熔岩、火山砂所覆盖，陡坡上整个冬季为积雪覆盖，夏天裸露的火山岩异常光滑，专家很难涉足。

2002年秋天，日本地质专家们在海拔1400米高度的东北山麓钻取了直径约8厘米、长130米的连续岩芯，它的质感较酥软，大体都是细微粉粒的火山灰。岩芯中的黑色物质是由被火山岩屑流吞没的树木燃烧之后形成的碳，它们与火山灰等沉降物、泥流堆积物、熔岩等多层复杂地重叠在一起，详细分析这些层次，富士火山喷发的历史将有望揭开。

为了防范富士山的下一次喷发，日本政府已成立专门机构，组织有关专家绘制了富士火山喷发灾害预测图，预测工作按迄今最猛烈的规模做准备，并模拟演示为害范围以及相应惨烈程度。发生于1707年12月16日的宝永喷发，持续了16天，山腰的火山灰厚达1米，随西风飘移到江户的火山灰厚度也在2厘米以上。同时引发的地震达8.4级，有2万多人死亡，8万多间房屋毁于一旦。按富士火山灾害预测图所做的测算，同样的喷发如果发生在今天，不算人身伤害，损失也将超过2万亿日元。

专家组预测，富士山的喷发可能有两种类型，一种可能是从山腰流出熔岩，另一种可能是从山顶大量喷出火山灰。前一种喷发如果发生，火山熔岩的一部分可能会到达日本铁路大动脉的东海道新干线，由于熔岩流动速度较慢，灾害发生时还能来得及组织人员避难。但如果后一种喷发发生，火山灰将危及整个首都圈，要是赶上雨天，还将引起停电，并将导致道路交通中断。

看样子，现在富士山的子民们能做的只是祈祷“圣山”别再怒吼。

神奇的双层湖 *shuang ceng hu*

在美国阿拉斯加半岛北部伸向北极圈内的巴罗角上，有一个奇妙的湖，叫努沃克湖，但人们却习惯叫它为双层湖。顾名思义，此湖应为双层。一池湖水分上下两层，上淡下咸，其界限如刀切一般，从不混淆，从不掺和。两层水中生长着迥然不同的生物体，上层是淡水区的动植物，下层是海洋类的动植物。

努沃克湖长 180 米、约深 6 米，水层的分界线位于距湖面 2 米处。由于受北极冷空气的影响，在一年之中的绝大部分时间里，努沃克湖处在冰雪覆盖之下，2 米多厚的淡水层，被冻结为一个大冰块。

据科学家研究认为，这座湖是由一条把海和地逐渐隔开了的海湾形成的，冬季降大量的雪，在春天融化后，成为大量的淡水流入湖中，而每当海上风暴骤起时，风浪又将海水灌入湖中，由于海水比淡水重，自然就沉积在海底了。

奇妙的努沃克湖

美丽的海洋生物与淡水生物，自由地生活在这个奇特的湖泊中，虽然科学家们对这种奇异的现象做出了种种解释，但这个湖泊仍然以其神秘吸引着世人的目光。

位于哈萨克斯坦与乌兹别克斯坦之间的咸海也是一个双层湖，在咸海海面以下 300 ~ 500 米深度以下的湖中出现了另一层湖，这层湖的水与白垩纪沉积层混合在一起，并与天山山脉之间有暗河相通，湖水从没枯竭过。

在巴伦支海的基丁岛上，有个水层结构比努沃克湖更奇异的湖泊。湖水成分可分为五层：第一层是淡水，生活着普通的淡水鱼，种类繁多；第二层含有微量盐类的水，栖居着节肢

湖泊生态系统示意图

湖泊生态系统的水流动性小，底部沉积物较多，生物群落比较丰富多样，分层与分带明显。

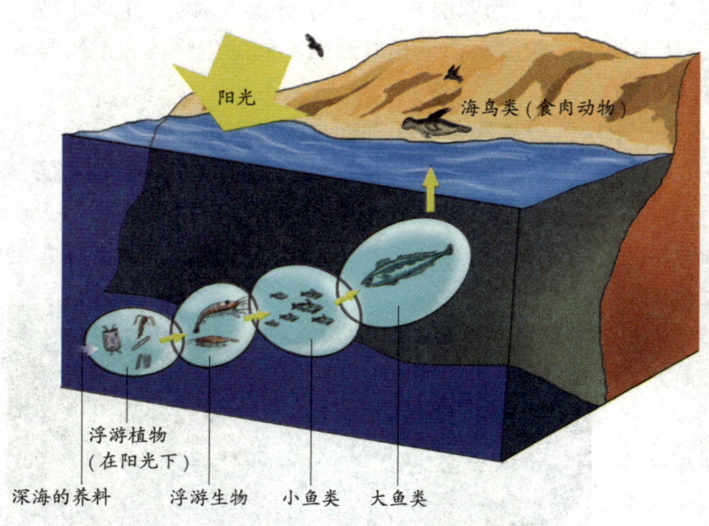

动物和甲壳动物，如水母、虾、蟹等；第三层是咸水，栖息着海葵、海星和海鱼；第四层水呈红色，宛如新鲜的樱桃汁液，是水色最美丽的一层，里面生活着许多紫细菌，它们以湖底产生的硫化氢气体作为自己的养料；第五层水是由湖中各种生物的尸体残骸混合泥土而成，生物沉淀、腐朽后产生剧毒的硫化氢气体，除了燃气性细菌外，几乎没有生物的踪迹。由于湖中 5 层水层次分明，故又有“五层湖”之称。

那么，这个湖泊的水为什么保持有明显的分界线呢？湖里为什么又生活着海洋生物呢？

科学家经过观测研究后，做了这样的解释：这个湖位于北极地区，淡水是冰雪融化而来的。淡水较轻，因此处在最上层，而湖面是终年冻结着的，挡住风的吹拂，湖水就很难溶合起来。它们都距离海洋很近，由于地壳的升降，海岸线的变迁，小片的海水被封闭起来，变成湖泊，因此湖里栖息了各种海洋生物。

神秘的南极“无雪干谷”

wu xue gan gu

南极是人类最少涉足的大洲，在那里，还有许多现象人们无法解释，“无雪干谷”就是其中最神秘的一个。

总面积达1400万平方千米的南极大陆，大部分被冰雪覆盖，从高空俯瞰，南极大陆是一个中部高四周低、形状极像锅盖的高原。这个被形象地称为冰盖的冰层，平均厚度为2000米，最厚的地方可达4800米。大陆的冰盖与周围海洋中的海冰在冬季连为一体，形成一个总面积超过非洲大陆的白色冰原，这时它的面积超过3300万平方千米。

罗斯像

19世纪探险家罗斯在其三年的南极航行中，除发现了以他名字命名的罗斯冰架外，也对无雪干谷进行了探测。

在南极洲麦克默多湾的东北部，有三个相连的谷地：维多利亚谷、赖特谷、地拉谷。这段谷地周围是被冰雪覆盖的山岭，但奇怪的是，谷地中却异常干燥，既无冰雪，也少有降水，到处都是，裸露的岩石和一堆堆海豹等海兽的骨骸，这里便是“无雪干谷”。走进这里的人都感到一种死亡的气息，于是它又被称为“死亡之谷”。

当科学家探测至此，他们对岩石边的兽骨百思不得其解。最近的海岸离这里也有数十千米，而远一点的海岸则要有上百千米。习惯于在海岸旁边生活的海豹一般情况下不会离开海岸跑这么远，可这些海豹偏偏违背了通常的生活习性来到这里。那么，海豹为什么要远离海岸爬到“无雪干谷”呢？

一些科学家认为，这些海豹来到这里是因为在海岸上迷失了方向。在这个没有冰雪的无雪干谷地区，海豹因为缺少可以饮用的水，力气耗尽而没能爬出谷地，最后干渴而死，变成了一堆堆白骨。

由于存在着鲸类自杀的现象，还有一些科学家认为这些海豹跑到无雪干谷地区就像鲸类一样是自杀。可是并没有充足的理由证明这是海豹自杀，因而有些科学家认为，这些海豹可能是受到了什么惊吓，在什么东西的驱赶下才到了这里。那么，海豹在过去的年代里到底是惧怕什么而慌不择路呢？又是一种什么样的东西将它们驱赶到这里呢？这真令人费解。除了神秘的兽骨，无雪干谷还有许多让人无法解释的景观。

新西兰在这个无雪干谷的腹地建立起一座考察站，并根据考察站的名字，把考察站旁边的一个湖取名为“范达湖”。一些日本的科学家在 1960 年实地考察了无雪干谷的范达湖，奇异的水温现象使他们感到惊讶，水温在三四米厚的冰层下是 0℃左右，在 15 ~ 16 米深的地方升到了 7.7℃，到了 40 米以下，水温竟然跟温带地区海水的温度相当，达到了 25℃。科学家们对范达湖这种深度越大水温越高的奇怪现象兴奋不已，纷纷来到这里进行考察。

日本、美国、英国、新西兰等国的考察队从各个角度对这一疑团加以解释，争论不休。其中有两种学说颇为盛行，一种是地热说，一种是太阳辐射说。

坚持地热说的科学家们提出这样的观点：罗斯海与范达湖相距 50 千米，在罗斯海附近有默尔本灿和埃里伯斯两座活火山。前者是一座正处于休眠期的活火山，后者至今仍在喷发。这表明这一带的岩浆活动剧烈，因此会产生很高的地热。在地热的作用下，范达湖就会产生水温上冷下热的现象，然而有很多证据却表明，在无雪干谷地区并没有任何地热活动。这一观点并不足以解释上述现象。

坚持太阳辐射说的专家们则认为，在长期的太阳照射下，范达湖积蓄了大量的辐射能。当夏天到来时，强烈的阳光透过冰层和湖水，把湖底、湖壁烘暖了。湖底层的咸水吸收、积蓄了大量剩余阳光中的辐射能，而湖面的冰层则是很好的隔离屏障，阻止了湖内热量的散发，产生一种温室效应。南极热水湖含有丰富的能有效蓄积太阳能的盐溶液，这就是范达湖的温度上冷下热的原因。但有许多人并不同意此种说法。他们认为，南极夏季日照时间虽长，但很少有晴天，因此地面能够吸收到太阳的辐射能很少，再说又有 90% 以上的辐射能被冰面反射。另外，暖水下沉后必然使整个水层的水温升高，而不可能仅仅使底层的水温升高。这样一来，太阳辐射说的理论似乎又站不住脚了。美国学者威尔逊和日本学者鸟居铁经过多年的研究，提出了新的论点：虽然南极的夏季少晴天，致使地表只能吸收很少的太阳辐射，但是透明的冰层对太阳光有一定的透射率。这样，靠近表层的冰层会或多或少获得太阳辐射的能量。此外，冬季凛冽的大风会将这一地区的积雪层吹得很薄，而每到夏季，裸露的岩石又使地表能够吸收充足的热量。日积月累，湖水表层及冰层下的温度便有所上升，最后到了融化的程度。由于底层盐度较高，密度较大，底层不会上升，结果就使高温的特性保留下来。同时，在冬天时表层水有失热现象，底层水则由于上层水层的保护，失热较少，因而可以保持特别高的水温。据一些科学家的观测记录显示，此说法还是有一定说服力的。

南极

神奇的南极威德尔海

wei de er hai

在南极，有一个极为神秘的海叫作威德尔海，它是南极的边缘海，南大西洋的一部分，位于南极半岛同科茨地之间，最南端达南纬 83℃，北达南纬 70℃，宽度在 550 千米以上。它因 1823 年英国探险家威德尔首先到达于此而得名。许多探险家因为它的魔力而视其为畏途，那么，威德尔海到底具有什么魔力呢？

流冰的巨大威力是威德尔海最大的魔力。南极的夏天，在威德尔海北部，经常有大片大片的流冰群出现。这些流冰群首尾相接，像一座白色的城墙，连成一片，有时还会有几座冰山漂浮于其中。有的冰山有一两百米高，方圆两三百平方千米，就像一个大冰原。在流冰群的缝隙中船只航行异常危险，说不定什么时候流冰就会把船只撞坏或者使船上驶入“死胡同”，再也无法冲出，航船便永远留在这南极的冰海之中。1914 年，威德尔海的流冰就吞噬了英国的探险船“英迪兰斯”号。

在威德尔的冰海中航行，风向对船只的安全意义重大。在刮南风时，流冰群会散向北方，这时就会有一道道缝隙在流冰群之中出现，在缝隙中船只就可以航行。如果北风刮起，流冰就会挤到一起，船只就会被包围。所以，在威德尔海及南极其他海域，一直有“南风行船乐悠悠，一变北风逃外洋”的说法。至今，各国探险家们还不敢违背这一信条，足见威德尔海“魔力”之大了。

威德尔海的另一魔力就是绚丽多姿的极光和变化莫测的海市蜃楼。船只航行在威德尔海中，就像飘游在梦幻的世界里。它那变幻莫测的自然奇观，既使人感到神秘，又令人恐惧。有时，船只正在流冰缝隙中航行，突然陡峭的冰壁出现在流冰群周围，好像冰壁将船只包围，挡住了去路，似乎再没有出路，使人惊慌失措。霎时，这冰壁又不复存在了，使船只转危为安。有时，船只明明在水中航行，突然间好像开到冰山顶上，船员们顿时被吓得一个个魂飞胆丧。不知有多少船只被大自然演出的这一场场闹剧引入歧途，有的受幻景迷惑而进入流冰包围的绝境之中，有的竟为避虚幻的冰山而与真正的冰山相撞。

阿苏伊尔幽谷中的谜团

a su yi er you gu

阿苏伊尔幽谷位于阿尔及利亚的朱尔朱拉山的峡谷中，是非洲最深的一个大峡谷。可是，该峡谷到底有多深，人们从来就没有探查清楚。至于该谷底到底是什么样，就更没有办法知道了。阿苏伊尔幽谷以其神秘和深邃吸引了无数勇敢的探险者。

1947 年，阿尔及利亚和其他一些国家的专家试图探明阿苏伊尔幽谷的深度，他们组成了一支联合探险队，第一个勇敢者是一个身强力壮又有丰富经验的探险队员。他系好标有深度标记的保险绳，朝着幽谷下边看了一眼，就顺着陡峭的山崖一步一步地滑了下去。

时间一分一分地过去了，保险绳上的标记也在 100 米、300 米、500 米地往下移动着。探险队员一步一步下到 505 米的时候，他觉得身体有点不舒服，可仍然没有看到谷底，他怀着恐惧的心情拉了拉保险绳，上边的探险队员赶紧把他拉了上来。

这次探险活动就这样结束了，可是阿苏伊尔幽谷对人们来说还是一个谜。

此后，不同的考察队纷纷赴阿苏伊尔幽谷进行考察，但都没有什么结果。直到 1982 年，对阿苏伊尔幽谷的考察才有了新的进展。

1982 年，阿苏伊尔幽谷又迎来了一支考察队。第一个队员下到 810 米深的时候，说什么也不敢再往下走了，只好爬了上来。这时候，另一个经常和山洞打交道的有经验的队员已经系好保险绳。保险绳上的标志已经移到了 800 米、810 米、820 米，最后达到了 821 米。

阿苏伊尔幽谷的深度无人知晓，因为阿苏伊尔幽谷真可谓是万丈深渊。历来人们为了探寻阿苏伊尔幽谷的深度，绞尽脑汁，但以现在的科技水平，想要探明阿苏伊尔幽谷的深度似乎还需要时间。

其实，那个洞穴专家沿着刀削斧凿般的峭壁一步一步下到 821 米深度的时候，突然感到了一种莫名其妙的恐惧，于是，这一次的探险活动也结束了。

阿苏伊尔幽谷探险家们所创下的最高纪录就是 821 米。尽管目前阿苏伊尔幽谷对人们来说还是一个未知领域，但它仍将继续吸引着探险家们，也许在不久的将来这个谜团就会被解开。

美丽的海底“花园”

hua yuan

20 世纪 80 年代，一些科学工作者在格拉普高斯海岭及东太平洋海隆进行考察。他们乘坐深潜器潜到海底，当打开探照灯时，通过潜望镜及海底电视，他们看到一幅神奇的画面：在一片生机盎然的绿洲上，生长着海葵一类的生物，还有各种动物，长达 5 米的鲜红色蠕虫、西瓜一般大的海蚌、菜盆似的蜘蛛、手掌大小的沙蚕等，它们自由自在地游弋着，还不时地以惊诧的目光瞅瞅它们从未见过的人类。科学家称这个美丽奇妙的世界为“海底玫瑰园”。

在这个特殊的深海环境里，孕育出一个黑暗、高压下生存的生物群落。在“烟囱”的喷口周围，形成一个新奇的生物乐园，这里的海洋细菌，靠吞食热泉中丰富的硫化物而大量迅速地蔓延滋生，然后，海洋细菌又成了蠕虫、虾蟹与蛤的美味。

几千米以下的深海，是一个少有人探寻的神秘世界，色彩斑斓、生机盎然。

科学家们又发现，在离“海底玫瑰园”稍远的地方，有一个个粗大“烟囱”正在“咕嘟咕嘟”地冒烟，“烟囱”直径约为2～6米，热水在其中上下不停地翻腾着，还不时喷射出五光十色的乳状液体。在“烟囱”的周围，凝结着一堆堆冷却了的火山熔岩，形状如同一束束巨大的花束，姿态万千。

在如此深邃的“暗无天日”的海底，为什么会有这么丰富多彩的生物世界呢？

经过测量，科考工作者发现这一海域的海水深达2600～3000米，“烟囱”喷出的热泉水温高达350℃～400℃，这里不仅含有丰富的金属物质，而且还含有硫磺等气体。由于硫磺的存在，导致了硫磺细菌的繁殖。正是这些硫磺细菌的繁殖，加上海底“烟囱”里独特金属物质的存在，造就了这个地方奇特的生物群落。

那么，这海底“烟囱”究竟是怎么一回事呢？它是这一海域所独存的吗？

1977年，英国地质学家乘坐“阿尔文”号深潜器，首次观察到太平洋格拉普高斯海岭正在喷溢的海底“烟囱”。1979年，美国的生物学家、地质学家和化学家们再一次乘坐“阿尔文”号深潜器，对东太平洋海隆及格拉普高斯海岭进行了长时间的考察，同时还拍摄了电视纪录片。他们在第二年夏天继续考察时，又发现了许多新的含矿热泉水及气体的喷溢区。这些水下的温泉、海底火山喷发的喷孔里溢出的热泉水温度高达56℃，丰富的铁、铜、锌、锰、铪、金等金属物质随着热泉水喷出海底之后，在“烟囱”周围沉积下来，形成矿泥。这些物质是人类潜在的矿物资源，也是地质学家们期待研究的对象。

其实，早在20世纪60年代中期，在东亚和西亚大陆之间的红海海底，就发现了多处类似“烟囱”的“热洞”。目前，人们已在红海海底找到四处“热洞”。红海的鱼类有15%是其他海洋里所没有的。以往，人们总是以海水的盐分、温度较高和气候干燥等原因来解释红海海域特有的海洋生物群存在的现象。现在看来，红海特殊生物群落存在的一个重要原因应该是大量特有金属物质的供应以及海底“烟囱”的存在。

在很长时间内，地质学家们对矿产的形成和地壳运动有着不同的看法，其中的一种解释是把地壳先划分成大大小小不同的板块，熔融物质在地壳以下很深的地方，沿着一定方向从海底喷溢出来，为板块运动提供动力，致使海底急剧扩张，并且形成不同的矿产。海底“烟囱”的发现是对这种观点的一个直接证据，这个发现对生命科学的研究也具有重大价值。在深邃的海底，在没有阳光和光合作用的情况下，存在如此五光十色、充满魅力的生物世界，实在令人不敢相信。生活在这里的海底动物的食物是一些与地球上最早期的生命形式较为接近的菌类，这为研究生命起源提供了新的研究方向。

“海上坟地”——马尾藻海

ma wei zao hai

马尾藻是一种普通的海藻，可是生长在大西洋的马尾藻却与众不同，它们连绵不断地漂满约 450 万平方千米的海区，以至于这个海区被称作马尾藻海。

马尾藻海位于北大西洋环流中心的美国东部海区，约有 2000 海里长、1000 海里宽。海上大量漂浮的植物主要是由马尾藻组成，这种植物以大“木筏”的形式漂浮在大洋中，直接从海水中摄取养分，并通过分裂成片，再继续以独立生长的方式蔓延开来。厚厚的一层海藻铺在茫茫大海上，一派草原风光。

马尾藻海一年四季风平浪静，海流微弱，各个水层之间的海水几乎不发生混合，所以这里的浅水层的营养物质更新速度极慢，因而靠此为生的浮游生物也是少之又少，只有其他海区的 1/3。这样一来，那些以浮游生物为食的大型鱼类和海兽几乎绝迹，即使有，也同其他海区的外形、颜色不同。

1492 年 9 月 16 日，当哥伦布的探险船队正行驶在一望无际的大西洋上时，忽然，船上的人们看到在前方有一片绵延数千米的绿色“草原”。哥伦布欣喜若狂，以为印度就在眼前。于是，他们开足马力驶向那片“草原”。但当哥伦布一行人驶近草原时，不禁大失所望，原来那“草原”是一望无际的海藻。那片海域即今天的马尾藻海。

马尾藻海又称为萨加索（葡萄牙语“葡萄果”的意思）海，大致在北纬 20° ~ 35°、西经 35° ~ 70° 之间，覆盖大约 450 万平方千米的水域。

马尾藻海有“海上坟地”和“魔海”之称。这是因为许多经过这里的船只，不小心被海藻缠绕，无法脱身，致使船上的船员因没有食品和淡水，又得不到救助，最后饥饿而死。最先进入这片海域的哥伦布一行就在这里被围困了一个多月，最后在全体船员们的奋力拼搏下才得以死里逃生。在第二次世界大战中，英国奥兹明少校曾亲自去了马尾藻海，海上无风，“绿野”发出令人作呕的奇臭，到处是毁坏了的船骸。到了晚上，海藻像蛇一样爬上船的甲板，将船裹住不放，为了航行，他只好把海藻扫掉，可是海藻反而越来越多，像潮水一样涌上甲板。经过一番搏斗，精疲力尽的他才侥幸得以逃生。

马尾藻海位于大西洋中部，强大的北大西洋环流像一堵旋转的坚固围墙，把马尾藻海从浩瀚的大西洋中隔离出来。因此，由于受海流和风的作用，较轻的海水向海区中部堆积，马尾藻海中部的海平面要比美国大西洋沿岸的海平面平均高出 1 米。

那么，马尾藻海究竟是怎样形成的呢？如果把大西洋比作一个硕大无比的盆子，北大西洋环流就在这盆中做圆周运动。而马尾藻海则非常平静，所以许多分散的悬浮物都聚集在这里，海上草原就是这样形成的。但是，马尾藻海里的马尾藻究竟是怎么来的，人们还没有找到一个肯定的答案。有的海洋学家认为，这些马尾藻类是从其他海域漂浮过来的。有的则认为，这些马尾藻类原来生长在这一海域的海底，后来在海浪作用下，漂浮出海面。

最令人称奇的是，这里的马尾藻并不是原地不动，而是像长了腿似的时隐时现，漂泊不定。一些经常来往于这一海区的科学家经常会遇到这样的怪事：他们有时会见到一大片绿色的马尾藻，然而过了一段时间，却不见它们的踪影了。在这片既无风浪又无海流的海区，究竟是何种原因使这片海上大草原漂泊不定呢？至今仍是个谜。

红海 hong hai 是怎样形成的

亚洲阿拉伯半岛与非洲东北部海岸之间有一个狭长的内海，那就是红海。红海所处的地理位置极为重要，它是沟通欧亚两大洲、连接印度洋与地中海的天然水道，每年都会从这里通过成千上万艘船只。但是，你知道红海是怎样形成的吗？

大陆漂移与板块学说诞生以后，我们可以从一个全新的角度解释红海的形成。科学家们认为，大约在 4000 万年以前，红海并不存在。那时非洲与阿拉伯半岛并未分开。后来，地壳在今天红海的位置上发生了断裂，阿拉伯半岛的陆地不断北移，红海各地不断拓宽；通过曼德海峡，印度洋的海水灌了进来，今天的红海才得以形成。

板块学说认为，先前陆地分裂并不断移向两侧才形成了如今的大洋。世界海洋的发育历史被这一学说分成若干阶段。比如，大西洋发育正旺盛，叫壮年海；太平洋正处在发育后期，叫老年海；地中海在不断变小，叫残留海；而红海则刚刚开始发育，称为幼年海。

据科学家研究，目前红海正在“发育”，每年向两侧扩张大约 2 厘米。

那么，红海有没有变成大洋的可能呢？

板块学说认为，只要红海不停止扩张，随着时间的推移，红海最终一定会变成一个名副其实的大洋。但也有人持有另一种观点，他们认为，即使红海今天的扩张运动一直在进行，但却并不是海底扩张会一直持续下去的有力保证。据现在所知的材料介绍，在以往漫长的地壳发展过程中，有的板块移动不止，最后有大洋形成；有的板块则在移动过程中，由于其他板块的阻挡，移动中途停止，并未有大洋形成。

那么，红海会不会变成大洋呢？结果尚不可知，我们只能等待时间的证明。

死海 *si hai* 会“死”吗

在巴勒斯坦、以色列和约旦之间，有一片美丽而又神奇的水域。那里既没有水草，也没有鱼儿，甚至那片水域的四周也寸草不生，一片荒凉，人们叫它死海。死海南北狭长，面积 1000 多平方千米。湖水有 146 米深，最深的地方有 395 米，湖底最深的地方在海平面以下 780 多米了。死海的北面有约旦河流入，南面有哈萨河流入，但是，却没有水道和海洋通连，湖里的水只进不出。由于死海的含盐量很高，水的浮力很大，因此即使不会游泳的人也不会在死海中淹死，对于一些不会游泳的游客来说死海是十分理想的休闲好去处，同时游客们还发现死海里的水还有治病的功效。随着媒体的广泛宣传，死海已成为一个奇特的旅游胜地。不但前来旅游的游客络绎不绝，一些风湿和皮肤病的患者也经常光顾此地。

长期以来在死海的前途命运问题上科学家们一直是众说不一的。从各自的理论出发，科学家们得到两种截然相反的结论：一种观点认为，死海在日趋干涸，若干年后，死海将不复存在，死海的前途也就“死”定了，等待死海的只有厄运。

死海海面积存着大量白色的结晶盐。

经过多年研究，约旦大学地质学教授萨拉迈赫表示，虽然许多地图上标明死海水面的高度是海平面以下 392 米，但那并不是死海现在的高度，而是 20 世纪 60 年代测量所得的数据，现在死海水面的实际高度经过测量为海平面以下 412 米。这一数据清楚地表明，在过去的 40 年里死海的水面正以每年 0.5 米的速度（现在还有水位每年下降 1 米的说法）在下降。萨拉迈赫教授警告，如果任凭死海水面不断下降而不采取任何措施的话，死海将从地球上永远消失。

据一些科学家说，20 世纪 60 年代死海的面积大约为 1000 平方千米，照这样的速度减少下去的话，再过 10 年其面积将减少到 650 平方千米。如果不能有效地控制水位继续下降，死海有可能会变成一个小湖。但是，还有一种截然相反的观点认为，死海并不是一潭绝望的死水。

这种从地质构造的角度来考虑的观点，认为死海位于叙利亚——非洲大断裂带的最低处，而这个大断裂带正处于幼年时期，终有一天会有裂缝在死海底部产生，从地壳深处会喷涌出大量海水，随着裂缝的不断扩大，一个新的海洋终将生成。由此看来，死海的前途还是充满光明的。

而且，死海并没有绝对的“死”。20 世纪 80 年代初，科学家发现在死海中正迅速繁衍着一种红色的小生命——“盐菌”，而且数量十分庞大，大约每立方厘米的海水中含有 2000 亿个盐菌，正是由于这种物质的存在才使得死海中的水正不断变红。另外，人们还发现死海中生存着一种单细胞藻类动物。这些发现似乎说明死海仍是有生命的。

尽管如此，死海的前途却不容乐观，因为一个严酷的现实是海水在咸化，干涸的威胁还在扩大，死海主要的水源——约旦河中的河水已不再流入死海；此外，死海南部因为生态平衡遭到破坏，水位也在不断下降。如果人类再不注意保护生态环境的话，或许不久的将来，死海就真的“死”了。

骷髅海岸之谜

ku lou hai an

纳米布沙漠是世界上最古老、最干燥的沙漠之一。它起于安哥拉和纳米比亚的边界，止于奥兰治河，沿非洲西南大西洋海岸延伸 2100 千米。纳米布沙漠被凯塞布干河分成两个部分，南面是一片浩瀚的沙海，北面是多岩的砾石平原，沿斯凯利顿海岸一带的海洋汹涌险恶。这里是世界上唯一沙漠（纳米布沙漠）与海洋（大西洋）相连处，充满了诡异恐怖色彩的骷髅海岸就在南纬 15° ~ 20° 之间的纳米比亚西海岸，这段海域因为南极洋流与大西洋洋流相遇，称为“西风漂流”地带。这条 500 千米长的海岸备受烈日的煎熬，沿岸的年降雨量不到 25 毫米，湿度来自夜间所形成的露水以及每隔 10 天左右夜间吹入海岸的雾霭，它们有时深入内陆达 50 千米。8000 万年以来，寒冷干燥的风从海洋吹来，在海岸边堆积起巨大的沙丘。每 15 年一次，奎士布河的威力足以将沙子全部冲到大西洋海岸，而来自西南方向的海浪再把沙子堆上海岸。这种沿岸的冲积过程可能持续上千年，沙粒被不停地冲来冲去。在海浪下面，沙子堆积成巨大的水下沙坝，加上强劲的海风和频繁出现的大雾，

纳米布沙漠长有一种名叫“千岁兰”的植物。这种植物是一种十分古老的物种，能存活 2000 年，可长到 3 米高，所需的水分是从两片皮革般的带状叶子吸入的。

使这里变成了危险的水域。几个世纪以来，无数的船只只要到了这里，就难逃死亡的厄运。

因失事而破裂的船只残骸，杂乱无章地散落在古老的纳米布沙漠和大西洋冷水域之间的海岸线上。葡萄牙海员把纳米布这条绵延的海岸线称为“地狱海岸”，也有人把它叫作骷髅海岸。

骷髅海岸从大西洋向东北一直延伸到内陆的沙砾平原，从空中看下去，是一大片褶痕斑驳的金色沙丘。由于长期以来风力的作用，海岸沙丘的岩石被刻蚀得奇形怪状，犹如妖怪幽灵，从荒凉的地面显现出来。南风从远处的海吹上岸来，布须曼人称这种风为“苏乌帕瓦”。“苏乌帕瓦”吹来时，沙丘表面向下塌陷，沙粒彼此剧烈摩擦，发出隆隆的呼啸声，交织成一首奇特的交响乐，就像是献给那些遭遇海难的海员，以及在迷茫的沙暴中迷路的冒险家的挽歌。

纳米比亚自然资源非常丰富，素为西方殖民主义国家觊觎垂涎。19 世纪德国人大举入侵纳米比亚，但从未占领骷髅海岸。骷髅海岸是水手的墓地，无数的船只迷失在这里的浓雾和狂暴的海水中。

1942 年，英国货船“邓尼丁星”号在库内内河以南 40 千米处触礁沉没，21 位乘客包

可怕的急流，随着沙滩不断卷移，海水冲上来的人骨和破船，时而露出地面，时而掩埋于沙里，令人触目惊心。

括3个婴孩，以及42名男船员侥幸乘坐汽艇登上了岸。那次救援共派出了两支陆路探险队，从纳米比亚的温德胡克出发，还出动了3架本图拉轰炸机和几艘轮船。其中一艘救援船触礁，3名船员遇难。这次救援用了近4个星期的时间才找到所有遇难者的尸体和生还船员，并把他们安全地送回。

1943年，人们在这个海岸沙滩上发现13具无头骸骨横卧在一起，其中有一具是儿童骸骨；不远处有一块风雨剥蚀的石板，上面有一段写于1860年的话："我正向北走，前往60英里外的一条河。如有人看到这段话，照我说的方向走，神会帮助他。"但至今仍没有人知道遇难者是谁，也不知道他们为什么暴尸海岸。

骷髅海滩四下望去，满目萧疏荒凉，这片海岸上的一切都不同寻常。

通向大海的四万个台阶

si wan ge tai jie

有这样一个神话，爱尔兰巨人麦科尔砌筑了一条路，从他在爱尔兰北部安特里姆郡的家门穿过大西洋，到达他的死敌苏格兰巨人芬哥尔所在的赫布里底群岛。但狡猾的芬哥尔先发制人，在麦科尔采取行动前先来到爱尔兰。麦科尔的妻子机智地骗芬哥尔说，熟睡中的麦科尔是她襁褓中的儿子。芬哥尔听了很是害怕，心想襁褓中的儿子已如此巨大，他的父亲一定更加巨大。于是惊慌地逃到海边安全的地方，并把走过的路拆毁，令砌道不能再用。

千万年来，浪花不倦地冲刷着岩层，剧烈的海风和多变的气候也不断地对石柱进行侵蚀和雕琢。

另一种传说则要平和、浪漫得多。传说，中古爱尔兰塔拉王的武士芬恩·麦科尔爱上了赫布里底群岛中斯塔法岛上的一位身材高大的美女。为了把这个美人脚不沾水地娶回阿尔斯特，芬恩建造了这条通往斯塔法岛的石路……

今天，在爱尔兰北部海岸的贾恩茨考斯韦角，我们看见的数以万计的多角形桩柱，据说就是巨人麦科尔砌筑的。这些桩柱大部分高6米，拼在一起成蜂巢状，构成一道阶梯，直伸入海。从高空望下去，砌道就像沿着 270 多千米长的海岸，由人工砌筑出来的道路，往北一直延伸到大西洋。这些屹立在大海之滨已有数千万年之久的岩层，以其井然有序的排列组合及美轮美奂的造型，令无数游人叹为观止。

贾恩茨考斯韦角的桩柱可分作大砌道、中砌道和小砌道三组，人们饶有兴趣地给这些桩柱起了些古怪的名字，如被峭壁隔开的“烟囱顶”和“哈米尔通神座”观景台。

早在 17 世纪，学者们就开始研究它的起源，“巨人之路”及其周围海岸也很快发展成为一个科学家们频繁光顾的地质学研究场所。撇开神话不谈，关于这条砌道是怎样形成的，就有多种认识。曾有人认为这些桩柱是海水中的矿物沉积所成。

今天，大部分地质学家都认为砌道的形成源自火山活动。约在 5000 万年前，爱尔兰北部和苏格兰西部的火山活动活跃，从火山口涌出的熔岩冷却后僵化，在新爆发之后，另一层熔岩又覆盖在上面。熔岩覆盖在硬化的玄武岩层土上冷却得很慢，收缩也很均匀。熔岩的化学成分令冷却层的压力平均分布于中心点四周，因而把熔岩拉开，形成规则的六角形。这个过程发生一次后，基本形状就确定下来了，于是便在整层重复形成六角形。冷却过程遍及整片玄武岩，这样就形成一连串的六角形桩柱。在首先冷却的最顶上一层，石头收缩，裂成规则的菱形，当冷却和收缩持续，表面的裂缝向下伸展到整片熔岩，整片玄武岩层就被分裂成直立的桩柱。千万年来，坚硬的玄武岩柱不断被海洋侵蚀，就成了高低不一的模样。石柱的颜色则受到冷却速度的影响，石内的热能渐渐散失后，石头便氧化，颜色由红转褐，再转为灰色，最后成为黑色。不过，地质学家的这种观点还有待进一步考证。

撒哈拉绿洲是如何变成沙漠的

sa ha la lü zhou

撒哈拉沙漠位于非洲北部，西自大西洋，东达尼罗河，北起阿特拉斯山麓，南至苏丹，从大西洋到红海，撒哈拉沙漠横贯整个北非，东西绵延近 5000 千米，南北纵深近 2000 千米，横跨阿尔及利亚、摩洛哥、埃及等 11 国国境，是地球上最大的沙漠。撒哈拉地表起伏平缓，一般海拔在 250 ~ 500 米之间，地面主要是戈壁、流沙或沙丘，沙漠中还分布着一些间歇性河谷。整个环境异常干热，植物贫乏，动物也很稀少。自从人类有文字以来，“撒哈拉”这个词就意味着干旱、饥渴和死亡。但有谁会相信，它过去的名字应该叫撒哈拉绿洲。从绿洲到沙漠，如此巨大的变化是如何发生的呢？

位于撒哈拉大沙漠中部的两座山脉——恩阿哲尔和提贝提斯，由于常常受到暴风的袭击，加上昼夜温差很大，山上的石头有不少成了岌岌可危的石桥和迷宫似的石窟。起初，人们并未注意这些石窟有什么特别之处。后来在一次科学考察中，考古学家在这些石窟山

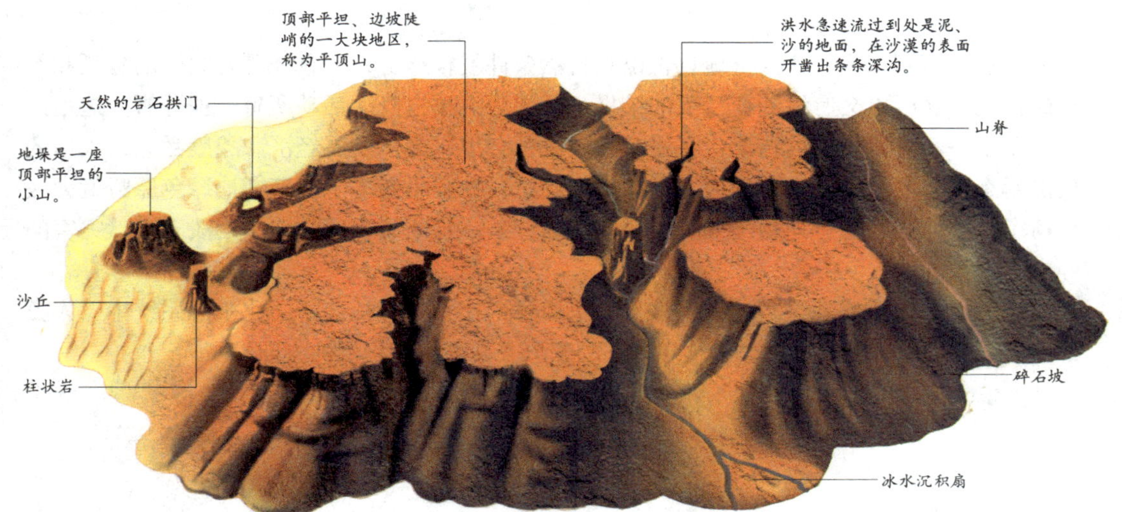

沙漠有很多种，有的是起伏不平的沙海，有的是广阔多石的平原，有的是四处布满碎石的山区。有的沙漠非常炎热，有的沙漠又极其寒冷。

洞里发现了原始人类的岩画。这些岩画早期的和后期的有很大区别，早期的是石刻的，后期的则是用黄褐色的泥土画上去的。

那些岩画反映的当时人们的生活情景，使发现者吃惊，人们居然在岩画中发现有很多的马。一些学者由此推测撒哈拉在几千年前是大草原，因为在大批马生存的自然环境中，草和水是不可缺少的。此外，岩画中还包括很多形象生动、神态逼真的水牛、鸵鸟、大象、羚羊、长颈鹿等动物。于是，人们认为大约在6000年前，撒哈拉曾处于高温和多雨期，以塔西里台地为起点，南到基多湖畔，北到突尼斯洼地，构成了庞大的西北水陆网。台地在多雨期出现了许多积水池，沿着这些积水池，便繁殖了各种各样的动植物，撒哈拉文化也因此得到了高度的发展，并曾昌盛一时。

通过对岩画的研究，人们还发现只有在极少数的地区有有关骆驼的岩画。从碳14的测定中可以看出，在前期岩画中还没出现骆驼的形象，都是后期的作品中才有骆驼的形象的。据此，一些学者认为，在公元前5000～前3500年左右，撒哈拉居住着许多狩猎或游牧部落，随着气候的变化，撒哈拉成为沙漠后，约在公元前400～前300年，骆驼才从西亚来到这里。

有地理学家认为，曾经的绿洲变成沙漠是自然条件变化的结果。因为这一地带气候极其干燥，日照时间特别长，最热的几个月中平均温度超过30℃，地表温度更是高达70℃。此外，这里还受到一股叫“哈马丹”的东北风的影响。这种风终年不停，一吹整个地区就天昏地暗、飞沙走石，再好的植被也会被扫荡一空，无法

自古以来，撒哈拉这个枯寂的大自然，便拒绝人们生存于其中。风声、沙动，支配着这个壮观的世界，绿洲的出现，往往是沙漠旅行者最渴望的乐园。

留存。

生态学家则认为，这片土地自古以来自然条件就很恶劣，一直经受着太阳的暴晒和季风的侵扰。之所以会有绿洲变沙漠的结果，是因为人类自身的活动所致。据分析，这里的人们犯了一个难以挽回的错误：在当时的农牧社会里，为了发展经济和战胜敌人，人口的增加越来越必要。随着人口的增多，田地变广了，牲畜也变多了，渐渐地绿色原野就无法负荷了。土地—植物—动物—人类这根生命的链条一旦断裂，便会完全崩溃于自然灾害的肆虐中。

撒哈拉沙漠形成的过程给我们这样一个启示：在自然—社会—文化生态系统中，人类的发展必须适应环境的变化，必须用生态的理念去帮助它朝积极的方向发展。

沙漠 sha mo 为热带雨林“施肥”

亚马孙河是拉丁美洲人民的骄傲，它浩浩荡荡，蜿蜒流经秘鲁、巴西、玻利维亚、厄瓜多尔、哥伦比亚和委内瑞拉等国，滋润着800万平方千米的广袤土地，孕育了世界最大的热带雨林——亚马孙热带雨林。

亚马孙原始森林，占地球上热带雨林总面积的50%，达650万平方千米，其中有480万平方千米在巴西境内。这里自然资源丰富，物种繁多，生态环境纷繁复杂，生物多样性保存完好，被称为“生物科学家的天堂”。

森林具有涵养水源、调节气候、消减污染及保持生物多样性的功能，热带雨林就像一个巨大的吞吐机，每年吞噬全球排放的大量的二氧化碳，又制造大量的氧气，亚马孙热带雨林由此被誉为“地球之肺”。热带雨林又像一个巨大的抽水机，从土壤中吸取大量的水分，再通过蒸腾作用，把水分散发到空气中。另外，森林土壤有良好的渗透性，能吸收和滞留大量的降水。

但奇怪的是，那里的土地却十分贫瘠。那么，树木生长所需的养分从哪里来呢？有些科学家认为，是位于东半球的撒哈拉沙漠漂洋过海来给亚马孙热带雨林“施肥”。这是真的吗？

亚马孙河横贯南美洲，沿途有数以千计的支流汇入，河流流域面积700多万平方千米。其中，亚马孙平原占地面积约为560万平方千米，是世界上最大的冲积平原。

由于亚马孙平原位于赤道附近的多雨地区，所以这里四季高温，每月平均气温都在26℃以上。但这里的降水量极为丰富，平均年降水量在1000毫米以上，西部地区甚至可以达到3000毫米。

然而，亚马孙河流域的土地由于严重缺乏磷酸钙，所以流域内几乎没有腐殖土。有人指出，正是由于非洲沙漠尘土的侵入，才使亚马孙河流域成为广阔富饶的热带雨林。否则，这里将是一望无际的大草原。

在数万年前，亚马孙河流域的森林面积非常小，只相当于现有规模的很小一部分。

近年来，美国航空航天局通过气象卫星和特殊飞行器，对南美洲的巨大尘埃云进行追踪，发现这些尘埃主要来自非洲的撒哈拉沙漠及其以南的撒海尔半干旱地区。美国迈阿密大学的一位科学家经过仔细研究，发现这些尘埃云也对美国南部的一些地方和加勒比海的一些岛屿的气候产生影响，在这些尘埃云的作用下，巴巴多斯岛上相当一部分土壤是来自非洲的。

亚马孙热带雨林

此外，尘埃云还将非洲尘埃带到迈阿密，从而使迈阿密城披上了一层红色。那么，这些尘埃是如何飞越辽阔的大西洋，从遥远的非洲来到美洲的呢？

一些科学家认为低纬地区上空的东风带是运送这些尘埃的载体。如果按东风的平均风速计算，富含养分的撒哈拉沙漠的尘土需要 5 ~ 10 天才能跨越大西洋到达亚马孙河流域。

美国一位热带生态学家认为，如果每年有 1200 万吨尘土落到亚马孙地区，则可以使平均每公顷土地增加 1.1 千克的磷酸钙。

青藏高原 *qing zang gao yuan* 曾经是海洋吗

众所周知，青藏高原不仅是世界上最高大的高原，同时也是世界上最年轻的高原。它的面积约 250 万平方千米，平均海拔超过 4500 米。青藏高原由自南向北绵延不绝的一系列山脉构成。巍峨的喜马拉雅山、冈底斯山、念青唐古拉山耸立在青藏高原的西南部，中间是喀喇昆仑山、唐古拉山，北面则是广阔的昆仑山、阿尔金山和祁连山。

青藏高原有世界上最高的山峰——珠穆朗玛峰。全世界海拔超过 8000 米的山峰共有 14 座，都位于青藏高原。青藏高原雄踞地球之巅，确实无愧于“世界屋脊”的称号。青藏高原上有许多美丽的风景：无数蔚蓝色的湖泊镶嵌在广阔的草原上，雪峰倒映其中，美丽迷人；岩石缝里喷出许多热气腾腾的泉水；附近的雪峰、湖泊在喷泉的映衬下显得格外耀眼。青藏高原的大多数山峰都覆盖着厚厚的冰雪，许多银练似的冰川点缀在群山之中，这

海贝化石
喜马拉雅山山体上的海贝化石，是青藏高原地质构造变化的物证。

些冰川正是大江、大河的“母亲”。发源于此的有世界著名的长江、黄河、印度河和恒河等，它们都从此汲取了丰富的水源。柴达木盆地是青藏高原地势较低的地方，但海拔也有2000～3000米。

人们在为这瑰丽景色发出惊叹之余，不禁会问：青藏高原是怎么形成的？它原本就是这个样子吗？

可能我们难以想象，如今世界上最高的青藏高原曾经被埋在深深的海底，而且，喜马拉雅山至今也没有停止过上升。对1862～1932年的测量结果进行分析就会发现，其许多地方以平均每年18.2毫米的速度在上升。如果喜马拉雅山始终按照这个速度上升，那么1万年以后，它将比现在还要再高182米。

在青藏高原层层叠叠的页岩和石灰岩层中，地质学家们发掘出了大量的恐龙化石、陆相植物化石、三趾马化石以及许多古代海洋生物的化石，如鹦鹉螺、三叶虫、珊瑚、笔石、菊石、海百合、苔藓虫、百孔虫、海胆和海藻等的化石。面对这些古代海洋生物化石，地质学家们的思绪也回到了遥远的地质年代。早在二三亿年前，青藏高原曾经是一片汪洋大海，它呈长条状，与太平洋、大西洋相通。后来，由于强烈的地壳运动形成了古生代的褶皱山系，海洋随之消失，古祁连山、古昆仑山产生，而原来的柴达木古陆相对下陷，变成了大型的内陆湖盆地。经过1.5亿年漫长的中生代，长期的风化剥蚀使这些高山逐渐被夷平。高山上被侵蚀下来的大量泥沙则全部沉积到湖盆内。

地壳运动在新生代以后再次活跃起来，那些古老山脉因此而剧烈升起，返老还童似的重新变成高峻的大山。现今世界最高山脉所在的喜马拉雅山区在距今4000多万年前是一片

高原暮云

汪洋大海。这里原本是连续下降区，厚达1000米的海相沉积岩层深积于此，各个时代的生物也埋藏在岩层中。随着印度洋板块不断地北移，最终与亚欧大陆板块撞在了一起，这个地区的古海受到严重挤压，褶皱因此而产生。喜马拉雅山脉从海底逐渐升起，并带着高原大幅度地隆起，“世界屋脊”从此屹立于世。

高原的强烈隆升，对亚洲东部的自然地理环境产生了深刻的影响，高原大地形的动力作用和热力作用改变了周围地区大气环流的形势。经气象学家研究得知，夏季，高原的存在诱发了西南季风，使中国东部的夏季风能长驱北上，给广大地区带来充沛的降水；冬季，高原的存在产生了西伯利亚高压，强大的冷空气又足以席卷南部广大地区。如果我们把高原与其周围低地相比较，便可以看出它们的显著差别。高原南部的印度阿萨姆平原为热带雨林地带，而高原北部却是极端干旱的温带荒漠；高原东缘与亚热带湿润的常绿阔叶林地带相接；其西侧毗连着亚热带半干旱的森林草原和灌丛草原地带。青藏高原恰恰处在这南北迥异、东西悬殊的“十字街头”上。高原强烈隆升的结果，使气候愈来愈寒冷干燥，并且愈往中心地区愈明显，由隆升前的茂密森林过渡到了今天的高寒荒漠。相比之下，高原东南边缘变化最小，至今仍然保存着温暖湿润的森林景观。

扑朔迷离的太湖成因

tai hu cheng yin

太湖的水域形态就像佛手，作为江南的水网中心，太湖蕴藏了丰富的资源并孕育了流域内人们的繁衍生息，自古就被誉为“包孕吴越”；历代文人墨客更是为之陶醉，留下了许多脍炙人口的诗句。

太湖风光秀丽，物产富饶，附近的长江三角洲河网纵横，湖荡星罗棋布，向来是中国的鱼米之乡。太湖四周群峰罗列，出产的碧螺春名茶与太湖红橘，在古代就是朝廷的贡品。太湖里还富有各种各样的水产品，其中的太湖银鱼，身体晶莹剔透、肉质细嫩，是筵席上的美味佳肴。

然而，就是这样一个兼具秀丽风景和浩渺壮阔气派的饮誉中外的太湖，关于它的成因，直到今天还争论不休。

早在20世纪初，中国地理学家丁文江与外国学者海登施姆就认为，是大江淤积导致了太湖的形成。他们指出，在5000年前江阴为海岸，江阴以东、如皋以南、海宁以北，包括太湖地区在内都是长江淤积的范围，这是最初对太湖成因所做的理论上的描述。

到20世纪30年代，由于在湖区地下发现有湖相、海相沉积物等，所以学术界对太湖的形成有了较成熟和系统的看法。著名的地理学家竺可桢与汪胡桢等提出了泻湖成因论，泻湖论在以后又不断被充实进新的内容。

德国人费师孟在 1941 年提出，经太仓、嘉定外冈、上海县马桥、金山漕泾，直至杭州湾中的王盘山附近，是公元 1 ~ 3 世纪的海岸线。后经对位于冈身的马桥文化遗址下的贝壳碎屑进行碳 14 测定，研究者基本上公认冈身是 6000 年前的古海岸线。

华东师范大学海口地理研究所的陈吉余教授等，在总结前人研究的基础上，发展和完善了泻湖论。该论点主要依据太湖平原存在着海相沉积来推断，认为因长江带来的大量泥沙逐渐在下游堆积，使当时的长江三角洲不断向大海伸展，从而形成了沙嘴。以后沙嘴又逐渐环绕着古太湖的东北岸延伸并转向东南，与钱塘江北岸的沙嘴相接，将古太湖围成一个泻湖。后来又因为泥沙的不断淤积，这个泻湖逐渐成为与海洋完全隔离的大小湖泊，太湖则是这些分散杂陈的湖群的主体，又经以后的不断淡化而成为今日的太湖。

近年来，随着对太湖地区地质、地貌、水文、考古和文献资料等方面的不断研究，尤其是几十处距今 5000 ~ 6000 年前的新石器时代遗址，以至汉、唐、宋文化遗物的发现，许多研究者对泻湖论中所存的问题提出了质疑。

他们认为，在海水深入古陆地的过程中，虽然是一边冲蚀，一边沉积，但这种情况对于整个古陆地来说是不平衡的，有的地方虽有泻湖地貌的沉积，但它不具整体意义。因此，泻湖论虽然可以解释太湖平原的地形和地质上的海湖沉积，但难以解释何以在太湖平原腹地泥炭层之下以及今日湖底普遍有新石器遗址与古生物化石的存在，同时这也与全新世陆相层的分布范围不符。许多人因此提出，太湖平原大部原为陆地，所以古代居民能够在上面聚居生存。

人们推测，大约在 6000 ~ 10000 年前，太湖地区是一片低平的平原，人们曾经在这里生活和居住过。由于地势较低，终于积水成湖，人们还没有来得及搬走他们的家当，就被

太湖景观

洪水淹没了。

至于太湖这片洼地的形成，人们认为这和地壳运动有关。太湖地区可能一直是一个地壳不断下沉的地带，由于地势低洼，从四面八方汇来的流水不能及时排出去，自然就形成了湖泊。

太湖的“平原淹没说”还没有得到更多的传播和响应，又一种成因说突然出现了。最近，一批年轻的地质工作者用全新的观点来解释了太湖的形成。

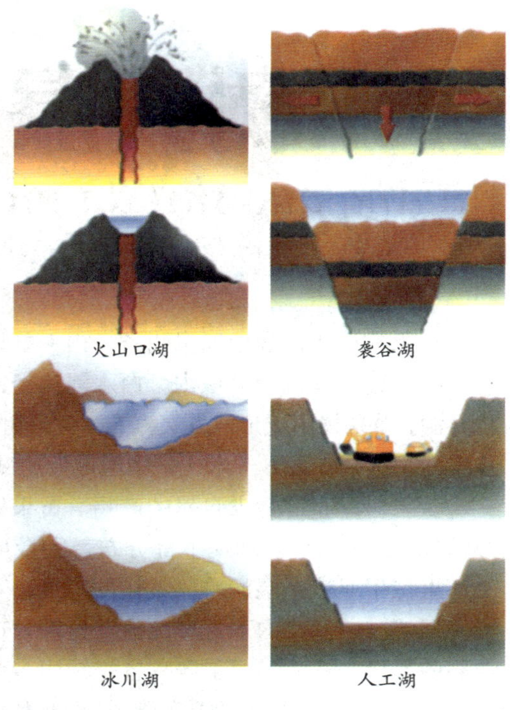

各类湖泊构成示意图

他们大胆地假设，可能是在遥远的古代，曾有一颗巨大无比的陨石，从天外飞来，正好落在太湖的位置上。也就是说，偌大的太湖竟然是陨石砸出来的！

他们估计，这颗陨石对地壳造成了强大冲击力，其能量可能达到几十亿吨的黄色炸药爆炸产生的能量，或者等于 10 万颗在日本广岛上空爆炸的原子弹的能量。

提出“陨石冲击”假说的年轻人，列出了如下几个方面的证据：

第一，从太湖外部轮廓看，它的东北部向内凹进，湖岸破碎得非常严重；而西南部则向外凸出，湖岩非常整齐，大约像一个平滑的圆弧，与国外一些大陆上遗留下来的陨石坑外形十分相似。

第二，研究者在调查中发现，太湖周围的岩石岩层断裂有惊人的规律性。在太湖的东北部，岩层有不少被拉开的断裂，而西南部岩层的断裂多为挤压形成。这种地层断裂异常情况只有在受到一种来自东北方向的巨大冲击时才会出现。

第三，研究者还发现，成分十分复杂的角砾存在于太湖四周，在显微镜下观察这些岩石，其中还可以看到被冲击力作用产生的变质现象。另外，他们还在太湖附近找到了不少宇宙尘和熔融玻璃，这些物质只有在陨石冲击下才会产生。

由以上的证据，他们推断，这颗陨石是从东北方向俯冲下来的。由于太湖西南部正好对着陨石前下方，冲击力最大，所以产生放射性断裂，而东北部受到拉张力的作用，形成与撞击方向垂直的张性断裂。由于陨石巨大的冲击力，造成岩石破碎，形成成分混杂的角砾岩和岩石的冲击变质现象。

对太湖的成因，目前还没有形成统一的认识，但所有这些不同的观点，都有助于推动人们做进一步的调查和研究。随着探究的不断深入，相信人们最终一定能揭开扑朔迷离的太湖成因之谜。

黄果树大瀑布成因探秘

huang guo shu da pu bu

黄果树瀑布群是中国贵州省境内一处以瀑布、溶洞、石林为主体的独特风景区。位于镇宁布依族苗族自治县境内。白水河流经此地，因山峦重叠，河床断落，多急流瀑布，奇峰异洞，黄果树附近形成九级瀑布。黄果树瀑布是其中最大的一级，瀑布高74米，宽81米，集水面积达770平方千米，是中国最大的瀑布，也是世界著名的瀑布之一。

黄果树瀑布群是大自然的产物。黄果树瀑布发育在世界上最大的华南喀斯特区的最中心部位，这里的地表和地下都分布着大量可溶性的碳酸盐岩，区域地质构造十分复杂；加上这里位于亚热带湿润季风气候的南缘，水热条件良好，形成打帮河、清水河、灞陵河等诸多河流。它们在向下流经北盘江再汇入珠江时，对高原面进行溶蚀和切割，加剧了高原地势的起伏，从而形成了各种各样绚丽多姿的喀斯特地貌。由于河流的袭夺或落水洞的坍塌等原因，形成了众多的瀑布景观，黄果树瀑布群便是其中最典型、最优美的喀斯特瀑布群。

由于黄果树瀑布群的瀑布不仅风韵各具特色，造型十分优美，而且在其周围还发育了许多喀斯特溶洞，洞内发育有了各种喀斯特洞穴地貌，形成了著名的贵州地下世界，具有极大的旅游观光价值。

黄果树大瀑布是黄果树瀑布群中最为知名的瀑布，它位于镇宁布依族苗族自治县城关镇西南约25千米，东北距贵阳市150千米。最新测量结果表明，黄果树大瀑布高为74米，宽为81米。因此，黄果树大瀑布水量充沛，气势雄壮。漫天倾泼的瀑布，带着巨大的水流动能，发出如雷巨响，震得地动山摇，展示出大自然一种无敌的力量与气势。巨量的水体倾覆直下，又形成了大量的水烟云雾，使得峡谷上下一片迷蒙，呈现出了一种神秘的色彩。瀑布平水时，一般分成四支，自左至右，第一支水势最小，下部散开，颇有秀美之感；第二支水量最大，更具豪壮之势；第三支水流略小，上大下小，显出雄奇之美；最右一支水量居中，上窄下宽，洋洋洒洒，最具潇洒风采。黄果树瀑布之景观，随四季而替换，昼夜而迥异。

黄果树大瀑布还有二奇：一曰瀑上瀑与瀑上潭，是为主瀑之上一高约4.5米的小瀑布，其下还有一个深达11.1米的深潭，即瀑上潭。瀑上瀑造型极其优美，与其下的黄果树主瀑形成了十分协调的瀑布组合景观。二曰水帘洞，其为主瀑之后、瀑上潭之下、钙化堆积之内的一个瀑后喀斯特洞穴。

水帘洞高出瀑下的犀牛潭40余米，其左侧洞腔较宽大清晰，并有三道窗孔可观黄果树瀑布；右侧因石灰华坍塌，洞体仅残存一半，形成一个近20米高的岩腔。水帘洞不仅本身位置险要，而且洞内之景颇有特色。然而，长期以来，由于进洞道路艰难危险，除少数

孩童在黄果树瀑布下的平台石头上嬉戏玩耍。

探险者敢冒险进洞游览之外，一般游人是很少进去的。下面的犀牛潭，其深达 17.7 米，在黄果树大瀑布跌落的巨量水流冲击下，激起高高的水柱，若游人不小心从水帘洞中滑入犀牛潭，则非常危险。

游人在水帘洞中观赏美景时，往往会想到自己正处在瀑布之下，巨量的水体正从头上压顶而过时，不禁会产生一种难以名状的压抑感，甚至是一种恐惧感，仿佛洞内的岩壁会随时被压垮倾覆，随时会跌落下来一般，以致不敢久留。只有当走出了水帘洞时，看到洞外一片明亮，灿烂阳光下，翠竹簇簇，婆娑起舞，林木葱茏，树叶扶疏，才不觉松了一大口气，精神为之一振。

那么，黄果树大瀑布如此壮美的景观又是怎样形成的呢？对于黄果树大瀑布的成因，可谓是众说纷纭。有人认为它是典型的喀斯特瀑布，由河床断陷而成；有人则认为是喀斯特侵蚀断裂——落水洞形成的。还有一种说法是，黄果树大瀑布前的箱形峡谷，原为一落水溶洞，后来随着洞穴的发育、水流的侵蚀，使洞顶坍落，而形成瀑布。由于一个瀑布的形成过程与瀑布所在河流的发育过程紧密相关，故探究黄果树瀑布的形成过程须与白水河

黄果树大瀑布

的演化发育历史结合起来考虑。这样，就可以把黄果树瀑布的发育过程大致分成 7 个阶段，即前者斗期、者斗期、老龙洞期、白水河期、黄果树伏流期、黄果树瀑布期和近代切割期。其形成时代大约从距今 2700 万 ~ 1000 万年的第三纪中新世开始，一直延续至今，经历了一个从地表到地下再回到地表的循环演变过程。

难识 lu shan 庐山真面目

庐山的形成只能是地质年代地壳构造运动的结果。在遥远的地质年代，这里原是一片汪洋，后经造山运动，才使庐山脱离了海洋环境。现今庐山上所裸露的岩山，如大月山粗砂岩，就是元古代震旦纪的古老岩石。那个时代的庐山并不高，在漫长的地质年代里，它经历了数次海侵和海退。

庐山大幅度上升是在距今六七千万年前的中生代白垩纪。当时，地球上又发生了强烈的燕山构造运动，位于淮阳弧形山系顶部的庐山，受向南挤压的强力和江南古陆的夹持而上升成山。山呈肾形，为东北—西南走向，形成了一座长 25 千米、宽 10 千米、周长约 70 千米，海拔 1474 米以上的山地。这就是千古名山庐山的形成过程。

庐山“奇秀甲天下”之说并非过誉。因为这里无论石、水、树无一不是绝佳的风景，五老绝峰，高可参天，经常云雾缭绕。说到庐山多雾，这与它处于江湖环抱的地理位置密不可分。由于雨量多、湿度大，水汽不易蒸发，因此山上经常被云雾所笼罩，一年之中，差不多有 190 天是雾天。大雾茫茫，云烟飞渡，给庐山平添了不少神秘色彩。凡到庐山者，必游香炉峰，因为香炉瀑布，银河倒挂，确实迷人。李白看见香炉瀑布后，万分赞叹，留下了千古不朽的诗句：“日照香炉生紫烟，遥看瀑布挂前川；飞流直下三千尺，疑是银河落九天。”香炉瀑布飞泻轰鸣之美，至今令到此观光的游者倾倒。

庐山有没有出现过冰川的问题一直在我国地质界存在争议。

1931 年，地质学家李四光带领北京大学学生去庐山考察时，发现那里的一些第四纪沉积物若不用冰川作用的结果来解释，则很难理解。以后的几次考察，人们从不同的角度再研究这些现象，确信是冰川作用的结果。于是，李四光在一次地质学年会上发表了题为《扬子江流域之第四纪冰期》的学术演讲，提出了庐山第四纪冰川说。其主要证据是平底谷、王家坡 U 形谷、悬谷、冰斗和冰窖、雪坡和粒雪盆地。在堆积方面，李四光指出，庐山上下都堆积了大量的泥砾，这些堆积显示了冰川作用的特征。

当时，国际地质学界有一种流行的观点，认为第三纪以来，中国气候过于干燥，缺乏足够的降水量，形成不了冰川。英籍学者巴尔博根据对山西太谷第四纪地层的研究，认为华北地区的第四纪只有暖寒、干湿的气候变化，没有发生过冰期。他认为，一些类似冰川的地形，既可能是流水侵蚀所成，也可能是山体原状，而王家坡U形谷的走向可能和基岩的构造有关。法籍学者德日进也排除了庐山冰川存在的可能性。

以后的几年里，李四光也在寻找更多的冰川证据，以说服持怀疑论者。1936年，他在黄山又发现了冰川遗迹，更加证明庐山曾有冰川。他的论著《冰期之庐山》，总结了庐山的冰川遗迹，进一步肯定了庐山的冰川地形和冰碛泥砾，描述了在玉屏峰以南所发现的纹泥和白石嘴附近的羊背石。该书专门写了《冰碛物释疑》一章，对反对论者所提出的观点进行了分析与反驳。对于泥砾的成因问题，他否定了风化残积、山麓坡积、山崩、泥流等成因的可能性，再次肯定泥砾的冰川成因。不久，他又著《中国地质学》一书，着重讨论了泥流和雪线问题。对于泥流，他认为既然承认如此巨大规模的泥砾是融冻泥流所形成的，那就完全有必要承认在高山上发生过冰川作用，因为如果山下平原区发生了反复的冰冻与融化，以致产生了泥流的低温条件，按升高1000米降低温度4℃～6℃计算，庐山上面的温度就要比周围平原低6℃～9℃，这样就不可避免要产生冰川。据此，反对庐山冰川的泥流作用，反过来却成了庐山冰川说的有力证据。对雪线问题，他认为在更新世时期，雪线在东亚有所降低，因此，虽然庐山海拔较低，也能发生冰川。

20世纪60年代初，黄培华再次对庐山存在第四纪冰川提出质疑。其依据是：所谓“冰碛物”不一定是冰川的堆积，其他地质作用如山洪、泥流都可以形成；地形方面，庐山没有粒雪盆地，王家谷等地都不是粒雪盆地，而且山北冰川遗迹遍布，何以在山南绝迹？庐山地区尚未发现喜寒动植物群，只有热带亚热带动植物。支持冰川说的曹照恒、吴锡浩，从庐山的堆积物、地貌、气候及古生物方面反驳了黄培华的观点。

20世纪80年代初，持非冰川论观点的施雅风、黄培华等又进一步从冰川侵蚀形态、冰川堆积和气候条件等方面，对庐山第四纪冰川说加以否定。持冰川论观点的景才瑞、周

庐山龙首崖

慕林等人，则从地貌、堆积，特别是冰川时、空上的共性与个性等方面进一步论证了庐山冰川的可能性。

在具最新论据的争论中，持非冰川论观点的谢又予、崔之久做了庐山第四纪沉积物化学全量分析，泥砾中砾石形状、组织的统计、分析，以及电镜扫描所采石英砂表面形态与沉积物微结构特征等，认为庐山的冰川地貌是受岩性、构造控制的产物，而不是真正的冰川地貌；所谓“冰川泥砾”也不是冰碛物，而是典型的水石流、泥石流和坡积的产物。

以上的争论并没有完结，面对庐山的地貌和沉积物这一共同事实，争论一方说是冰川作用的证据，而另一方却判定为非冰川作用的证据。庐山的真面目，至今仍是个谜。在庐山上是否存在过冰川，这对我国第四纪地层划分起着重要作用，因此有待更深入的探讨。

“雪的故乡”xue de gu xiang 喜马拉雅山之谜

高耸挺拔的喜马拉雅山脉东西横亘，逶迤绵延，呈一向南凸出的大弧形矗立在青藏高原的南缘。喜马拉雅山系由许多平行的山脉组成，自南而北依次可分为山麓、小喜马拉雅山和大喜马拉雅山三个带。大喜马拉雅山宽 50 ~ 90 千米，地势最高，是整个山系的主脉。

位于中尼边境中部的喜马拉雅山，雪峰林立，有数十座海拔 7000 米以上的山峰。在这一地区，海拔 8000 米以上的极高峰也比较集中。

喜马拉雅山脉的南北翼自然条件差异显著，动物和植物的种类组成截然不同。这种悬殊的自然景观十分奇特，让人不得不惊叹大自然的造化之功。以喜马拉雅山脉中段为例：中喜马拉雅山的南翼山高谷深，具有湿润、半湿润的季风气候特点。在短短几十千米的水平距离内，相对高差达 6000 ~ 7000 米，垂直自然带十分明显。

海拔 1000 米以下的低山及山麓地带是以婆罗双树为主的季雨林带。海拔 1000 ~ 2500 米的地方为山地常绿阔叶林带，与我国亚热带的常绿阔叶林类似，主要有栲、石栎、青冈、桢楠、木荷、樟、木兰等常绿树种。林木苍郁，有多种附生植物及藤本植物杂生其间。森林中常可见到长尾叶猴、小熊猫、绿喉太阳鸟等，表现出热带、亚热带生物区系的特点。

海拔 2100 ~ 3100 米的地方为针阔叶混交林带，主要由云南铁杉、高山栎和乔松等耐冷湿、耐干旱的树种组成。植物组成具有过渡特征，随季节变化而做垂直的迁移。

海拔 3100 ~ 3900 米的地方为以喜马拉雅冷杉为主的山地暗针叶林带。森林郁闭阴湿，地面石块及树木上长满苔藓，长松萝悬挂摇曳，形成黄绿色的“树胡子”。林麝和黑熊等适于这种环境，喜食附生在冷杉上的长松萝。冷杉林以上为糙皮桦林组成的矮曲林，形成森林的上限。

森林上限以上，海拔 3900 ~ 4700 米的地方为灌丛带。阴坡是各类杜鹃组成的稠密灌丛，阳坡则是匍匐生长的暗绿色圆盘状的圆柏灌丛。海拔 4700 ~ 5200 米的地方为小蒿草、蓼及细柄茅等组成的高山草甸带。再往上则为高寒冻风化带及其上的永久冰雪带。

喜马拉雅山脉的东、中、西各段也有明显差异。东段比较湿润，以山地森林带为主，南北翼山地的差异较小；西段较干旱，分布着山地灌丛草原和荒漠；中段地势高耸，南北翼山地形成鲜明对照。

喜马拉雅山的顶峰终年白雪皑皑，在红日映照下，更显得晶莹剔透、绚丽多彩；一旦漫天风雪来临，它就被裹上一层乳白色的轻纱，犹如从茫茫太空中飘来的一座玉宇。

千百年来，生活在喜马拉雅山区的人们，利用河流切穿山脉的山口地带，南北穿行。喜马拉雅山区的农业开发历史约有 600 多年。

藏族和其他民族在河谷阶地和缓坡上开垦耕地，修筑梯田，他们把耕地分成“巴莎”（上

从圣母峰西南极端千米的戈焦高地仰望世界最高峰，山势险峻。

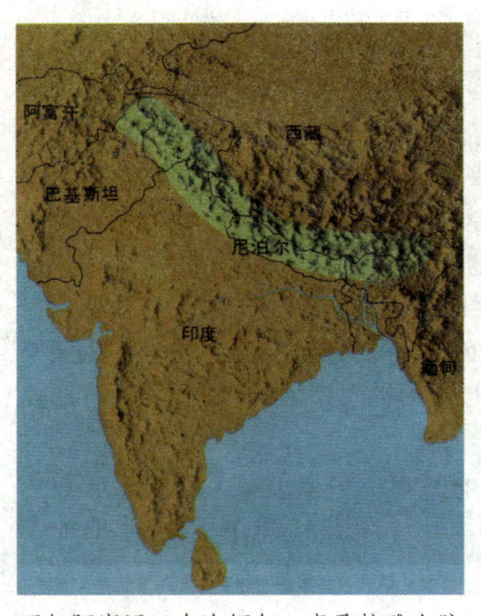

西起阿富汗，东迄缅甸，喜马拉雅山脉形成一道大屏障，把印度次大陆与亚洲大陆隔开。

等地）、“夏莎”（中等地）和“切莎”（下等地）等类别，开挖渠道，引雪水灌溉，种植青稞、燕麦、玉米等作物，在长期的生产实践中，积累了丰富的经验。他们根据高山冰雪消融引起的河流水量的变化，来判断气候的变化。他们看山影，观候鸟，观察报春花发芽、生叶和开花等物候现象，来掌握播种时节，安排田间管理。这些丰富的经验，对于发展喜马拉雅山区的农牧业有很实用的价值。

山体呈巨型金字塔的珠穆朗玛峰巍然屹立，为群峰之首。18 世纪初，中国测量人员测定了珠穆朗玛峰的位置，并把它载入 1719 年铜版印制的《皇舆全览图》。

为了攀登珠穆朗玛峰，从 1921 ~ 1938 年，英国人在北坡进行过多次尝试，但都没有成功。1953 年 5 月 29 日，人们首次从南坡登顶征服了世界最高峰，其中一个是尼泊尔谢尔巴族人，另一个为新西兰人。1960 年 5 月 25 日，我国登山队王富洲等三人第一次从北坡登上珠穆朗玛峰，在世界登山史上写下了光辉的一页。

神农架 shen nong jia 之谜

动物白化现象

中国许多城市的动物园里都养有白熊。从外表看，它们实在没有什么区别，若注意到产地栏的记载，就会发现其中的大不同。原来多数白熊都属引进的北极熊，唯独武汉动物园里的白熊标记着“神农架”三个字，是地道的国产货。关于神农架白熊是否真是白熊的问题，科学界在 20 世纪 50 年代就有争议，至今余波未了。

20 世纪 50 年代初期，人们在神农架山林里捕到的第一只白熊被送到武汉动物园，引起了科学界的震惊。依照常理，白熊只能生活在北极圈内、北冰洋地区，神农架属中纬度地区，是亚热带向温带气候的过渡地带，怎么可能出现白熊呢？

没过多久，人们在神农架又相继捕到 4 只白熊，而且雄雌老幼兼备。

20 世纪 70 年代，在两次大规模的“鄂西北奇异动物科学考察”过程中，科学工作者竟陆续捕到了神奇的白蛇、白獐、白麂、白龟、白金丝猴、白苏门羚、白鹳、白皮鹭、白冠长尾雉……当地百姓还曾目睹过白“野人”、白蟾蜍等，几乎所有的动物物种都有白的。

神农架的白色动物同非白色的同种动物相比，在生活习性方面尚未发现有多大差异。

通体白色的动物在当今世界上已为数寥寥了，非洲白狮、白人猿，印度白鹿等无不被人视为珍宝。神农架被称为“白色动物之乡”的确当之无愧，而神农架所有白色动物均享受国家一类保护动物的待遇也是理所当然的。不过人们至今还是不清楚，为什么唯独在神农架才会出现这么大规模的动物白化现象。

山溪之间的潮汐

潮汐是由月球对地球的引力而产生的海水涨落现象。谁能相信，这海边特有的自然现象竟也能出现在神农架的山溪间呢？流经红花乡茅湖村境内林区的潮水河就可以看到这种现象。

观察潮水河奇观最理想的地方当数横卧于上游的一座小桥。桥不知建于何时，虽历经修补，却依然保留着原有的模样，桥墩用石头垒砌，桥身由树干架成，高丈余。平时看来，这座桥似乎架得多余。因为只有汩汩流水从桥下淌过，行人完全可以凭石步子安全过往。唯有到涨潮的时候才可以认识到桥的必要，那时候水位陡升，波涛翻腾，一下子便漫上桥头，需半个多钟头才会慢慢消退。溪水从观音岩上的一个岩洞中涌出，滚坡直下，最初为一挂瀑布，降至谷底才形成一条小溪。细观瀑流，时粗时细，一昼夜三变，因而引起溪水三起三落。涨潮时波澜翻滚，汹涌澎湃，落潮时水位锐减，露出岸边卵石。这与海边潮汐又不尽相同。

民间将潮水河潮汐的起因解释为犀牛翻身。据说潮水河的源头是一口深渊，有一头巨大的神犀终年睡在水里修炼，神犀有个习惯，每昼夜要翻三次身，每当它翻身时就会激起渊水外溢，因而造成了河水涨潮。此说是否可视为对间歇泉的神话解释呢？地质工作者曾探察过潮水河的源头，发现观音岩上的岩洞内通地下河，地下河的源头远在海拔 2060 米的

神农架燕子垭

“一碗水”，“一碗水”又是一处间歇泉，因此认为潮汐为间歇泉所致。但“一碗水”究竟有多大蓄水量？间歇泉是怎么形成的？间歇泉有能量使下游的溪水如潮水般定时暴起暴跌吗？潮水河还有许多令人费解的现象。譬如，它来潮时的水色因时节而不同。若逢干旱时节，水色混浊，像暴起的山洪；若逢淫雨时节，则碧波荡漾，如奔腾的清流。为什么如此泾渭分明呢？再譬如，它左右各有一条水溪，水色也因时节而异，不过恰与潮水河色相反，这又是为什么呢？

真假虚实的动物故事

神农架动物世界奇闻特别多。1986年，某报纸上赫然登着一则报道，题曰《神农架巨型水怪之谜》。报道称新华乡农民发现三只巨型水怪，栖息在深水潭中，皮肤呈灰白色，头部像大蟾蜍，两只圆眼比饭碗还大，嘴巴张开有四尺多长，两前肢生有五趾……浮出水面时嘴里喷出几丈高的水柱，接着冒青烟。

与水怪传闻大致相似的还有关于棺材兽、独角兽和驴头狼等的传闻。《神农架报》称棺材兽是自然保护区科考队员黎国华最早在神农顶东南坡发现的，是一种长方形怪兽，头大，颈短，尾巴细长能自由摆动，时而还能搭到背脊骨上，全身麻灰色毛……向山下疾奔，碰得树枝噼呖啪啦地折断，四蹄带起的石头轰隆隆地滚动。《神农架之野》里说独角兽头跟马脑壳一样，体像大型苏门羚，四肢比苏门羚还长，后腿略长，尾巴又长又细，末梢有须……前额正中生着一只黑色的弯角，像牛角，长有40厘米，从前额弯向脑后，呈半回形弧弓。后颈部长有鬃毛，类似于马鬃。

在谜一般的神农架，据说还生活着一种驴头狼身的怪兽，当地群众称其为“驴头狼”。据目击者说，驴头狼四条腿比较细长，尾巴又粗又长，除了腹部有少量白毛外，全身是灰毛。头部跟毛驴一样，而身子又跟大灰狼一样，好比一头大灰狼被截去狼头换上了驴头，身躯比狼大得多。长着四只像狼那样的利爪，是一种凶猛的食肉动物。当地不少人都见过它的踪迹，在20世纪60年代，有的猎手还打到过这种怪兽，可惜尸体没有保留。

这些传闻似乎荒诞可笑，但又是如此的言之凿凿，我们能断定它是否存在吗？

盛夏结冰川的洞穴

一般岩洞内都是冬暖夏凉，但这也仅是相对暖和而言，凉倒也罢了，可是隆冬热风扑面来，犹如置身于暖气房；盛夏冰川林立，好像钻进了广寒宫，这样的现象就很奇怪了。神农架就有这样一个奇洞，名叫“冰洞”。冰洞山高耸在宋洛河西侧，主峰海拔2400多米，顶部呈棱台状，正中内陷，形成一个倒扣的漏斗形天坑。天坑约10米深，7米宽，20米长，原来曾盛着半池清水，大概是周围林木被砍伐殆尽的原因，水位渐跌，以至于到今天完全枯竭了。冰洞口便显露在石体上，仅有一人多高，宽也不过4米左右。在洞口处站不到1分钟，就能强烈地感到这里气候与外界截然不同。冰洞的主洞道不长，支岔却很多，门洞稍微宽展些，越向前越狭窄，可容游人通行者不足1000米。洞内有一条暗河，基本沿主洞道而流，水量不大，却可闻潺潺之声。究竟洞深几许，尚属未解之谜。冰洞内的景象因时而异：春来珠光宝气，夏至冰塔林立，秋季碧水轻流，冬时暖气融融。结冰一般在七八月

开始溶化，有人做过测试，化冰时洞口温度为21℃，山麓温度为30℃。三伏盛夏，进入冰洞，犹如登上了嫦娥蟾宫。先前还是汗流浃背，马上就有了彻骨寒意，得赶紧加穿衣服，适应了才能慢慢观赏。只见头上悬着各式各样的冰灯，脚下踩着形状各异的冰球，四壁耸立着奇形怪状的冰柱，深处飘逸着时隐时现的冰流。那些冰灯无不灵巧生动，辉煌耀目；那些冰球无不通体透明，漫地滚动；那些冰柱无不攀龙附凤，熠熠生辉；那些冰流无不从天而降，气势逼人。在冰洞里，似乎一切全是白银打造而成，所有景观都是翡翠装点，满目是玉树琼花，遍地皆锦鳞秀甲。以科学的观点来分析，冰洞的奇特现象极有可能与洞体结构和所处的环境有关。冰洞山高达2000多米，冰洞深藏在天坑底部，洞道又呈正东西走向，洞体全是坚实的岩石，石体具有吸热快、散热也快的特点。冬季，地心温度高于地表，寒风有天坑遮挡，难以吹进洞内，来自地底的暖气流同外界的冷气流在洞口处相遇，于是形成了水珠。夏季情况则相反，外界的暖气流从天坑底部涌入洞内，遇上了来自地心的冷空气，温度骤降，就可能结水成冰。但这尚不是最终结论，人们仍须继续探索。

信疑难定的“野人”传说

神秘的神农架，久为世人向往，而神农架“野人”之谜更是像磁石一般吸引着世人的目光。神农架“野人”被称为当今世界四大自然科学之谜中的一个（其他三个为尼斯湖水怪、百慕大三角和天外来客飞碟）。

神农架地区自古以来就有“野人”的传说。在鄂西北地区的历代地方志中都有“野人”出没的记载。据报载，至今有数百人声称他们见过“野人”。而且类似的报道现在仍时有耳闻。在传说中，“野人”有许多与人类相似的特征：体形似人，满身红毛，无尾巴，身材高大，能直立行走，能发出类似鸟类的鸣叫声。

如此众多的报道、如此言之凿凿的描述，不能不引起科学界的关注。1976年5月，中国科学院组织了鄂西北奇异动物考察队深入神农架林区，收集了大量“野人”脚印、毛发、粪便样本。经初步鉴定，认为“野人”是一种接近于人类的高级灵长类动物，推测其正处于从猿到人进化过程中的一个阶段，即“正在形成的人”。

其后又有数支考察队进驻神农架林区，得出了相似的结论。但是到目前为止，还没有捕获到一个活的“野人”，因此神架“野人”仍是一个谜。它们是尚处蒙昧阶段的原始人类？是人类的近亲灵长类动物？或者是人们虚构出来的不存在的东西？如果人类能捕捉到一个活的“野人”，也许这一切都将迎刃而解，我们拭目以待。

“中国的百慕大”之谜

zhong guo de bai mu da

传说，在四川西南部峨边县的黑竹沟前一个叫关门石的峡口，一声人语或犬吠，都会惊动山神摩朗吐出阵阵毒雾，把闯进峡谷的人畜卷走。1955年6月，解放军测绘兵某部的两名战士，取道黑竹沟运粮，结果神秘地失踪了。部队出动两个排搜索寻找，仍一无所获。

1977年7月，四川省林业厅森林勘探设计一大队来到黑竹沟勘测，宿营于关门石附近。技术员老陈和助手小李主动承担了闯关门石的任务。第二天，他俩背起测绘包，一人捏着两个馒头便朝关门石内走去。可是到深夜，依然不见他俩回归。从次日开始，寻找失踪者的队伍四处出动，川南林业局与邻近的峨边县联合组成100余人的队伍也赶来帮助寻找。人们踏遍青山，找遍幽谷，除两张包馒头用过的纸外，再也没有发现任何蛛丝马迹。

9年后的1986年7月，川南林业局和峨边县再次联合组成二类森林资源调查队进入黑竹沟。因有前车之鉴，调查队做了充分的物质和精神准备，除必需品之外还装备了武器和通信联络设备。由于森林面积大，调查队入沟后只好分组定点作业。副队长任怀带

原始森林隐藏了无数的秘密

领的小组一行 7 人，一直推进到关门石前约 2 千米处。这次，他们请来了两名彝族猎手做向导。

当关门石出现在眼前时，两位猎手不想再往前走。经过耐心细致的说服，好容易才达成一个折中的协议：先将他俩带来的两只猎犬放进沟去试探试探。结果两只狗都神秘地消失在茫茫峡谷之中。两位彝族同胞急了，忘了沟中不能“打啊啊”（高声吆喝）的祖训，大声呼唤他们的爱犬。顿时，遮天盖地的茫茫大雾不知从何处神奇地涌出，9 个人尽管近在咫尺，却根本无法看见彼此。副队长任怀只好一再传话：“切勿乱走！”大约五六分钟过后，浓雾又奇迹般地消退了。队员们如同做了一场噩梦。为确保安全，队员们只好返回。

黑竹沟至今仍笼罩在神秘之中，或许只有消失在其间的人才知道它的谜底，但却永远不能告诉我们了。

南海船只失踪与百慕大三角有关吗

bai mu da san jiao

在南海海域中存在一个三角地带，三角地带的三个顶点，西为中国香港，东为中国台湾，南为菲律宾的吕宋岛，就在这个海域，在不到 10 个月的时间里，竟然有 3 艘货轮神秘失踪，没有任何踪迹可寻。难道在中国的南海区域也存在一个类似于百慕大的“魔鬼三角”吗？

1979 年 5 月中旬的一天，在中国台湾以南、吕宋岛以北的海域，一艘菲律宾货轮“海松”号突然遇难，事先并无任何预警。过后前去该海域的救难者发现上千吨的“海松”号既没有留下一点点残骸，25 名菲律宾和日本籍船员也不知下落。

12 月 6 日，就在“海松”号遇难之地，由菲律宾首都马尼拉驶往中国台湾的“安吉陵明”号货轮同样神秘地消失了。

仅仅两个月后，即 1980 年 2 月 16 日，东方航运公司的“东方明尼空”号改良式货柜轮从香港出发。该货轮设备比较先进，当货轮行驶到香港与马尼拉之间时，东方航运公司马尼拉办事处的通讯控制室突然接到“东方明尼空”号发来的求救讯号。求救讯号只发到一半，联络即中断。据讯号可以推知，这艘船遇难时正在南海“魔鬼三角”海区行驶。搜寻和救援飞机来到失事地点，未找到任何残迹。30 名菲律宾船员也消失得无踪无影。

人们惊异地发现，这个南海“魔鬼三角”的位置，与著名的百慕大三角的位置恰好遥相对应。

这些海难事件与发生在百慕大的海难事件竟然如此惊人地相似，而且，两地的地理位置又遥相对应，那么，南海船只的失踪与百慕大确实有关联吗？

渤海湾 bo hai wan 内的水下影像

渤海是中国的一个内海，位于辽宁、河北、山东、天津之间，是个半封闭的大陆架浅海。面积7.7万平方千米，平均水深约18米，最深处也不到百米。渤海古称沧海，有30多个岛屿，总称庙岛群岛或庙岛列岛。

据说渤海曾是一个地势坦荡、一马平川的大平原。当渤海尚未形成时，庙岛群岛曾是平原上拔地而起的丘陵地带，山丘高度约200米。当时气候寒冷，由于强劲的西北风和冷风寒流互相作用，致使渤海古陆平原上飘来了大量的黄土物质。风沙不仅填平了古陆上的沟壑，而且还堆起了山丘，如今庙岛上独具特色的黄土地貌仍依稀可辨。

现今，在黄土中有许多适宜寒冷气候的猛犸象、披毛犀和鹿等动植物化石，这些动植物化石表明，当时渤海古陆平原生机勃勃。

在对渤海湾卫星图像进行解释时，科学家发现多波段彩色合成的卫星图像中有一清晰方正的矩形影像异常，中间有一中线将其分成两个方格。

矩形影像南北长约24千米，东西宽约20千米，中心位置在大连市西北方向约79千米处渤海湾内。矩形影像异常的纵边与子午线一致，上下底边与纬度线平行，从经度和纬度

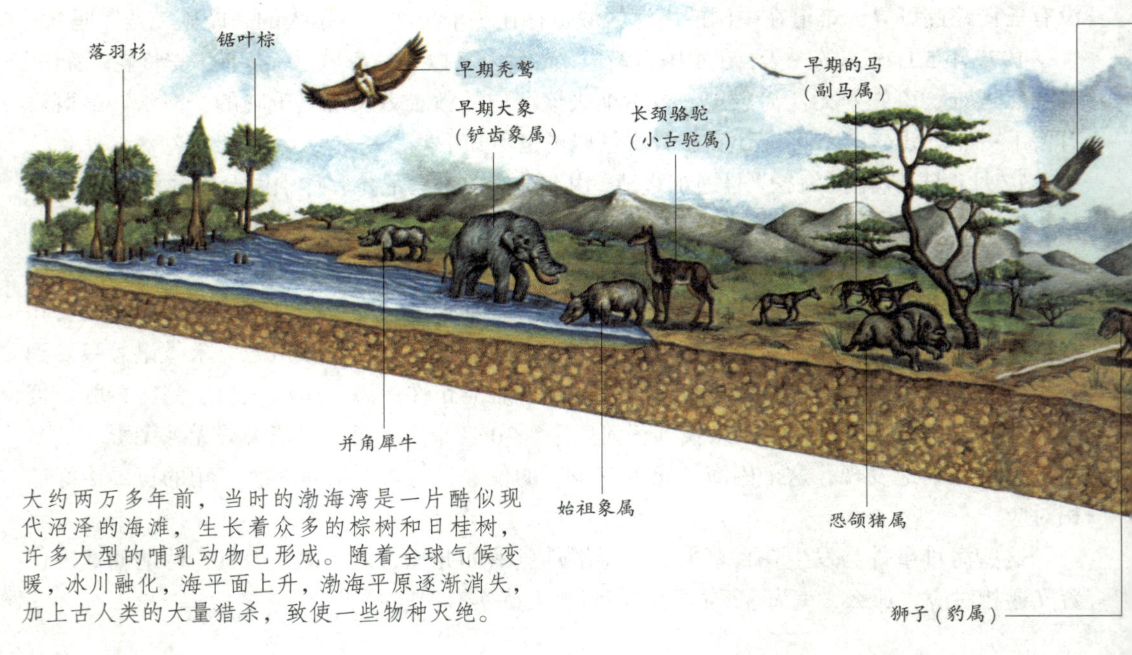

大约两万多年前，当时的渤海湾是一片酷似现代沼泽的海滩，生长着众多的棕树和日桂树，许多大型的哺乳动物已形成。随着全球气候变暖，冰川融化，海平面上升，渤海平原逐渐消失，加上古人类的大量猎杀，致使一些物种灭绝。

沧海桑田，茫茫大海曾经是一片生机勃勃的大陆。此图是根据考古发现绘制而成。

上量恰好都合 14 分，这种巧合不像自然现象，而像是与人类的活动分不开的，并体现了与天文地理上的自然联系，这种方方正正、坐北朝南的布局似乎体现了中国古代城池建筑的风格。这会不会是沉陷在海底的水下古城池的显示呢?

为此，科学家搜集了有关水下资料，从水深图中发现有三条浅水带与影像的三条纵边吻合。该区附近平均水深在 30 米左右，三条浅水线深在 10 ~ 20 米之间，说明该异常为一正地形显示，这与推测影像为古城池的解释相一致。

此外，科学家还走访了有关单位，根据古地理研究，渤海湾有过多次海进海退，最后一次海进距今约六七千年，从当时人类的生产能力分析是不太可能完成如此巨大工程的。那么，是不是沙俄或日伪时期偷建的水下军事工程呢?从当时的技术水平来看，似乎完成这样大的水下工程也并非容易，这种推断从有关单位得到的回答也是否定的。

渤海湾内水下影像异常究竟是怎样形成的?是海底地形地貌或海底地质构造现象的显示吗?如果是，这样规则的图形是很难用自然现象加以解释的，亦不好断言定论。但是，鉴于该异常位于郯庐断裂西侧边缘，该区地震频繁，新构造运动强烈，因此不能排除古代人类活动的人工遗迹因地壳下沉被海水淹没形成影像异常的这种可能性。

不管目前如何解释，对渤海这一影像异常很有必要进一步开展研究工作。如果这系人类活动遗迹的推测得到证实，无疑对研究渤海湾的形成、古地理的演化变迁和中国社会历史的发展具有不可忽视的科学价值。

神奇的高原圣湖

qing hai hu 青海湖

青海湖，古称“西海”，从北魏起才更名为“青海”，青海省因湖而得名。青海湖离西宁约200千米，海拔3200米。它的周长360千米，面积4583平方千米，是我国最大的咸水湖。

大约在2000多万年前，青藏高原还是一片汪洋大海，后由于地壳运动，海底隆起成为陆地，青海湖地区因断层陷落，而成为一个巨大的外泻湖，湖水从东西口泻入黄河。到第四纪造山运动时，湖东的日月山异峰突起，封闭了泻水口，而形成内陆湖，由于各河流水进入湖中被盐化，因此成为咸水湖。古青海湖面积很大，后来因为当地气候日趋干燥，湖面逐渐缩小，以致成为现在的样子。

青海湖的四周为群山环绕，北有崇峻壮观的大通山，东有巍峨雄伟的日月山，南有逶迤绵延的青海南山，西有峥嵘挺拔的橡皮山。湖区有大小河流近30条，湖东岸有两个子湖，一个是面积10余平方千米的尕海，系咸水；另一个是面积4平方千米的耳海，为淡水。在青海湖畔眺望，苍翠群山合围，山巅冰雪皑皑，湖光潋滟，雪山倒映，水天一色，烟波浩渺，

青海湖风光

鱼群欢跃，万鸟翱翔。湖滨一望无际，地势开阔平坦，水源充足，气候温和，是水草丰美的天然牧场。夏秋草原，绿茵如毯，金黄油菜，迎风飘香；牧民帐篷，星罗棋布；牛羊成群，如云飘动。偶尔从远处传来一阵“花儿”悠扬的歌声，抒怀、畅想油然而生。这如诗如画的美景，令人流连忘返；更有日出日落的壮丽使人心旷神怡。

青海湖中心偏南的著名岛屿是海心山，长 2.3 千米，宽约 800 米，高出湖面七八米，自古以产“龙驹”而闻名，又以佛教古刹而显神圣。这里环境幽雅，绿草如茵，天朗云薄，淡水清泉，风景宜人。古刹白塔坐落在山南石崖前，石洞内外有经堂、殿宇、僧舍数间，其法器、壁画、白塔甚是可观，堂前壁上有多座彩色佛像和生动的故事绘画。相传历史上有不少名僧曾在此修行炼丹。登上海心山的顶端，从海拔 3266 米的高处可俯瞰青海湖的全貌，那海阔天空的壮观，水蓝云淡的秀美，尽收眼底，一览无余。

在湖的西北部有驰名中外的鸟岛，它是最诱人的奇观。面积仅 0.015 平方千米，每年五、六月份是观赏鸟儿王国盛况的最佳时期。来自我国南北和东南亚等地的斑头雁、棕头鸥、鱼鸥、赤麻鸭、鸬鹚和黑颈鹤等 10 多种候鸟，成群结队，营巢产卵，孵幼育雏，栖息在这个小岛上，最多可达 10 万只以上。它们或翱翔于蓝天之间；或嬉游于碧波之中；或悠闲信步于沙滩之上；或安然栖息在巢中，熙熙攘攘，热闹非凡。鸟儿发出的鸣声，汇集成一首奇妙的交响乐曲，娓娓动听。岛上遍地都是各式鸟巢和各色鸟蛋，几乎无游人插足之地。这个似乎散乱的众鸟部落，如遇到天敌，便精诚团结，群集而起，向来犯者发起猛烈攻击。万鸟齐飞时，隐天蔽日，极目纵观不由得使人心神俱往。

黄土高原 huang tu gao yuan 的黄土从哪里来

雄伟壮丽的黄土高原绵亘千里的景象蔚为壮观，几千年来无数文人墨客在此吟诗作画。人们在赞叹之余，不禁要问：黄土高原上的黄土到底来自何处呢?

中国西北部的黄土高原东到河北省与山西省交界的太行山，西至甘肃省乌鞘岭和青海省的日月山，南到渭河谷地关中平原以北的广大地区，北至长城，约占中国国土面积的 1/20。

黄土高原海拔约为 1000 ~ 1500 米，高原上的黄土主要是一种未固结、无层理的粉沙。厚厚的黄土完全掩平了这里先期形成的地形，土层厚度达 30 ~ 50 米，最厚的地方甚至超过了 200 米。黄土由西北向东南方向逐渐变薄，颗粒由粗变细。这种黄土地貌在世界上许多地区都能看到，如欧洲、南北美洲的有些地方就分布着黄土，但面积和厚度却无法与中国西北部的黄土高原相提并论了。

黄土富含钙质结核及易溶盐，石英、云母、长石、电气石、角闪石、绿帘石等许多细粒矿物是黄土的主要成分，约占70%，余下的部分则是黏土矿物。如此大面积的黄土是从哪儿来的呢？它又是怎样形成的呢？

地质学家为了解释这些问题，综合运用地层、古生物、古气候、物质成分与结构及年代学等领域的知识进行研究，提出了20多种黄土形成的假说。现在影响较大的有4种学说，它们是水成说、残积说、风成说及多成因说。这4种学说的主要分歧点是黄土物质的来源及黄土本身的属性等问题。

大多数学者都赞同风成说的观点。特别值得一提的是，鲁迅先生也支持这种观点。鲁迅先生在一篇地质逸文中这样写道："中国黄土高原为第四纪初由中亚沙漠独藉风力，扬沙而东形成，并引起河水变黄成为黄河。"现代学者以大量的事实为基础，分析了黄土物质的基本特点后，得出结论说中国大面积的沙漠可能是黄土源，并且认为搬运黄土物质的主要动力是风力。黄土高原的形成的形成过程是地质历史中一种综合的地质作用过程，存在着物源的形成、搬运、分选及堆积成土这三个不同的阶段。

地质学家认为，在第三纪末或第四纪初的后半期时，今天的黄土高原所在地气候潮湿多雨，河流及湖盆众多，各种流水地质作用盛行。在河水的作用下，低洼盆地中堆积了基岩山区中大量的洪积、冲积、湖积、坡积及冰积物，松散沙砾及土状混合堆积变得越来越厚，黄土物质因此有了生长的基础。

在大约距今120万年前的第四纪后半期，气候发生了全球性的变化，气候急剧变冷，由潮湿变为冷干，新的冰期到来。中国西北部地区在西伯利亚—蒙古高压气流的影响下，冷空气长驱直入，并受祁连山的影响分为两支，一支转向东南，构成西北风进入鄂尔多斯地区；另一支向西南构成东北风进入塔里木盆地和柴达木盆地。与此同时，来自蒙古的西风及西伯利亚的西北风分别进入中国新疆维吾尔自治区东北地区的准噶尔盆地。堆积在基岩山区的部分堆积物及盆地中的松散物质被强大的风力重新扬起，随风飘流、搬运、分选，然后分别沉积下来。日复一日，年复一年，各种堆积物越来越多，今天西北地区的砾漠、

奔腾不息的黄河
黄土高原水土流失严重，大量泥沙汇入黄河之中，泥沙的含量是世界所有河流中最高的。

沙漠和巨厚的黄土堆积也就逐渐形成了。

另外三种关于黄土形成的假说，影响并不太大。水成说认为，流水作用使得黄土由不远的物源区搬迁堆积而成；残积说则认为基岩风化就地成土，导致了黄土的形成；而多成因说则认为黄土是上述几种因素共同作用而形成的。

时至今日，尽管4种假说都有一定的道理，但风成说还是在学术界占有绝对的优势。但是若要否定水成说、残积说等假说，也没有足够的证据。近几年，多成因说又重新抬头，向风成说提出了挑战，并且它也似乎比其他假说更为合理。孰是孰非，还很难分辨。究竟黄土高原之谜何时才能揭开呢？这只能寄希望于科学家的研究了。

神奇的高原地热现象

gao yuan di re xian xiang

在雄伟的冈底斯山和念青唐古拉山山下，常常能见到山峰白雪皑皑，山脚热气腾腾，蓝天雪峰的背景与冉冉升起的白色汽柱交相辉映，蔚为壮观。在青藏高原范围内共有1000余处地热区。以西藏自治区南部的地热带为最强盛。青藏高原地热资源之丰富，类型之复杂，水热活动之强烈为全球罕见。

南起喜马拉雅山，北抵冈底斯山和念青唐古拉山，从西陲阿里向东经过藏南延伸至横断山脉折向南，迄于云南西部的强大地热带的形成，和年轻的喜马拉雅造山运动密切相关。中国科学工作者把它叫作喜马拉雅地热带。在这条地热带内有热水湖、热水沼泽、热泉、沸泉、汽泉等地热显示类型，还有世界上罕见的水热爆炸和间歇喷泉现象，是什么原因导致了这些现象呢？

在喜马拉雅地热带内一共找到11处水热爆炸区，其中以玛旁雍热田最为典型。据目睹者介绍，1975年11月在西藏自治区普兰县曲普地区发生了一次水热爆炸，震天巨响吓得牛羊四处逃散。巨大的黑灰色烟柱冲上天空，上升到大约八九百米的高度，形成一团黑云飘走。爆炸时抛出的石块直径大的达30厘米，爆炸后9个月，穴口依然笼罩在弥漫的蒸汽之中。留下了一个直径约25米的大坑，称为圆形爆炸穴，穴体充水成热水塘，中心有两个沸泉口，形成沸水滚滚、翻涌不息的湍流区。泉口温度无法测量，但热水塘岸边的水下温度已高达78℃。

水热爆炸是一种极其猛烈的水热活动现象，爆炸后地表留下一个漏斗状的爆炸穴，穴口周围组成的环形垣体堆积物逐渐流散，泉口涌水量慢慢减少，水质渐清，水温降低。水热爆炸通常没有固定的时间和地点，前兆不明显，过程也很短促，约在10分钟以内，因此只有少数人碰巧目睹过这种奇特的地热现象。

西藏朗久地热

有人认为，水热爆炸属于火山活动的范畴，这是因为目前仅有美国、日本、新西兰和意大利等少数国家发现过水热爆炸，但几乎都出现在近代火山区内。然而，青藏高原上的水热爆炸活动和现代火山似乎没有什么联系。它是在以岩浆热源为背景的浅层含热水层中，当高温热水的温度超过了与压力相适应的沸点而骤然汽化，体积膨胀数百倍所产生的巨大压力掀开了上面的盖层而发生的爆炸。高原上水热爆炸的规模较小，但同一地点发生水热爆炸的频率却较高。如苦玛每年四五次，有的年份则多达20余次。这种罕见的高频水热爆炸活动说明，下覆热源的热能传递速率大，爆炸点的热量积累快。从地热带内其他各种迹象判断，这个热源可能是十分年轻的岩浆侵入体。19世纪末叶以来，涉足高原的任何外国探险家都没有报道过这里的水热爆炸活动，已经发现的水热爆炸活动大都发生在20世纪50年代以后，这不仅说明这些水热区形成的年代较新，而且还暗示这里作为热源的壳内岩浆体很年轻，正处在初期阶段。

西藏自治区是目前中国境内发现间歇喷泉的唯一地区，共有间歇喷泉区三处。高温间歇喷泉是自然界一种奇特而又罕见的汽水两相显示，它是在特定条件下，地下高温热水做周期性的水汽两相转化，因而使泉口间断地喷出大量汽水混合物的一种水热活动。相邻的两次喷发之间，有相对静止的间歇期。

间歇泉的通道上层狭窄。上层的冷水像个盖子，使下层沸水受压力越来越大，终于冲开盖子喷发出来。

冈底斯山南麓的昂仁县搭各加间歇泉区位于多雄藏布河源，海拔大约5000米，共有四处间歇喷泉，都坐落在高15 ~ 30米的大型泉台地上。最大的一处泉口直径只有30厘米，泉口东面有直径2米的热水塘由一条裂隙连通。这个间歇泉活动比较频繁，每次喷发高度由一两米至十余米不等。喷发延续时间也很不一致，短的一瞬即逝，长的可达10余分钟。每次较大的喷发来临之前，泉口及旁边的热水塘的水位缓缓抬升，随后泉口开始喷发，水柱自低而高，然后回落。有时则经过几次反复才达到激喷，汽水柱一下子上升到 10 米左右，持续片刻后渐渐下降，有时则又回折，几经反复直至停息。其中有一次特大喷发，随着一声巨响，高温汽、水流突然冲出泉口，即刻扩展成直径 2 米以上的蒸汽柱，高达 20 米左右，柱顶的蒸汽团不断腾跃翻滚，直捣蓝天。

这种奇特的、交替变幻的喷发和休止，决定于它奇妙的地下结构和热活动过程。间歇喷泉通常位于坚固的泉华台地上，其下有体积庞大的"水室"和四周的给水系统，底部有高温热水或天然蒸汽加热，还有细长喉管直达地面的抽送系统，酷似一个完整的天然地下锅炉。随着水室受热升温，汽化上下蔓延，至水室内具备全面沸腾的条件时，骤然汽化所产生的膨胀压力通过抽送系统把全部汽水混合物抛掷出去构成激喷。水室排空后重又蓄水、加热，孕育着再一次喷发。

位于拉萨市西北 90 千米的羊八井盆地海拔 4200 米左右，也是典型水热爆炸类型的热田之一。这里一些巨大温泉和热水湖蒸汽升腾而成高 10 余米的几座白色汽柱，十分壮观。

羊八井地热田的发电潜力为 17.9 万千瓦，如果全部开发出来完全可以满足拉萨市及其附近地区的电力需求。

西藏自治区地热之谜仍有待进一步研究。

干旱的塔里木盆地下面有天然水库吗

ta li mu pen di

塔里木盆地是中国第一大盆地。南有高耸的青藏高原，西有帕米尔高原，北有天山山脉。夏季风很难到达封闭的盆地，这里极度干旱，平均年降水量不足 50 毫米。而由于大风和较高的气温，又使这里的蒸发量高达 3000 毫米以上。于是，除了少数绿洲外，盆地内一片沙海，仅有的几个内陆湖也日益干涸，最后完全消失在沙漠中。浩瀚的塔克拉玛干就在盆地的中部。

然而，奇迹出现了。塔里木盆地的地下居然有巨大的天然水库，仅盆地西部的地下水库每年就可提供 60 亿立方米优质水，相当于黄河 1/8 的流量。这个发现对盆地石油开发来说无疑是一个巨大的福音。

塔里木盆地的巨大水库是如何形成的呢？据考察，塔里木地区地下水库是在漫长的地质时期里形成的。在 30 万年前，塔里木和柴达木盆地都是一片海洋，后来这里的地壳被抬升成为陆地，但还是个降水比较丰富、草原和沼泽密布的湿润地带。塔里木地区在数万年的潮湿期里积聚了大量地下水。

以后，南面的昆仑山、阿尔金山和青藏高原，北面的天山不断隆起，塔里木相对地沉降成为盆地。四周山地的降水和高山冰川融水大量流入盆地。当时曾有大小河流 100 多条，这些河流的水在所经之处大量垂直下渗补给地下水。周围山区的洪水和沙漠中的暴雨也会大量直接下渗变成地下水。当然，在青藏高原彻底阻挡了夏季风之后，塔里木这一内陆封闭盆地的地下水补给就仅靠有限的冰川融水的渗透了。

沙漠 sha mo 中的“魔鬼城”

这是一个杳无人烟却又热闹非凡的“城市”。当晴空万里、微风吹拂时，人们在城堡漫步，耳边能听到一阵阵从远处飘来的美妙乐曲，仿佛千万只风铃在随风摇动，又宛如千万根琴弦在轻弹。可是旋风一起，飞沙走石，天昏地暗，那美妙的乐曲顿时变成了各种怪叫：像驴叫、马嘶、虎啸……又像是身边婴儿的啼哭、女人的尖笑；继而又像处在闹市中：叫卖声、吆喝声、吵架声不绝于耳；接着狂风骤起，黑云压顶，鬼哭狼嚎，四处迷离……城堡被笼罩在一片朦朦的昏暗中。这里，就是新疆维吾尔自治区著名的“魔鬼城”，究竟是谁建造了它？那无数奇异的声音又是从哪儿来的呢？

科学家在经过实地考察后，提出了一个新观点——“风成说”。实际上“魔鬼城”就是一个“风都城”，并没有什么鬼怪在兴风作浪，而是肆虐的风在中间发挥着作用。“魔鬼城”的种种现象都可以由地球科学的风蚀地貌来解释。在气流的作用下，狂风将地面上的沙粒吹起，不断冲击、摩擦岩石，于是各种软硬不同的岩石在风的作用下便被雕琢成各种各样奇怪的形状。

“魔鬼城”地理位置示意图

“魔鬼城”的地层是古生代的沉积岩，经过漫长岁月的积累，一层又一层相叠而成，厚薄不一，松实结合的岩层，再加上这里地处

干燥少雨的沙漠气候，经过太阳的烧烤，大地在白天时一片灼热。而气温又会在晚上骤然下降，冷热变化十分剧烈。在热胀冷缩的作用下，岩石会碎裂成许多裂缝和孔道。沙漠地区的风面对着准噶尔盆地老风口，再加上常年受到从中亚沙漠地区而来的西北风的影响，这些风最大的风力可达10～12级，风力极强。夹带着大量砂粒的狂风扑打在岩石上，长年累月地对那些有软有硬的岩壁进行侵蚀，这样那些岩石也就被雕琢得十分精致而且神奇。

雨过天晴，一段彩虹竖立在乌尔禾“魔鬼城”上空。

但是，经过实地考察，雕琢“魔鬼城”的伟大工程师绝不止有风，还有雨，即流水的侵蚀、切割。是不是风吹雨打就足够了呢？不！这还不够。因为风和雨只是条件，是外因，还缺少物质基础即内因。这个内因就是岩石，而“魔鬼城”里恰好分布着形态各异的山岩，且大多裸露在地面上。看来，“魔鬼城”的建造者不是风、雨、石等个别的因素，当然更不可能是魔鬼，而是多种因素共同作用的结果。“魔鬼城”里的“魔鬼”终于被科学家们找了出来，人们再也不必为此担惊受怕了。

沙子 sha zi 会唱歌

你听过沙子唱歌吗？鸣沙山的沙子就会唱歌。

世界上已发现了100多处会“唱歌”的沙丘，这些沙丘大多集中在美洲，如美国的马萨诸塞湾、长岛、威尔斯西岸，巴西里约热内卢附近的索西哥，智利的科帕坡谷，此外还有丹麦的波恩贺尔姆岛，苏格兰的爱格岛，阿拉伯半岛，波兰的科尔堡等。人在这些地方的沙漠或沙滩上行走，都能听到奇妙的“歌声”。

不仅沙漠里的沙丘会“唱歌”，而且有些海边和湖边的沙滩也会“唱歌”。例如，在日本京都府北面丹后半岛海滨浴场上，就有两个分别名为“琴引滨”和“击鼓滨”的沙滩。琴引滨因人们脚踏沙滩时，会发出悦耳的琴声而得名；而击鼓滨则因当人脚踏沙滩时，会发出“咚咚”的鼓声而得名。这两个会唱歌的沙滩有一个共同的特点，即春天歌声悦耳，

放大了的夏威夷鸣沙样本。这种形状不规则的鸣沙，驳倒了必须是圆沙才能发声的说法。

夏天则变成微弱的低音。

早在2000多年前，中国的《史记》、阿拉伯的《一千零一夜》就已经有关于鸣沙的记载。意大利探险家马可·波罗在著作中也曾提到过中国西部和中亚地区沙漠中的轰鸣沙，他在路过此处时就时常听到空中回荡着各种乐器奏出的音乐，击鼓声和臂膊撞击声。1889年，达尔文在他的经典著作《“贝格尔号”上的旅行》中，提到31处沙丘中有轰鸣沙，它们分布在南北美洲、非洲、亚洲、阿拉伯半岛和夏威夷列岛。

鸣沙是一些特别的沙子，在许多有沙子的河滩、湖畔、海滩、沙漠上都曾发现过。一般按发声不同而将鸣沙分为两大类：一类是声音较小的“哨沙”，也称“音乐沙”、“犬吠沙”或“歌唱沙”。哨沙在剪切移动或压缩时会发出短促和高频的声音，持续时间一般不到1/4秒钟；另一类则发生在规模较大沙漠地带的沙丘上，叫作“轰鸣沙”，声音大而低沉，持续时间也较长。有人研究发现，与无声的同类相比，鸣沙有着不同寻常的、规则的表面，它的凹陷和凸起的部分相差仅千分之几毫米，但是它的表面也不是完全光滑的。鸣沙的湿度通常很低，超过这个湿度，沙粒就会结得紧密，沙丘奏鸣曲也就会变成寂静音乐会了。

有的科学家提出，沙丘会“唱歌”与天然的共鸣箱有关，在响沙的背风坡脚下，一般分布有地下水，在地下会由于气候干燥，蒸发旺盛而形成一堵无形的蒸气墙冷气流；而在背风坡向阳的山脊线上却形成一个热气层，两者共同组成了共鸣箱。沙丘被风吹动或被人畜搅动后产生各种不同的声音频率，这种频率在共鸣箱引起共鸣后，使得沙丘的声音变大，同时在共鸣箱的作用下，这个声音的音量互相递加，及至发出轰响。现在，宁夏回族自治区中卫响沙周围绿化造林改变了大气环境，从而影响到沙粒声的频率，破坏了共鸣箱的结构，因此，那儿的鸣沙已经很久不唱歌了。

还有人提出静电发声说，鸣沙山沙粒在人力或风力的推动下向下流泻，含有石英晶体

新疆哈密鸣沙山

鸣沙山月牙泉

的沙粒互相摩擦产生静电，静电放电即发出声响，响声汇集，声大如雷。

此外，沙子唱歌还可能与空气的湿度有关。例如夏威夷群岛考爱岛南岸有一座高 18 米、长 800 米的大沙丘，一旦人在沙丘上走动，或把沙子放在手掌中猛搓，都能听到沙丘发出"汪汪"声。人在沙丘顶跑步，则能听到沙丘发出闷雷般的声音，天气越干燥，雷声越大。科学家认为这声音大多形成于雨后，因为沙丘表层干燥，下部湿沙在蒸发过程中形成一层薄薄的空气膜，空气膜因受到震动，从而发出声音。

蛇岛 she dao 为何只有蝮蛇

在中国辽宁省旅顺市西北的渤海中，距老铁山角约 30 千米处有一个岛屿。在这个岛上盘踞着成千上万的蝮蛇，因而，人们把它称为蛇岛，亦称小龙山岛。

蛇岛以蝮蛇的数目众多而闻名中外。据统计，蛇岛上的蝮蛇有 14000 多条，并且每年增殖 1000 条左右。那么，在这弹丸之地的孤岛上为什么栖息着这么多的蝮蛇？

中国科学工作者经过考察研究后认为，蛇岛特殊的地理位置为蝮蛇的生存和繁衍创造了良好的环境。

首先，小小的蛇岛和台湾岛、海南岛等岛屿基本上都是第四纪时从大陆分离出去的大陆岛。岛上的石英岩、石英砂岩和沙砾岩中，有许多大大小小的裂缝。这些裂缝既能蓄留雨水，又为蝮蛇提供了良好的居住场所。

其次，蛇岛位于暖温带海洋中，气候温和湿润，每年无霜期达 180 多天，是东北最暖

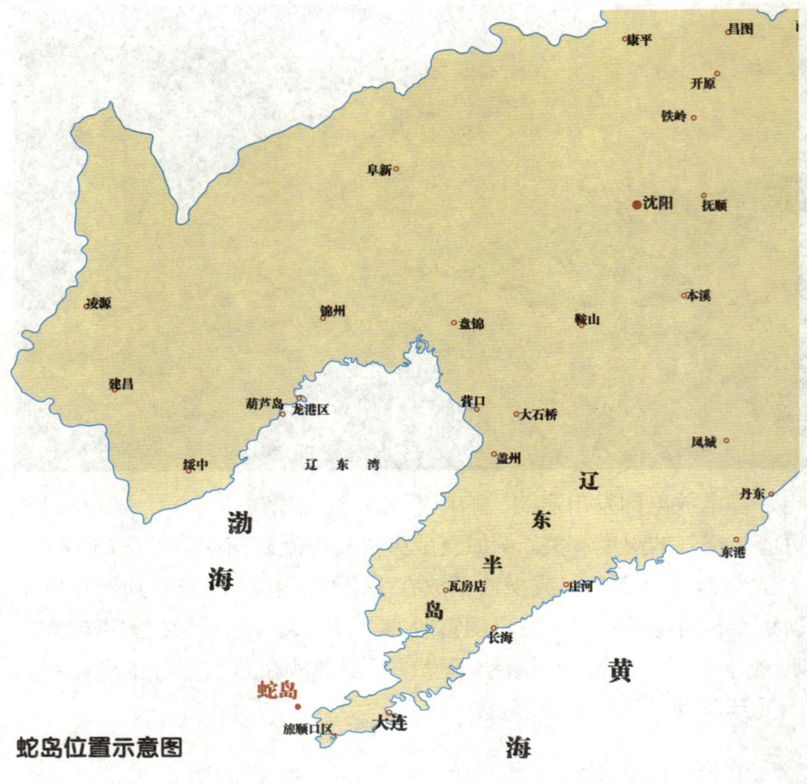

蛇岛位置示意图

和的地方，对植物生长和昆虫、鸟类繁殖极为有利。特别是该岛处于候鸟南北迁徙的路线上，同山东荣成、江苏盐城、上海崇明岛等候鸟栖息地连成一线。每到春秋两季，过往的候鸟有几百万只，树木茂密的蛇岛便是它们歇脚的好地方。由于蝮蛇有一套上树“守株逮鸟”的本领，它的鼻孔两侧的颊窝是灵敏度极高的热测位器，能测出 0.001 ℃的温差，因而只要鸟停栖枝头，凡在距离 1 米左右，蝮蛇都能准确无误地把它逮住，成为一顿美餐。“植物—昆虫—鸟雀—蝮蛇”，构成了蛇岛的生物链。

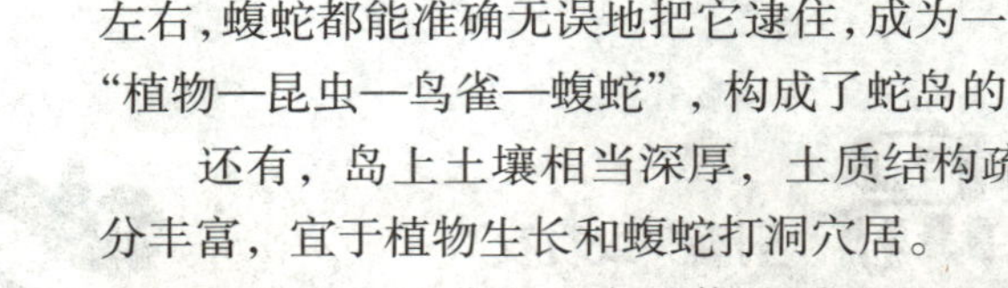

还有，岛上土壤相当深厚，土质结构疏松，水分丰富，宜于植物生长和蝮蛇打洞穴居。

如果说上述分析基本可信的话，那么，为何这些蛇竟是清一色的蝮蛇，却还是个疑谜。

有人认为，蛇岛面积很小，可供蛇类吞食的东西有限，捕食鸟类也并不容易，还往往会遭到老鹰的袭击，对于那些食性较窄、自卫能力弱的一般蛇类来说，很难在岛上生存，而蝮蛇的食性相当广，猎食和自卫能力都很强，在长期的自然演化中，蛇岛逐渐成了单一的蝮蛇的天下。

蝮蛇

但也有人对此不以为然，他们认为，蛇岛周围海域共有 5 个小岛，地理环境和气候条件差不多，为何其他 4 个岛上没有蝮蛇，唯独蛇岛上有这样多的蝮蛇呢？看来，这个谜还有待科学工作者的进一步努力，才能探明其中的奥秘。

第四篇
CHAPTER FOUR
失落的文明
Lost Civilizations

消失的古大陆：ya te lan di si 亚特兰蒂斯

亚特兰蒂斯在希腊神话中是海神波塞冬统治的一座广大岛屿。

希腊神话中说，这座岛屿被分割成10份，由波塞冬的5对双生子共同统治。长子亚特兰蒂斯以盟主的身份成为王中之王。因此，这座大岛屿被命名为亚特兰蒂斯。

亚特兰蒂斯位于“海洛克斯之柱”（直布罗陀海峡）外的大西洋中，面积比北非和小亚细亚合起来还宽广。其强大的权力则不仅限于周边的大西洋诸岛，还远达欧洲、非洲和美洲。

亚特兰蒂斯岛的海岸险峻，中央部位却有宽阔肥沃的平原，在距外海9千米处是首都波塞多尼亚。这座都市十分富裕繁华，其市中心有王宫和奉祀守护神波塞冬的壮丽神殿。神殿是以黄金、白银、象牙，或如火焰般闪闪发光、名为“欧立哈坎”的金属装饰。岛上的所有建筑物都以当地开凿的白、黑、红色的石头建造，美丽而壮观。另外，在波塞多尼亚的四周还建有3层的环状运河。最外侧的运河宽500米，可通行大型船只，这些运河都以宽100米的水陆和外海衔接。

环状都市外有宽广的平原，四周为深30米、宽180米、全长达1800千米的沟渠所环绕，内侧的运河则以每18千米纵横交错的方式围绕着，就好像是棋盘的格子一样整齐方正。人们就用此水种植谷物和蔬菜，并通过运河将产品搬运到消费区。

在水路和海相接之处有3座港口。港口的附近密集地住着许多居民，从世界各地前来的船只和商人络绎不绝地往返于3座巨大港口之间，港口一带因此而昼夜喧嚣不已。

平原被分割成9万个地区，每个地区设有一位指挥官。每位指挥官担负着调度一辆战车费用的1/6、马2匹、骑兵2名、轻战车1台、步兵和驾驶者各1名的义务。除此之外，还能调度12名战斗员和4名水兵。若将这些兵力加在一起，那么亚特兰蒂斯就能随时拥有120万兵员的强大战斗力了。

拥有强大国力的亚特兰蒂斯，终于越过直布罗陀海峡，开始侵略别国了。

勇敢地抵抗亚特兰蒂斯进攻的是雅典人。雅典人在激战后，终于击退了亚特兰蒂斯军队，保障了国家独立和人民的自由。但未知的悲惨命运立即发生了。

因为当时爆发了恐怖的地震和洪水，雅典的军队仅仅在悲惨的一昼夜间就陷入地狱，而亚特兰蒂斯也陷没于海中，从地球上永远消失了。这是发生于距今12000年前的事。

这就是希腊的哲学家柏拉图在《迪迈斯》和《格利迪亚斯》中所描绘的亚特兰蒂斯的全貌。他是将希腊贤人之一的梭罗从埃及祭司那里听来的故事，写到自己的书里并介绍给世人。

每当人们在大西洋或附近什么地方发现史前文明的遗迹时，各种媒体便会不约而同地声称这儿可能就是柏拉图所说的神秘消失的亚特兰蒂斯大陆。

令人称奇的是，柏拉图对亚特兰蒂斯的描述与目前所掌握的情况往往不谋而合。

1968 年以来，人们不断地在比米尼岛一带发现巨大的石头建筑群静卧在大洋底下，像是街道、码头、倒塌的城墙、门洞……今天的人们虽然还未考证出这些东西始于何年，但根据一些长在这些建筑上的红树根的化石，表明它们至少已有 12000 年的历史。这些海底建筑结构严密，气势雄伟，石砌的街道宽阔平坦，路面由一些长方形或正多边形的石块排列成各种图案。

1974 年，苏联“勇士”号科学考察船，在直布罗陀海峡外侧的大西洋底，成功地拍摄了 8 张海底照片。从照片中可以清楚地看出，除了腐烂的海草外，在海底山脉上还有古代城堡的墙壁和石头阶梯……这些照片足以证明，这里曾经是陆地，并且有人类居住过。

所有这一切似乎都表明，曾经有过一个古代大陆以及文明社会被埋葬在大洋底下。

柏拉图的代言人克里梯亚斯在描述了亚特兰蒂斯的古代母城之后，又告诉我们这个国家其余部分的情况。他说道，这一岛屿高高地屹立在海上，大部分岛屿是一块矩形平地，周围环绕着山脉。平地面积约相当于美国依阿华州的大小。原文上的不一致和多种解释使我们得出一个结论：亚特兰蒂斯王国并不是前面所说的古代母城。由于有 10 个这样的王国，我们可以估算，亚特兰蒂斯的大小大约是上述面积的 10 倍。

20 世纪早期，人们对现已消失的亚特兰蒂斯的科学技术水平做了过分的断言，不过从柏拉图的叙述我们可以得出结论：假定亚特兰蒂斯确实存在过，那么它是个青铜时代高度文明的古国。亚特兰蒂斯一直繁荣昌盛到公元前 9600 年，那以后便在一昼夜间沉没了。

现代考古学告诉我们，12000 年以前还不存在青铜时代的文明；也根本没有地质资料证明大西洋中有一块沉没了的巨大陆地。对亚特兰蒂斯的任何推测必须合理地解释这两项矛盾。古希腊人并没有因为这些看法而受影响，但许多人，包括亚里士多德，都怀疑亚特兰蒂斯的真实性。

灭顶之灾

柏拉图的著作中说，大西洲经过了空前的辉煌后，大西洲人内心充满了过于膨胀的野心和权力。大西洲人不再视美德高于金钱，陷入了道德的沉沦。他们派出大量军队去征服雅典和东部，以攫取财富，无休止的奢华终于迎来因果报应。众神之王宙斯对他们发出了令人战栗的惩罚，恐怖的地震和洪水一夜之间突然降临，大西洲……被大海吞没，消失了。

在科学家发现更多更有说服力的证据之前，在信息时代，对人类文明、对现阶段人类文明抱有更多希望与想象的人们，都会始终在心中保持这样一个疑问：亚特兰蒂斯曾经是一个真实的存在吗？

英国“巨石阵”到底有什么用处

ying guo ju shi zhen

在英国南部的索尔兹伯里平原上，有一群排列得相当整齐的巨大石块，这便是举世闻名的斯通亨治“巨石阵”。

巨石阵的主体是一根根排成一圈的巨大石柱。每根石柱高约4米，宽约2米，厚约1米，重约25吨，其中两根最重的有50吨。在不少石柱的顶端，又横架起一些石梁，形成拱门状。巨石阵的主体是由一根根巨大石柱排列成的几个完整的同心圆。周围由一道深6米多、宽约21米的壕沟勾勒出轮廓。沟是在天然的石灰土里挖出来的，挖出的土方正好作为土岗的材料。紧靠土岗的内侧，56个等距离的坑构成又一个圆圈。由于考古学者奥布里于17世纪首先发现这里，所以这些坑被称为“奥布里坑”。坑用灰土填满，里面还夹杂着人类的骨灰。在这个范围内有两个巨型方石柱一般大小的圆形石阵，并列在一个小村旁边。这些巨石高七八米，平均重量28吨左右，直立的石块上还架着巨石的横梁。砂岩圈的内部是5组砂岩三石塔，排列成马蹄形，也称之为拱门，其中最高的一块重达50吨。这个马蹄形位于整个巨石阵的中心线上，开口正好对着仲夏日出的方向。

据考古学家们分析，那平均重达二十五六吨的青色巨石、砂岩石是从30 ~ 200千米以外运来的。建造者们首先挖出一道圆形的深沟，并把挖出的碎石沿着沟筑成矮墙，然后在沟内侧挖了56个洞，但这些洞挖好之后又被莫名其妙地填平了。也就是说，最令人费解的奥布里坑就是这一时期所造。约公元前2000年开始的是巨石阵建筑的二期工程，这次最早修筑的是一条两边并行的通道。三期工程大约始于公元前1900年，建成了庞大的巨石圆阵。在其后的500年期间，巨型方石柱的位置被不断调整，二期工程的青石也重新排列，终于形成了欧洲最庞大的巨石结构。可惜的是，双重圆阵西面部分始终没有竣工。

据英国考古学家考证，巨型方石阵于公元前2750年开始建造，距今已将近5000年，其建造时间可能比埃及最古老的金字塔还要早。据估算，以当时的生产力水平，建造巨石阵至少需3000万小时的人工，也就是说，至少需1万人连续工作1年。

在发掘中，始终没有发现用轮载工具或是牲畜的痕迹。建造者们是如何从数十千米甚至数百千米外把巨石运来的？曾有专家组织人用最原始的工具试图把1块重约25吨的巨石从几十千米外运来，但几经努力，都没有成功。从实际操作技巧看，有些巨型石块单靠滚木和绳索，恐怕得用上千人才能移动起来，所以有理由相信，建造者们绝对不是一个未开化的民族。

有人认为，巨石阵很可能是一个刑场。原因是最近从巨石阵挖掘出了一颗年代久远的人类头骨。现代分析技术认为，这是一具男性骨骸，曾有一把利剑将他的头颅齐刷刷地砍下。考古学家在这颗头颅的下颌下发现了一个细微的缺口，同时在第四颈椎上发现了明显的切痕。由于其墓穴孤独地埋在那里，人们有理由相信，他并非死于一场战争，而是被一柄利剑执行了死刑。在巨石阵及其周围还曾发现数具人类遗骸。1978 年，一具完整的人类骨骼在围绕巨石阵周围的壕沟中被发现，这个男人是被像冰雹一样密集的燧石箭射死的。

一种流行的说法是，巨石阵有天文观测的功用。早在 18 世纪，就有人发现巨石阵有以下特点：巨石阵的主轴线指向夏至时日出的方位，巨石阵中现在标记为第 93 号和 94 号的两块石头的连线，正好指向冬至时日落的方向。

20 世纪初，英国天文学家洛基尔进一步指出，如果站在巨石阵的中央观察，那么第 93 号石头正好指向立夏（5 月 6 日）和立秋（8 月 8 日）这两天日落的位置，第 91 号石头则正好指向立春（2 月 5 日）和立冬（11 月 8 日）这两天日出的位置。因此，洛基尔认为，早在建造巨石阵的时代，人们就已经把一年分为 8 个节令了，即立春、春分、立夏、夏至、立秋、秋分、立冬、冬至。洛基尔的研究引起了天文学家和考古学家们的浓厚兴趣。他们联想，巨石阵大概是远古时代人们为观测天象而建造的，它很可能就是一座非常非常古老的“天文台”。

20 世纪 60 年代初，一位名叫纽汉的学者宣称，他找到了指向春分日和秋分日日出方位的标志，并指出 91、92、93、94 号石头构成了一个矩形，矩形的长边正好指向月出的最南端和月落的最北端。后来，英国天文学家霍金斯用电子计算机进行了大量计算，用巨石阵来预报月食。巨石阵里还有 56 个围成圈的坑穴，坑内有许多人的头骨、骨灰、骨针和燧石等。霍金斯认为，古人就是用这些坑穴来预告月食的。

后来天文学家霍伊尔更认为巨石阵能预报日食。果真如此的话，那么石阵的建造者在天文学和数学方面的造诣，将远比希腊人、哥白尼甚至牛顿还高。天文学家迈克·桑德斯则认为，石阵是在已经了解太阳系构造的基础上建造的。

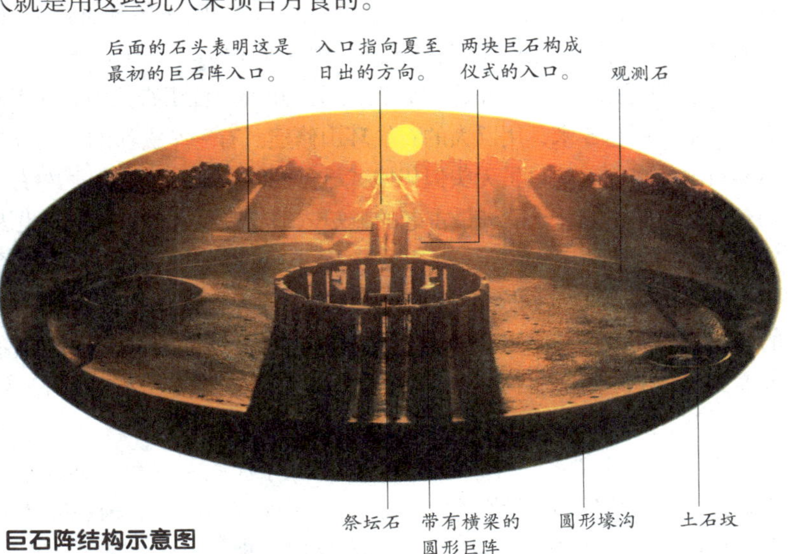

巨石阵结构示意图

对于把巨石阵称

为天文台的说法，有人提出疑问：建造者们为什么不用既轻便又很容易从当地得到的木材和泥土来建造这座天文台，而非要到很远的威尔士山区去运来这些大石块呢？再说，上面提到的那些坑穴中的人类墓葬又和天文学有什么关系呢？正是这些疑问，使不少人坚持认为巨石阵实际上是一种神秘的宗教场所，它和天文台根本沾不上边。

现在，又有人提出一种观点，认为巨石阵既可能是用来祭祀的宗教活动场所，又是墓葬场所，同时也可能还是观测天象的天文场所。这就如同在中国已经发掘出的不少古墓那样，其中也都发现了古代的星图。

曾有一块巨石倒塌下来，现代学者们曾试图把它准确地放回原来的位置，但经努力，终难如愿。为此，有位学者指出，在地球上的位置若有几厘米的偏差，在外太空的计算上就可能达到若干光年。

奇怪的是，曾有学者用当前最先进的仪器设备，检测出巨石竟能发出超声波！古人在刀耕火种的时代怎么会知道超声波呢？难道是外星人在遥远的史前时代光顾了英格兰？

究竟是天文台，还是宗教活动场所，或者是二者兼而有之，还在争论之中。

迈锡尼 *mai xi ni* 古城及其毁灭

公元前 2000 年左右的早期青铜时代是迈锡尼文明的萌芽时期，大约公元前 17 世纪，希腊人的一支——阿卡亚人在迈锡尼兴建了第一座城堡和王宫。据《荷马史诗》描述，兴盛时期的迈锡尼以金银制品名扬天下，被人们称为“富于黄金”的城市。

现存的迈锡尼城堡的平面形状大致呈三角形，位于查拉山和埃里阿斯山之间的山顶上，城墙高 8 米，厚达 5 米，用巨大的石块环山修建。有一座宏伟的大门开在西北面，门楣上立有三角形石刻，雕刻着两只虽无头但仍威武雄健的雄狮。这两只狮子左右对称的雕刻形式显然是受到东方文化的影响，是欧洲最古老的雕塑艺术。迈锡尼城堡的正门也因而被称为“狮子门”。

迈锡尼城门上的一对石狮子从 1876 年起就再也不能保持安静了。德国考古学家谢里曼等人在城内发现的墓圈，吸引了全世界的目光，人们似乎又看到了 3000 多年前繁荣“多金”的迈锡尼城。古代希腊世界迈锡尼文明的重要遗址陆续被发现，如梯林斯、派罗斯、雅典等。人们目睹了迈锡尼文明时代王宫的残垣断壁，面对令人惊叹不已的王室宝藏，我们自然会发出疑问：如此辉煌的文明，是怎么毁灭的呢？

由于可靠的文字资料实在太少，线形文字泥版文书和《荷马史诗》所提供的信息又过于简单，所以，要回答这个问题，实在不是一件容易的事，于是许多学者都不约而同地从考古学的角度去研究。最初，谢里曼夫妇在这里发现了 5 座坟墓，后来，第 6 座坟墓又被希腊考古学会派来监督他们的斯塔马太基发现。这 6 座长方形的竖穴墓大小、深度不同，深 0.9 ~ 4.5 米，长 2.7 ~ 6.1 米，以圆木、石板铺盖墓顶，但大部分已经坍塌。共有 19 人葬在这 6 座墓穴中，有男有女，还有两个小孩，同一墓中的尸骨彼此靠得很近，大多用黄金严密地覆盖着。妇女头上戴着金冠或金制额饰，身旁放着各种名贵材料做的别针以及装饰用的金匣，衣服上装饰着雕刻有蜜蜂、玫瑰、乌贼、螺纹等图案的金箔饰件；男人的脸上罩着金面具，胸部覆盖着金片，身边放着刀剑、金杯、银杯等；两个小孩也被用金片包裹起来。

狮子门

位于迈锡尼城堡的入口处，除了防御功能，城门还具有浓厚的宗教色彩：门楣上方的石狮分立在巨柱两侧，时刻守护着女神。

考古学家的发现远不止这些，在谢里曼发掘圆形墓圈 A 的 75 年之后，即 1951 年，希腊考古学家帕巴底米特里博士发现了被称为圆形墓圈 B 的第二个墓区。这个墓区在狮子门以西仅百米之遥，发掘出来的珍宝完全可以与谢里曼的发现相媲美，而且时代与前者十分相近。

英国考古学家韦思等在大约与帕巴底米特里发现圆形墓圈 B 的同一时期，又发掘了 9 座史前公墓，地点是在独眼巨人墙以西、狮子门之外的地区。这些圆顶墓（因形似蜂房，又叫蜂房墓）约建于公元前 1500 ~ 前 1300 年，均属于青铜时代中期。

公元前 1400 ~ 前 1150 年左右的青铜时代末期，是迈锡尼发展的鼎盛时期。从迈锡尼城遗留下来的城堡、宫殿、墓葬及金银饰品中都能看出这一王国当年的强盛，但是要找到其消亡的原因，确实不是一件容易的事。我们尽管能从考古发掘中得到一些启示，但要把不会开口说话的遗迹、遗址、遗物唤醒，实在是一件困难的事。

有人认为，迈锡尼世界的毁灭与一些南下部落的入侵有关，多利亚人更是祸首元凶。但也有人持与此相反的见解，他们指出，迈锡尼世界在西北方的入侵者来到之前已经衰落。迈锡尼文明的统治至公元前 13 世纪后期已开始动摇。据考古资料看，多利亚人在公元前 13 世纪期间，并未进入希腊世界，他们涉足此地是在迈锡尼文明的不少城市已经变成废墟的很长一段时间以后，多利亚人面对的是一个已经不可避免要毁灭的世界。因而，公元前 13 世纪末以来迈锡尼文明世界的各地王宫连遭毁灭之灾，与多利亚人无关。考古资料也提供不出当时多利亚人到来的物证，于是 J. 柴德威克在对古文字研究的基础上提出大胆假设。他指出，多利亚人臣属于迈锡尼人的历史事实，可以从神话传说中有关赫拉克利斯服 12 年苦役的故事中反映出来，多利亚人作为被统治者早就遍布在迈锡尼世界各地。赫拉克利斯的子孙返回伯罗奔尼撒，却道出了多利亚人推翻迈锡尼人只不过是内部的阶级斗争的真情，根本不存在所谓的多利亚人入侵。以派罗斯为例，当时便存在很严重的经济问题，青铜不够用，青铜加工业已衰落，国家经济组织疲惫不堪，税收不齐，经济面临崩溃的边缘。有限的土地不能满足经济发展之需，国家只能靠积蓄的产品度日，要么就从地方额外征收黄金。当时受到挑战的还有神权，村社不按祭司要求行事，有的人甚至敢不履行宗教义务。由于受到其他部门或其他国家的过分压力，中央的高度集中化受到了破坏。在这种形势下，派罗斯的王宫随时都有覆灭的危险。这一切都可能是导致派罗斯毁灭的主要原因。

另有一些人认为天灾是祸根，天灾造成人口减少，食物短缺，大量小村庄被放弃，王宫经济发生危机。迈锡尼为了远征小亚细亚富裕的城市特洛伊，倾国出兵，围攻10年方才攻陷。迈锡尼大量的人力、物力和财力在这场旷日持久的战争中严重消耗，从此国势一蹶不振。

还有人提出，迈锡尼文明遗址中有几个地方是毁于不知什么原因引起的火灾中的。这样，活跃于东地中海的海上民族便吸引了这些猜测者的目光，他们认为是这些海上民族破坏了小亚细亚、巴勒斯坦、叙利亚、埃及等地的许多城市，促使赫梯帝国灭亡，埃及帝国衰弱，当然迈锡尼世界也受到了影响。

学者们经过一番深入的研究之后，不但没能解开迈锡尼文明的衰弱之谜，同时又提出了一些新的问题：迈锡尼没有金矿，黄金从何而来？固若金汤的迈锡尼城怎么会屡遭沦陷？还有，埃及人、腓尼基人都在其坟墓墙上刻下了文字，后来的希腊罗马人也树立了有文字的墓碑，迈锡尼人已普遍掌握了线形文字，并且用来记写货物清单，可是他们为什么不将死者的姓名和业绩刻在墓碑上呢？这到底如何解释呢？一切还有待后人的深入考察。

印度古城摩亨佐·达罗为何突然人烟绝迹

mo heng zuo da luo

摩亨佐·达罗是人类古文明发源地之一的印度河流域文明最大的城市遗址，位于今巴基斯坦境内。在它重现于世人面前的时候，人们以为它只是一片无足轻重的坟地。但是，当人们清除了障碍物，还原其本来面目以后，惊讶得说不出话来。4000年前能有这样漂亮雄伟的城市吗？

摩亨佐·达罗顶部已经荡然无存，只有城基、房基保存完好，其中的街道、水渠历历可见。城址呈长方形，占地7.77平方千米，估计居民约有3.5万人。城墙、公共建筑和部分路面、上下水道，都用煅烧的砖制成，是一座地地道道的砖城，摩亨佐－达罗以此有别于同时代世界各地常见的土城、石城。仅此一点，便可窥到印度河流域古文明的发达程度。

摩亨佐·达罗文明大约维持了1000年。约在公元前3000年，俾路支的部落民族开始跨越沙漠，向东迁移，去寻找更为理想的家园，最后终于在富饶的印度河平原定居了下来，发展灌溉农业，养羊植棉，于是在公元前2500年形成了印度河流域文明。印度河流域的棉花远近闻名，远古的巴比伦人叫它“信杜”。到了公元前1500年，摩亨佐－达罗等城市突然人烟绝迹，连遗址也被忘却了。一个灿烂的文明竟然突然间中断了、消失了，实在令人大惑不解。

在出土的文物中，有用铜和银制成的雕像、首饰及用具，有色彩鲜艳、绘着圆周图案的红色陶器，有浅浮雕、篆有动物形象和象形文字的金属、陶、石、象牙印章，有贝壳尺、石质砝码等度量衡工具。有载重很大的船，还有各种农具和棉花、胡麻、豌豆、椰枣、甜瓜、麦等作物的残留物。古城废墟下掩埋着许多人兽的骸骨，屋里、街头杂陈着男女老少的遗骨，有的一处竟有十多具。

遗骨上留有斧砍刀劈的痕迹，有的四肢蜷曲呈痛苦抽搐状。这是怎么回事呢？如此昌盛的文明背后掩藏着怎样的悲惨仇杀呢？这是否与摩亨佐－达罗古城文明的突然中断有关系呢？

出土的2000多枚印章上带有文字符号，不少铜器、陶器上也刻有象形铭文。如果能够破解这些文字，或许古城的秘密就可大白于天下。可惜至今也没有人能读懂这些文字，只能对古城的消失做出种种互相矛盾的揣测。

持“人祸”观点的人认为，由于统治者的残暴统治和荒淫无度使得当地居民内部阶级矛盾激化，自相残杀。也可能是外族入侵，杀人毁城，使城市变成废墟。被掘出的那么多残肢畸骸，就被认为是毁灭的证据。然而，征服者为什么会舍弃如此漂亮的城市和富庶的印度河平原？还有摩亨佐·达罗周围广大地区的文明也随之消失，竟然长达几个世纪无人问津，又是怎么回事呢？这些疑问得不到解释，使人祸之说难以具有说服力。

摩亨佐·达罗古城遗址

从这一片废墟中似乎可以看出它曾经遭受过人为的破坏，所以有的学者怀疑它遭受过核打击。

从摩亨佐·达罗古城遗址中发掘出的人物造型的青铜器，这可能是当时的一位舞者。

于是，有人从自然灾害的方面来找原因，似乎更有说服力。他们认为，公元前1700年前后，地球有过一个地震活跃期，历史上许多城市都是在这个时期被毁灭了。印度河诸城被大地震毁灭后，森林遭到严重破坏，水土流失，气候恶劣，河道淤塞，河床抬高，洪水频繁，蝗蚊成灾，瘟疫盛行，土地再也不能耕作，草场难以继续放牧，幸存者很难养活自己，再也没有力量重建家园，只好背井离乡，迁徙到远方，另觅家园。支持这一观点的论据似乎很多。摩亨佐·达罗古城的颓败破落，城基地面碎石累累，排水管道扭曲变形，都依稀可见猝不及防的灾变情景。

还有一部分人也持天灾说，但是与上述不同的是，他们认为摩亨佐·达罗毁于“球形闪电”。证据是遗址中有大量烧熔的石块，整个城市有焚烧的痕迹。据科学家说，“球形闪电”是这样形成的：由于宇宙射线和电磁场的作用，大气中会形成一种化学性能非常活跃的威力。这些微粒会越滚越大，最终形成一颗颗极其危险的“球形闪电”。这种“球形闪电”聚集到一起，超过一定数量，放溢出毒气，使古城中的居民中毒。如果这时候有一颗“球形闪电”积聚到极限了，就会引起爆炸。

更加可怕的是，爆炸产生连锁反应，会引发所有的“球形闪电”的大爆炸，冲击波瞬间就会到达地面，产生相当于原子弹爆炸的威力，摧毁一切建筑物和生物。并且，大爆炸过后，产生的有毒气体和化学辐射，将继续在所到之处肆虐，将所毁之处彻底变成不毛之地。这样就可以解释印度河平原上的城市同时毁灭的谜团了。而且，这一假说还能够从古时代的文学作品里得到验证。公元初流传于世的印度古史诗中写道：“一个令人目眩的天雷和无烟的大火，紧跟着惊天动地的爆炸。爆炸引起的高温使得水沸腾了，水中的鱼熟了。”

不过，“球形闪电”实在是太玄了，古今中外史书上还没有哪个城市是毁于“球形闪电”的记载。现代科学史上也没有这类记录。据说，“球形闪电”爆炸的几率微乎其微。1910年在纽约、1984年在苏联都出现过这种闪电，大地灼亮，部分电路遭到破坏，但未引发更大规模的破坏。若要毁灭摩亨佐·达罗，至少要有3000多颗“球形闪电”同时爆炸，而要摧毁印度河流域文明，那么，“球形闪电”的数量该数不胜数了。所以，“球形闪电”说也是存在很多疑点的。

怎么解释摩亨佐·达罗古城为何突然人烟绝迹的问题，还需要人们不懈的努力，也许这是一个永远也解不开的谜团。

克里特岛山的迷宫是寝陵吗

ke lí te dao shan

在中国古代，认真思考生死问题的人们把人的身体称为“逆旅”，意思是身体只是灵魂在尘世间暂时歇脚的一个寓所。生和死、住所和寝陵，真的是没有什么分别吗？

4000年前，地中海克里特岛山上居住的是米诺斯人，他们专门从事航海贸易，创造了比希腊还早的物质文明，而且成为一个光辉灿烂的文化中心。

世人早已不记得米诺斯曾有的文明及成就了。3000多年来，世人对米诺斯文明的了解，除了那个广为流传、有关克里特岛国王米诺斯及其半人半牛、藏身黑暗地下迷宫的贪婪怪物米诺陶洛斯的神话以外，几乎是一无所知了。然而，英国考古学家艾文斯爵士在20世纪初叶，把米诺斯首都诺瑟斯的遗址发掘了出来。这次发掘的工程相当浩大，耸人听闻。诺瑟斯城自身就很大，加上所属港口，一共有近10万

双面斧

在米诺斯人所有的宗教象征物中，双面斧是用来宰杀献祭的神圣之物。

米诺斯王朝的王宫遗址壁画

湿壁画是一种绘于泥灰墙上的绘画艺术，这种创作手段是米诺斯文明的主要艺术形式。

居民。这座庞大建筑物是艾文斯最轰动一时的发现，他同大多数考古学家一样认为那座建筑物是王宫，属多层建筑结构，其中有好几层筑在地下。其建造之奇、藏品之丰，为世人所惊叹。王宫中有以海洋生物、雄壮公牛、舞蹈女郎和杂技演员为题材的色彩鲜明的壁画。另外，还有许多石地窖；有斧头的残片、铜斧乐器；以及一个以小片釉陶和象牙包金加镶水晶造的近 1 米见方的棋盘。细加琢磨的雪花石膏在看似国王的宝座上、在接待室的铺路石板上、在那些显出典型米诺斯建筑风格的上粗下细的柱子上、在门道附近闪闪发光。

那么，这座富丽堂皇、结构复杂的巨大建筑真的是一座王宫吗？虽然历史学家和考古学家一般都同意这种说法，但德国学者沃德利克则不赞同，而且其说法好像有所依据。在 1972 年出版的一本书中，沃德利克说："诺瑟斯这座宏伟建筑，绝对不是国王生时居所，而是贵族的坟墓或王陵。"依据沃德利克的说法，被大多数考古学家所认为的是用作储藏油、食物或酒的大陶瓮，其实是用来盛放尸体的。尸体被放在里面后，加入蜜糖浸泡以达到防腐的目的；石地窖则被用来永久安放尸体；壁画代表的是灵魂转入来生，并且把死者在幽冥世界所需物品画出来。沃德利克还认为那些精密复杂的管道，不是为活人设置的，而是为了防腐措施的需要。

为了支持自己的说法，沃德利克提出几项很有意思的事实，比如，诺瑟斯这座建筑物的位置，绝对不是建筑王宫的绝佳位置，因为它所处的地方过于开敞，四面受敌，如若有人从陆上进攻即无从防卫。同时，当地没有泉水，必须用水管引水，水量很难供应那么多居民。"王宫"及附近范围内也无一望即知是马厩和厨房之类的房屋，这里的居民难道不需要交通工具和食物？至于那些被认为是御用寝室的房间，更都是些无窗、潮湿的地下房舍，在气候和暖、风和日丽的地中海地区，绝不可能选择这样的地方来居住。

米诺斯王宫内景

神秘的奥尔梅克石像

ao er mei ke shi xiang

奥尔梅克文明的历史，可以追溯到公元前 2000 年，但是在阿斯特克帝国崛起之前的 1500 年，这个古老的文明就已经消失了。

传说中的奥尔梅克人的家乡，正是科泽科克斯河注入墨西哥湾的地方。“科泽科克斯”这个地名的意思就是“蛇神出没的地方”。相传远古时代，奎札科特尔和他的门徒就是在这个地方登陆墨西哥的——他们搭乘船身光亮有如蛇皮一般的船舶，从地球的另一端渡海而来。也就是在这里，奎札科特尔登上一艘蛇筏子扬帆而去，从此离开了中美洲。

就在科泽科克斯西边，从圣地亚哥·图斯特拉镇出发，向西南方向行驶 25 千米，穿过葱翠的原野，便是崔斯萨波特古城；科泽科克斯的南边和东边则是圣罗伦佐城和拉文达城，在这些地方，无数的典型奥尔梅克人雕刻品相继出土。有些雕刻的是庞大的头颅，重达 30 吨，其他的是巨型的石碑，上面镌刻着两个相貌完全不同的种族（都不是美洲印第安人）相会的情景。制作这些杰出艺术品的工匠，肯定是属于一个精致的、高度组织化的、繁荣富裕的、科技上相当发达的文明。令研究者们困惑的是，除了艺术品之外，这个文明没有留下任何东西，让后人探寻它们的根源和性质，它们的存在又有什么样子的代表意义。唯一能够确定的是奥尔梅克人在公元前 1500 年左右，带着已经得到了充分发展的、高度文明的文化，突然出现在了中美洲这片神奇的土地上。

人头石像　公元前 900 ~ 前 600 年　奥尔梅克文明

考古学家挖掘出的巨大人头像中，最大的一尊是在耶稣基督诞生之前不久雕制完成的，也就是公元前 100 年左右制作的，它重达 30 多吨，大约高 1.8 米，圆周 5.4 米。它们呈现的大多是非洲男子的头部——戴着紧密的头盔，绑着长长的颚带，耳朵穿洞，鼻孔宽阔，鼻梁两旁显露出一道道很深的沟纹，嘴唇肥厚下垂，下巴紧贴着地面，有的两只大眼睛冷冷地睁着，宛如两颗杏仁，有的则是安详地闭着双眼。

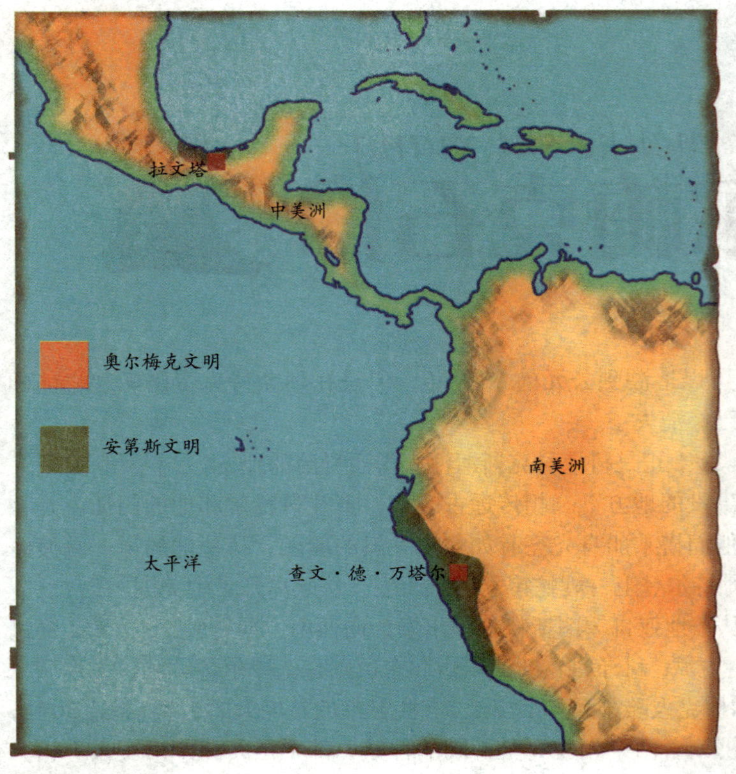

安第斯文明

这幅地图显示的是查文的安第斯文明以及他们主要的城市查文·德·万塔尔。它也显示了奥尔梅克的遗址，奥尔梅克文明出现在墨西哥。奥尔梅克文明的宗教中心与主要城市是拉文塔。

在那顶古怪的头盔底下，两道浓密的眉毛高高翘起，显出一脸怒气。看上去总会感觉有一种阴郁、深沉的凝重气息。奥尔梅克人留下5座非同一般的庞大雕像，描绘的是面貌具有明显黑人特征的男子。当然，2000年前的美洲并没有非洲黑人，直到白种人征服了美洲之后，黑人才被抓来当奴隶。然而，考古学家发现的人类化石却显示，在最后一个冰河时代，移居美洲的许多种族中，就有非洲黑人。

这一尊尊人头像，都是用整块的巨大玄武岩雕成，竖立在粗糙的石板叠成的基座上。尽管体积十分庞大，雕工却十分细致老练，五官的比例均匀完美。

在清除了周围的泥土之后，它立刻呈现出一种令人望而生畏的严肃气概。和一般的非洲土著的雕刻品不同的是，它所使用的是写实的雕刻方法。五官的线条简洁而且有力度，表现出黑人身上所独有的面貌特征。

显然，奥尔梅克人曾经建立了相当辉煌灿烂的雕刻文明，进行过大规模的工程计划。他们的高超技艺，有能力雕琢和处理巨大的石块（他们遗留下的人头像，有些用一整块巨石雕刻而成，重达20吨以上）。不可思议的是，尽管研究者一再地努力挖掘，却始终没有在墨西哥找到任何的证据和迹象可以证明奥尔梅克文化曾经有过发展阶段。

那么，这些巨型的人头像雕刻品，代表什么意思呢？有人推测是奥尔梅克人自己的自画像，有人认为那不是他们制作的，而是出于另一个更加古老的、已经被遗忘的民族之手。

正统学界一贯主张1492年之前，美洲一直处于孤立的状况之中，跟西方世界没有接触。思想比较前卫的学者，拒绝接受这种教条式的观念。他们认为，奥尔梅克雕像所描绘的那些深目高鼻、满脸胡须的人物，可能就是古代活跃于地中海的腓尼基人，早在公元前1000年之前，他们就已经驾驶船舶，穿过直布罗陀海峡，横越大西洋，抵达美洲。提出这个观点的考古学家进一步指出，奥尔梅克雕像所描绘的那些黑人，具体地讲，是腓尼基人的奴隶，他们是在非洲西海岸捕捉到这些黑人，然后千里迢迢地将他们带到了美洲。

然而还有一个问题，纵横四海的腓尼基人，在古代的世界许多地区留下了他们独有的手工艺品，却没有在发现奥尔梅克人聚居地留下属于他们的任何东西。事实上，就艺术风格来讲，这些强劲有力的作品似乎并不属于任何已知的文化、传统和艺术类型。不论是在美洲还是在全世界，这些艺术品都没有先例。

大头孩
这个陶制小孩有着拉长的头和歪斜的眼睛，这是奥尔梅克画像的特征。考古学家们对这一特征一直迷惑不解。这可能是留在庙宇中的一个宗教供品。

奥尔梅克文化究竟从何形成，又是如何衰亡？这是个连历史学家都无法回答的问题，刻在石头上的日历以及历史，就更加难以解释了。总之，奥尔梅克文化隐含着诸多未知数，对它的了解和研究才刚刚开始，历史学家和科学家们不知还要经历多少年的不懈的努力，才能够找到它的谜底。

神秘的 ma ya wen ming 玛雅文明

1839 年，一位名叫约翰·洛德·史蒂芬斯的美国律师和英国画家弗雷德里克·卡塞伍德踏上了一块破败不堪的土地——洪都拉斯的科潘。

这两位资深的旅行家在当地印第安人的带领下，用大刀在潮湿的热带丛林中清出一条道路，来到一座和金字塔的形状非常相近的建筑面前。当时，这座建筑隐藏在树丛中。他们在一片灌木丛中找到一根独立式的四方形的石头立柱，这个高 4 米、宽 1 米的纪念碑通常被称作石碑。碑面上是浮雕，镌刻得密密麻麻。碑的正面刻的是一个衣着奇异、表情凶狠的人物造型，其他三面则刻满了文字，是一种绘画式的象形文字。史蒂芬斯认为这些雕刻所表现出的技巧娴熟，与古埃及人镌刻在纪念碑上的铭文所用的高超技艺不相上下，但对这些符号的含意和这个面目狰狞的形象的身份却不了解。

蒂卡尔一号神庙

祭祀石碑
石碑表现的是玛雅原始宗教中用人的鲜血乃至心脏、头颅向神献祭时作为牺牲者的痛苦表情。

接着，他们继续探索热带丛林中的其他地带，先后分两次对这些掩藏在丛林中的城市废墟进行考察，其中一些被严严实实地掩盖在丛林中，以至于当地人都不知道它们的存在。他们发现了40多座这样的城市废墟。当他们返回家中后，对其发现用文字和图片的形式公布于世，顿时激起了公众极大的兴趣，人们纷纷前往美洲探险。玛雅文明终于在沉睡了千年之后，重新被揭开了神秘的面纱。

玛雅人是一个十分古老的民族，大约1万年前，即刚刚结束上一个冰河时代时，第一批人迁移到这片土地上，也就是现在的拉丁美洲。他们从北方迁移到这里，构成了后来的玛雅领地，现在的整个尤卡坦半岛、危地马拉和伯利兹全境以及洪都拉斯、墨西哥和萨尔瓦多的部分地区在那时都属于这片土地。

前古典时期约在公元前1500年前后开始，那时，大量的村落开始形成，玛雅文明开始生根发芽。在公元七八世纪的时候，玛雅文明发展到了巅峰时期。现在我们发现的玛雅人的金字塔毫不逊色于埃及人的金字塔，例如危地马拉的蒂卡尔城内有座金字塔塔身高达70米；墨西哥有令人困惑不解的巨石人像方阵；特奥蒂瓦坎的金字塔堪称奇绝，其雄伟和精美令无数人啧啧称奇……

然而，让考古学家和历史学家捉磨不透的是，如此神秘而灿烂的文明，却在公元8世纪的中后期突然消失了，留给人们的只有一座座宏伟建筑的废墟、神秘的艺术作品以及由此而引发的无尽的思考。

为此，科学家们又进行了大量艰苦的探索，也由此产生了种种推测。科学家们首先想到的是野蛮的古代战争。考古学家们破译了大量文字，这些文字刻绘在石碑上、陶罐上以及城墙上。从这些被破译了文字的一座座墓碑上，翻译者们看到了一些关于玛雅人的描述，有战争策略、血腥的战场以及用被俘的敌人来进行祭祀……我们所看到的玛雅的统治者，都是些好战的武士，而不是以前人类所提出的，玛雅人是一群非常爱好和平而且具有丰富知识的人。因为大部分文字记载的都是他们的战争以及在战争中取得的胜利。

绿石面具
面部所饰的浅浮雕横带，是脸部涂绘的象征。

玉石项链及风神形象坠饰
玛雅人常用玉石和绿色石头制作饰品来表现自己的美感。

然而，考古学家们又发现了更多的证据，这些证据向我们展现的是玛雅人的穷兵黩武。例如，在蒂卡尔曾发现一些类似护城河和胸墙的长而且狭窄的壕沟和土埂。这种曾用于防御的城墙也在拜肯发现过。人们在卡拉科尔的建筑物上发现有烧焦的痕迹，还发现一个未被埋葬的儿童躺在一个金字塔的地板上。在博南帕克曾发现过许多栩栩如生的类似宗教仪式的壁画，而现在我们再看它们，则仿佛是那些真实的战争场面的再现。

蒂卡尔城墟

官殿和金字塔神庙构成了玛雅文明最具代表性的也是最基本的建筑形式。

考古学家们对玛雅人的穷兵黩武的新形象有了大概的了解后，就找到了新的原因来解释玛雅文明的消亡。有人认为玛雅文明在各个城邦之间的连绵不断的战争中被摧毁了，从他们在伯利兹的一个地方发现的武器中可以看出这一点。在危地马拉北部的一次发掘中发现了成堆的人头，从这些被砍下的头颅中，考古学家得出了相似的结论，并估计玛雅人在公元 820 年前后数量就锐减到其以前的 5%。

霍奇皮伊瓮

霍奇皮伊是代表春天、鲜花与歌唱的神，以玛雅人的轮回观来讲，他又与死亡密切相连。

还有人从环境学的角度出发，认为是大自然淘汰了玛雅文明。古气候学家在 1995 年研究尤卡坦半岛中部的奇彻坎努博湖时，发现有大量的沉积物沉淀在湖底。在这些沉积物中，硫酸的含量在公元 800 ~ 1000 年的沉积物中很高。只有在湖水很少的情况下，硫酸才会沉到湖底，而且通常是在干旱时期。据此，考古学家认为，灭亡可能是因为有严重的干旱发生在这一时期，玛雅文明消亡的主要原因就是在干旱的情况下，庄稼歉收、饿殍遍野、疾病盛行。

还有人认为玛雅人不断地毁林造田，以得到更多的耕地，但到最后他们将自己的土地都用尽了。还有人则认为地震、台风等自然灾害是造成玛雅文明消亡的原因。也有人认为在西班牙人的征服之后，疾病起了很大的破坏作用，疟疾和黄热病造成了玛雅文明的消亡。更有甚者把玛雅人同外星智慧生物联系起来，他们的依据就是玛雅文明中令科学家难以解释的“发达科技”，如系统的数学理论、精确的天文计算等。这更给匪夷所思的玛雅文明的消失蒙上了一层神秘的面纱。

但是，所有这些理论都缺乏证据支持，虽然我们也很难驳倒这些理论。试想一下，玛雅文明遇到前所未有的自然环境的灾难，必定有某些痕迹留在地质层中，但令人遗憾的是，没有任何蛛丝马迹遗留下来。

尼尼微城的雕塑探秘

ni ni wei cheng

尼尼微城建于公元前8世纪末，位于中东的美索不达米亚地区，即今天的摩苏尔地区，这里被考古学家们视为文物的富矿带，主要部分是库羊吉克土丘，公元前612年被新巴比伦王国毁灭，它曾是亚述帝国的首都，在当时影响极大且极其兴盛，尤其是在辛赫那里布和亚述巴尼拔王统治时期（公元前7世纪），尼尼微城的宫殿和壁画等巨型浮雕记载了人类神秘而辉煌的过去。它还是《圣经》中所说的先知约拿布道的城市，为人们所传诵多年。

传说公元前883～前627年，在国王辛赫那里布和国王亚述巴尼拔王在位期间，尼尼微开始形成一座真正的城市，并成为美索不达米亚地区的文化中心之一。亚述巴尼拔王当政时，尼尼微成为亚述帝国的首都，从此开始了自己的鼎盛时期。辛赫那里布对战争不感兴趣。他把大部分时间和精力都用在尼尼微的建设方面。他兴建了一座每边长近200米的盖世无双王宫。这座王宫包括两座亚述风格的大殿、一幢椭圆形建筑物，以及一个植物园和一座凉亭。王宫里的浮雕长达3000米。辛赫那里布还在他的盖世无双王宫的西北，为他的后妃们盖了一座后宫，为皇太子盖了一座东宫。他还拓宽了尼尼微的马路，增加了城市公园，修建了供水网，并且从郊外60千米处的山上引水入城，以保证尼尼微城里的供水。辛赫那里布王的继承者阿萨尔哈东王在位时，仍继续扩建尼尼微，从而使它成为一座像《圣经·约拿书》中所描绘的有12万多居民的大都城。阿萨尔哈东的继承者就是大名鼎鼎的亚述巴尼拔王。他除了大量收藏亚述人的图书——泥板文书外，还兴建了巨大豪华的亚述巴尼拔王宫。

尼尼微城的巨型浮雕

尼尼微城古城墙遗址和贵族男子的头像

公元前 7 世纪中叶，亚述帝国渐渐衰落。公元前 626 年，居住在新巴比伦的迦勒底人和东边的米底人联合起来进攻亚述。公元前 612 年，新巴比伦和米底联军攻进了尼尼微。尼尼微在被洗劫一空后，又被放了一把大火，一代名城尼尼微和庞大的亚述帝国一起，就这样从地面上消失了，同时消失的还有那些巨型浮雕。

几千年过去，人们除了从史书上知道曾经有过尼尼微城和其巨型浮雕之外，其他的东西就一无所知了。而美索不达米亚，这个两河流域间的土地，众所周知的古代文明之乡，以一种特别的诱惑力，使 19 世纪的欧美人分外疯狂，尤其是尼尼微城这座非凡的城市和它的巨型浮雕。

尼尼微城的发掘是一个漫长的过程。最早进入这个地方探索的人是一位意大利人，他于 1616 年进入美索不达米亚，带着许多巴比伦遗迹中的纪念品返回了欧洲，其中包括刻有楔形文字的陶碑。1802 年，对古代史和古遗迹充满兴趣的英国外交官利奇也在这里收集了大量的楔形文陶碑，但是他还梦想寻找到消失了的尼尼微城，可惜在库羊吉克的土丘顶发现了一个破碎的陶器和一些刻有楔形文字的陶砖后就因霍乱死了。后来，英国考古学者亨利 · 罗林逊在波斯小镇比里斯屯发现了一面百余米高的巨大悬崖石刻，上有大量的人物像，用 3 种楔形文语言描述了古波斯国王达林斯准备惩罚造反诸侯的故事，约 1200 行。与此同时，一个叫波塔的法国人带领了一些人发掘了库羊吉克土丘，但一无所获。随后，在往北几千米外的一个叫喀霍沙巴德的地方，他们找到大量的刻文砖，看见了刻有巨大的人和怪兽的墙壁，有的是公牛像，有的是大胡子人像，还有的是带翅膀的狮身人面像。

不久，英国人勒亚德按照《圣经 · 约拿书》中对尼尼微城址的描述，在这里找到了两个亚述宫殿遗址，发掘出了象牙雕刻，还有楔形文字碑和记载战斗场面的雕塑画板。1847 年，勒亚德开始发掘库羊吉克，经过 6 年的发掘，发现大量的文物，找到了辛赫那里布的王宫和亚述巴尼拔王的部分藏书室。证明这里就是亚述帝国的首都尼尼微。王宫拥有 71 间房间，至少还有 27 个入口，每一个都由巨大的牛、狮或者狮身人面石雕卫士守卫，最令人难忘的要算是那些记载着亚述历史和神话的石雕壁画。勒亚德估计，如果把画一幅接一幅地排列起来，几乎有 3 千米长。而在亚述巴尼拔王的藏书室里，堆满了刻有亚述楔形文字的大大小小的泥板。最大的一块楔形文字泥板长达 3 米，宽 2 米多；最小的一块还不到 1 寸长，只刻着一两行文字。这些泥板就是 2500 年前亚述人的图书，包揽了古亚述历史、法律、宗教以及文学、天文、医学等方面的知识，是研究当时历史的最宝贵的文献资料。

过了几年，一位伊拉克考古学家拉萨姆，再次来到这里。他在 1852 ~ 1854 年期间，又在库羊吉克土丘下发现了亚述巴尼拔王的王宫，找到了许多新的楔形文字泥板和浮雕。他在亚述巴尼拔王王宫废墟的墙上，发现了著名的浮雕“皇家狩猎图”。在新发现的泥板文书上，刻有许多亚述和古巴比伦的神话，其中就有著名的神话史诗《吉尔伽美什》，诗中描述了关于古巴比伦时期，上帝派大雨和洪水来惩罚邪恶有罪的人类时的情景。在那次大灾中，一个名叫尤特纳·比利姆的人造了一只木船，载上家人和许多动物，在洪水中幸存了下来。这个描述跟《圣经》中挪亚方舟的故事，几乎完全一样，而且，用的是第一人称，表明这是一位目睹洪水的幸存者的记叙。还有一块描绘当时亚述的奴隶劳动情景的浮雕，这些奴隶多半是亚述人俘获的战俘，他们带着手链脚镣，有的被铁索相互系在一起，旁边有手执武器的亚述士兵在监督。这些浮雕现在都收藏在大英博物馆。

经过几代探险者、考古学家和学者们的努力，尼尼微城消失了的辉煌又再次被展现在了当今世人眼前,所有的遗迹都远去了,只留下空旷的尼尼微城在岁月的风雨中感受历史的沉重。

玛雅人 ma ya ren 为何修建金字塔

大凡讲到金字塔，人们往往会想到埃及的金字塔，其实，古代美洲的金字塔不仅数量超过了埃及，而且特色更鲜明。埃及的金字塔是国王法老的陵墓，而美洲玛雅人的金字塔，则不完全是帝王的陵墓，更多的是一种祭坛。

中美洲的玛雅人是一个特别的人种,语言自成一体,脸型轮廓很独特,前额倾斜、鹰钩鼻、厚嘴唇。他们在美洲这片沼泽低洼、人迹罕见的热带雨林中，创造了令人难以想象的辉煌文明，如平顶金字塔祭坛、浮雕、石碑等众多杰出的建筑物。玛雅人创造了一套精巧的数学，来适应他们按年记事的需要，以决定播种和收获的时间，对于季节和年度中雨水最多的时间准确地加以计算，以期充分利用贫瘠的土地。他们所掌握的数学技巧，在古代原始民族中，高明得令人吃惊，尤其是他们熟悉“0”的概念，比阿拉伯商队横越中东沙漠把这个概念从印度传到欧洲的时间早 1000 年。凡此种种，使得玛雅文化也成为世界文明史上的奇葩。

玛雅文化诞生于公元前 1000 年，分为前古典期、古典期和后古典期 3 个时期，直到公元 9 世纪突然消失。据考证，大约公元元年前后，玛雅人达到了第一个兴盛期，在尤卡坦半岛南端的贝登湖周围建立了第一批“城邦”，营造了一个繁华的城市。现今整个遗迹面积达 130 万平方米，其中心地带包括金字塔、祭坛等多处建筑。中心大广场东侧的美洲豹金字塔，塔高达 56 米，分为 9 级，塔顶建有尖型小庙；西侧是 2 号金字塔，高 46 米。最高的 4 号金字塔高达 75 米，站在塔顶可一窥岛上全貌。与埃及最早的几座金字塔进行比较，人们发现它们竟然如同孪生的姐妹一般。

不过玛雅人金字塔的天文方位计算得更为精确：天狼星的光线经过南墙上的气流通道，直射到长眠于上面厅堂中的法老头部；北极星的光线通过北墙的气流通道，径直射进下面的厅堂里。

体现玛雅人高度发达文明的天文观测台

一直以来，人们都认为金字塔是一种坟墓，而且确实在很多金字塔中找到了木乃伊。那么，玛雅人会不会也用工程浩大的金字塔做坟墓呢？如果是，为什么金字塔与塔顶上的神龛是这么不相称，整个塔的建造水平是如此之高，而神龛却是相当粗糙，这不能不令人怀疑神龛可能是后来加上去的。人们在金字塔发掘出了一些精致的透镜、蓄电池、变压器、太阳系模型碎片、不锈钢，以及其他不知什么合金制成的机械、工具等。根据这些，人们又推测，金字塔原先很可能是玛雅祖先的祭坛和用来观察天象的神坛，因为玛雅人对神有种近乎狂热的崇拜。他们信奉的神主要有：太阳神、雨神、风神、玉米神、战争之神、死亡之神等。在玛雅人看来，神的世界远比人间凡世丰富伟大。他们经常举行祭祀典礼，每位玛雅人都认为，为神献身是非常神圣的事情。因此，玛雅人依照自己的历法建造的金字塔，实际上都是一种祭祀神灵并兼顾观测天象的天文台。

这些宏伟遗迹处处显示的不平凡，使得它与如今比邻的印第安人居住的茅屋和草棚格格不入，而且这些宏伟的建筑并不是出于实际生活的需要，而是严格按照玛雅人的宗教信仰和神奇的玛雅历法建造的，简直令人难以置信。从考古学家掌握的证据来看，当时玛雅人仍巢居树穴，以采集或狩猎为生，过着相当原始的生活，似乎没有文明前期过渡形态的痕迹；那奇迹般的文化并没有经过一个由低向高逐渐发展的过程，而似乎是在一夜之间从天而降，骤然间涌现出了各种超越时代的辉煌成就。任何民族对外部世界的认识都必须和他们的生产方式相一致。因而有些学者以此为基点，认为这些建筑不是玛雅人自己创造的，而是别人传授给他们的，可是又有谁能把这样先进的知识传授给他们呢？

而且从早期的人类文明历史来看，文明的创造和辉煌都离不开河流：埃及和印度的古代文明，首先发祥于尼罗河或恒河流域中；中国古代文明的摇篮则在黄河和长江流域。为何偏偏只有玛雅人把他们的灿烂文明建筑于热带丛林之中呢？

不管怎样，不知出于何种原因，公元 900 年前后，玛雅人放弃了高度发展的文明，大举迁移，繁华的城市变得荒芜，任由热带丛林将它们吞没。玛雅文明一夜之间消失于美洲的热带丛林中。后来从发掘出来的仅完成了一半的雕刻来看，这场劫难似乎来得十分突然，然而当时又有什么灾难是他们无可抵挡的呢？玛雅人抛弃自己建造起来的繁荣城市，却要转向荒凉的深山老林，这种背弃文明、回归蒙昧的做法，是出于自愿，还是另有隐情？

关于玛雅文明的消失有着种种的猜测，有人说玛雅人是受到了瘟疫、战争等的袭击，

位于尤卡坦半岛上的玛雅人建立了的金字塔远眺图。这种金字塔与古埃及金字塔有明显的不同，不管在建筑风格上还是使用上。

但是为什么没有见到尸体？玛雅文明的消失与它的崛起一样，充满了神秘色彩，为世人瞩目。

有人认为，玛雅人有可能被外族入侵，他们被迫离开家园。可是，有谁比正处于文明和文化兴盛时期的玛雅人更强大呢？

有人认为玛雅人是由于发生地震而被迫离开家园。可是直到今天，那些雄伟的石构建筑，虽然有些已倒塌，但仍有很多历经千年风雨依然保存完整。

有人认为，可能是因为隔代争斗，或是年轻的一代起来反对老一代，或是发生内战，或是因为一场革命，使得玛雅人离开了故土。如果真有上述情况中的任何一种发生的话，那么也只有一部分居民，即失败者，离开国家，而胜利者则会留下生活。但调查研究没有发现有玛雅人留下来的任何迹象，哪怕是一名玛雅人！

当历史渐行渐远，成为一种遥远的回忆后，我们所能了解到的只是梦呓般的神话，以及一幢又一幢遗弃的建筑，然而神秘的玛雅人、神秘的玛雅文明、神秘的玛雅金字塔无不让我们心驰神往……

神奇的羽蛇城因何得名

yu she cheng

在法国布列塔尼半岛上，有一群庞大的石柱群，平列蜿蜒，远远望去犹如长蛇在空中飞舞。其平列总长度近 10 千米，巨石总数达 4000 块，最重的达到 350 吨，可以称得上是迄今为止已发现的世界上最壮观的石柱群了。

众所周知，布列塔尼半岛突出在大西洋的海面上，而卡纳克石柱群就是在半岛上的卡纳克镇附近。在那里，现在竖立于地的花岗岩巨石有 3000 多块，另外还有近 1000 块残破或者失落了。每块立石一般的高度是 1 ~ 5 米，而且石柱以天然大理石作为垫底。具体讲来，它一共包括有 3 个石阵。

第一石阵距离卡纳克镇 500 米左右，石柱成 12 行纵队排列，呈东西方向，蜿蜒在高低起伏的土地上，一直延伸到松林极目的远处，总长度已经达到 4000 米之多，巍然壮观。

大约隔有一个小丘的距离，就是第二石阵。排列成 7 行，在总体长度上超过第一石阵。

卡纳克镇上部分伸入大西洋的石柱

布列塔尼半岛上的许多石柱都具有像这些伸入海中的石柱一样的特征。

在石阵的中间有一座古老的磨坊，游人可以登上磨坊顶部，观看两旁绵延不绝的石柱阵容。过了一片稀疏的树林，就会看到第三个石阵。排列成13行，可惜长度仅仅有355米。不过那里的石柱在排列上，远比前面两阵更为密集。

考古学家试图将石柱与当时的拜蛇教联系到一起。历史上，当地高卢人是十分崇拜蛇神的，因而那些弯弯曲曲的石阵，有可能是模仿蟒蛇蜿蜒爬行的姿势来建造的。又因为那些石柱匍匐于高低起伏的大地上，远远望去，颇有振翅飞动的气势，因此，也就称其为“羽蛇城”。那么神奇的“羽蛇城”是什么年代建造的，又是如何建造起来的呢？

1764年，有位考古学家偶然路过这里，见到了石柱群，并做了报道，这才引起了世人的注意。而他的论说也仅仅是依据民间传说而已。

20世纪60年代，考古学家使用放射性碳测试技术，确定石柱存在于公元前4650～前4300年，距今约6000年，比英国的斯通亨石环要早得多，可谓人类新石器时代最早的文化遗址之一。

但是，石阵所在地没有石头，须从4000米以外的山岩上开采。古人最先进的搬运工具也就是绳索、滚轴、杠杆、滑车，还有土坡的斜力下滑。他们是如何搬动350吨重的大石柱的呢？是什么鼓动他们狂热地进行这么浩大的工程呢？英国考古学家哈丁翰说：“卡纳克石柱群比金字塔更神秘，是考古学史上历史最久而又未被人类攻破的秘密。”如果要揭开石柱的秘密，必须先弄清营造石阵的那批古人的来源。继而了解当年的生活情景，留存下来的墓葬，为此提供了可靠的见解物证。

法国布列塔尼半岛海岸的自然风光

1900～1907年，法国的考古学家勒胡西率领着一支队伍，发掘卡纳克附近的圣米谢尔古墓。该墓的体积是 7.5 万立方米，出土大量公元前 4000 年前后的遗物。1979 年到 1984 年，另一位考古学家勒霍斯带队发掘卡纳克辖区的格夫尔林尼斯岛上的甬道墓，发现该墓是个可以经营的地下建筑，大理石块砌成的同心圆台如同露天运动场的看台一样，墓壁上还有精美的浮雕图像。他们还在距那里 20 千米外发现了另一古墓，墓内的石雕也有类似的图案。格夫尔林尼斯岛上的甬道墓，今天已经辟为地下博物馆供游人参观。新石器时代的石雕令人叹为观止。29 块墓道墙壁石板中有 27 块刻有图案，6000 年前的无名大师雕刻了许多的同心圆弧、枞树、斧头、蛇、牧羊者手杖，等等精美图案，还有类似女神的人像。墓内室顶端的一块巨石上面，刻着一头长角的牛头和其前半身以及一把斧头。

卡纳克人有高超的本领营造这样的地下宫殿，就已经充分说明，6000 年以前的卡纳克人已经具有相当高的文化素养了，自然也有足够能力来架设简单的“地面柱林”，建筑出显示着高度文明的石柱群落来。也就是说神奇的“羽蛇城”实际上正是卡纳克人高度文明的最佳体现，“羽蛇城”本身就是他们勤劳和智慧的完美展现。

谁修建了非洲 shi tou cheng 石头城

在津巴布韦共和国境内，有石头城遗址 200 多处，最大的一处在首都哈拉雷以南 320 千米的地方，占地面积达到 7.25 平方千米，人们通常称其为“大津巴布韦遗址”。

津巴布韦是“石头城”的意思。大津巴布韦遗址在丘陵地带上，三面环山、背面是风景优美的凯尔湖。所有建筑都使用长 30 厘米、厚 10 厘米的花岗岩石板垒成，虽不用胶泥、石灰之类的粘结物，却十分严整牢固，浑然一体。石头城由 3 部分组成：呈现椭圆形的大围场、呈现山顶堡垒状的卫城和平民区。大围场依山而建，城墙长达 420 米，高 10 米，城内面积 4600 平方米。城墙的东、西、北各开一个小城门，东南墙外又加筑一个与城墙平行的石墙，形成长 100 米、宽 1 米的通道。在通道的终端有一座圆锥形实心塔，塔旁长有两颗参天的古树，据说是王室祭祀使用的圣塔。城中心有个半圆形内城，周长为 90 米左右，可能是王室最高统治者的居住场所。内外城之间有一组组的建筑群，有小围墙相连，门、柱、墙、窗都装饰有精美的浮雕图案，可能是后妃、王室人员起居的地方。城门和石柱顶端大多雕刻着一只似鸽又像燕的鸟，当地人称为“津巴布韦鸟”，现在已经成为津巴布韦国鸟。

出城门沿着石阶可走向高度达 100 米的卫城，这是整个遗址的制高点。原来城堡高 7.5 米，底厚 6 米，正面有大门通向大围场，背面是绝壁。堡内有小围墙，将建筑物分割成许多块，其间通道多得像走迷宫，建筑与雕饰之精美，并不在王城之下。

大围场和卫城周围还没有发现大型的建筑物遗址，但是墙基纵横交错，并且留有作坊、商店、货栈、炼铁炉、住宅、水井、税区、梯田等的遗迹，还发掘出中国明代的瓷器、阿拉伯的金器、印度的念珠等珍宝，这里显然是庞大复杂的平民生活区了。早在16世纪初，葡萄牙人侵占莫桑比克时，就已经风闻西边有座石头城，但是始终不能证实。1868年，探险家亚当·伦德斯进入津巴布韦狩猎，因为追杀一只狮子，偶然见到了一座巨大的城堡。他持枪大胆闯进城内，发现原来是一个空荡荡的废墟。

大津巴布韦遗址远眺

这座遗址是非洲南部最具特色的民族建筑之一。它的发现证明了南部非洲确有较为先进的古代文明。

1872年，德国地质学家卡尔毛赫闻讯潜入现场，被当地人捉住无功而回。1877年，他再度潜入，绘制地图，搜刮大量文物，回国后向全世界宣布他的“伟大发现”，说什么石头城就是圣经《旧约》所示的所罗门国王开采金矿的所在地。

20世纪，统治津巴布韦的英国殖民当局采取了保护性的措施，同时组织多批考察队进行系统研究，终于使神秘的石头城日渐明朗化。

在公元前2000年到公元初，位于地中海东岸的腓尼基人穿过撒哈拉大沙漠，定居在津巴布韦，创建了一系列的石头城。15世纪，欧洲人开始进入非洲南部，劫掠财富，掠夺黑人，致使石头城荒废。另外的说法排除了“腓尼基人创造说”，他们认为石头城是欧洲人创建的，或是由另外的优秀民族来指导非洲人民建的。这外来民族可能是天外来客，即来自地球以外的外星人。

现代以来，运用放射性碳法测定石头城及其出土物，以及其他一系列的考古论证，已经基本否定了某些西方学者的偏见。石头城最晚至公元5世纪时才有人类定居，公元10～11世纪时成为铁器时代一个部落的大聚合点，13世纪时发展为一个强大的国家中心。最有说服力的证据是“津巴布韦鸟”石雕，因为这鸟是津巴布韦一个部落世代崇拜的图腾，并且至今仍被许多居民所信奉。

此外，王城与卫城分离，政权与宗教分离，是非州中部黑人的典型习俗，并没有什么外来的影响包含在内。特别是津巴布韦全国7个省的调查显示，在民间的口头传说中，确有一个擅长片石砌墙的部族。11世纪，这个部族创建了马卡兰加王国，定都于大津巴布韦遗址，开始营建都城。后来这里又被莫诺莫塔帕王国取代了，该国继续扩大都城，15世纪进入极盛期。

悬崖宫 xuan ya gong 是如何建成的

1888 年的冬天，在美国科罗拉多州西南部高原上，两个牧民正在赶着牛群行走，突然被眼前的一片悬崖挡住了去路。他们定睛一看，原来那悬崖竟然是层层叠叠的房子，最前面还有一座巨大的宫殿呢。他们惊奇万分，这么蛮荒的地方怎么会出现这样多的房子呢？于是他们随口称这个地方为“悬崖宫”。

当然，发现“悬崖宫”的消息很快传遍全世界，一批批冒险家到这里探寻宝藏，许多珍贵文物遭到了破坏。1906 年，美国国会被迫通过了保护悬崖遗址的法令，将其定名为“弗德台地国家公园”。1909 年，最大的悬崖宫村落正式出土，1979 年，这里被联合国教科文组织列为“人类文化遗产”予以保护。

这里是遍布悬崖绝壁的台地，地面上长着草，树木稀疏，很适于放牧。“弗德”就是“绿色”的意思。16 世纪末，西班牙占领墨西哥后，侵入科罗拉多高原，称这里的印第安人为“普韦布洛人”。普韦布洛是西班牙语“村、镇”的意思。19 世纪初，台地同科罗拉多州一同成为美国的一部分。

在弗德台地发现的 1300 年前的“普韦布洛人”村落遗址，迄今已经达到 300 多个，面积达到 210.7 平方千米。几万人聚居在这个台地上，各村落之间相对的独立，又由于彼此近在咫尺，既能互助互济，又可以共同对付强敌。每个村落就是一个家族的集体聚居地，外有土砖墙加以维护，内有多层成套住房和公共建筑。多层房仿照印第安人的原始祖先悬崖穴

弗德台地国家公园遗址，这个考古遗址的发现证明了土著印第安居民的确曾有过发达的古代文明。

居的样式，逐层向上缩进，使整幢房屋好像呈锯齿形的金字塔。下层房顶就成为上层的阳台。上下层之间有木梯，上层大部分房间与邻室有侧门相通，底层则是专供贮藏食物之用的，也就不开侧门。在中心庭院有供集体使用的活动空地、祭祀房，地下还有两个礼堂（地穴）。

在哥伦布发现新大陆之前，人们关于美洲社会，仅仅知道这样的情况：在中美出现过有玛雅文明、托尔特克文明、阿兹特克文明，在南美仅仅有印加文明，并且大多建立了农业王国。至于北美的印第安人基本上被看作是不懂耕作、不会造房的野蛮部落。弗德台地的发现，改变了这种传统的偏见。

1909 年，美国的考古学家出土了台地上最大的村落遗址，俗称梅萨维德“悬崖宫”。这座村落依傍崖壁而建，占地近 1.4 万平方米，据估计当年施工周期达 50 年。村落的布局十分紧凑，有许多方形、圆形的高楼，其内共有 150 间民房、23 间地穴祭祀房间。

著名的云杉大楼，也就是两个牧民见到的“崖宫”，因楼板是由云山板铺成而得名。该楼是 3 层楼，长达 203 米，宽为 84 米，地面有 114 间住房，地下还有 8 件祭祀房间，而其中最大的一间地穴祭祀房竟然有 7 间住房那么大。云杉楼的北边有个“杯子房”，里面藏有 430 只彩陶杯子、盆子、饭碗之类，这里或许是祭器贮藏室。

村落的四周都是悬崖绝壁，天生自然，即使野兽都难以攀登。在壁面有凿出的一个个小洞，仅能容手指和脚趾插入进去。村民便是靠着这些小洞来攀爬崖宫，进出村落。显然，这有对付外敌入侵的功用。

村落周围还陆续发掘出蓄水灌田的水渠、水塘，编织篮筐的作坊，精美的陶器、玉器、骨器等。总之，村落处处体现着普韦布洛人的智慧和文明。

那么，普韦布洛人是以何为生？又是如何建造其悬崖宫的呢？

考古证明，早在公元初始时，西方称之为“编

考古学家在弗德台地国家公园进行考古发掘。

弗德台地国家公园古村落遗址

这些村落体现了当时印第安人高超的建筑技巧和对地理环境巧妙的利用。

篮者”的北美印第安人就已经能编织篮筐，栽种玉米。这些人居住在洞穴或者土穴的圆形小屋里，过着频繁迁徙的生活。

到了公元 5 ~ 10 世纪，这些“编篮者”居民制作陶器、种棉织布，还建造房屋。大约 7 世纪时，他们进入弗德台地，12 世纪前后达到全盛期。

在那里，这些“编篮者”居民聚族而居，建筑其规模宏大的“悬崖宫”聚落，使外族不敢轻易靠近和进犯。当时的“编篮者”居民尚处于母系社会，部落长是女性，妇女掌管着祭祀大权，把持家政，专司制陶工艺。男人则从事农耕狩猎、编织和保卫村寨等活动。此外，当时集市贸易兴起，已经实行物物交换了。

尽管西方殖民国家称这些居民为“普韦布洛”，“编篮者”也被称为“普韦布洛人”，但实际上他们有自己的族名：阿纳萨齐族。

几代人辛勤建造而成的弗德台地大村落，后来为什么又被弃置了呢？这是到现在也没有搞清楚的谜团。目前，持自然灾害说的人最多。他们认为，普韦布洛人在弗德台地上平平稳稳地度过了几百年，人口基本趋于饱和，地力负荷也近于极限。1276 ~ 1299 年，这里发生了一场长达 24 年之久的大旱灾，饮水枯竭。人们被迫忍痛放弃家园，向东逃荒到水源充足的地方去。从此，“悬崖宫”大村落湮没于大地。

印加人的“巨石文化”是怎样创造出来的

ju shi wen hua

1911 年，美国的考古学家海勒姆教授，在秘鲁库斯科以北 120 千米处的高山上，发现了一座被人们遗忘了 400 多年的神秘古城——马丘比丘。

马丘比丘位于海拔 2450 米的丛山之巅，据考证，此城建于 15 世纪，是南美洲西部的印加帝国第八代国王帕查库蒂·尤潘基统治时期（1438 ~ 1463 或 1471 年）的历史遗迹。数百年来，历经山洪暴雨和雷击地震的摧残，这座山城中的多数建筑已经倒塌，但仍有 216 间石屋至今仍完好无损。

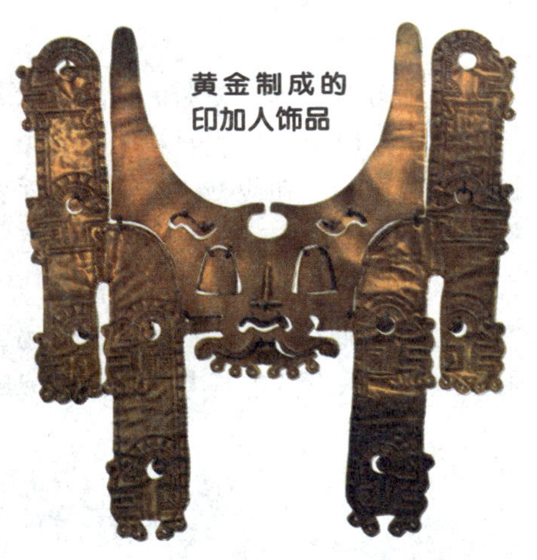

黄金制成的印加人饰品

尤其是这座山城中用花岗岩巨石砌成的墙垣，更是巍然屹立。建造这道墙垣的石块，体积大小几乎相等，层层叠加，不施泥灰抹缝，却坚固无比。在简单的金石工具的时代，印加人的石砌技术能达到如此精湛的程度，既让人感到无比惊奇，又让人觉得不可思议。

在印加人留下的遗迹中，最引人注目的特点就是以巨石为材料的建筑艺术，其规模之宏大、技艺之高超，常常显示出超越当时的工艺水平。考古学家和史学家把这些巨石建筑说成巨石文化，该文化中首先应该介绍的是印加帝国的首都库斯科。这座城市的主要建筑全部由精工凿平的巨石砌造，石块之间没有任何黏合剂衔接，但至今却连剃须刀片都插不进去。

在库斯科城四周的山岭上有很多古堡，其中城北的萨克萨瓦曼古堡有三道石墙围护，每一道石墙高 18 米，

传说中的黄金城图绘

黄金制成的印加太阳神像。“印加”在印第安人语言中意为“太阳之子”。

长540米以上。每块巨石长8米，宽4.2米，厚3.6米，体积约121立方米，重量达200吨。在500多年前的美洲，既没有钢铁工具，又没有开山炸药、车轮技术，印加人怎么能开采出如此巨大的石料呢？又怎么能运到目的地呢？这些疑问都让人困惑不解。

许多考古学家和历史学家经过长期研究和考察认为，印加人的叠石建筑艺术，是从以前各个时代的巨石文化传统中继承下来的。在印加帝国鼎盛时期，各地优秀的工匠集中到库斯科，从而为巨石文化的进一步发展创造了前提。在进行大规模的建筑活动中，又总是出动上万人做工，这就使得滚木运石的方法得以实行。

法国著名学者、美洲史专家波尔·里维等人通过考证指出，印加人虽然还不知道怎样冶炼钢铁，但他们却能够利用铜、锡、金、银的不同比例，配制成多种合金，并熟练地掌握了锻造、加工和成型蜡模浇铸等工艺技术。特别是他们使用含锡量不同（3%～14%）的青铜合金，再经过高温锻炼，就可以造出坚硬如铁的斧、凿、钎、锤等破石工具，这样就可以比较轻松地进行巨石开采。

对于印加人加工巨石的方法，秘鲁的专家们获得了一个惊人的发现。他们在对库斯科附近的一个采石坑进行考察时，发现里边有许多植物的枝叶残迹。据当地传说，有一种啄

今天的瓜达维达湖正是传说中的黄金湖，也是印加人心目中的圣湖。

木鸟，常常用嘴衔着一种神奇的植物在岩壁上钻孔筑巢。

照此推测，这种植物具有软化石头表面、降低岩石硬度的奇妙功能。印加人掌握了用这种植物软化岩石的方法，然后再利用金石工具，就可以随心所欲地对中长石、玄武岩、闪绿石进行加工，凿成各种形状，刻成各种浮雕。

如果真是这样的话，那么巨石文化的秘密就基本揭开了。可惜的是，以上解释只不过是专家们的推测，还需要加以证实。

海底墓群之谜

hai di mu qun

大约在半个世纪以前，考古学家们就已经发现在西太平洋的密克罗尼西亚联邦的近海区域内的珊瑚礁群内，有一处用石柱群围起来的神秘的海底墓群。

密克罗尼西亚联邦是在1986年独立的一个袖珍国，人口仅数千人，首都设在波纳佩岛，是一个与世隔绝的、相当落后的国家，居民绝大多数都是渔民，岛国的四周围绕着美丽的珊瑚礁群，是一处旅游胜地。

在水位高涨的时候，这个小岛看上去与其他孤立在大洋中的小岛并无两样，但是在水位退去的时候，人们就可以清楚地看到露出水面的珊瑚礁群——在礁群间有工程十分浩大的人工建成的水道，50多条人工渠道的周围则有无数建筑得十分坚固的石柱，这些石柱群都是由一根根圆形石柱组成，比马路上的水泥电线杆稍微细一些。据当地人说，这里是历代酋长的墓地，因不愿意外人侵扰亡灵，所以将坟墓建在活人难以进出的海礁中。

1920年，日本生物学家、东京大学教授杉浦来到了该岛。当时的密克罗尼西亚是日本托管地，为了揭开海下墓地之谜，他的随行人员抓来了一名酋长，逼他说出墓地的秘密。酋长说：“这是万万说不得的，岛上的酋长终身供奉的海上女神（即希腊神话传说中海上会唱歌的女妖，海上行驶的船只向着歌声驶去，就会被海浪吞没），保佑着海底的亡灵。任何人去惊动墓地的主人，都会惹怒女神，从而遭到惩罚。”

杉浦认为这是无稽之谈，就叫手下对他严加拷打，酋长被迫说出了进入墓地的秘密通道，但几天后便遭到雷击身亡。

杉浦依酋长之言从秘密通道进入了一个海底坟墓，并且获得了墓地的第一手资料，回来以后杉浦就闭门谢客，一头扎进了资料堆里，加速研究海底墓地之谜，准备让真相大白于天下，但不久，他突然暴病而亡。

杉浦家人为了实现其夙愿，委托历史学家泉清一教授续编译遗稿，然而令人感到害怕的是，泉清一教授也突然死亡。大家想起了杉浦生前对他们所说的“海上女妖的诅咒”，说凡是想对这墓地进行研究的人必然会暴卒而死，吓得研究者将所有资料全部焚毁。

到了 1970 年，日本生物学家白井洋平到西太平洋去调查海洋生物，顺便对这个神秘的海底墓地进行了一次专业外的探险活动。他租了一条小机动船，带了两名随从，在一个晴朗的下午，趁落潮时驶入了一个被石柱包围的小岛。

他们刚踏上岛，就看到一座用玄武岩柱垒起来的神庙状建筑物，石墙还分内外两重。正当他们从外侧进入内侧时，刚才还是晴空万里的天空忽然乌云密布，接着就电闪雷鸣，顷刻间大雨就劈头盖脸地浇了下来。三人被这突变的天气惊呆了，他们回过头来逃出神庙，上船后急速调转船头，驶离了这块神秘之地。令人感到惊奇不已的是，小船刚一离开，立即就雨停日出，乌云散尽，天空又恢复了晴朗。

当天晚上，白井洋平去请教当地的一位酋长。酋长对他说："这里根本没有下过一滴雨，这是死者不让你们进入他们的墓地而发出的警告。你们若再敢冒犯，保护它们的海神是不会放过你们的，说不定会掀翻你们的船，叫你们有去无回。"

最近，美国的一个科学调查小组来到了该地，并带来了许多先进的科学探测仪器和雷达设备，通过对石柱样本的碳化测定，科学家认为其建造年代为公元 1200 年左右。石柱与岛北的火山玄武岩相同，由此推测，石柱的材料来自岛北的采石场，就地加工后运到此处安装。在公元 12 世纪该岛的统治者是兴盛的萨乌鲁鲁王朝，这个王朝共维持了 200 多年，当时岛上总人口约 3000 人。

据调查小组估计，如果要在 200 年内完成规模这样庞大的工程，至少需要动员 1 万名劳动力。因为单石柱的数量就达上万根之多，而当时岛上全部可以使用的劳动力还不足 1000 人。这就留下了一个历史之谜。

专家们认为，要揭开这个历史之谜，首先必须做到的是取出墓中的棺木和随葬品，但要做到这一点，则必须跨越"诅咒"之门，战胜海神的"报复"，才能进入墓地进行考古发掘工作。

复活节岛上的 shen mi shi xiang 神秘石像

复活节岛是世界上最偏远的地方之一，它位于茫茫无际的南太平洋水域。1722年，荷兰人首先发现了这个小岛，那天刚好是复活节，因此这个岛被称为复活节岛。此后的几十年内，西班牙等欧洲探险家们曾经一次又一次地登上此岛，因为人们不仅对这个荒岛上的土著居民很好奇，而且对岛上的上百尊巨石雕像更感兴趣。复活节岛虽然孤处一方，但那些遍布全岛的石像却世界闻名。这些有着非常明显特征的石像被当地人称为“莫埃”。它们有神态各异的长脸，向上略微翘起的鼻子，向前突出的薄嘴唇，略向后倾的宽额，垂落腮部的大耳朵，刻有飞鸟鸣禽的躯干，还有垂在两边的手。石雕独特的造型使它们别具风采，使人一眼就能认出它们。此外，有些头上还戴有圆柱形红帽子的被当地人称为“普卡奥”的石像，远远看去这些红帽子就像具有尊贵和高傲色彩的红色王冠。

这些石雕人像的造型一致，都是表情呆滞、脸形瘦长。这说明其加工制作者使用的模本是统一的。从未见过的石像造型所表现出来的奇特风格，充分说明了它是未受外来文化影响的本地作品。当然也有些学者指出，它们的造型与远在墨西哥蒂纳科瓦的玛雅即印第安文化遗址上的石雕人像十分相似。难道是古代墨西哥文化影响过它？但墨西哥在复活节岛数千米之外，这几乎是不可能的。

在充分研究了小岛各处分布的600多尊石像和几处采石场的规模等情况后，众多学者一致认为这份工程没有5000个身强力壮的劳动力是不能完成的。他们做过一项试验，十几个工人忙一年才能雕刻

复活节岛上的土著居民还保持着传统的习俗与装束。

复活节岛上的石雕造型奇特，别具风采。它们屹立在那里，像是俯视着岛上络绎不绝的游人，又像是等待着人们来揭开其神秘面纱。

一尊不大不小的石人像。利用滚木滑动装置似乎是岛民解决运输问题的唯一办法，这种原始的搬运办法虽然可以将这些庞然大物搬运到小岛上的任何角落，但这必定要花费巨大的劳动量。令人不解的还在于，当雅各布·罗格文初到复活节岛时，岛上几乎没有树木，因此利用滚木装置运送巨石人像的可能性也不大。

调查者们在拉诺拉库山脉还找到了几处采石场。采石场上到处分布着像切蛋糕似的被人随意切割的几十万立方米的坚硬岩石。这些加工好的巨石人像被运往远方安放，但是数以百计未被加工的石料依然躺在采石场上，加工了一半的石像中还有一尊极为奇妙的石像，它的脸部已雕凿完成，但是后脑部还和山体相连。这件成品只需几刀就可与山体分离，但是它的制作者好像忽然发现了什么，匆匆离去，将它留在这里。

不可思议的还有戴着石帽的石像，这批石雕人像重的超过 50 吨，小的重约 2.5 吨，单单石帽就是件吨位沉重的庞然大物。制作者究竟如何将它们从采石场上凿取出来，怎样加工制作，又通过什么途径将它们运往远处安放的地方，并能牢牢地将它们耸立在石像头上？由于前几个世纪岛上居民还没有使用铁器，这一切都那么令人费解。而且工地上的许多作品，尽管进度并不相同，但是看上去似乎是同时停工的，那么小岛上究竟发生了什么事情呢？地质学家们研究之后，发现复活节岛是座火山岛，但是在人类在此居住以前并没有发生过火山爆发。

20 世纪 40 年代，挪威科学家托尔·海尔达尔提出了复活节岛上曾居住过南美印第安人的观点，并认为是他们建造了这些莫埃人像。为了证实自己的推断，海尔达尔决定孤身穿越太平洋，他造了一个简陋的木筏，开始了自己的行动。木筏随着信风和洋流一路向西漂去，实际的距离大大超过了复活节岛。101 天以后，一直在海中漂泊的木筏在塔希提岛东面一个荒凉的小岛上靠岸。

海尔达尔激动万分，因为航行证明了一只简陋的木筏横渡太平洋的可能性。当然这还只是一种可能性，是否真的发生过这样的事情还不能确定。要证明南美洲人的确曾在复活节岛上生活过还需要更多更充分的证据。海尔达尔的推断似乎得到了岛上的一些口头传说的支持，因为岛上的居民曾提到一个这样的民族：他们将耳朵刺穿并在耳垂上挂上重物，人为地把耳朵拉长。这些耳朵很长的人曾经在很长一段时间里统治了小岛，后来那些短耳朵的人感到不满，于是奋起推翻了他们。由于那些莫埃人像的耳朵几乎都垂到了肩上，所以海尔达尔推断它们是由那些耳朵很长的人建造的。那么，这些人是从哪里来的？岛上居民传说他们来自东方，但那里仅有一望无际的海洋……

然而后来的一些理论却否认了海尔达尔的推想。首先，通过放射性碳元素测定年代法表明，早在公元5世纪之前，岛上就有人居住了，而莫埃人像则最早建造于公元900～1000年之间。而且后来的许多研究也证实岛上的居民是从波利尼西亚迁移过来的，而不是从南美洲迁移过来的。从语言学的角度进行分析，岛上居民使用的文字更接近波利尼西亚的文字；对他们的骨骼进行研究后发现，岛上的居民也更接近于东南亚人。

最早来到复活节岛上的是波利尼西亚人这一观点得到了普遍认同，因为这一结论能在一定程度上解释为什么能够建造那些巨大的雕像。由于波利尼西亚非常盛行祖先崇拜，因此那些莫埃人像可能是由岛上的家族或部落建立起来的用以纪念先人的墓碑。马克萨斯群岛还有一种在死者的雕像上放上一块石头，以示哀悼的传统。而在莫埃人像顶部盖上红石头很可能就是由这种传统演化而来的。

复活节岛上的石雕人像不断地被人写入游记、见闻和回忆录里，变得日益神秘起来。现在，这些石雕人像随着科技的发展和电视的普及已经家喻户晓了，但是仍有许许多多的谜团困扰着人们，而岛上的那些石雕人像仍屹立在那里，俯视着岛上络绎不绝的游人。

三星堆文化之谜

san xing dui wen hua

三星堆遗址位于四川省广汉市南兴镇北，这里有一条古河道叫“马牧河”，河道北岸的阶地形似月牙，人们便给它起了个美丽的名字——“月亮湾”，而三星堆则得名于河道南岸的3个大土堆。三星堆遗址的最初发现，是非常偶然的。1929年2月的一天，家住广汉市太平镇月亮湾的燕氏父子在浇灌农田的过程中，锄头锄到了一块石板，他们满怀惊奇地撬开石板，竟发现了满坑光彩夺目的玉石器。不懂文物的他们却肯定这是宝物，于是燕氏父子便在深夜偷偷将一共300多件玉石器取出，搬回家中。过了一年，燕氏父子见周围并无异常反应，为了牟利，他们便携带这些玉石器到城市的少城路——以前最大的古董市场去卖。据说这些被他们变卖的玉器至今仍下落不明。如此多的罕见之宝涌入市场，一时间，广汉玉器在古董商和古玩家之间炒得沸沸扬扬。大批所谓的“淘金者”纷纷涌向月亮湾，去寻觅宝物。

戴黄金罩青铜像　三星堆文化
横径 16.7 厘米，纵径 21.4 厘米，高 48.5 厘米，四川省广汉市三星堆出土。由铜头像和金面罩组成。倒八字眉，丹凤眼，蒜头鼻，鼻梁直。阔口，闭唇，长条形耳廓，粗颈。金面罩用金箔制成，大小、造型和铜头像面部特征相同，双眼双眉镂空。古代蜀人将黄金制成面罩作为青铜人头像的面部装饰，更是古代蜀人的杰作。

三星堆遗址能以真面目示人也得益于一个机缘，就在燕氏父子出卖那些玉石器的时候，也带了一些送给当地驻军旅长陶宗凯。此人乃一介武夫，对古董一无所知，但他找到了当时在华西大学地质系任教的葛维汉，请他帮助鉴别。葛维汉来自美国，对古董有所研究，他看到这些玉石器后，眼前为之一亮，没想到如此精美的玉石器也会出现在西南地区，他初步认定了这些玉器是周代礼器，是稀世珍宝。就在 1933 年秋，葛维汉与同是华西大学教授的林铭钧、戴谦和等人组成了对三星堆遗址的考古发掘队。考古队在发掘中，发现了许多陶器、石器、玉珠、玉圭等稀世珍宝。1936 年，考古队将发掘所获加以整理分析，在《华西边疆学刊》上发表了《汉州初步发掘报告》的文章。在报告中，有关遗址文物被称为“广汉文化”。不幸的是，第一次发掘工作仅仅持续了 4 年，就被 1937 年开始的日本侵华战争阻断了。

第二次正式的发掘工作开始于 20 世纪 50 年代初期。为配合宝成铁路的建设，考古学家们又一次来到了月亮湾进行考古调查，继续十余年前对遗址的勘探。他们采集了大量石器和陶器标本，根据初步考证，他们确定该遗址可能是西周时期的古遗址。1963 年的一次规模较大的发掘，是由四川大学历史系考古学教授冯汉骥带领他的学生进行的。他们来到月亮湾的高地上，极目远眺，顿感这是一个不凡之地。冯汉骥深有感慨，他认为这里极有可能是古代蜀人的都城。后来的考古发掘证明了他的预言是正确的。

1980 年，在全面发掘条件成熟的情况下，由四川省文物管理委员会组织的对三星堆遗址抢救性的发掘全面展开了。这次历时 3 个月的发掘，收获颇丰，不仅出土了不少的陶器、玉器、石器，并且还发现了大量的房屋基址和 4000 多年前的墓葬。这些陶器、石器让人们了解了 4000 多年前古蜀人的文化特点，从而也从它们身上见识到了古蜀文化和古蜀人的生活方式。在这次成功发掘的激励下，考古学家们锲而不舍、继续前进，试图进一步揭开古蜀王国之谜。1986 年 7 月 23 日凌晨 2 时 30 分，他们又有了一个重大收获。考古学家以竹签为工具，在谨慎的挑土过程中，发现了一小点在灯光照耀下闪闪发光的黄色物体，他们耐住性子，继续挑土，不一会儿，黄色物体显露的面积越来越大，还显出花纹来。先是一尾雕刻逼真的鱼映入眼帘，接着人们又发现了一只振翅欲飞的小鸟。这弯弯曲曲的黄色物体不断地延伸，竟长达一米多，令人惊奇的是，上面除了刻有鱼、鸟纹外，竟然还刻有一个王者之像。考古人员将这一发掘物称为“金腰带”。意识到此发现非同小可，他们立即向政府请派军警保护现场，局面得以控制后，考古人员才公开了发现古蜀王“金腰带”的消息。一时间舆论哗然，三星堆又一次成为世人关注的焦点。继“金腰带”之后，大量的玉器、象牙、青铜器及金器也被陆续发现，尤其是青铜器中的各式人头像和黄金面罩是中国考古史上的首次发现，具有十分重要的意义。

在考古人员不知疲倦的奋战下，一具具神奇的青铜面具，一件件晶莹剔透的玉器，闪闪发光的金鱼、金叶，离开了它们沉睡的泥土，发出了熠熠光辉。尤其是 1986 年发现的两座器物坑，是三星堆遗址的代表，它的发现令世人瞩目。其中一号器物坑位于三星堆土堆南侧 100 米左右，坑是一个口大底小的长方形，坑内大概有 400 多件文物出土；二号器物坑位于祭祀坑东南，相距大概 20 米，是一个坑壁稍微有些倾斜的长方竖穴，从这个坑里出土了 439 件青铜器，131 件玉石器，此外还有骨、象牙等器物。这些 3000 年前的青铜人像雕塑，在中国古代文明史上十分罕见，在东方乃至世界艺术史上都占有十分重要的历史地位。那件大型青铜人像的发掘，填补了美术史上商代大型雕塑的空白，它总体身高将近 3 米，是目前为止发现的几尊最大的青铜铸像之一。人像面部的器官雕刻得栩栩如生，头上还戴着用羽毛装饰的发冠。它手臂的动作好像是在进献贡品，人像身着饰有巨龙、云雷、人面花纹的衣服，看上去十分华丽。无论是从它的面部表情、身体动作，还是衣着来看，都体现了浓厚的宗教色彩。因此，有的专家推断这个青铜大立像可能是一个象征着王者的“司巫”。在二号祭祀坑还出土了 41 件铜人头像，它们的大小、面部比例、神色与真人非常接近，大概也是反映了巫师的形象。

在这两座器物坑中，人们还发现了一种被专家称为有“不死”或“通天地”功能的神树，那就是用青铜器制作的铜树。其中最大的一棵，高近 4 米，由树座、主杆和三层树枝组成，体态挺拔，装饰十分精美。树下底盘为圆环形，上有一个描绘着云气状花纹的山形树座。高大的树杆一共有 3 层，一层向外伸出 3 根枝条，每一根枝条上都站立着一只鸟，枝端挂着一颗桃形的果实，十分精巧。除此之外，更让人称奇的是，在树座下面背朝着树干跪着 3 个人像，他们的表情十分威严庄重，愈发使神树显得神圣无比。这棵神树是目前世界上发现时代最早、形体最大的一株，据推测，后世兴起的“摇钱树”可能就是在此基础上发展而成的。两座器物坑中除了青铜人像和铜树外，还有玉石器和青铜礼器也是颇为重要的。

三星堆遗址重新出现在世人面前，它的社会影响和学术意义是十分重大的。英国《独立报》曾以《中国青铜像无与伦比》为题发表文章，称三星堆青铜像是“古代最杰出的艺术制品”，而这次大量青铜文物

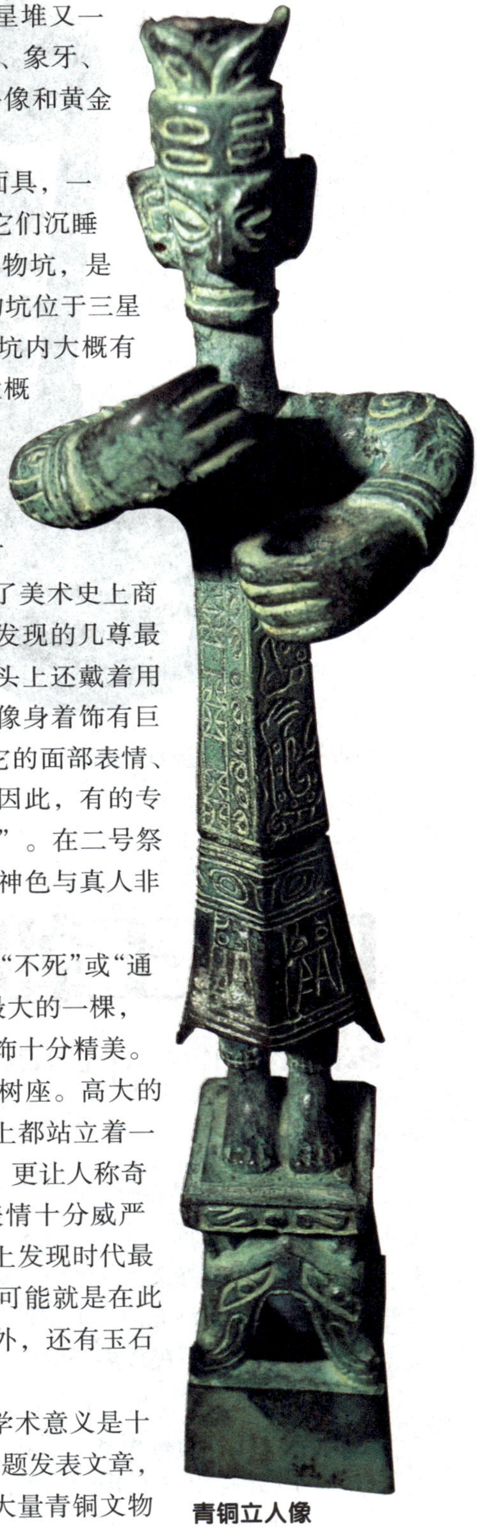

青铜立人像

青铜面具　三星堆文化
高 82.5 厘米，宽 78 厘米。四川省广汉市三星堆出土。这件硕大的青铜面具面部呈长方形，两耳向两侧展开，倒八字形长刀眉，臣字形眼，鹰钩鼻，阔口，露舌，方头，额饰成勾云状，可能用于古蜀王国举行的盛大祭祀活动，象征蜀王或群巫之长。

的出现，也将使人们对中国金属制造的认识上升到一个新的高度，让我们感受到了一个高度发达的早期蜀王国文明的无穷魅力。从对三星堆遗址的研究来看，商的势力和文化的影响确已达到了成都平原。虽然过去专家们在研究殷墟卜辞时也曾发现有“征蜀”、“伐蜀”、“至蜀”的记载，然而遗憾的是，由于人们怀疑商王朝根本无力攻入像四川这样的遥远之地，所以这些记载以前并没有引起人们足够的重视。至于商文化是如何从遥远的中原地区传入四川的，专家们提出种种推测。著名历史学家李学勤经过考察三星堆出土的若干青铜器，认为商文化可能是在向南推进的过程中，经由淮河流域，穿过洞庭湖，沿着长江流域逐步发展到四川地区的。

历史渐渐离我们远去，唯有在这些遗迹和遗物中，我们才能探寻到过去的讯息。当然，我们从中所感受到的只是一个早期蜀王国灿烂文明的物质表现，至于它那深厚的文化底蕴和神秘的青铜艺术则需要我们慢慢地去品味、去欣赏。

巴人王朝为何湮没

ba ren wang chao

神秘的巴人早在公元前十几世纪就有可以与中原强大的商王朝相媲美的青铜文明。巴人祖先和黄帝是同一支，还是独立地创造长江文明的源头？曾经极其辉煌的巴国社会生活状态怎么样，最终又为何湮没？对此人们有不同的猜测。

巴人起源于湖北清江下游长阳的武落钟离山。巴人为夺取盐业资源曾与以“盐水神女”为代表的某个母系民族展开争战，并赢得了战争。这是巴人与盐的第一次结合。其后，“巴人”与“盐巴”在三峡一带上演了一场横贯数千年的大剧。巴人领袖廪君战胜盐水神女后，在清江边（清江古称夷水）建筑夷城，建立了巴王国。这是一个奴隶制国家，是巴人建立的第一个巴国。巴人以虎为图腾，好鬼神，实行祖先崇拜，廪君则是他们最伟大的祖先。

在以后的历史中，巴国的军队参加了周武王伐纣的联盟军，成为前锋部队，戴着百兽面具，跳着“巴渝舞”冲锋陷阵，打败了殷商军队。战后巴人受封子国。这就是《华阳国志》中所称的“巴子”、“巴子国”。此后，巴国在楚国和秦国两大强国的夹缝中艰难求存，节节退守，终被秦国所灭。

虎纹钲　春秋
四川省广汉市出土，这件钲是南方地区特别是巴国故地的一种军乐器。由虎、星及图饰组成的巴蜀符号是巴蜀两国的文字，但直至今日，人们仍无法破译。

对于巴国的文明，有人说是同黄河文明并列的长江文明的源头。巴人在湖北的生活有个漫长发展过程，独自由原始氏族形成众多部落，再到后来组成5个核心部落——“巴、樊、覃、相、郑”，他们在很长的时间里平等相处、无君臣之分。当各部落不断壮大，终于到了需要一个君主统领联盟的时候，“乃共掷剑于石穴，约能中者，奉以为君。”廪君胜出，成为巴人领袖，由于团结，从此强盛起来。

而后在长期的发展中，迁入四川，在险山恶水中，独自产生了高度的物质文明和精神文化。在迄今发现的巴人许多文物上，都有着被专家们称之为“巴蜀图语”的刻画符号，动物的、植物的、人物的、奇特的造像、古怪的印痕，这究竟是发源于巴人原始的艺术灵性，还是大自然神秘莫测的烙印？是装饰品还是占星术？至今仍是一个难以破译的悬念。不过可以肯定这是巴人的精神文化创造。

巴国另一个未解之谜是巴人为何突然失踪，在历史中毫无音讯。十数万巴人神奇失踪之谜，千百年来无数人为之苦苦追寻，试图找出谜底，但都难得其解。

有人说，巴国被秦军灭后，其人口也被全部坑杀，这种说法也许更多是基于秦军的残暴和坑杀赵军40万之说上的猜测。

有人说，巴国人在灭国后，除死伤外都大规模迁移了。最近陕西商洛地区考古专家在探寻商洛900多个神秘洞窟起源时，又有了关于失踪巴人的惊人发现。

据了解，商洛发现的神秘洞窟均面山、临水，故每每进洞，须越过湍急的河流。洞内呈长方形，四壁平整，人工开凿痕迹清晰。就目前已知的巴人习性而言，神秘洞窟的本身就与巴人在川生活有着许多相同之处。又发现了船棺葬的残存物，而且还有一些巴人文物相继出土。这些文物与三峡地区出土的巴人文物几乎如出一辙，其器具上的符号也惊人的一致。

于是人们产生了一个大胆的猜想：一度失踪的巴人是否像陶渊明《桃花源》所描述的那样，为躲避战乱而隐居起来？神秘洞窟莫非是已经消失了的古代巴人的桃花源？

长江三峡

第三种说法是巴人并没有失踪，没有离开本土，巴人就是现在土家族的祖先。从20世纪90年代中期开始，专家们试图利用DNA遗传技术分析古代巴人和今天土家族的关系，并多次对三峡和清江流域一带的土家族人的血液和悬崖峭壁上的骨骸进行了基因对比实验。

持这一观点的人认为，后来史料上之所以不见巴人，是因为巴国不存在了，也就没有人称呼巴人，而他们的后裔依然生活在这片土地上，形成土家族。通过考查，人们发现土家族的生活方式、习俗与遥远的巴人的确很相似。不过这种说法也没有得到公认。

奇异的巴人王朝曾有过血与火的历史，在史书记载上无一不是与战争相关联，这是个伟大的王国，还存在太多的谜无法解开，我们暂时也就无法进一步窥探巴人的奋斗历程。但相信随着研究的不断深入，人们终将解开巴人失踪之谜。

神秘消失的楼兰古城

lou lan gu cheng

在负有盛名的汉唐时代的丝绸之路上，曾经有一座著名的古城楼兰。它的遗址位于今塔里木盆地的东部，罗布泊洼地的西北边缘。司马迁在《史记》中曾提到过这座城市，由此可知，楼兰王国在当时已经是众所周知了，它在中西方的经济、文化交流方面也起到了重要的桥梁作用。公元前77年，汉朝皇帝将楼兰的国名改为鄯善。

可是，这座绿草遍地、车来车往、门庭若市的繁荣古城，在公元4世纪以后，却突然神秘地消失了，留下的只是“城廓巍然，人物断绝”的不毛之地。

现在，由于探险和考古发现不断进步，楼兰文明越来越清晰地展示在人们面前。

荟萃了东西方文明的楼兰古城最显著的特征是将多元民族、多元文化相互融合了起来。在宗教信仰和物质习俗方面均表现出这种特点。如1997年新疆维吾尔自治区文物考古所在尉犁县营盘古城附近发掘的一座汉晋墓地，出土文物包括汉晋的绢、绮、缣、丝绣、织金锦、汉代铁镜，这些物品都带有明显的中原风格。同时还发掘出了带有中亚风格的麻织面具、黄金冠饰、金耳环和金戒指等，还有来自安息王朝的玻璃器皿和古希腊罗马风格的毛纺织品，

楼兰女尸

新疆维吾尔自治区若羌县，这具女尸已有3800年的历史，具有白种人特征。身着羊皮衣服和鞋子，头戴装饰着鹅羽的羊毛帽子。对这具有着1.5米高、40岁左右的女性尸体检查表明，她的肺部被沙漠风尘和煤烟侵入。随着气候的变化，环境日益恶劣，这里的人们不得不面对那几百米高的流沙，加之河流枯涸，居民开始迁移，最终楼兰如其他古城一样被风沙所湮没。

等等。可以说很多当时天下的宝物都聚集在这一座小小的墓地之中。

这种多元文化的格局正是塔克拉玛干沙漠文明赖以存在和发展的基础。塔克拉玛干沙漠文明从地域位置看处于各主要文明的边缘，似乎是一个文化边缘地带，而实际上却是各民族文化交流与展现的舞台，是各种文化聚集融合的场所。

楼兰古城出土的汉文木简和文书内容比较丰富，主要是当地行政机构和驻军的各项公文及公私往来信件，从中不但可以看出楼兰城的军事力量和状况，以及各屯区农业生产、水利与生活的一些情况，而且还可以了解到楼兰城内与居民日常生活有关的情形，如城内设有仓库、客馆和医院，有制造铁工具和兵器的手工业，有以谷物丝帛作价的商业活动。此外，文书还记录了一些有关城内居民与户口、法律等方面的情况。从某种意义上说，这些文书是当时楼兰文明在政治、经济、文化方面的真实写照。

然而，公元4世纪以后，这样一个绿草遍地、人口繁盛的绿洲却瞬间消失了。黄沙漫漫，盖住了曾经在这片土地上发生的一切。一望无际的沙漠代替了昔日的绿洲，只有丝绸之路上留下的斑斑白骨暗示着这里曾经是一个商旅云集的贸易中转站。文明就这样突然中断了。那么，到底是什么力量造成了这一切呢？从楼兰古城出土的汉文简牍中可以知道，当时楼兰王国的农业生产每况愈下，又联想到楼兰处于沙漠之中，我们推测这可能是当时的自然环境发生了较大变化，水源日益不足，环境恶化，生态失衡，最终导致了楼兰文明的覆灭。楼兰人不得不放弃他们曾经坚守的故国，四处逃散，而文明也就消失了。

尼雅文明 ni ya wen ming 为何消亡

20世纪初，在中国西北部塔克拉玛干大沙漠边缘的尼雅地区，英国探险家斯坦因发现了一座古城。古城遗址规模庞大，东西宽约7千米，南北长约26千米，许多城墙、房舍、街道、佛塔的轮廓依然保存得相当完好，其气势磅礴，堪与著名的古罗马庞贝城相媲美。更令人惊讶的是，从这里挖掘出的大量珍贵文物，其中还有很多书写了奇怪符号的木简。这些发现立刻使尼雅一夜间轰动了世界，那些奇怪的符号是文字吗？如果是的话，写的又是什么？为什么在这沙漠之地会有具有高度文明的古城？这座古城是如何从历史上消失的？

在尼雅考古发掘中发现的奇怪木简符号，经专家考证确实是一种叫佉卢文的文字。这是一种早已消失的文字，起源于公元前4世纪的印度西北部，公元前3世纪印度孔雀王朝的阿育王时期就使用此种文字。公元2～4世纪曾流行于新疆维吾尔自治区的楼兰、和田一带，随着印度贵霜王朝的灭亡，佉卢文也随之消失了，距今已经有1600多年，

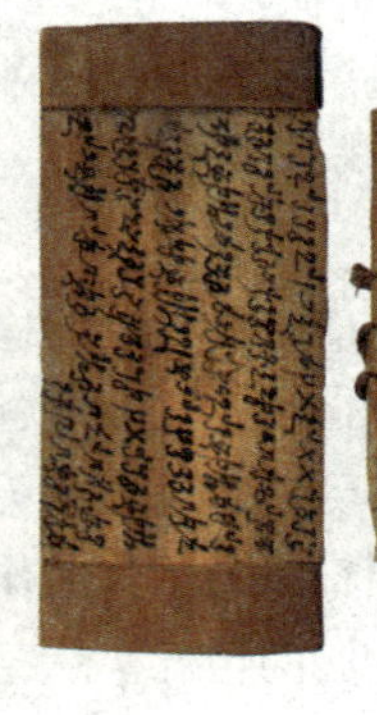

佉卢文木简

当今世上只有极少数专门的研究者能读懂它。佉卢文能在异国他乡流行起来至今还没有非常合理的解释。不过这似乎并不重要，重要的是木简上的佉卢文写的是什么内容呢？

在解读它们的过程中人们发现，木简内容也许揭示了尼雅消亡的原因。其表述的多是各种命令，如“有来自某国人进攻的危险……军队必须上战场，不管还剩有多少士兵……”，“现有人带来关于某国人进攻的重要情报”；“某国人之威胁令人十分担忧，我们将对城内居民进行清查”。这些文字字体是弯曲形的，没有标点，字与字之间无间隔，给解读带来了困难。但单从这些零星的只言片语我们可以得知，尼雅王国受到了某个王国的威胁，而且该国力量异常强大，尼雅几乎无力抵抗，只有忐忑不安地等待着那悲惨的命运。尼雅的消失，是不是因为那个令尼雅害怕的王国的致命一击呢？

新疆维吾尔自治区一带古时又称西域，公元元年前后，有诸多小王国都臣服于强大的汉王朝。尼雅遗址属于当时某个小王国当属无疑，但又是哪个小王国呢？有人认为是史籍中记载的精绝国。精绝国位于昆仑山下，塔克拉玛干大沙漠南缘，与今天的尼雅遗址十分接近，而且精绝国的消失也是在公元二三世纪，与尼雅王国的消失时间上重合。不过当时的精绝国可不是滚滚黄沙，而是气候宜人、水草丰茂的一片绿洲。而此时中原正处于东汉末年和三国两晋的慌乱与纷争中，无暇他顾，致使西域诸多势力较强的王国没有顾忌，也掀起了兼并弱小王国的战争。木简上的佉卢文记载了尼雅的恐惧，无情的战火殃及尼雅，伟大的文明淹没在血腥的厮杀中。

人物印花棉布　东汉

这件棉布是尼雅遗址出土的文物中最为精美的一件，织造精密，文化内涵丰富。左侧手持丰饶角的头带背光的女像，可以认为是佛像，也可以认为是中亚丰收女神阿尔多克洒，还可以认为是希腊女神雅典娜；右下方的龙则是中原汉王朝的文化特征；右上方的狮子已成残躯，但仍可看出印度的风尚。

另一种说法是，尼雅被毁是尼雅人自己造成的。从遗址及所发现的文物可以看出，当年的古城盛极一时。清澈的尼雅河从城郊缓缓流过，众多水道交织，大小湖泊星罗棋布，周边茂密的林木将遥远的大沙漠隔离。但尼雅人的活动却不断地对环境造成了破坏，特别是在1700多年前，尼雅的生产方式粗放，人口的增

尼雅遗址

中国的尼雅文明由于英国人斯坦因的发现而闻名于世。它充分体现了作为东西方文明交会处的地理重要性。它的文明具有中国、波斯、罗马、希腊、印度及中亚各国的综合特点。

加破坏了植被，又大肆砍伐树木，致使水源枯竭。塔克拉玛干大沙漠最终把尼雅吞噬。现在的尼雅遗址中房屋建筑被厚厚的黄土掩埋，只露出一些残垣断壁，到处是破碎的陶器，累累的残骨，干尸常常暴露在废墟中。要是当年富庶的尼雅人能看到今天的破败景象，也许他们就会珍惜那片神赐的绿洲。

尼雅的命运令人扼腕叹息，同时又告诫人们：我们只有一个地球，如果不珍惜，即使再辉煌的文明也会成为一片荒凉的废墟。

千年不腐的 ma wang dui gu shi 马王堆古尸

1972年，在中国湖南马王堆古墓中出土了一具女尸，它震惊了世界。为什么呢？原来，尽管历经2000年，但这具女尸外形完整，面色鲜活，发色如真。解剖后，其内脏器官完整无损，血管结构清楚，骨质组织完好，甚至腹内一些食物仍存。为什么这具古尸历经千年而不腐呢？

一般来说，古墓中的尸体留至今天，只会出现两种结果：一是腐烂。因为在有空气、水分和细菌的环境里，大量的有机物质会很快腐烂，棺木也会腐朽，最后尸体也难免烂掉。二是形成干尸。这需要极为特殊的气候条件，在特别干燥或没有空气的地方，细菌微生物难以生存，这样，尸体会迅速脱水，成为“干尸”。

马王堆的女尸为何是“湿尸”而不腐烂呢？其原因是：

第一，尸体的防腐处理完善。经化学鉴定，它的棺液沉淀物中含有大量的乙醇、硫化汞和乙酸等物。这证明女尸是经过了汞处理和其他浸泡处理的，硫化汞对于尸体防腐的作用很大。

第二，墓室深。整个墓室建筑在地底16米以下的地方。上面还有高20多米，底径

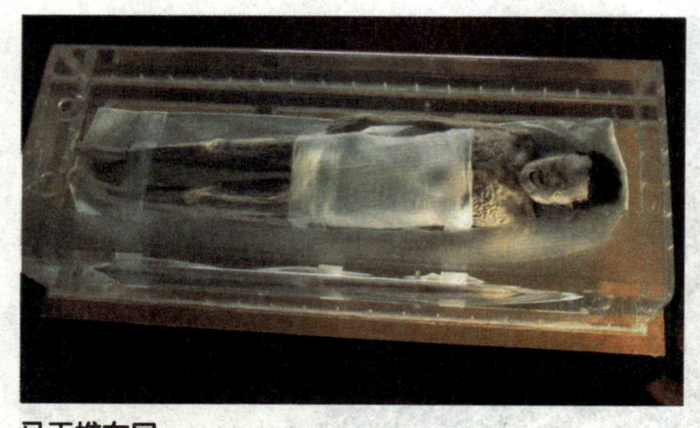

马王堆女尸

五六十米的大封土堆。既不透气也不透水，更不透光。这就基本隔绝了地表物理和化学的影响。

第三，封闭严。墓室的周壁均用可塑性大、黏性强、密封性好的白膏泥筑成。泥层厚约 1 米。厚为半米的木炭层衬在白膏泥的内面，共 5000 多千克。墓室筑成后，墓坑再用五花土夯实。这样，地面的大气就与整个墓室完全隔绝了，并能保持 18℃左右的相对恒温，光的照射被隔绝，地下水也不能流入墓室。

第四，隔绝了空气。由于密封好，墓室中已接近了真空，具备了缺氧的条件。在这种条件下，厌氧菌开始繁殖。存放在椁室中的丝麻织物、乐器、漆器、木俑、竹简等有机物和陪葬的大量的食物、植物种子、中草药材等，产生了可燃的沼气。从而加大了墓室内的压强。沼气能杀菌。细菌在高压下也无法生存。

第五，棺椁中存有具有防腐和保存尸体作用的棺液。据查，椁外的液体约深 40 厘米，棺内的液体约深 20 厘米。但它们都不是人造的防腐液，而是由白膏泥、木炭、木料中的少量水分和水蒸气凝聚而成的。而内棺中的液体是女尸身体内的液体化成的“尸解水”。这种自然形成的棺液防止了尸体腐败，并使得尸体的软组织保持了弹性，肤色如初，栩栩如生。

在重见天日之时，千年的亡魂随同所有出土的文物，散发着迷人的光芒，让人不禁惊叹于造化的神奇。

第五篇
CHAPTER FIVE

生命探奇
Exploration of Life

地球生命来自何处

di qiu sheng ming

地球上有各种各样的自然现象，其中最美丽、最动人的要数生命现象了：小到昆虫，大到体形庞大的鲸；从最简单的单细胞生物，到最复杂、进化程度最高的人类……无一不绽放着生命的艳丽之花。然而，生命是怎样产生的呢？

几千年来，人类一直渴望揭开这个秘密，并为此付出了努力，可直到今天，人们仍没有找到这个问题的答案。生命之谜太神奇了。

科学家们进行了许多艰苦的探索和实验，希望能科学地解释生命的起源，并提出了各种各样的假说和理论。其中“自然发生说”就是最古老的假说之一。

公元前4世纪，亚里士多德就认为从非生命的物质中，生命可以自然地产生出来。按照他的说法，蜜蜂、萤火虫或蠕虫这样的生物可能是由黏液和早晨的露水或粪土的混合物形成的。一直到13世纪，人们还相信亚里士多德的这种观点，认为从树上能长出小羊来。更有趣的是，17世纪的比利时医生范·赫尔蒙特还开了一个药方子，说是照方子中的办法就可以生出小老鼠来。方法很简单，就是把破衬衣用人体汗水浸透，然后和小麦放在一起，塞进一个瓶子里，等到它们发酵以后，小老鼠就会从发酵的破衬衣和小麦中长出来。这个荒谬的方子自然是不会成功的。

巴斯德在实验室里，作为一个无私的科学家，他经过一系列细菌实验，否认了生命自生说，为现代科学的发展打下了坚实的基础。

1864年，法国化学家巴斯德进行了著名的“曲颈瓶”实验：他把肉煮好捞起来扔掉，只留下煮沸的肉汤，再把肉汤倒入烧瓶里，然后把烧瓶的瓶颈弄成S形，以便通入新鲜空气，同时阻止任何细菌或微生物随空气飘入瓶子里。实验结果表明，即使在这样S形的长颈瓶子里，连最简单的生命——微生物都不会自然发生。这个实验说明了自然发生说的荒谬性，人们只能另寻解释生命产生的途径。

此外，还有一种观点是“宇宙发生说”。这种观点认为生命来源于太空，运载生命种子来到地球的“飞船”就是陨石，陨石通过撞击地球的方式，把生命种子播撒到地球上。由于地球的环境条件适宜生命活动，所以来自宇宙的生命就生存发展起来。

19 世纪 70 年代，霍伊尔、维克拉玛辛等科学家在遥远的恒星周围的尘粒中发现了一些奇怪的物质，他们猜测这些物质是生命的遗痕。由此，他们做出以下推断：

一颗与太阳相仿的不知名的恒星，其轨道中运行着一颗体积极小的彗星。在这颗微小的彗星体内，有一个只能在显微镜下才能看到的孢子，它就是外星生命的“种子”。孢子正静静地躺着，处于休眠期。过了若干年，恒星的引力突然发生了变化，导致这颗彗星从原轨道上脱离出来，飞向太空。在后来长达 1 亿多年的时间中，它独自遨游在广漠、寂静而冰冷的宇宙空间里，直到它偶然闯进了太阳系。几颗巨大的气体状行星快速划过它身边，然后，一颗庞大的、夹杂着片片褐色的蓝色星球离它越来越近，这个蓝色的星球就是地球。这颗彗星与无数陨星碎片夹杂在一起，猛烈地撞击在地球上，彗星被撞得碎裂开来。在彗星体内休眠了几亿年的孢子被抛进了地球表面温暖的海洋中。这颗珍贵的生命种子，受到了某种催化作用，在经过了一系列化学反应和生物反应之后，形成了最原始的生命。从此，地球上有了生命。这种生命的原始起源大约发生在 33 亿年前，地球上从此开始了一个全新的、有生命的时代，从一个无生命的星球变成了有生命的行星，并且越来越美丽。

米勒在做氨基酸生成实验。右图为斯坦利·米勒的实验装置。

射电天文学和宇宙化学的迅速发展为人类研究生命起源提供了契机。20 世纪 60 年代，科学家们发现在宇宙空间中有大量的有机分子，同时也在那些落入地球的陨石中发现了近 20 种氨基酸和 10 多种烃类物质。但是，宇宙发生说只解释了生命是从宇宙空间移居到地球上来的，并没有揭示出生命起源的真正原因。1953 年，美国化学家做了一个关于生命起源的实验。从此，没有人再相信维克拉玛辛和霍伊尔等人的假说了。

斯坦利·米勒是美国圣迭戈大学的一位科学家，他于 1953 年进行了一个有趣的化学实验。他先把氨气、甲烷、氢气和水蒸气等气体，按照地球原始状态时的组成比例混合在一起，装入一个玻璃瓶中。然后，他用电流模拟闪电，轰击这些气体。闪电是今天常见的气候现象，同时它也很古老，它在地球最原始时期就存在了。一个星期后，米勒惊喜地发现，在玻璃瓶中出现了一种橘黄色气体，这是以前没有的。米勒对这种气体进行了测定，测出大量氨基酸等有机物质存在于这一气体中。此后，德国的科学家格罗茨和维森霍夫也进行了与米勒相类似的实验，他们先按照地球原始状态配置气体，然后用紫外线长时间照射这些气体，结果也得到了氨基酸。

在 20 世纪 60 年代，科学家奥罗利用氰化氢等物质，成功地合成了生命物质腺嘌呤，

生命存在的条件
生命是怎样起源的，至今仍然是一个谜。不过科学家们一致认为，合适的环境一定是一个重要的因素。澳大利亚西部的垫藻岩据认为是地球上最早生命的后代，它们的形态一直没有改变。它们的生存环境表明生命所需的条件：温暖、光线、适宜的大气和水，这些条件可以促进生命所需的复杂的化学反应。

它是核酸的重要组成成分之一。1963年，波兰的佩鲁马等科学家利用紫外线照射，得到了一种在生命体中用于传输能量的重要物质ATP。这些实验有力地证明，在一定的能量条件和物质条件下，无机物转化为有机物、简单的有机物转化为复杂的生命物质的进化过程，即使没有生物酶的作用，也完全有可能在地球上实现。

就这样，一种新的学说——化学进化说，开始被越来越多的人接受。

这个学说认为，早期地球的大气中存在着大量有机分子，这些有机分子在漫长的时间里逐渐产生了一种相互关联的结构，这种结构能临时组合在一起。又过了许久，这种分子周围出现一层黏稠状的东西，它能随着外界环境的变化，排放出一部分有机分子，也能接受另一类有机分子。这种复合化的分子被看作是最初的生命形式，它已经具备了最简单的代谢和繁殖功能，形成了生命的基本特性。这种最低级的生命形式结构极其简单，连今天最简单的微生物都比它复杂许多，但它们已经具备了生命的基本特征，能靠自然选择来进化成各种各样的高级生物体。

但是地球生命诞生的奥秘仍没有解开。科学家们发现，在太阳系的八大行星中，木星、土星、海王星和天王星的大气成分主要是氨气、甲烷，而火星、金星等类地行星的大气，则主要是二氧化碳。于是，有人提出了这样的问题：为什么就可以断定原始状态时的地球大气中，一定含有甲烷而不是二氧化碳呢？

德国和法国的两位科学家在格陵兰38亿年前形成的古老的石英岩层中，发现了单细胞有机物的内含物。

这种细胞外观上呈椭圆形或是丝状体，一般具有鞘。它的内含物由生命物质组成；它的细胞壁和鞘的结构以及繁殖方式，与现代的酵母菌几乎相同。这样的单细胞有机物大约需要5亿年时间才能形成。因此可以推测，生命应该在43亿年前才开始形成。

长长的尾巴可以用来猛击敌人，而平时则用来保持身体的平衡。

根据最新的考察结果，人们认识到生命的出现与行星的诞生几乎是在同一时期实现的。

美国科学家经研究发现，在其所含有的能量的作用下，普通的泥土也可以合成氨基酸

针叶树结有球果，盐龙和其他许多素食恐龙都非常爱吃这种果类。

等生命物质。

虽然地球生命诞生的奥秘目前仍无法解开，但是我们有理由相信，终有一天人类将解开生命起源之谜。

恐龙 kong long 灭绝之谜

蕨类植物高矮不一，矮的很矮，高的则像大树一般。

依据达尔文的进化论，一些科学家认为恐龙自身种族的老化，以及在与新兴哺乳动物的进化竞争中的失败导致恐龙最终灭绝。

还有一些观点则认为慢性食物中毒导致了恐龙的灭绝。原来，曾在中生代遍布全球的苏铁、羊齿等裸子植物，为了保护自身的生存和繁衍，在自己体内产

盐龙以苏铁类植物为食。这类植物现在仍生长在气候炎热的地区。

盐龙

盐龙曾经是陆地上最大的植食性恐龙，脑袋很小，全长26～27米，颈长6～7米，体重约有10多吨，他们在吃植物的同时，也吞下一些石块，以帮助它们磨碎食物，这是因为它们吃食物时从不咀嚼而直接吞下，从而增加了胃的负担。

粗壮的脚支撑着盐龙的巨大身体。

盐龙的脚扁平，脚上长有肉掌，很像大象的脚。

陆生恐龙和巨大的海洋爬行动物大约在6500万年前灭绝，地球当时可能受到巨大陨石的撞击，太阳被灰尘遮掩，导致了一个漫长的冬季，于是植物死掉了，大部分以植物为食的爬行动物以及以爬行动物为食的动物也相继灭绝了。然而这只是恐龙灭绝的几种理论之一。

生了一些有毒的生物碱，如尼古丁、吗啡、番木硷等，一些食草恐龙吞入这些植物，也就相当于吞下了毒药，在食物链的作用下，食肉恐龙也间接中毒。这样恶性循环下去，毒素在恐龙体内越积越多，由于毒素侵袭，恐龙神经变得麻木，直到最后整个种群都消失灭绝。

另外类似的观点，还有氧气过量说、便秘说，等等。但这些观点都是纯粹基于生物学角度来看问题。现代科学家们认为，这些观点的不足之处在于，生物学意义上的物种灭绝是需要一个极为漫长的过程的，而人们目前已经掌握的资料显示，恐龙是在距今大约6500万年很短的一段时期内突然灭绝的。因此，这些生物学假设现在受到很大质疑。

现在，支持宇宙天体物理变化导致恐龙灭绝这种观点的科学家越来越多。1979年，美国加州大学伯克利分校著名物理学家、诺贝尔奖获得者路易斯·阿尔瓦雷兹提出了著名的“小行星撞击说”，为人类开辟了一条探讨恐龙灭绝之谜的新道路。

1983年，根据各自的研究，美国物理学家理查德马勒、天文学家马克·戴维斯、古生物学家戴维·罗普和约翰·塞考斯基以及轨道动力学专家皮埃·哈特等人，共同提出了“生物周期性大灭绝假说”，也叫“尼米西斯假说”。他们的观点是，地球上类似恐龙消失这种“生物大灭绝”是具有周期性的，在地球上大约以2600万年为一个周期。其原因在于银河系中的大多数恒星都属于双星系统，太阳当然也不例外，它有一颗人类从未见过的神秘伴星——“尼米西斯星”。“尼米西斯星”在太阳系的外围，大约每隔2600万～3000万年运转一周。在其影响下，冥王星外飘荡着的近10亿颗彗星和小行星就会脱离原来的轨道，组成流星雨进入太阳系，其中难免有一两颗不幸撞击或者落在地球上，而也许正是这几率极小的偶然，使一些生物遭到灭顶之灾。

还有一些科学家认为，太阳系在银河系中的“死亡穿行”是恐龙灭绝的主要原因。众所周知，八大行星在太阳系中围绕着太阳旋转，而太阳系则又以银河系为中心旋转，旋转一周需要2.5亿年。在受从中心释放出的强烈放射性物质的影响下，一块“死亡地带”在银河系的一部分地区形成了。距今6500万～7000万年前，太阳系刚好在这个“死亡地带”中穿行，放射性射线袭击了所有的地球生物，恐龙也在这次灾难中惨遭灭顶之灾。

另外一些科学家的观点是，6500万年前这场灾难的罪魁祸首是人们根本无法看见的宇宙射线。苏联科学家西科罗夫斯基称，太阳系附近一颗超新星的爆发导致了恐龙的灭绝。据科学家们推算，在距今7000万年前，一颗非常罕见的超新星在距太阳系仅32光年的地方爆发。爆发释放出的巨大能量和许多宇宙射线向整个宇宙发散，包括地球在内的整个太阳系都未能幸免。强烈的辐射把地球的臭氧层和电磁层完全摧毁了，地球上大多数生物都没能幸免于这场“飞来横祸”。在宇宙射线的侵蚀下，就连庞大的恐龙都几乎完全丧失了自我防御的能力。那些躲在洞穴或地下的小型爬行动物和哺乳动物，作为幸存者而生存了下来。

此外，还有一些观点认为，地球本身的改变造成了这场灾难。科学家们发现，大约每20万年地球就会有一次地磁磁极反转的现象发生。在这可能长达1万年的漫长岁月中，地球会暂时得不到磁场的保护，这时宇宙放射性射线就会袭击地球，从而成为恐龙这样的地球生物纷纷灭绝的原因。

最近的科学研究发现，恐龙的灭绝实际上也是一个持续了几十万年的过程，与此同时，恐龙至少经历了两次大规模的死亡。因此，所谓恐龙突然灭绝的这个突然不是绝对意义上的。而对地球产生短期影响的飞来横祸和地球自身的突变，不可能持续几万年，甚至几十万年。看来，这些观点都无法成为解答恐龙灭绝之谜的完满答案。

人类 ren lei 是由猿进化来的吗

19世纪中期，英国伟大的博物学家达尔文提出了一套轰动全世界的理论——生物进化论。1831年，达尔文参加了英国海军“贝格尔”号巡洋舰的环球航行，在南美洲地区整整航行了5年，对热带与亚热带动植物进行了广泛的考察。回国以后，根据对生物界大量的观察与实验，他得出了自己的结论：物种的形成及其适应性和多样性的主要原因在于自然选择，生物不断发生变异的原因就是为了适应自然环境和彼此竞争。适应生存环境的变化，通过遗传而逐代加强，反之则被淘汰。归纳起来就是：物竞天择，适者生存，

人类进化模拟图

右起〉〉南猿〉能人〉直立人〉海德堡人〉尼安德特〉现代人〉现代智人

达尔文像

达尔文进化论作为19世纪最具影响力的学说，改变了人们对人类起源的认识，“物竞天择”是其中心思想。

优胜劣汰。达尔文的这套学说，奠定了进化生物学的基础。他还将进化论用于人类发展的思考，阐明了人类在动物界的位置及其由动物进化而来的依据，得出了人类起源于古猿的结论。

达尔文在《物种起源》中提出人类起源于古猿的说法，经过一番激烈的学术辩论和宗教界的大争论、进化论渐渐被科学界所接受。在以后的岁月里，古生物学家通过对古生物化石的研究，在达尔文学说的基础上，形成了现代人类起源说。然而，进化论真的反映了人类起源的真实情况吗？人类真的是猿进化而来的吗？根据进化论，人类的进化可分为了3个阶段：1400万～800万年前的古猿，400万～190万年前的南猿和170万～20万年前的猿人。很明显，在古猿与南猿之间有400万年的空缺，在南猿与猿人之间有20万年的空缺，但是，直到现在，我们也没有发现任何的关于人类起源中间过渡阶段的化石，这就给传统的进化论提出了挑战。1958年，美国国家海洋学会的罗坦博士，在大西洋3英里深的海底，拍摄到了一些类似人的奇妙足迹。1968年，美国迈阿密城的水下摄影师穆尼，在海底看见过一个奇怪的生物，脸像猴子，脖子比人长4倍，眼睛像人眼但要比人眼大得多。这种生活在水中、沼泽中的类人生物，其祖先又是谁呢？

因此，有人提出了这样的假设：化石空白期人类的祖先不是生活在陆地上，而是生活在海洋中。他们的理由是：800万～400万年前，在非洲曾有大片的陆地被海水淹没，迫使部分的古猿下海生活，进化为海猿。几百万年后，海水退却，海猿重返陆地，它们是人类的祖先。这就是“海猿说”。

发现于埃塞俄比亚的这具几乎完整的人科家族女性骨骼（左），被确证生活于320万年前。骨盆构造表明她已直立行走，身高1.2米左右，是非洲南方古猿的一种。右图为她的复原图。

近年来，一系列的发现又重新唤起了人们对生命天外来源说的热情。首先，生命尽管是多样的，但它们都有着相似的细胞结构，这使得人们不得不问：既然地球上的生命是由无机物进化来的，那么为什么不会产生多样的生命模式？其次，钼在地球的含量是很低的，但是钼在生命中有重要的作用，这又是为什么呢？最后，人们不断地从天外坠落的陨石中发现起源于星际空间的有机物，其中包括了构成地球生命的全部要素。这使得人们深信，生命不仅仅为地球所垄断。人类起源于外星人的假设，是近几年由西方科学家马莱斯提出来的，其根据是在圣地亚哥发现的一个5万年前的头骨化石。

他认为，外星人与地球上智力水平较高的雌猿进行杂交，生下的后代就是人类，因此，外星人是人类的祖先。

不难看出，现代人类起源的各种假设，从思维上可以分为两大类：一类将人类起源的原因归结为地球以外的偶然因素，即人类不是地球生物自身演变的结果，而是由宇宙深处来的高智慧生物创造的，像外星人创造人类说；一类则坚持认为人类的起源只能从地球自身的发展来考虑，不论怎么变化，人类总是地球生物自身进化的结果，像生物进化论。

科学在发展，研究在发展，人类必将用自己的智慧，来揭开自身的谜团。

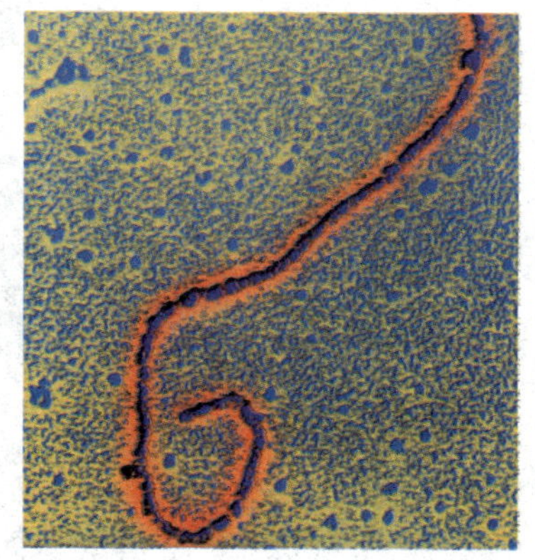

显微镜下脱氧核糖核酸的复杂结构，验证了生命的起源内因。

现在的猿 xian zai de yuan 还会不会变成人呢

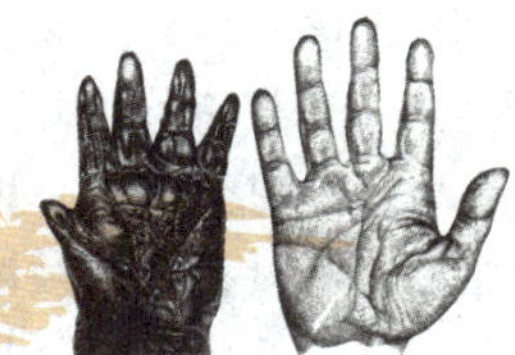

虽然我们人类和现代的猿猴有密切的关联，但它们却不会变成人。人类与猿之间的关系就像是人类的远房亲戚之间的关系，我们人类和猿猴也拥有共同的祖先。

进化每时每刻都在发生，我们身边时时处处有进化的例子：曾经能被青霉素轻易杀死的细菌进化出了能抵抗这种抗生素的新形式；有些蛾子进化出会随着背景树木颜色改变而发生变化的颜色。动物的物种与时俱进，越来越适应自己的生存环境。进化的过程中，新的动物物种会出现，生活数千年或数百万年，再从地球上消失。

人类属于灵长类，属于灵长类的动物有 100 多种，除了人类还有猴子、猿、大猩猩，等等。灵长类动物之间的共同点远远多于不同点：都有手和脚；每只手和脚都有五趾；牙齿既可以撕开大块肉，也可以把坚果仁嚼碎；每胎生育一个或几个幼仔；幼仔要较长时间才能长大。

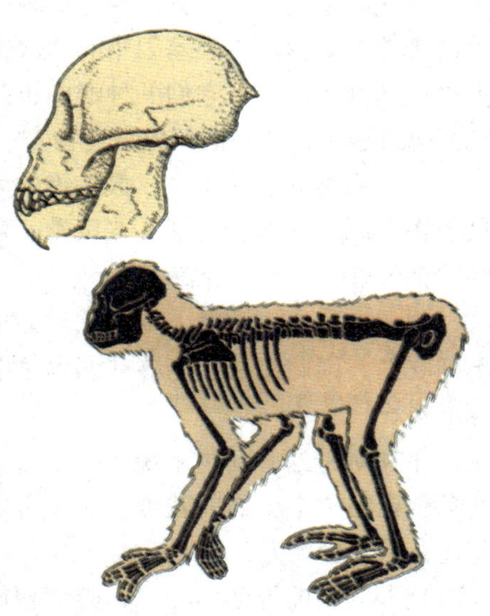

1800 万年前的普罗猿是最早的人类动物。在它的身上已经形成了许多现代意义上人的特征。如它的大头盖骨同现代人已经非常相似；它的前肢与后肢已开始分工。这些都是从猿到人必须具备的条件。

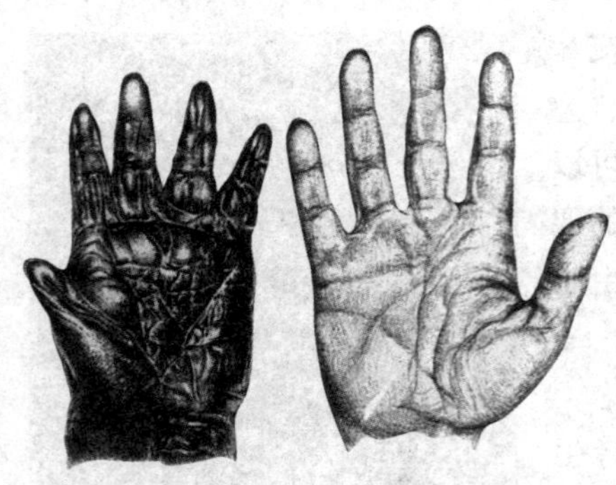

人手与猿手在结构上具有十分明显的相似性，但人手的拇指比猿手则要长，且具有更大的活动的范围；猿手的手掌比人手手掌长是由于握东西的需要而形成的。

在亲缘关系上与人类最近的灵长类动物是猿类，包括大猩猩、猩猩和黑猩猩。人类之所以与这些动物有亲缘关系，并不是因为人类是由这些动物进化来的，而是因为我们拥有共同的祖先。

2.16亿年前，第一只哺乳动物诞生了。作为狗、鲸、人和猿，以及其他所有哺乳动物的共同祖先，它用乳汁哺育下一代。这种动物身材娇小、圆眼睛、有突出的口鼻部，身高不足1米，它们生活在巢穴或洞穴中，吃昆虫。起初这些动物并不显眼，但是6500万年前恐龙灭绝之后，哺乳动物成为世界的主导动物。

大约7000万年前，第一只灵长类动物（原猴）诞生了。那时地球上大部分地区都被茂密的森林覆盖，这些长得像老鼠的小动物就生活在森林里的树冠上。3000万年前，原猴的队伍里又出现了猴子和猩猩，而后两者在接下来的繁衍过程中数量超过了前者。后来，猿和猴朝着不同的方向进化，其中，脑容量较大的猿变成了今天的猩猩、大猩猩和黑猩猩。

人类与黑猩猩是近亲，拥有共同的最近的祖先，它们生活在距今几百万年前，样子可能与黑猩猩更相近一些。不过人类与黑猩猩的进化方向不同，这就导致了人类黑猩猩的产生。如果这个过程可以被浓缩成一部电影的话，你就可以看见两只貌似黑猩猩的动物肩并肩站在一起，然后其中一只随着时间的流逝，变得越来越像今天的猩猩，而另外一只则慢慢地变成了人。

对人类来说，黑猩猩是与人类最接近的动物；同时，对黑猩猩来说，人类也是与黑猩猩最接近的动物。人类基因中有98.4%与黑猩猩的相同。两者之间的共同点比比皆是：黑猩猩也是群居动物，它们的种群中也存在明显的社会关系；它们会使用工具（比如用树棍挖开蚂蚁洞），并与同伴分享食物。

对于人类的进化来说，最关键的因素是大草原。有些我们的灵长类祖先离开了森林，试图在草原上开辟新生活。在雨季，草原上植物茂盛，食物丰沛。但是一旦旱季来临，树叶就会脱落，草也会变得干枯。

想要在草原上生活，就必须学会适应这种变化：有些时候食物充足，有些时候几乎找不到吃的。因此，是否能够在灌木丛中找到浆果，或者土壤里挖出坚果来就意味着能否生存下去。

生存对于这些动物来说无疑是艰难的。直到有一天，出现了这样一只猩猩，它可以用两条腿走路，空出的前肢可以完全用来采集分散在草原上的食物。这种动物与之前的猿类相比，脑容量更大，不过它既不属于人类，也不属于猿类。

这种动物的外形已经与人类很相似了，所以被称为“原始人类”。原始人类生活在距今900万年前。埃塞俄比亚曾经出土了一具几乎完整的女性原始人类的骨骼化石，科学家们为她取名“露西”。露西的身高不足1.2米，她生活在距今几百万年前。她可以直立行走，但是身上长满了软毛，所以看起来还是很像猿类。

但是露西和她的同类后来灭绝了。科学家们猜测，这可能是因为后出现的一种原始人类具有更强的生存能力，而与之相比，露西的种族没有竞争优势。取代者的大脑更发达，而且善于制造和使用石器工具，这样他们就可以捕杀更大的动物，也能采集到更多的蔬菜和水果。

现代人类出现在距今 4 万年前。我们可以直立行走，用双手制造复杂的劳动工具，还创造了语言彼此沟通。我们生活在复杂的社会群体中，有共同的生活习惯和思维方式，并可以将这种生活习惯和思维方式教给下一代。

今天，我们的生活圈远远超出了草原的范围。我们生活在地球的每个角落，甚至包括一些在原始状态下不可能生存的地区，比如寒冷的北极。从前那种似猿的生物今天早已不复存在，我们与今天的猩猩之间也出现了天壤之别。但我们仍然是近亲，仍然共同生活在这个地球上。

现代智人 xian dai zhi ren 的起源是什么

大约距今4万～5万年前，人类的体质已经发展到与今天的现代人没有太大差别的程度，成了现代智人。这一时期，冰河渐渐消退，天气转暖，人不仅居住在山洞里，也居住在平原上，这时，除了两极之外，地球上其他地方都已经有人类居住了。那么，究竟什么人算是现代

现代智人刚产生时的生活环境。这是美国科罗拉多一处保存很完好的古人类活动遗址。它使我们能大概了解古人所处时代地球上的自然状况。

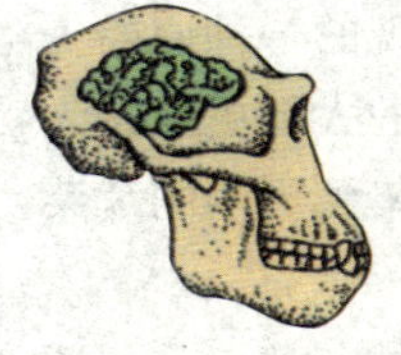

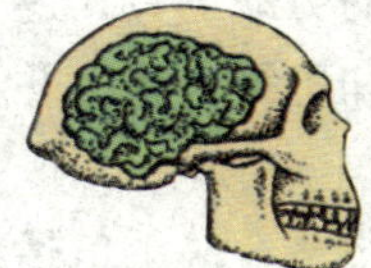

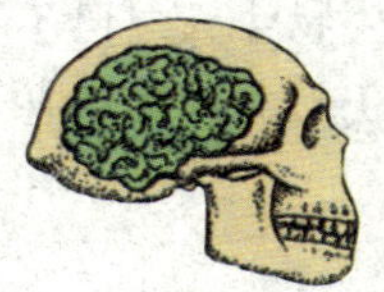

黑猩猩、南方古猿及现代人（从上至下）大脑容量的比较示意图。脑量大增是人类进化的最显著标志之一。

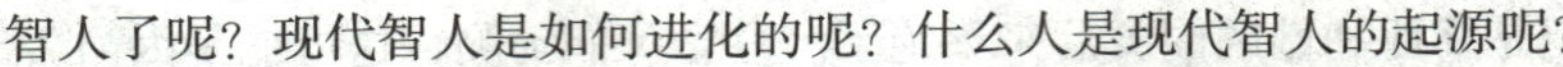

智人了呢？现代智人是如何进化的呢？什么人是现代智人的起源呢？

被古人类学家称为晚期智人、现代智人或干脆就叫作现代人的，是最早在身体的解剖结构上与现代人完全相同的人类，现代智人与早期智人形态上的不同主要表现在面部以及前部的牙齿缩小、眉脊减弱、颅骨的高度增加，使其整个脑壳和面部的形态越来越与现代的人一样，脑容量达到了1400毫升以上。整个躯干的结构表明他们已经完全能直立行走，他们的出现表明人类体质发展的过程已经到了最后完成的阶段。

关于现代智人的起源问题，目前存在两种截然不同的假说。一种假说认为现代智人起源于直立人群，直立人经过演化成为现代智人，这种假说被称为多地区进化假说；另一种假说则认为现代智人在约10万年前起源于非洲，并走出非洲扩张到世界各地，取代了当地的直立人和远古智人。走出非洲的这部分智人进一步演化为现代智人，这样的假说称之为非洲起源说。持多地区进化假说的科学家的主要依据来自对各种化石的研究，研究结果表明当地的古人化石与现代人在解剖学上呈现一定的连续性变化。持非洲起源说的科学家的主要证据则来自各种理论分析和考古研究，现代分子遗传学的研究成果也有力地支持这一假说。究竟谁是谁非呢？我们先看考古中最重要的化石资料。那么，在现代智人的起源问题上，化石的资料是什么样的呢？

这是20世纪30年代在以色列加尔默山的斯库穴发现的智人遗骸，是一个成年男性的头骨及其他骨骼，科学家通过碳14测定法得知他是生活在10万年前的早期智人，这意味着他们要比克罗马农人和古尼安德特人要早3倍的年代。这些遗骸是真正意义上的现代智人，也是完全意义上的现代人，不管从学术研究上还是医学解剖学意义上来看。

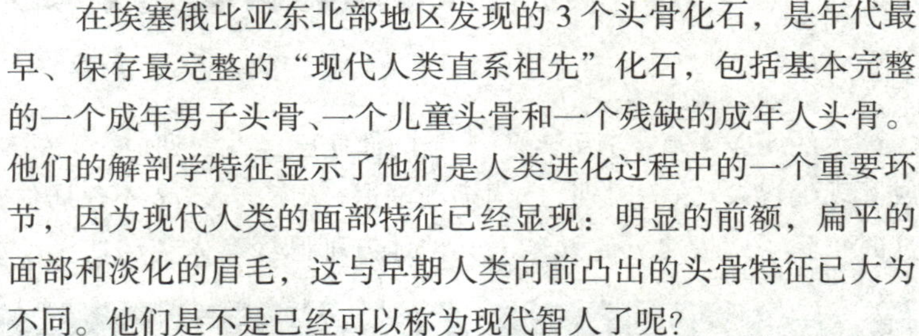

在埃塞俄比亚东北部地区发现的3个头骨化石，是年代最早、保存最完整的“现代人类直系祖先”化石，包括基本完整的一个成年男子头骨、一个儿童头骨和一个残缺的成年人头骨。他们的解剖学特征显示了他们是人类进化过程中的一个重要环节，因为现代人类的面部特征已经显现：明显的前额，扁平的面部和淡化的眉毛，这与早期人类向前凸出的头骨特征已大为不同。他们是不是已经可以称为现代智人了呢？

现在最早被发现的现代智人化石是法国的克罗马农人，但是迄今发现的生活时代最早的现代智人的化石都出现在非洲大陆，包括年代在距今10万年以上的南非的边界洞人和年代最早为距今12万～13万年、最晚为距今6万年的克莱西斯河口人，克莱西斯河口人在这个地区生活的时期至少长达6万年之久。除此之外，还有埃塞俄比亚的奥莫人（他们的生存年代为距今13万年前），以及在坦桑尼亚莱托里地区发现的现代智人（他们的生活年代为距今12万年）。同时，比过去的石器技术更为进步的、在窄石叶基础上发展起来的石器技术也在10万年以前就在非洲开始出现。而那个时候的欧洲还是掌握着相对原始的莫斯特技术的尼安德特人的天下。

上述的非洲人类化石，其形态接近于现代人，其年代的可靠程度不一，都存在一些问题。现有的证据也不能肯定非洲撒哈拉沙漠以南的解剖学结构上的现代智人分化较早的观点。人类是否就是非洲起源的呢？现有的证据是不能完全证明这个观点的。

至于多地区进化假说，是有一定的依据的。现代智人是否由直立人进化的呢？在直立人发展到现代人的过程中有一个中间阶段，那就是尼安德特人。解剖学的证据表明，尼安德特人的头骨有许多原始的近似猿的形状，是从直立人发展到现代人的中间环节。但是，也有学者根据一些年代比尼安德特人更早，而形态上却远比尼安德特人更为现代的骨骼化石，认为尼安德特人不是现代人的祖先，而是与现代人祖先平行发展的另外的一种类型。现代智人是由尼安德特人以前的智人演化而来的。那么，究竟是什么样的直立人进化成了现代智人呢？

在这个问题中有一个关键点就是尼安德特人的命运问题。尼安德特人究竟到哪里去了呢？他们是现代智人起源的祖先吗？根据从考古挖掘的地层中尼安德特人的突然消失并为现代智人所代替的现象，人们认为这种迅速的变化发生在 3 万 ~ 4 万年之间。这样短的时间里可能发生这样巨大的变化吗？近来的众多证据都表明，实际上进化的时间要长得多。这也就是说，直立人进化为现代智人是值得再认真思考的问题，是需要更多的考古资料来证明的。

美人鱼 mei ren yu 是一种什么样的动物

早在 2300 多年前，巴比伦的历史学家巴罗索斯就在《古代历史》一书中留下了美人鱼的记载。17 世纪时，英国伦敦出版的一本名为《赫特生航海日记》的书中，也提到了美人鱼："美人鱼的身材与普通人差不多。它露出水面的上半身像一位女子，皮肤洁白，背后拖着长长的黑发。当它潜入水中时，人们发现它长着一条海豚似的尾巴，上面还有像鲭鱼一样的斑点。"

对于美人鱼的解释有很多说法。17 世纪时，有人认为传说中的美人鱼就是"儒艮"（俗称"海牛"）这种海洋哺乳动物。这种解释在 19 世纪末得到了普遍承认。儒艮通常生活在热带海洋或湖泊中，体长在 1.5 ~ 4 米之间，体形如一只圆桶，皮肤呈灰白色。它们喜欢在河口或浅湾处栖息，食物为藻类和其他水生植物。雌性儒艮的乳腺与其他动物不一样，它不是分布在腹部，而是在胸前。所以，儒艮在为幼子哺乳时，便会用前肢把幼子搂在胸前，头部露在水面上。而且，儒艮的背上还长着一些稀疏的头发。因此，人们便产生了错觉，以为那就是美人鱼。

最近几年，人们向这种传统的解释提出了挑战。大家都知道，如果把一根筷子斜插进装有水的玻璃杯中，看上去就会觉得筷子好像被水折断了。这是因为，在穿过密度均匀的物质时，光线的传播方向和速度一般都不会发生变化。但是，如果光线倾斜地穿过密度不同的两种介质时，那么，在两种介质接触的地方，除了传播速度发生改变外，其行进的方向也会发生偏折。这在物理学中叫作“光折射”。加拿大的莱恩和施洛德两位博士经过多年研究，提出美人鱼只不过是一种大气光学现象，世界上其实根本就没有什么美人鱼。所谓美人鱼，只不过是诸如海象、逆戟鲸等海洋动物的光学畸变像。

当暴风雨来临之前，由于海面上方冷空气团和热空气团发生了剧烈交锋，空气的密度非常不均匀，光线和人的视线都因此受到了严重影响。这时候，假如观看者刚好处于海面上某一适当的高度，与某种显现于海面的物体，如海象、逆戟鲸等的头部或部分身躯相距一定的距离，便可以看到这些动物的畸变像。也就是说，气温、观察者的眼睛距海面的高度及与物体之间的距离，都与畸变像的形成有关。

1980 年 5 月 2 日，莱恩和施洛德博士为了验证畸变像的形成，对一块在平静的天气里露出湖面的石头进行拍照，拍摄时相机镜头高出湖面 2.5 米，距离被拍照的石头 110 米。结果，他们发现照片上真的出现了所谓“美人鱼”的形象。

不过，还有人认为，美人鱼可能是一种至今不为人类所知的生物。据说，在南斯拉夫海岸，有科学家的确发现了完整的美人鱼化石，这便是美人鱼在世界上存在过的有力证据。据考古学家奥千尼博士研究，这只动物约于 1.2 万年前因水底山泥倾泻而被活埋。周围的石灰石使这只雌性动物的尸体得以保存下来，成为化石。根据化石，美人鱼高约

月光下的美人鱼　保罗·德尔沃

在这幅充满冷色调的绘画中，美人鱼专注地看着自己那条代表鱼类尊严的尾巴，细密的鳞片闪着冰冷的铁青色。

100 厘米，腰部以上极像人类。它的头部比较发达，眼睛没有眼帘。除此之外，它的牙齿非常尖利，完全可以置猎物于死地，应该是一种比较凶猛的食肉鱼类。

英国生物学家安利斯丁·爱特博士的看法也比较独到。他说："美人鱼可能是类人猿的另一变种。婴儿在出生前就生活在羊水中，一出生就会在水中游泳。因此，一种可以在水中生存的类人猿动物的存在也并不是一件十分奇怪的事。"爱特博士的这种观点也得到了一些美国科学家的赞同，也就是说，美人鱼是目前未被确认的"海洋人"的一种。

17 世纪时，有人认为传说中的美人鱼就是"儒艮"这种海洋哺乳动物。这种解释在 19 世纪末得到了普遍认可。

可究竟孰是孰非，美人鱼又究竟是一种什么样的动物，人们至今还没有公断。就让科学研究和探索继续去发现真相吧。

喜马拉雅山的雪人之谜

xi ma la ya shan

尼泊尔和中国地区的居民长久以来一直认为有一种奇异的似人怪物——"雪人"生活在渺无人烟的喜马拉雅山南坡的高山悬崖间和帕米尔高原上。科学家为解开雪人之谜，进行了科学考察。

对雪人之谜，科学家提出的看法有多种，总的来说基本上可分为"否定派"、"坚信派"、既不否定也不肯定的"中间派"这 3 种观点。

否定派完全否定雪人存在的可能性。否定派的某些代表用如下三条理由断然否定了雪人的存在：（1）雪人根本无法生存在冰天雪地那种恶劣的自然条件下。（2）尸体在高山严寒的自然环境中能长期保存下来，因此如果真的有雪人存在，那一定能发现它们的骷髅甚至它们的尸体。雪人的尸体或骷髅至今仍未曾发现，这说明根本不存在雪人。（3）由于在太阳光和风力的影响下任何一种大的动物的脚印都会形成奇怪的形状，因此雪地上的脚印不能成为雪人存在的例证。

因此，他们认为还没有任何确凿的事实能支持雪人的说法。一些学者也同意这一观点，他们不仅完全否定了雪人的存在，而且认为继续探索雪人之谜必定会徒劳无功，甚至会受到损失。

肯定派认为，现代化石证明，人类的前身是生活在树上的古猿。人类从古猿中分化出来是在1000多万年前。有一个“缺失的环节”，即发生在距今一两千万年前发生的人猿分离过程。

因此，他们认为雪人很可能是介于人和猿之间的过渡体，它们比人低等一些，比猿高等一些，是科学界尚未知晓的一个高等灵长目。

他们认为，喜马拉雅山以南曾经生存过很多种高级灵长类的生物学研究结果，可成为雪人是其中幸存下来的一支特殊后裔的旁证。雪人的寻找，对生物学，特别是动物学及动物解剖学方面的内容有重要作用，可开拓探讨人类起源问题的新研究领域。

中间派则根据对雪人特征和习性进行介绍的资料推测，雪人可能是一种熊。因熊具有极强的活动力，活动范围可能拓展到冰雪里，因而被误传为雪人。珠穆朗玛峰扎卡曲河谷海拔4950米的山坡上曾是棕熊觅食的范围；而过去传说有人看到雪人和开枪射击雪人即是在此地。因是晚上，再加上熊能直立行走几步，因而可能被误认成雪人。雪人之谜，仍以其神秘吸引着人们对其进行探索。

到底有没有野人 ye ren

印度、尼泊尔把野人称作“雪人”。早在公元前326年就有了关于“雪人”的传说。100多年前，俄国某些人声称，他们看到过一种动物，这种动物能直立行走，浑身披着白毛，行为举止与人类有点相似，这便是人们传说中的“雪人”。

英国动物学家克罗宁却认为在世界上野人是确实存在的，而且它的祖先是巨猿。巨猿于700万年前出现，200万～100万年前在喜马拉雅山地区达到空前繁荣，后来逐渐进化成现在的野人。

1986年，意大利著名登山家梅斯纳在攀登喜马拉雅山的过程中，与野人不期而遇。野人身高2米多，头发浓密，腿稍短，胳膊长而有力。在月光下，梅斯纳还发现，野人长了一双小而亮的眼睛，白色的牙齿与黑黑的皮肤形成了极为强烈的反差。随后12年的时间里，梅斯纳专心追踪、研究野人，但最终他所得出的结果令人惋惜，他认为，所谓的野人只不过是喜马拉雅山的棕熊而已。

1992年，法国科学考察团考察了中亚哈萨克斯坦境内高加索深山的巨型野人。他们将红外线录像机、摩托车驱动滑翔机、微型直升机、麻醉枪等先进设备作为随身配备。

他们发现，这种被称做“阿尔玛”的巨型野人，会直立行走，身高2米多，浑身长满红色长毛，当头部转动时，整个身躯也随之转动，其面型属于巨猿和尼安德特人之间的过渡形态。“阿尔玛”一般栖息于3000 ~ 4000米的山上，喜欢在夜间出来活动。

中国也曾对野人进行过3次考察。1962年，考察队在半年的时间内，考察了云南西双版纳密林中的野人，并获得了一些珍贵的动物标本。

第3次是对神农架山区的考察，这是中国首次有计划、有组织、较大规模地对野人进行的科学考察活动。其中最为重要的是对神农架野人的一系列追踪。

截止到目前，已有关于野人的114个目击记录，约360多人看到138个野人的活动情况或几个被打死的野人。目击者有工程师、医生、教师、农民、林业工人等。

埃德蒙·希拉里爵士得到的雪人头皮和指骨。很多居住在喜马拉雅山区的农民都说曾经见过雪人，然而科学家在鉴定之后更倾向于羚羊骨头。

目前，学术界在野人是否存在这个问题上，有两种相反的观点。

一方是反对者，他们认为至今还没有活捉到行踪不定、行动迅速的野人，它们很难跟踪。那些找到的脚印、骨头、毛皮和头发，根本就不能将野人身体的真实情况反映出来。况且考察手段基本上是从生态环境入手来寻找奇异动物的踪迹，所以，这些“野人”到底是直立古猿的后代，还是巨猿的后代现在很难断定，或者是猩猩、熊等动物的后代也未可知。

赞成者却表示，这些能够直立行走，头部能灵活地转动，身上长满长毛，头发披在肩上的野人，脸型与现代人相似，小眼、宽嘴、白牙、没有犬齿，脚印有40厘米长。

神农架野人行动迅速敏捷，足以证明它们具有一定的思维能力。况且通过多种高科技手段测定和分析，其毛发宽度、皮质细胞等都不同于已知动物，应属于高级灵长目动物。

因此，这些科学家认为野人很可能是古代巨猿的后代。如果这个假设成立，野人就将填补从人猿到人类的进化链条上缺少的那一环节，这在动物学和人类学上都是一个飞跃。

法国杂志上的野人画像

每个人都对野人感兴趣——而且现在的书籍和报纸里有许多关于它们的故事，一些比较严肃，一些却只为了取乐。

神秘的 da jiao guai “大脚怪”

几十年来，人们一直传说在北美的原始丛林中，生活着一种类似于亚洲野人的“大脚怪”。

大脚怪大多是夜间出动。它们不仅聪明，而且极善于逃避敌害。为探索这种捉摸不透的大脚怪之谜，伊凡·马克斯凭着毅力和本领，从20世纪50年代起，通过访问印第安人和因纽特人的知情者，一直对大脚怪进行追踪、考察。

1958年，伊凡·马克斯在内华达州的华尔特山狩猎美洲狮时，发现500米外的地方有一个黑色高大的可怕类人生物。他立即用长焦镜头拍了下来，他说：“那东西古怪、陌生，可能很危险，所以我不想再靠近它。”

1970年，他和一个瑞士大脚怪考察团在华盛顿州的科尔维尔追踪大脚怪，他们还做出了这种脚印的石膏模型。

华盛顿州立大学人类学家格罗弗·克兰茨博士鉴定模型后评论说：“脚印异乎寻常的弯曲、隆起和细致，从解剖的精密度来说，是真实可信的。”

这是美国华盛顿州的一名森林巡逻官在执勤时拍摄到的野人照片。当时“它”正在水边玩耍，看到人也很吃惊。但这些照片是否真实，专家们仔细考察后仍无结论。

雪人似乎很善于在冰冷的雪山上独自生活。（这张照片上的雪人不是真的——它是个模型。）

雪人脚印

人们在亚洲的其他山脉上也见到过雪人的脚印——不只在喜马拉雅山区。这幅照片上的雪人脚印是朱利安·弗里曼·阿特伍德在蒙古的一条冰川上看到的。阿特伍德特意在脚印旁放一把冰斧以示大小比例，这幅照片使人们更加留意传说中的雪人。有些科学家说雪融后，足迹变形和扩大，但是他们无法指出哪种已知的动物能有这样的脚印。

人类学家格洛伐·克朗兹拿着据说是大脚板的42厘米的脚印石膏模型和他自己的30厘米的鞋底做比较。克朗兹从石膏模中推断那只脚的骨骼结构和人类不同——他认为那样的结构才能承受有大脚板那样巨型动物的重量。

同年10月份，有一个“大脚怪”在科尔维尔北边的公路上被汽车撞倒。马克斯闻讯马上赶到现场，他看见那个被撞但伤势不重的“大脚怪”浑身长着黑毛，正在仓皇地逃跑，而且很快消失在丛林中。马克斯仅仅抢拍了一个这个动物蹒跚而行的镜头。

不久，马克斯在爱达荷州的普利斯特湖东边加里布湾附近考察时，突然发现一个红褐色的“大脚怪”正朝一片沼泽地跑去，它的身体在树干之间时而显露类似人的四脚与宽阔的背部。

1977年4月，在加利福尼亚州夏斯塔郡的雪山附近，马克斯发现一个雄性“大脚怪”站在沼泽中用手舀水，并用力抖动身体驱赶成群的蚊子。它的皮毛像水獭那样发亮，头上的毛发分成前后两半，这是一种胚胎发育的特征。

同年12月的一天，马克斯与妻子佩吉正沿着一些可能是“大脚怪”的脚印搜索前进时，忽然听到一种树枝断裂的声音正在向他们附近。

马克斯以为遇见了熊，他从肩上将枪取下来，正在这时，一个“大脚怪”晃动着脑袋十分迅猛地朝他们扑来，马克斯出于自卫，将它一下击倒。

“大脚怪”很快就一跛一拐地逃走了，不久就不再跛行，而是精力充沛地大步离开，马克斯和佩吉谨慎地跟在“大脚怪”后面。

走了一段路后，“大脚怪”登上一个熔岩石脊停了下来，摆动着长臂，回过头来威胁地看着马克斯他们。“大脚怪”额头顶部的顶毛直直地竖着，样子很可怕。为免遭它报复性的攻击，马克斯和佩吉急忙离开了。

人类学家认为，“大脚怪”很可能是类似于粗壮南猿的一种素食性的人科。他们喜欢居住在潮湿的森林中，雌体和雄体的两腿姿势、骨盆外状和阴部都酷似人类。

不过，多数猿类都不习水性，但“大脚怪”却极善游泳，甚至能潜水，并习惯以潮湿地带、溪流、湖泊和沼泽中的水生食物为生。人类学家猜测“大脚怪”可能是一种生活在寒冷地区的水猿。

被 ye shou 野兽养大的人

“生儿育女”是自然界中各种生物为维护其自身繁殖而进行的一种普遍的生理活动。然而却有许多动物“越轨”，不养育自己的孩子，却哺养另一类动物甚至是人类的幼子。

1920 年 10 月，人们在印度葛达莫里村附近的狼窝里发现两个女孩，一个八九岁，另一个不足两岁。毕业于加尔各答大学的锡恩神父将这两个狼孩带回了密拿坡孤儿院，并开始对这对经历非凡的姐妹进行长期研究。

神父给这两个女孩取名为卡玛拉和亚玛拉。这对姐妹在很多方面表现出狼的特性，她们能利用四肢飞快奔跑，用舌头舔食牛奶和水，吃生肉，嗅觉也异常灵敏，能闻到距离很远的食物味道，视觉也很突出，两人能在伸手不见五指的深夜，在崎岖的山路上游玩。

另外，比较有影响的还有法国探险家亚曼发现的羚童。1961 年，亚曼孤身到撒哈拉沙漠探险，途中他迷路了，很快饮水和干粮都吃完。正在他苦苦挣扎的时候，一个羚童出现了，那个羚童头发乌黑，散乱地披到肩上，皮肤呈健壮的古铜色。亚曼的友好行为博得了生活在那里的羚和羚童的好感。羚童和其他羚一起友好地舔着亚曼的腿和手。亚曼发现男孩是开朗、天真的，看上去大约 10 岁。他的脚踝部粗壮而有力，直立着身体到处走动，吃东西时却四肢触地，脸部贴在地上，牙齿十分强劲有力，能咬断坚硬的沙漠灌木。他们渐渐成了朋友，彼此非常亲近。最后男孩将亚曼带出了沙漠，挽救了这位探险家的生命。两年以后，亚曼带着自己的两位朋友再次到沙漠中寻访他的这位不同寻常的朋友。当他们见到男孩和其他的羚时，彼此仍很亲近。亚曼还想试一下男孩在自然界中的生存能力，决定与他赛跑。他的朋友用吉普车追逐羚，亚曼则开着另一辆车和男孩一起跟在后面，他惊奇地发现，男孩奔跑的速度竟达每小时 52 千米！男孩能像羚一样，以 4 米多远的步伐连续跳跃。

两个狼孩蜷缩在一起

亚曼的奇遇让他感慨万端，他不想让别人知道这个男孩，因为那样人们会将男孩关在笼子里研究，男孩也就失去了自由，那是十分可怕的。于是他和他的两位朋友将事实隐瞒起来，直到十几年后才在书中公布了他的发现。

印度“狼孩”被当地的人家收养，行为举止还没有完全脱离狼的习性。

其实，还有许多类似的奇怪事件，人们发现了许多熊孩、豹孩、羊孩、猿孩等，人们对此已经不再十分吃惊。与之相比，人们更关心动物为何会抚养人类的后代。

对此，人们有许多不同的看法，其中一种解释认为，野兽的母性本能非常强烈，特别是比较凶猛的母狼、母豹等，它们失去了幼兽后，在母性本能的驱使下，很可能对其他幼小的动物进行喂养，因而掠夺人类的小孩也是完全有可能的。还有一种观点是，人类的小孩被遗弃在荒野后，被狼或其他出来觅食的动物发现，便误以为是自己的幼仔而带回去抚养。该观点完全是一种猜测，没有任何事实依据。而前一种观点还能找到一些事实依据，例如1920年的一天，印度的芝兹·卡查尔村的猎人打死了两只雏豹，母豹竟然跟随猎人到了村子，叼走了一个两岁多的男孩。3年后，当地人打死了母豹，并救出了小孩，不过已经快6岁的小男孩已经完全习惯了豹的生活方式。

细菌 *xi jun* 带有磁性之谜

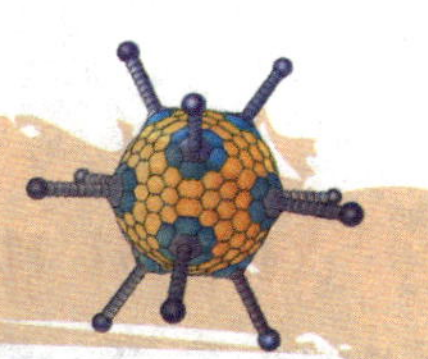

1975年，布莱克摩尔博士在实验中发现了一个怪现象：当他在显微镜下观察含有微生物的水滴时，发现有些细菌很快地向显微镜靠北的一边移动。布莱克摩尔博士以为实验靠北面的窗子射入了更多的光线，诱使这些小东西朝北游动。于是，他换了一个位置，观测到的现象却与先前一样。他又试验了其他几种有可能影响细菌游动方向的因素，细菌并不受这些因素的影响仍旧向北边游动。

到底是什么力量促使这些细菌总是向北游动呢？布莱克摩尔想到鸽子能够依靠地球磁场来为自己导航的现象，他从中得到启示，是否磁场影响了这些细菌的游动方向呢？他决定用磁铁试一试。当他在显微镜附近放一块磁铁再观察时，布莱克摩尔博士看到了更为奇妙的现象——细菌朝磁铁的北极方向游去。原来这些细菌具有磁性，在地球磁场的作用下它们总是朝北方运动，因此它们的运动是有定向性的。

科学家们在发现这种细菌后又想了很多问题，这些细菌感知磁场方向的能力从何而来？

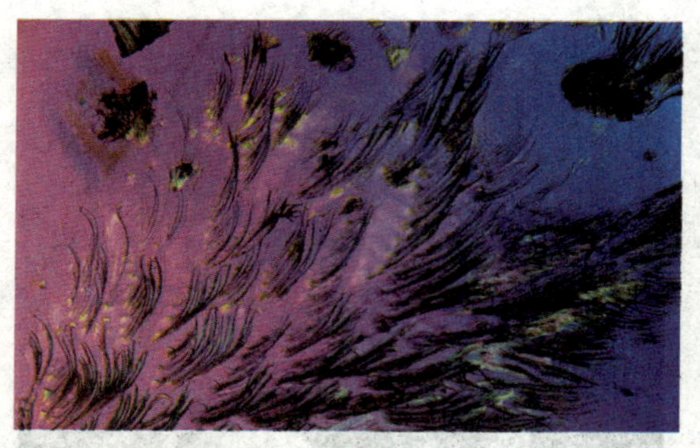

磁性细菌定向移动

在显微镜下，这些微生物总是朝一个方向移动，到底是什么力量促使这些细菌向同一方向移动呢？如果是磁场，那么磁性细菌的定向运动是否能够导致现代“磁疗”的某些奇特效能呢？

为什么它们总是朝北移动？经过反复试验，科学家终于揭开磁性细菌的部分奥秘。原来这些细菌体中有一块很小很小的 Fe_3O_4（天然磁铁矿的成分）的单畴颗粒。在地球磁场中小磁石的两端像指南针似的指向南、北两极，细菌的“身体”也随着这种取向做定向移动。

既然有朝北游动的细菌，那么，有没有朝南游动的细菌呢？科学家们经过不懈的努力，终于在地球的南半球找到了向南移动的细菌。原来，细菌的运动具有对称性，南半球的细菌大多数朝南运动；北半球的细菌大多数是朝北运动；赤道附近的细菌，向两个方向运动的数目大体相等。由于地球磁场是倾斜的，这些细菌的运动实际上也不是正南正北的。朝南运动的细菌在北半球向南向上运动，而在南半球则向南向下；朝北运动的细菌，在北半球向北向下运动，在南半球则向北向上运动。如果再给这些细菌加上一个脉冲磁场，这些细菌就可以逆向运动了。

许多研究者对这些古怪的小东西、这种古怪的运动产生了“古怪”的兴趣。但迄今人们还没有真正地深入认识它们的运动原因。但是磁性细菌的发现明确地指出生物和生物运动受地球磁场的影响，有可能某些“磁疗”的奇特效果就是基于这种原理呢！

为什么有的细菌能耐高温

xi jun neng nai gao wen

细菌忍耐的温度极限有多高，人们一直有不同的看法。人们曾在 90℃的温泉水中发现过细菌，而比其温度更高些的水中则未发现过任何的微生物。因而大多数专家认为，细菌的耐高温极限是 90℃。绝大多数微生物在 90℃以下就纷纷丧命，所以将水煮沸来杀菌一般来说还是管用的。

然而，与此同时，人们也在想，难道世界上的生命活动就不能超越 90℃的极限了吗？后来的科学发现回答了这个问题。

1983 年，有人在美国的加利福尼亚海湾入口的海底温泉中发现了一种高温细菌。发现这种新细菌的两位生物学家测得该处的水温是 250℃，他们顿时被在如此高的温度中仍存在有生命力的细菌惊呆了。

人们都知道，水在常压下100℃时就要沸腾，变为蒸汽，这些来自海底火山的温泉处于2600米的大洋底部，压力高达265个大气压，所以形成了很奇特的高温水。

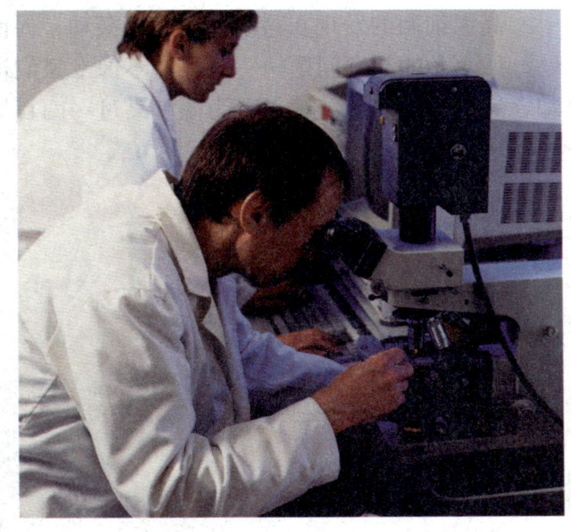
科学家们对磁性细菌的定向移动进行观察研究。

为了对这些高温细菌进行研究，科学家们采用特殊方法人工培育这些细菌。他们用金属钛制成可耐高温高压的全套设备，并在设备中营造了海底环境。科学家们对高温细菌进行了深入的化验分析，结果发现这类细菌的DNA构造十分异常，但从理论上说这种构造也只能使细菌在不超过120℃的水中生存。所以，可以断言高温细菌必定还有其他不为人知的特异之处。

科学家们经过不断的探索，又发现了这类高温细菌的蛋白质分子中存在着某些特殊类型的氨基酸，而这些氨基酸此前从未在其他任何生物机体中发现过。这类氨基酸中有多余的稳定化学键，使蛋白质具有极高的强度。另外，在其脂类化合物的结构上，也发现了分枝形化学键，使细菌可以经受住高温分子的猛烈撞击。

除此之外，科学家们认为，高温细菌对环境的适应一定是多方面的，在生物、化学方面必定也存在一些适应因素。后来发现硫元素在这类细菌的新陈代谢中起着主要作用。

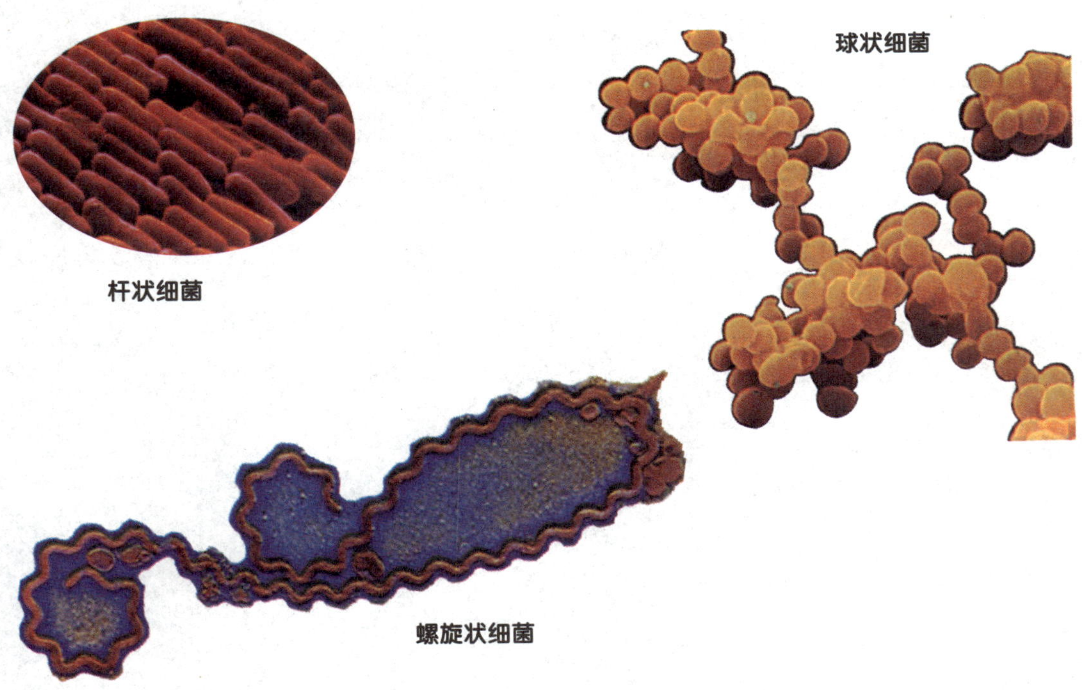

高温细菌的发现在科学界引起了轰动，促使专家们必须重新考虑一些生物学方面的问题。如生命的起源问题——也许并不像专家们过去认为的那样，地球上的生命是在地球冷却之后出现的。传统观点认为温度高过一两百摄氏度是不会再出现生命的。如今，这些观点似乎都需要进行修正。

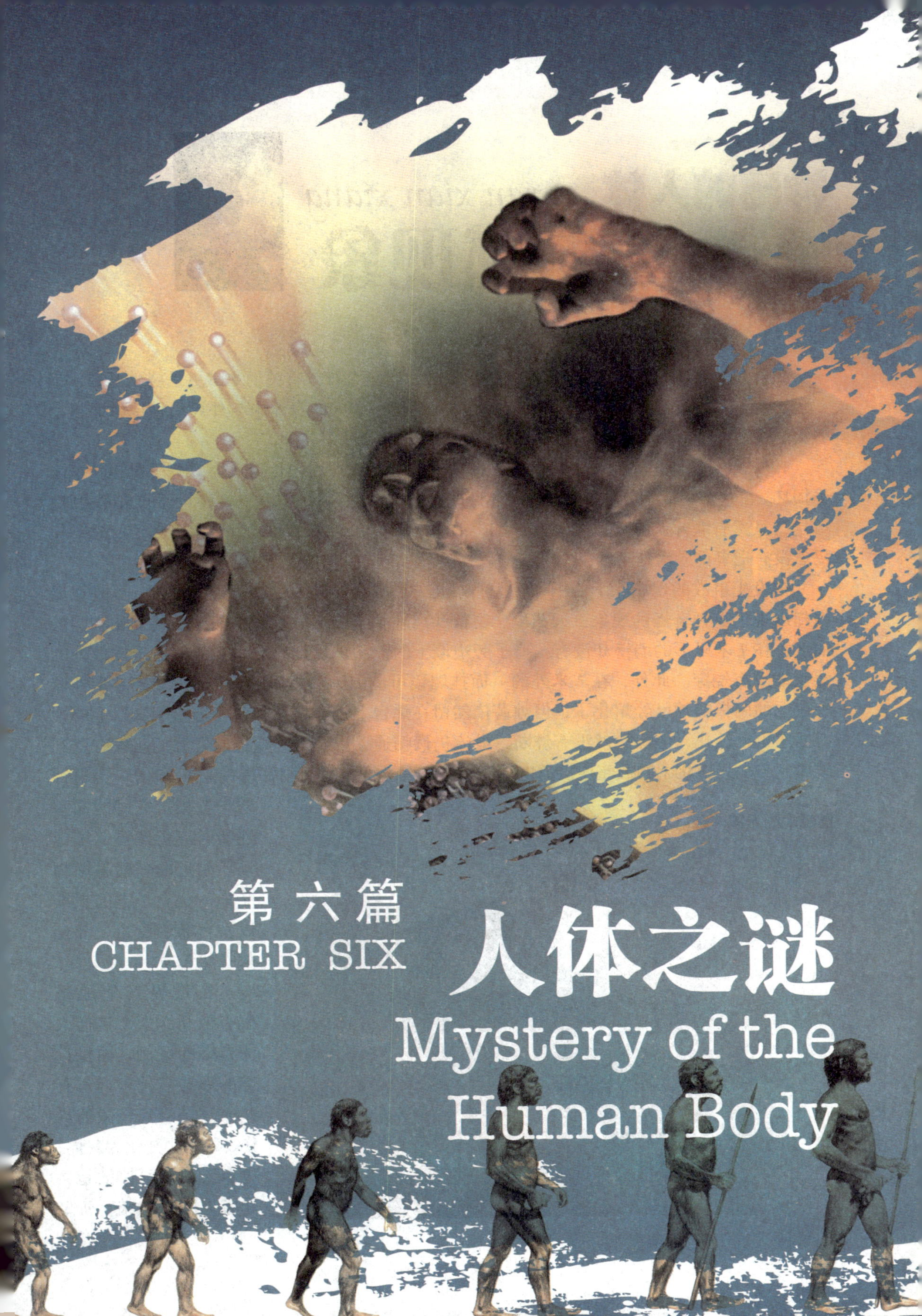
第六篇
CHAPTER SIX
人体之谜
Mystery of the Human Body

神秘的人体 zi ran xian xiang 自燃现象

人体自燃现象最早见于17世纪的医学报告，时至今日，有关的文献更是层出不穷，记载也更为详尽。那么，什么是人体自燃呢？它是指一个人的身体未与外界火种接触而自动着火燃烧。

1951年，佛罗里达州圣彼得堡的利泽太太被人发现在房中化为灰烬，房子也是丝毫未受损坏。在这个案件中，调查人员使用各种现代科学方法，以确定这一神秘意外的来龙去脉。可是，虽然有联邦调查局、纵火案专家、消防局官员和病理专家通力合作研究，历时一年仍然没有把事件弄清楚。

在发生事故的现场除了椅子和旁边的茶几外，其余家具并没有严重的损毁，可是在屋内却出现了一种奇怪的现象：天花板、窗帘和离地1米以上的墙壁，铺满一层气味难闻的油烟，在1米以下的墙壁却没有。椅子旁边墙上的油漆被烘得有点发黄，但椅子摆放处的地毯却没有烧穿。此外，在3米外的一面挂墙镜可能因为热力影响而破裂；在3.5米外梳妆台上的两根蜡烛已经熔化了，但烛芯依然留在烛台上没有损坏；位于墙壁1米以上的塑料插座也已熔化，但保险丝没有烧断，电流仍然畅通，以至于护壁板的电源插座没有受到破坏。与一只熔化了的插座连接的电钟已经停摆，上面的时间刚好指在4点20分。当电钟与护壁板上完好的插座连接时，仍然可继续走动。附近的一些易燃物品如一张桌子上的报纸以及台布、窗帘，却全部安然无损。

燃烧中的人体

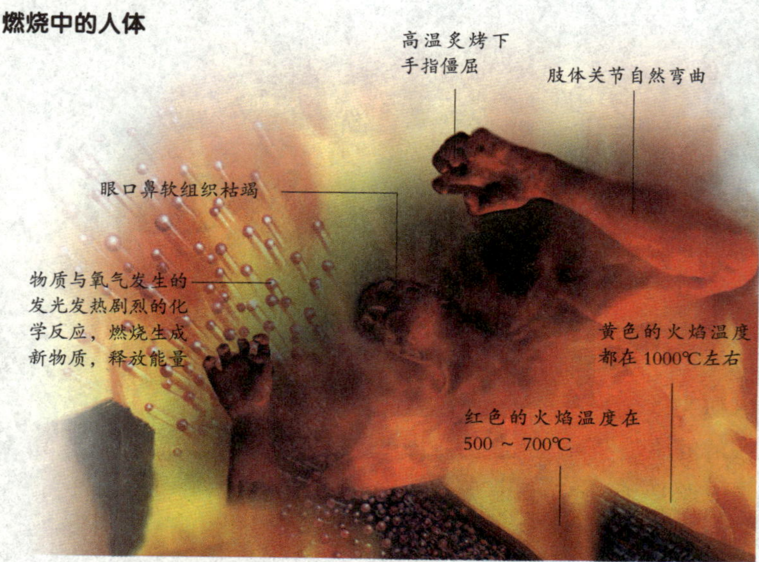

在世界其他地区也有像利泽太太这样人体自燃的案例，而且自燃的形式多种多样，有些人只是受到轻微的灼伤，另一些则化为灰烬，更令人不可思议的是，受害人所睡的床、所坐

的椅子，甚至所穿的衣服，有时候竟然没有烧毁。还有些人虽然全身烧焦，但一只脚、一条腿或一些指头却依然完好无损。在法国巴黎，一个嗜好烈酒的妇人在一天晚上睡觉时自燃而死，整个身体只有她的头部和手指头遗留下来，其余部分均烧成灰烬。

在以前发生过的人体自燃事件中，男女受害人的数目比例大致相同，年龄从婴儿到114岁的老人都有，其中很多是瘦弱的。他们有的人是在火源附近自燃，有的人却是在驾车时或是毫无火源的地方行走时莫名其妙地着火自燃的。

有人虽然曾经提出一些理论，但是一直没有合理的生理学论据来说明人体是如何自燃甚至于化为灰烬的，因为如果要把人体的骨髓和组织全部烧毁，只有在温度超过华氏3000度的高压火葬场才有此可能。至于烧焦了的尸体上尚存有未损坏的衣物，或者是一些皮肉完整的残肤，就更令人觉得有些神秘莫测了。

奇异的人体 发电现象

fa dian xian xiang

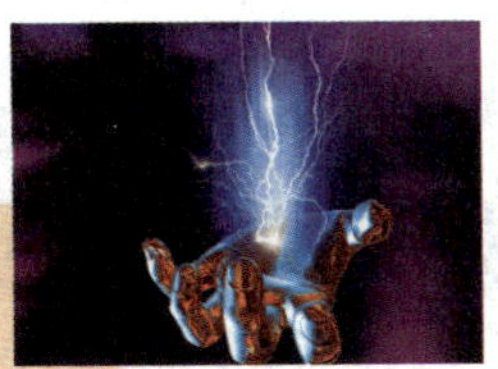

在如今这个电气化的时代里，人们生活中可以说每一处都离不开电。于是有人幻想，如果人体自身能发电该多好啊。事实上，世界上确实存在着这样的人，对于身体会发电的人来说，能发电并不见得是一件好事。

在意大利罗马南方的一个村子里，住着一位名叫斯毕诺的16岁青年人，他的叔父艾斯拉模·斯毕诺在1983年8月首先发现了他的奇异之处：每当斯毕诺来到他家时，他家里的电气产品就会发生故障，而且他身边的床还会无缘无故发生自燃，油漆罐也会着火爆炸等。

英国的贾姬·普利斯曼夫人是另一个会发电的人。贾姬的丈夫是位电气技师，但他的夫人却时时发“电”：一旦她靠近电器，电器制品就会损坏，电视会自己转台、灯泡会爆炸……她已经毁坏了24台吸尘器、9台除草机、12台吹风机。

能使灯泡闪亮的人

威廉·布莱恩有一种奇异的功能，他在没有电源的情况下，仅靠摩擦几下自己的身体就可以使灯泡闪亮，而本人与常人无异。

科学家用尽各种办法来研究以求解开这个不可思议的人体发电现象。他们从电鳗的健康与发出电能的相关关系得到启发，纽约州立监狱的南萨姆医师用囚犯做实验，用“肉毒菌”让被实验者暂时得病，暂时发电的现象在病人身体上出现了。这时，从病人的体内可以检测出大量的静电。

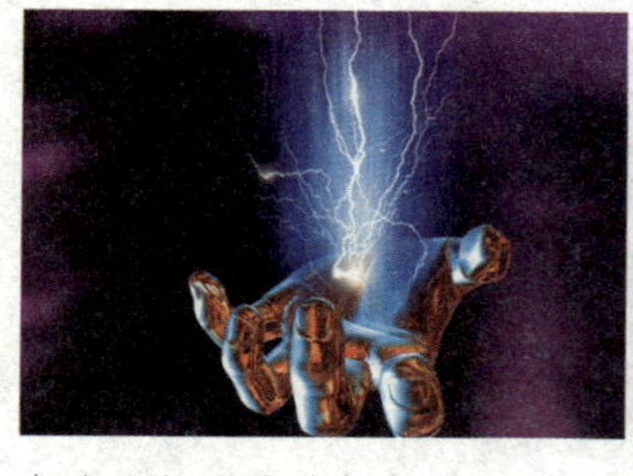
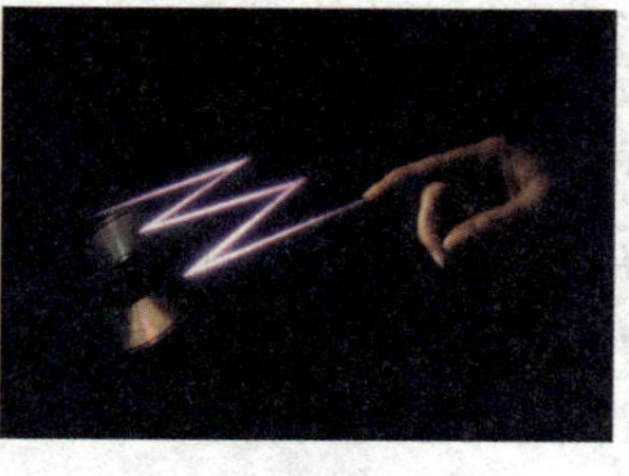

每个人都隐藏着发电的潜力，如果利用冥想真的能够产生电，那么我们就可以通过自己的身体对一些电器进行遥控了。

不过，病人的身体一旦恢复健康，发电的现象便消失了。

这个实验证明，是人的生理机能的失衡引起了人体的发电现象。

而韦恩·R. 柯尔博士认为，从理论上来讲，约 3 立方厘米的人类肌肉细胞可以产生 40 万伏特的电压。他试验利用冥想在肌肉中产生静电，实验取得了成功。

其实人人都可能隐藏着会发电的潜力。

如果照柯尔博士所说，通过冥想就能发电，那么，就让我们在日常生活中多多冥想吧，那样的话，我们的电气化时代就名副其实地来到我们身边了。

神秘的人体 *bu fu xian xiang* 不腐现象

古今中外，人体不腐的现象引起了科学界和医学界专家们的高度重视。他们对这一现象进行了多方面综合的考察，但是人体究竟为何会不腐呢？

中国古代僧人用秘方保存肉身的事例也甚多。唐代高僧无际禅师的肉身，历经千年至今仍然保存完好，被学术界视为“世界唯一奇迹”。可惜的是，现在这国宝级的文物却不在中国，而在日本。肉身现存于横滨鹤见区总持寺，被日本视为“国宝”。

在唐贞元六年（公元 790 年），91 岁高龄的无际禅师知道自己来日不多了，于是悄然返回故乡湖南衡山的南台寺。从此时开始他便停止了进食，只嘱咐门徒把他平日搜集来的百余种草药熬汤，每天他都要豪饮 10 多碗。饮食后小便频繁，大汗淋淋。门徒见到这种情况，纷纷劝阻，无际禅师只是笑而不答，仍然继续饮用这种散发芳香的草药汤。一个月后，他更加清瘦了，可是脸色红赤，

1972 年，科研人员在格陵兰岛发现了一具距今约 500 余年的女尸，身体各部分及头发都保存完好。

两目如炬。有一天，他端坐不动，口念佛经，安详地圆寂了。这样又过了月余，禅师的肉身不但不腐，而且还散发出芬芳。门徒们感到非常惊讶，认为这是禅师功德无量的结果，特地建了寺庙敬奉。千百年来，香火非常兴盛，一直持续到清末民初。

20世纪30年代，日本间谍渡边四郎乘乱把无际禅师肉身偷偷地装船运到了日本，并一直秘而不宣。直到他死后，人们才从仓库里发现禅师的肉身。只见禅师盘腿而坐，双目有神，俨如活人。专家们认为，一般的木乃伊，只是人工药物制的躯壳，不足为奇。可是禅师的肉身一直暴露于空气中仍能千年不朽，实在是世界唯一奇迹。经检查，禅师腹内无丝毫污物，体内渗满了防腐药物，嘴及肛门也都被封住，这些可能都是肉身不朽的主要原因。至于他临终前饮用的大量汤药究竟是什么草药，已经无法考究了。

安徽无瑕禅师装金肉身

九华山百岁宫内，有无瑕禅师装金肉身。无瑕是明末人，世寿110岁，圆寂后坐缸三年，尸体不坏，弟子将其装金供奉，崇祯皇帝封为“应身菩萨”。

无独有偶，国外也有这样的奇事。

1984年，在英国曼彻斯特附近的沼泽地里，科研人员发现了一具男子尸体。经检验，这名男子虽死于大约2000年前，但看起来却像是不久前才去世的。科研人员利用现在的高科技手段，发现其秘密在于一种有着特殊防腐性能的沼泽化学物质。原来，在苔藓遍布于小块低洼地，并导致泥土变得又涝又带酸性时，沼泽便开始生成。在这样的条件下，细菌很难生存，更谈不上分解死去的苔藓以及别的植被了，后者便慢慢地堆积起来，碳化成泥煤。与地下水断开了的尸体能保持潮湿达数世纪之久，且处于泥沼水化学效应的庇护下，免受细菌的侵蚀。苔藓产生的单宁还把死尸的皮肤鞣化成皮革状，从而起到保护尸体不腐烂的作用。

有着悠久历史的意大利西西里岛的古老遗址中，至今还保留着旧石器时代绘画的驿罗萨里奥洞窟教堂。这个教堂有一个神秘之处：在这里的地下，竟沉睡着8000具木乃伊！而真正令这座地下墓室在世界闻名的，是8000具木乃伊中一个年龄仅有4岁的木乃伊女童。

拉美西斯二世法老木乃伊

古埃及的木乃伊是世界上保存最完整、最丰富的古代尸体，为现代人研究肉身不腐提供了第一手资料。

这位名叫伦巴尔特·劳扎丽亚的女童，死于1920年12月6日。她的母亲特地将巴勒莫的一位叫萨拉菲亚的名医请来，请他使用数种药剂为这个女童做了特殊防腐注射。80多年后，这个女童在玻璃棺内，无论从什么角度去看，都会让人觉得她依然是活人。

但是，令人遗憾的是，医生萨拉菲亚在给女童做了不腐处理之后不久，便突然死去，而且在他死前，对保存遗体的秘方也是只字未露。

被人忽略的人体"第三眼"

di san yan

我们从神话传说中可以看到许多神仙都有3只眼睛。

神话毕竟是神话，自然与现实不同。可是，也许你想不到，其实你、我、他等芸芸众生，虽然不是神仙，却同样也长着3只眼睛！

希腊古生物学家奥尔维茨，在研究大穿山甲的头骨时，在它两个眼孔上方发现了一个小孔，这一小孔与两个眼孔成"品"字形排列，这引起他很大兴趣。经反复研究，这个小孔被证明是退化的眼眶。

这一发现，轰动了整个生物界，自此以后，各国的生物学家纷纷加入研究行列。各项研究结果表明，鱼类、两栖类、爬行类、鸟类、哺乳动物，甚至包括人类，都有3只眼睛。人们通常忘记了自己的第三只眼，或是从来没有想过它的存在，这只是因为这只额外的眼睛已离开原来的位置，不在脸部表面，而是深深地埋藏在大脑的丘脑上部，而且拥有另外的名字——松果腺体。

人的第三眼已经变成一个极为独特的、专门的腺体，人体中除了松果腺体以外，再也没有其他腺体具有星形细胞。星形细胞不是普通的细胞，它在大脑半球中含量十分丰富。至于腺体和神经细胞究竟为什么会盘根错节地缠绕在一起，人们还不是很清楚。

现在，第三眼的功能和另两只眼睛相比虽然功能迥异，但还是有点藕断丝连，松果腺体对太阳光有极强的敏感性，它通过神经纤维与眼睛相联系。松果腺体在太阳光十分强烈时受阳光抑制，分泌松果激素较少；反之，碰到阴雨连绵的天气，松果腺体就会分泌出较多的松果激素。

此外，人们发现在第三眼的组织结构中含有钙、镁、磷、铁等晶体颗粒。刚出生的婴儿根本没有这种奇怪的称之为"脑砂"的东西，在15岁以内的孩子中也极为少见，但是15岁以后，"脑砂"的数量就开始逐年增加。

在第三眼中有那么一小堆沙子，竟丝毫不会影响它本身的功能。看来，科学家对其的研究还有待深入。

人类为何会得 ai zheng 癌症

癌细胞示意图

“癌症”这个词现在频繁出现在人们的嘴边，可谓谈癌色变。它夺去了无数人的生命，已经成为威胁人类健康的最可怕的“杀手”之一。有资料显示，全世界每年因癌症死亡的多达几百万，近年来，儿童患癌率显著增加，这一现象令医学家们大为震惊。癌症如此可怕，不禁令我们疑惑：究竟是什么导致人类得这种致命的绝症呢？

带着这个疑问，科学家们进行长期的研究，现今已经了解和掌握了一定的规律，并取得了一些临床治疗上的进展，但是科学家们并未把致癌症的真正原因找到，每年仍有大量的人因患癌症而死亡。所以说，要想彻底攻克这个难关并揭开它的秘密，还会有相当长的路要走。

科学家们首先把注意力放在了寻找致癌物质上。他们研究了患肿瘤的动物，通过研究发现，诱发癌症的主要因素有：一定的化学物质和物理、环境方面的因素。举例来说，许多日本人在广岛的原子弹大爆炸中因核辐射患血癌、长期工作在铀矿的矿工患肺癌的几率大大高于普通人，而且死亡率也相当高。

然而，科学家们在进一步的研究中发现，日常生活中也不乏患癌症的人，那么，日常生活用品中自然也含有致癌物质，到底哪些物质含有致癌物呢？经过统计发现，诱发癌症的因素还有煤油、润滑油、香烟中的尼古丁、发霉的爆米花和粮食中的黄曲霉素，等等。

还有一些科学家提出，癌症还与遗传因素有关，致癌物可能通过基因突变传给后代。根据一部分医学工作者研究的结果，有一种癌症属于“遗传性癌”，它是直接由遗传决定的。进一步的研究之后，医学专家们又发现，那些属于非遗传型的癌症，竟也呈现出明显的遗传倾向。比如，胃癌

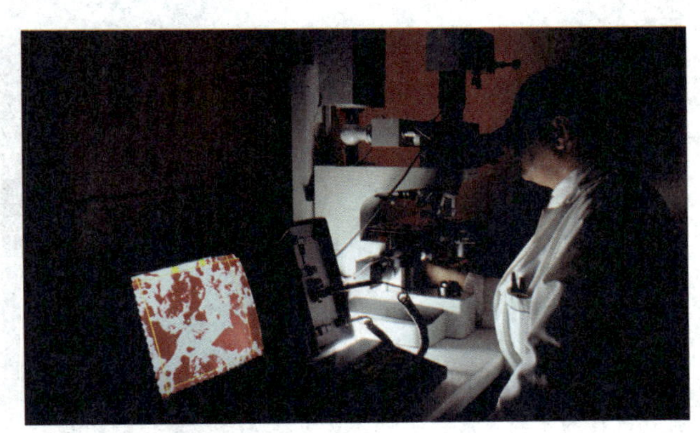
科学家利用基因技术治疗癌症，为人类攻克癌魔指引了方向，由于致癌因素的复杂性，这项工程任重道远。

随着工业化的不断提升，大气污染也日益严重，导致癌症发病率不断攀升，这在发达国家尤其明显。

患者的子女得胃癌症的几率比一般人高出4倍；母亲患乳腺癌，女儿的乳腺癌发生率也比一般人要高。很显然，遗传因素对癌症所起的作用是不容忽视的。相关研究还表明，某些人对癌症具有易感性，主要因为体内某些酶的活性降低，染色体数目异常或畸变。总之，遗传上的缺陷很有可能促发癌症。但遗传因素是怎样促发癌症的，却仍然令医学家们感到费解。

近年来，有一些医学专家提出，绝大多数癌症与环境因素有关，例如，土壤中镁含量低的地区，胃癌的发病率就相对高一些；皮肤癌的发病率和饮用水受砷污染的程度密切相关；饮用水中的碘的含量如果过低，甲状腺癌的发病率就会上升等。可见，环境因素对癌症的发生有着不可忽视的影响。

综上所述，我们看到，诱发癌症的因素很多，但是这些致癌因素之间并没有什么共同点，这到底是为什么呢？经过一系列临床研究实验后，医学家们发现，同样的致癌因素，并不一定都能诱发癌症。也就是说，所有的致癌因素可能都不是外在因素，还有可能存在内在的因素。因此，科学家们又开始了致癌的内在原因的探寻过程。经研究发现，癌组织是由正常组织细胞病变而来，具体来说，人的肌体内都存在着克服致癌因素的抑癌因素，在这种抑癌因素的作用下，细胞才会健康发展。如果抑癌因素的作用减少或消失，正常细胞就会发生基因突变，代谢功能紊乱，细胞也因此无限地分裂、增生。一般来说，正常细胞演变成癌细胞，再引发癌症是一个相当漫长的历程，大约需要10年的时间。同时，科学家们又发现人体基因内存在着癌基因，这是造成正常细胞癌变的关键。其实，人体内不仅存在有癌基因，还有抗癌基因。抗癌基因的发现，使人类对癌症的研究有了突飞猛进的进展，是人类最终战胜癌症的前提。科学家们把培养的抗癌基因注入动物身上，取得了初步成功。如果研究能够再深入一步的话，有望在不远的将来把这种方法应用于人类的癌症治疗上。

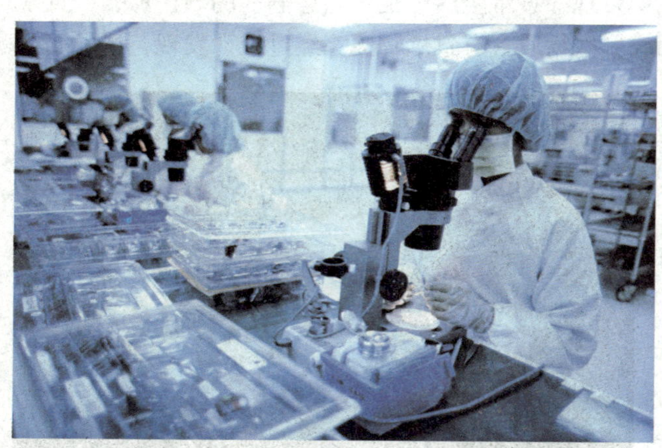
随着科技的不断发展，也许不久以后人类就能研制出彻底治疗癌症的药物。

一部分医学专家在不断研究细胞癌变的过程中还发现，癌细胞的氧含量很低，而蛋白质含量却很高，而且癌细胞的表层组织越深入其裂变能力越差，直至坏死。因此，细胞缺氧可能也是诱发癌症的因素之一。当局部组织受到损坏，并进入窒息状态时，会改变其生存方式，癌细胞由此生成。

关于癌症的成因，可以说是林林总总，莫衷一是，但这些都只是具体细节方面的分歧，大体上来说，都有一定的合理成分在其中。但从根本上讲，人们并没有把癌症的病因彻底弄清楚，仍处于推测假说阶段。面对癌症这个疯狂病魔的肆虐，医学家们在大多数情况下仍然是束手无策，无能为力。但“魔高一尺，道高一丈”，随着科学的进步、经验的累积、研究的深入，相信终有一天，人类会彻底弄清楚癌症的病因，彻底地降服这个恶魔。

人为什么会 zuo meng 做梦

梦究竟是怎样产生的？它究竟能不能预卜吉凶？它受不受人世间自然力量的安排和支配呢？这些问题一直都吸引着历代学者去探讨。然而真正系统而比较准确的研究还是近现代的事。

1900 年，世界著名心理学家弗洛伊德从心理学的角度解释梦的原因。他认为，梦是一种愿望的满足。在多种多样的愿望中，他更为重视性的欲望。认为性欲是人的一种本能，而本能是一种需要，需要是要求满足的，梦就是满足的形式之一。

弗洛伊德还认为，梦是有意义的精神现象，是一种清醒的精神活动的延续。借助梦可以洞察到人们心灵的秘密。梦是无意识活动的表现，人在睡眠时，意识活动减弱，对无意识的压抑也随之减弱，于是无意识乘机表现为梦境的种种活动。

弗洛伊德的学生阿德勒则认为，做梦是有目的的。梦是人类心灵创造活动的一部分，

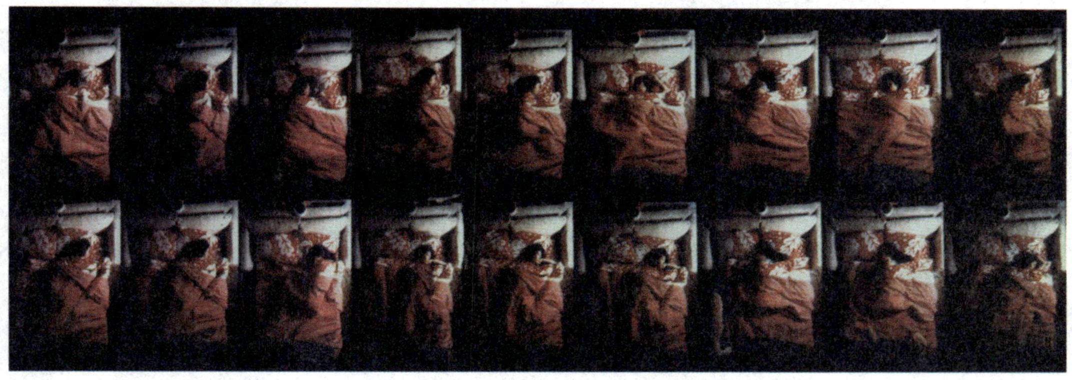

摄影师席尔多里·斯巴尼亚拍下的一系列关于睡眠的定时照片。每帧照片隔 15 分钟。他拍摄它们是为艺术创作，但神经生理学家霍伯森指出这些照片对睡眠研究的价值，因为图中人的姿势变化与脑的变化吻合。有一连几帧姿势没有变化——例如从上排第五帧起，其后睡姿发生变化，统称表示快速眼动睡眠或开始做梦。

左图为史提芬·拉伯基的眼睛在睡眠中快速抽动时，眼镜便发出柔和的红光，表明梦即将发生。柔光不会惊醒清醒梦实验者，而提醒其在梦中发挥主动角色。

右图为在睡眠实验室的暗淡红光中，一个志愿者昏昏入睡。她的头和脸上贴着电极，用以侦测脑和肌肉活动，为研究者提供与做梦相关现象的记录。

人们可以从对梦的期待中，看出梦的目的。梦的工作就是应付我们面临的难题，并提供解决之道。

梦和人类的生活是息息相关的。每个人做梦时，都好像在梦中有一个工作在等待他去完成一般，都好像他在梦中必须努力追求优越感一般。梦必定是生活样式的产品，它也一定有助于生活样式的建造和加强。

人在睡眠时和清醒时是同一个人，由白天和夜里两方面表现结合起来才构成了完整的人格。人在睡梦中并没有和现实隔离，仍在思想和谛听。梦中思想和白天思想之间没有明显的绝对界限，只不过做梦时较多的现实关系暂被搁置了。

梦是在个人的生活样式和他当前的问题之间建立起联系，而又不愿意对生活样式做新要求的一种企图。它联系做梦者所面临的问题与其成功目标之间的桥梁。在这种情况下，梦常常可以应验，因为做梦者会在梦中演习他的角色，以此对事情的发生做出准备。

弗洛伊德的另一名学生荣格认为，梦就是集体潜意识的表现。重视潜意识，尤其是集体无意识，是理解和分析梦的前提，梦具有某种暗示性。梦所暗示的属于目前的事物，诸如婚姻或社会地位，这通常是问题与冲突的根源所在。梦暗示着某种可能的解释。同时，梦还能指点迷津。

可以说，弗洛伊德、阿德勒和荣格对梦的心理机制，梦的成因以及梦的作用和意义等方面，都有自己独到的见解和贡献。

世界著名生理学家巴甫洛夫从生理机制方面解释了人为什么做梦的问题。他认为，梦是睡眠时脑的一种兴奋活动。睡眠是一种负诱导现象。大脑皮层兴奋过程引起了它的对立面——抑制过程，抑制过程在大脑皮层中广泛扩散并抑制了皮层下中枢，人便进入了睡眠状态。

人进入睡眠时，大脑皮层出现了弥漫性抑制，也就是抑制过程像水波一样扩展，当人熟睡时，弥漫性抑制占据了大脑皮层的整个区域以及皮层更深部分后，这时就不会做梦，心理活动被强大的抑制过程所淹没。当浅睡时，我们大脑皮层的抑制程度较弱，且不均衡，这便为做梦提供了条件。

现代科学发达，可以通过实验分析来逐步揭开梦的奥秘，有的科学家认为，梦是快速眼球运动中意象的集合，在快速眼球运动睡眠就会产生梦境，此时脑电波振幅低、频率快，呼吸和心跳不规则，周身肌肉张力下降。当这时候叫醒睡眠者，他会说：“正在做梦中。”如果不断地叫醒（打断其梦），会使其情绪低落、精神不集中，甚至暴躁和性急。

有的科学家做过这样的实验：将乙酰胆碱类药物注射到猫的脑干里。经研究发现，当脑干里某神经元放出乙酰胆碱进行沟通信息时，另一种神经元就停止放出去甲肾上腺素和羟色胺，前一种神经元将信息传至大脑皮层，皮层的高级思维和视觉中心，借助已存的信息去解释、编织成故事，梦就产生出来。

在梦境里为什么只见镜像，尝不出五味，闻不到香臭，这是因为快速眼球运动期间发射出的是视神经元，而不是味觉、嗅觉神经元。为什么梦醒片刻就记不住梦的内容，这是由于梦的储存仅在短暂记忆里，而长期记忆库的去甲肾上腺素和羟色胺处在封闭状态。

当然，心理学家和生理学家对梦的解释和研究也不是完全正确的，有些解释还欠妥和过于简单。但可以相信，随着心理学和生理学的发展，当代和未来的心理学和生理学家们会对梦做出更准确、更完善的解释。

梦 meng 与灵感

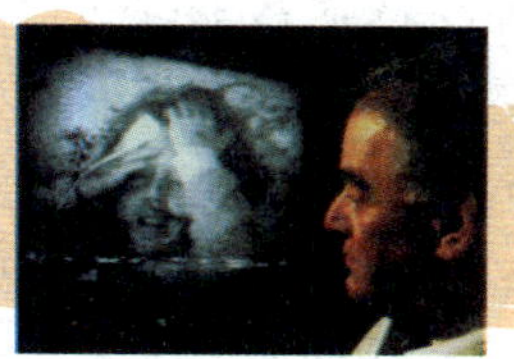

每个人都有做梦的经历，在梦中，我们经常会遇到千奇百怪的事情。然而直到今天，人类还不清楚梦究竟是怎么一回事。更有意思的是，有些人还能从梦中得到启发，从而获得新的发现。众所周知的化学元素周期表就是这么被发现的。

以前，化学家们只知道有 63 种化学元素，而且这些元素之间毫无规律。

1857 年，年仅 23 岁的门捷列夫成为俄国著名的彼得堡大学的副教授。他工作勤勉认真，31 岁时又被聘任为化学教授，负责该校化学基本教程的授课工作。作为一名教授，他有很好的工作条件和生活环境，出于对化学的热爱和对工作的负责，门捷列夫一直勤勤恳恳地准备讲义，不敢有丝毫的懈怠。

然而，由于元素之间毫无联系，这些化学物质的性质非常多，就算连续讲上几个月可能都讲不完。而且，随着授课内容的增加，听的人可能由于不理解而对化学的认识越来越少。但是这块领域实在是太混乱了，以致没有一点系统性可言。门捷列夫在授课的过程中遇到了很大的困难，难道真的没有一点儿规律存在于这些化学物质中间吗？难道这些组合真的是随机的吗？

门捷列夫试图寻找这些元素间的规律和统一性，然而苦思良久，却仍然得不到一个圆满的答案。那些元素就像散落在迷宫中一样，对于它们之间的联系，门捷列夫毫无头绪。

奥地利精神分析学家弗洛伊德著有《梦的解析》一书，通过对梦境的科学探索和解释，打破了几千年来人类对梦的无知、迷信和神秘感，同时揭示了左右人们思想和行为的潜意识。

于是，门捷列夫决定先找出元素之间的规律再继续写书，他在笔记本上画画涂涂，然而始终没有找到其中的规律。但他并没有气馁，在一张卡片上写上元素的名称、原子量，在底下写上化合物的化学式和一些主要的性质，然后他把这些元素一个个剪开来进行重新排列。

他用许多方法给写好的卡片进行分组，还尝试着用各种方式进行排列，希望以此来找出各种元素之间的内在联系，并用一张表格表现出来。但令人失望的是，他仍然找不到答案。

平时，门捷列夫总是从清晨就开始工作，一直工作到深夜。有一次他废寝忘食地工作，竟然完全忘掉了时间，一连干了三天三夜。

门捷列夫真是累极了，趴在工作室的桌子上就睡着了。然而即使是在梦中，他还是在继续工作，竟然还做了一个梦。一张元素周期表突然清晰地出现在自己的面前，各种元素犹如一个个训练有素的士兵，各自站在各自的岗位上。

强烈的责任心使门捷列夫立刻从梦中清醒过来，刚才那张表还清晰地在眼前晃动。他拿起笔，在一张纸上记下那张表。他对表格进行反复验算后，发现除了一处需要加以修改外，梦中的那张表格简直是完美的。

1869 年 3 月，门捷列夫发表了元素周期表。在表格中，他还为许多化学元素留出了空位。后来他又继续对元素周期表进行研究，预言了三种新的化学元素：类硼、类铝和类硅。

然而，门捷列夫的这些预言在当时被许多科学家当作无稽之谈。而他却十分相信周期律的科学性并认为它一定能得到证实。

法国一位化学家于 1875 年用科学的方法发现了镓这种新元素。门捷列夫发现这种新元素其实就是类铝，是他 5 年前预言过的。化学元素周期律取得了第一次胜利。

顿时，世界科学界轰动了，化学元素周期表和它的发明人门捷列夫立刻享誉全球。世界上的许多科学家在门捷列夫的元素周期表的激励下，废寝忘食地工作，努力探索，试图发现新的元素。欧洲几十家有名的实验室中的众多科学家紧张地工作着，渴望获得新的发现，以进一步揭开化学物质的谜底。

1879 年，瑞典一位化学教授又发现了一种金属元素，命名为钪，它其实就是门捷列夫所预言的类硼。1885 年，德国化学家温克勒也发现了一种新元素，这个叫作锗的新元素恰好可以填入周期表中预留的一个空格中，正是门捷列夫所预言的类硅。

元素周期律成为物理和化学界的一个基本定律，对于推进现代化学和物理学的发展起着举足轻重的作用。可谁能想到，这一切居然是在梦中发现的呢？

人为什么会 gan dao teng tong 感到疼痛

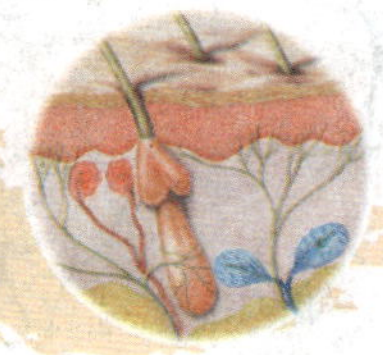

古人曾有过疼痛在心还是在脑的争论。直到现在才知道，痛是由脑感知的。至多经过1秒钟，大脑就知道脚趾被刺痛了。丘脑最先感到痛，而辨明痛的部位和程度的任务是由大脑皮层完成的。

那么，如果大脑中根本没有过疼痛的感觉又会怎样呢？一只狗若在隔离状态下养大，从出生以后它就未经历过碰撞或擦伤的痛苦，它忍受针刺的能力与众不同，鼻子碰到燃烧的火柴也不马上跑开，它比在正常环境下饲养的狗有更多的忍痛能力。

巴甫洛夫的试验进一步证明，饥饿的动物为了获得生存所必需的食物，哪怕是经受电击、经受烧灼的痛苦也在所不惜。因为脑子告诉它们，这时食物比疼痛更重要，因此也就不怕痛了。在神情专注或其他特殊情况下却感觉不到痛，究竟是什么原因呢？

有一种“闸门控制”的理论在国际上流传甚广。根据此种理论，神经系统只能处理有限的信息量，这中间有一道“闸门”，过多的信息将被拒之门外。比如，脚趾踢痛了，用手去抚摩几下，这种疼痛和抚摩的感觉到了“闸门”那里，就只能合二为一地通过。一半是疼痛，一半是抚摩的快感，与刚才全是疼痛的感觉相比，抚摩以后痛的程度轻多了。

但“闸门控制”理论对疼痛的解释并未做到尽善尽美。“幻肢痛”就是一个未解之谜。据统计，切去肢体的人中有将近30%有过或轻或重的“幻肢痛”现象，有些人甚至在许多年后还无法消除它。

为什么截肢、断臂者在截肢、断臂之后仍感肢体存在且有疼痛的感觉呢？针对此问题，美国一位科学家曾在1996年发表论文指出，因为肢体被截后，大脑中感知该肢体的信号就会发生转移，邻近的感知信号与之混合，因而能同时感知两种感觉。至于为什么会有疼痛，对此最可能的解释是：过去脑子留下的对切肢之痛的印象太深

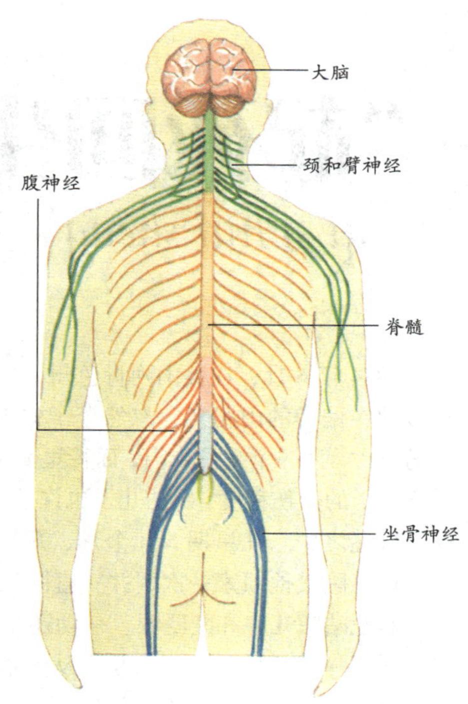

神经系统可以控制并协调全身的化学反应和活动。它的主要构成部位为大脑和主神经即脊髓——被称为神经中枢，以及从中枢神经上分支而来并遍布全身的数百个神经，后者被称为末梢神经系统。

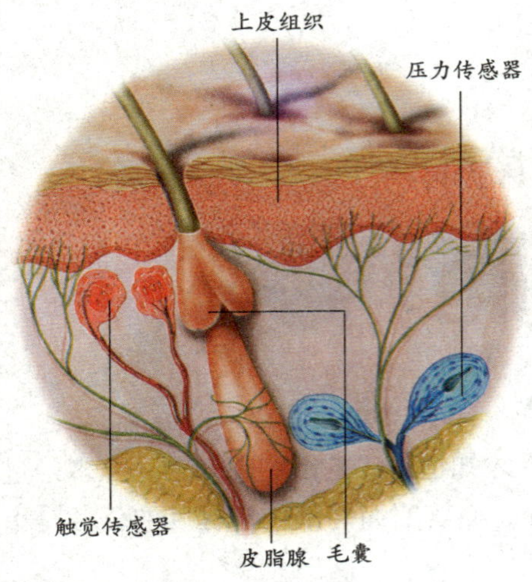

皮肤结构
表皮是皮肤粗糙的外层，大部分都是由死细胞构成的。下面的真皮含有毛囊、汗腺、细小的血管、弹性蛋白的微纤维和胶原质。

刻了。

对于一般人来说，不同的人对同等程度的刺激的感受不同。一般说来，女性比男性怕痛。根据有关的研究资料，除了大腿骨以外，人体各部位的疼痛都是女比男怕痛。女子更怕痛的原因或许是因为女性纤细柔弱，也可能是由于女性自以为弱者，不以喊痛为耻，但男子汉大丈夫们却要逞英雄，即使疼痛难忍也不肯轻易叫痛。美洲的印第安年轻男子，常用钩子穿过皮肤，把自己吊起来，以此为娱乐方式并引以为荣。此时他们谈笑自若，似无痛感。

长期以来，疼痛是医学界唯一难以定义而又不能客观测量的病症。未来对疼痛的研究，将主要在疼痛是否与性格有关、是否有疼痛记忆、如何测定疼痛程度等方面。让我们对新的研究成果拭目以待吧。

“起死回生”的人

qi si hui sheng

1984 年 6 月，在美国阿肯色州，19 岁的特里 · 沃利斯和两个朋友驾驶着一辆敞篷小货车行驶在偏僻的山路上，忽然车子失去控制，跌落在 7.6 米下干涸的河床上。开车的朋友当场死亡，另一个毫发未损，而特里受了重伤。他第 2 天才获救，但医生告诉他母亲安吉丽，鉴于脑干的受伤程度，她的儿子也许活不了几小时了。他从颈部以下都无法动弹，四肢瘫痪，处于昏迷之中。几星期、几个月、几年过去了，他仍旧毫无生气。尽管他的父母每隔一周就从疗养院接他回家一次，并一直同他讲话，但他们也不知道他是否能听懂。19 年中，除了偶然地咕哝几声和眨眨眼，一切还是原样。直到 2003 年 6 月，安吉丽看望他的时候，他忽然叫了一声“妈妈”。这是自从车祸以来他说出的第 1 个词。毫不奇怪，安吉丽 · 沃利斯把她儿子的苏醒称作“一个奇迹”。

接着特里会说其他的词了——“百事可乐”，然后是“牛奶”，再然后是“爸爸”——不久以后，单词变成了词组和短句。很快，他能够说出想要的任何东西，尽管说得还比较缓慢而且吃力。他女儿安姆波尔在车祸之前刚出生，而现今已经 19 岁了，他的首要任务之一就是接受这个女儿。然而，他还处于时间断层中，想要和他几年前就过世的祖母讲话。他能够清楚地背出她的电话号码，家里其他的事情却早已忘记了，问他总统是谁时，他回答“罗纳德·里根”。但他的家人已经很高兴了，并不介意这个情况。毕竟，他们从未指望他能再度睁开眼睛，更不用说能够讲话了。

那是一段漫长而痛苦的经历。安吉丽回忆起当她第1次见到特里躺在医院的时候，注意到他的手在动。她曾认为这是个好兆头，却得知那只是大脑损伤的迹象。尽管医生让她准备葬礼，她却从未放弃希望。

1985年，当特里的情况稳定下来，她就把他转移到一所疗养院里，每周两次开车往返80多千米，从家里去疗养院看望儿子，年复一年。领他回家的时候，她推着轮椅带他去熟悉的地方，和家人见面，还不断地和他讲话、给他读书，企盼着得到回应。“我希望继续和他讲话，聊家里的事情，”她说，“这只是一种习惯。这就是我们所做的，但我没有真的认为他能好转。”

后来，在安吉丽的一次探望中，疗养院的工作人员陪着她去特里的房间，并像往常一样问病人来探望他的人是谁。“他就说了一声‘妈妈’，”安吉丽自豪地回忆说，“我跌坐在地上了！”不仅是她和护士，特里本人也感到十分惊讶。

安吉丽说：“你能从他脸上的表情看出来，他瞪大了眼睛。”

要解释特里从1984年以来的思维状态，必须了解大脑本身的一些知识。大脑是非常脆弱的器官，任何震动都会使它压缩或膨胀。在像特里遭遇的车祸那样剧烈震动的情况下，几十亿个组成大脑的神经细胞被拉紧、扭转甚至断裂。钢轨之类的外界物体刺穿头颅看上去很严重，但这种伤害一般仅限于大脑局部。

与之相比，车祸虽然没有使皮肤受损，但是对大脑的冲击更具扩散性，也因此更具破坏性。大脑前后晃动，与头颅基部碰撞，在各个冲击点引起大面积的损伤。头部损伤经常伴随意识缺失，在不严重的情况下会造成脑震荡，但仅仅持续几分钟。脑震荡由神经细胞的暂时瘫痪引起，但对大脑没有实质的伤害。而昏迷比较难以定义，这个术语一般用来形容人一直闭着眼睛，无法交流，对指令没有反应。脑干位于大脑基部，如果脑干受损，损伤中断了意识，就会引起昏迷。但是，没有人能够完全解释为什么长时间昏迷的人会忽然间醒来。特里的医生说，母亲持续不断地和他讲话对保持他的思维继续活动有所帮助，但是由于脑干受损，他无法控制身体的反应程度，或者是因为脑

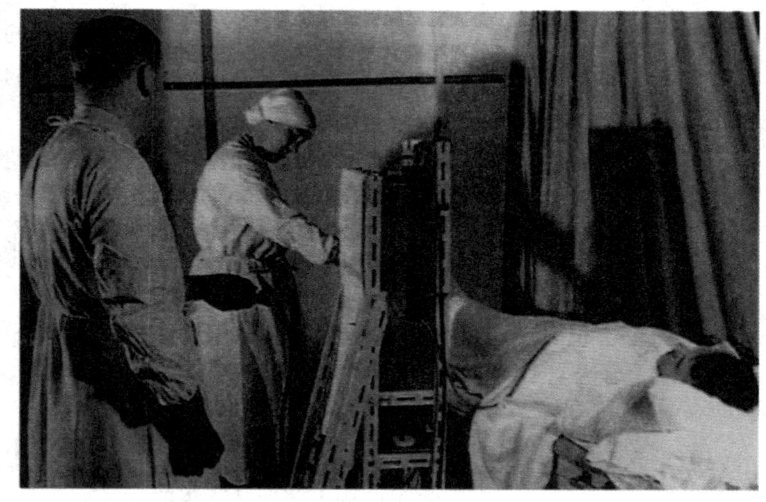

经过治疗，特里的情况稳定了下来。

干与其他感官的连接出了问题，特里在昏迷中不能做出反应。而他身体的其他部分没有受到影响，功能正常，他没有意识也能呼吸、分泌唾液、消化并排泄食物，因为在丘脑的影响下，所有的这些功能都由神经系统自发控制。事实上，许多从昏迷中苏醒的人都说，他们完全清楚发生在身边的事，但就是不能交流。

特里的康复时间令人惊奇。“真是不可思议”，他父亲杰瑞若有所思地说，“他是在13号的星期五出的车祸，19年后，也是在13号的星期五，他开口讲话。”

但是特里有一种不好的变化，他有时候说脏话。当语言矫正师问可以为他做些什么的时候，他说：“和我上床吧。”还有一次，问他有什么感觉时，特里回答“好色”。他父亲说：“这很奇怪，因为车祸之前他从来不讲脏话。”但是和获得新生相比，这是很小的代价。尽管特里·沃利斯从颈部以下还瘫痪着，而且短期记忆也有问题，但是他已经从死亡线上回来了，这是不争的事实。

被移植的 xing ge 性格

有的人相信，接受移植的病人会继承捐献者的性格特点，因此长期以来，许多文学作品利用这种想法渲染恐怖气氛。例如小说家毛利斯·雷纳德的《疯狂之爱》就讲述了这样一个故事：一名钢琴家在事故中失去双手，移植了一名杀人犯的手，所以钢琴家忽然有了杀人的冲动。

绝大多数科学家一直认为“记忆可以移植”的说法是荒谬的，但现在越来越多的专家开始相信这种可能性，因为有不少例子证明，接受了器官移植的病人在口味、音乐爱好甚至性倾向等方面都发生了明显的变化。

美国心理学家保罗·皮尔萨本人就接受过脊髓移植手术，他对心脏或心肺移植患者、患者亲友和捐献者的亲友做了许多访问，以下是他公布的部分病例：

* 一名29岁的女同性恋者吃快餐成瘾，她从素食的异性恋女子身上移植了心脏。手术之后，她说一吃到肉就恶心，而且不再对女性感兴趣，最后与一名男子相爱。

* 7个月大的男婴接受了心脏移植手术。捐献者是一名溺水而死的16个月大的男婴，其大脑左半球患有轻微的麻痹。接受者在移植之前脑部很健康，但手术之后左脑出现了相同的震颤和僵硬症状。

* 一名心脏移植接受者惊奇地发现自己忽然对古典音乐产生了兴趣。他后来得知捐献者生前是一位有造诣的小提琴家，死于一场驾车枪战。

* 47岁的男子从患有厌食症的14岁女孩那里移植了心脏。移植之后，他表现出孩子一

样的朝气，像小女孩一样咯咯地笑，而且吃饭之后感到恶心。

人们一般认为只有大脑才有记忆功能，但是皮尔萨根据自己的发现提出，活体组织的细胞也有记忆能力。坎蒂丝·佩特教授是华盛顿乔治敦大学的药理学家，她也认为思维不仅存在于大脑中，而是遍布整个身体，她说：“思维和身体通过肽这种化学物质相互交流，大脑中有肽，胃、肌肉和其他所有主要器官中也有肽。受心理影响的网络分布于全身，从内脏到皮肤表面都包括在内。”她相信记忆能传输到网络的任意一个地方。“有关食物的记忆可能在胰腺或肝脏里，它可以通过移植转移到别人体内。”

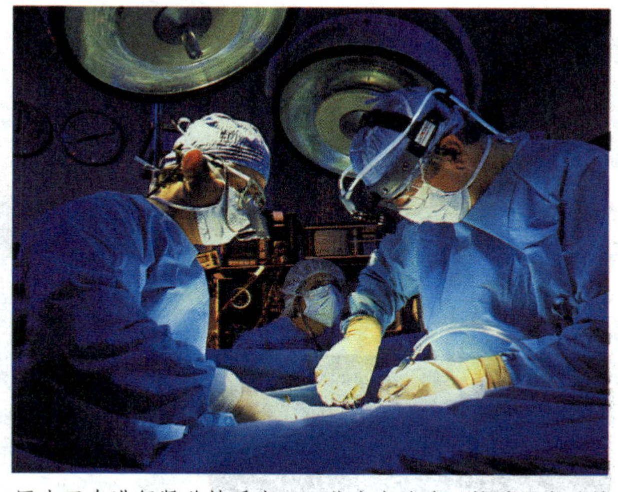
医生正在进行肾移植手术，一些专家认为，接受器官移植的病人会继承到捐献者的性格特点。

还有一个特别的例子可以证明细胞的记忆力。一名 8 岁的小女孩移植了被谋杀的 10 岁女孩的心脏，然后她开始做噩梦，梦到凶手正在杀害捐献者。她向警察讲述了梦中清晰的景象，一位精神病专家对此记忆犹新，他说：“警察根据小女孩的描述抓到了杀人凶手。犯人证实了小女孩所讲的犯罪时间、地点、凶手的穿着和凶器都完全正确。”

一名年轻男子也遇到了类似的怪事，他接受移植手术之后对母亲说：“一切都棒极了。”他母亲说他手术前从来没有用过“棒极了”这个词，现在这个词却成为他的口头语。后来他们得知，这个词是捐献者与妻子吵架之后用来表示和好的暗号。捐献者的妻子说，就在丈夫遭遇事故不幸去世之前，他们刚刚吵了一架，可是现在永远没有和好的机会了。

克莱尔·西尔维亚就是一个最典型的例子，她 40 多岁的时候得了严重的肺病，反复发作。为了挽救她的生命，医生从一名死于摩托车事故的 18 岁男孩那里移植了心脏和肺给克莱尔。

手术康复之后，她开始喜欢喝啤酒、吃炸鸡块，而这两样东西她原来都不感兴趣；她还常常做奇怪而清晰的梦，梦中有一个陌生的年轻人。几年之后，她意识到这个年轻人就是器官捐献者，啤酒和炸鸡块是他的喜好。她甚至发现，那个年轻人遭遇车祸的时候衣服口袋里还装着炸鸡块。她对衣服的品味也变了，原来喜欢鲜红和亮橙色，而现在喜欢冷色调的衣服。她还变得异常好斗、容易冲动。

虽然这些事例支持了细胞存在记忆的观点，但仅凭这些还无法说服另一些科学家，他们仍然认为这是术后情绪紧张的结果，或者是为了防止排斥反应而服用的抑制免疫药物的作用。

怀疑者说，药物会改变饮食口味，而且能够拥有第 2 次生命的复杂感受使一些患者的习惯和爱好发生了变化。美国首席心脏病专家约翰·施罗德说：“多数科学家都确信人的心理经验储存在大脑里。器官移植会转移记忆的说法是不可思议的。”那么，究竟谁是对的呢？只有靠时间来证明了。

灵魂出窍 ling hun chu qiao 的真实体验

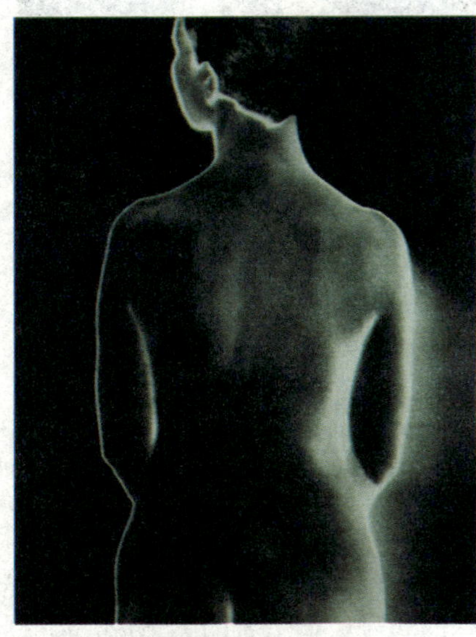

当人们在死亡边缘挣扎时，会发生濒死经验，很多时灵魂出窍是濒死经验的其中一部分。

医药的进步意味着更多的人能够从死亡的边缘生还。随之而来，越来越多的生还者说，他们手术的时候失去意识，体验到了“濒死经历”。“濒死经历”有多种形式——看到上帝发光的轮廓、沿着隧道移动、所有的束缚忽然被剪断的感觉或快速回顾一生经历，等等，而最普遍的是“离体经历”，即感到自己离开了肉体，但在身体外面仍然存在感觉。

第一次世界大战期间，美国作家欧内斯特·海明威在意大利当志愿救护员，被榴霰弹打伤。他倒下去，处于半昏迷状态，就在等待医疗救援的时候，他经历了奇怪的事情。事后他描述说：“我的灵魂或者其他什么东西从身体里出去了，就像拎着丝手帕的一角将它从口袋里面抽出来一样。它在四周流动，然后回到体内，我又活过来了。”

不仅作家有过这种经历，1937年，奥克兰·格迪斯给爱丁堡的皇家医学会写信，说自己食物中毒之后躺在床上，经历了奇异的事情。

“我忽然觉得自己的意识正在从另一种意识中分离出来，但那仍旧是我。忽然，我不仅看到了自己的身体和床，还看到房间和花园里的每样东西，后来连整个伦敦市都能看到，实际上，我想到什么地方就能看见什么地方。我处在一个自由的时空里。”他后来又回忆起灵魂是如何回到身体的。“我见到医生离开其他病人，匆忙赶往我家，然后听到他说：‘他快要死了。’我在床上听得一清二楚，但是动弹不得，也说不出话来回答他。”

虽然并非所有的离体经历都有相同的特点，但还是能找出许多共性。事发的时候患者一般处于睡着、将要睡着或失去意识的状态。或许由于生病、心理压力或疲劳，睡眠往往比较浅。然后他们“醒来”，多数人感到身体麻痹。在离体经历中，人们试图运动肢体，但是动不了，似乎只有眼睛功能正常。当时正在接受抢救手术的人多数会从高处看到下面自己的身体，还有正在实施抢救的医生。离体经历的持续时间一般不超过1分钟，有时候因为害怕离开身体太远而终止。最后忽然感觉被拉回身体，离体经历就此结束。

离体经历常常与摆脱极度疼痛和严重创伤有关。美国战俘埃德·莫雷尔曾在亚利桑那州监狱遭到拷打，他在《第二十五个人》一书中描述了当时他为了脱离痛苦是如何从身体里飘出来的。残忍的警卫经常给囚犯穿上特制的紧身衣，往他们身上泼水，紧身衣就会收缩。莫雷尔写道：“时间久了没几个人能活下来。只有曾被大蟒蛇渐渐缠紧、险些丧命的幸存者才能理解那种感觉，明白这种酷刑的痛苦。”莫雷尔说他被折磨了半个小时之后，忽然感到出奇的平静。他看到眼前有亮光在闪烁，发现自己从身体中脱离出来。然后他飘过高墙，来到外面的乡村。

随后他越飘越远，飘到遥远的异国他乡，飘到太空，飘到海上，在那里他还目睹了船只失事，而且后来证明确有此事。他还看到了一些此后在生命中即将遇到的人，包括未来的妻子。他从国外的城市带回一些信息，而这些信息当时是通过任何渠道也无法获得的。发生这一切的时候，他看起来像在安静地熟睡，警卫用更恶毒的方法也不能让他醒过来。最后警卫停了手，他也发现自己又回到了身体——也许是因为离体经历已经达到了目的。美国作家杰克·伦敦对这件事很感兴趣，并以莫雷尔的故事为基础创作了小说《星游人》。

并非所有的离体经历都伴随着睡眠。20世纪70年代，研究离体经历的权威人物苏珊·布莱克莫在牛津大学学习的时候也体验了一次。她说当时的意识状态十分奇怪，感到在树丛围成的隧道中朝着亮光前进，后来发觉自己飘浮在房间里，并看到自己的身体在下面。接下来，她飞出房间，越过大西洋来到纽约。在纽约上空盘旋之后，她又回到牛津的房间，这时候她缩小了，钻到自己的脚趾里。

有些人渴望体验到离体经历，就想方设法地引导自己——尝试清醒地进入睡眠，吃药，或刺激大脑。2002年，瑞士日内瓦大学医院的神经学家在为一名女病人治疗癫痫症的时候，使用电极刺激她的大脑。他们发现，大脑右皮质的脑回受到刺激的时候会多次引起离体经历。最初，病人受到刺激之后感到下沉到床里面，或者从高处坠落，当电流增大的时候，她说自己离开了身体。她告诉医生说，她飘到天花板上，看到自己躺在下面的床上。连在头部的电极还在放电的时候，医生让她看自己的腿，她发现腿越来越短了。弯腿的时候，腿就很快地向脸上甩过来，她不得不躲闪了一下。医生又让她观察伸展的手臂，她说左臂缩短了，而右臂不变。弯曲肘部的时候，左前臂和左手又向脸打过来。瑞士医生总结说，脑回在协调视觉信息与大脑对身体的感觉方面发挥着重要的作用。当二者失去联系，就可能发生离体经历。研究人员还指出，人们在试图检查自己的身体或某个部位的时候，离体经历比较容易结束。

瑞士医生提出这种说法的证据是，一些离体经历者是在身体感觉和对现实的意识发生改变的时候经历的。对离体经历者的故事，我们应该相信多少呢？不能否认它们的存在，同时也没有确凿的证据证明他们真的离开过身体。埃德·莫雷尔故事里的船只失事听起来很可信，然而和其他故事一样，它的可信度还不能通过科学界的检验。除非拿出证据，否则许多科学家仍然认为离体经历只是生动的梦境、幻觉或是由特殊创伤引起的癔症的结果。

奇怪的梦游

meng you

据估计，10% 的人曾经梦游过。梦游症在儿童中最为普遍，有 6% 的儿童患此症，而成年人中只有 2%。大部分情况下，梦游者平静地从床上起来，毫无目的地晃悠几分钟，然后再回到床上，既不害人也不害己。但是，偶尔会有令人担忧的后果。

梦游是一种遗传病，而且不知道为什么，梦游的男性比女性多。睡觉时大脑发出的电脉冲记录显示，有两种不同的睡眠类型——眼球快速运动和非眼球快速运动。在睡眠的整个过程中，这两种类型交替出现。睡眠从非眼球快速运动开始，它构成了成人大约 4/5 的睡眠。刚开始是感到睡意，脑电波明显变深而且缓慢，直到大脑的活动和新陈代谢达到最低点。处于非眼球快速运动睡眠的时候人很少做梦。入睡大约一个半小时之后，眼球快速运动睡眠的第 1 个阶段开始。此时脑电波活跃起来，眼球运动加快，人最容易进入逼真的梦境。眼球快速运动的第 1 个阶段可能持续不到 10 分钟，但随着睡眠的进行，持续时间加长，最后一次可以持续 1 个小时。梦游经常发生在刚入睡时的深度非眼球快速运动状态，或从这种状态中醒来的时候。其实没做梦也会梦游，这便否定了梦游者的行为来自梦境的普遍说法。

梦游的根源在于大脑。负责意识的大脑皮质处于休眠状态的时候，大脑中掌管运动系统和感觉系统的部分却清醒着。伦敦睡眠中心的医学主任爱莎德·伊伯汉姆说：“梦游从本质上讲，是因为从睡眠的一个阶段到另一个阶段的转换机制没有起到作用，使人进入‘极度清醒状态’。我们不清楚其具体原因，但是它肯定和大脑中复杂的化学反应有关。”

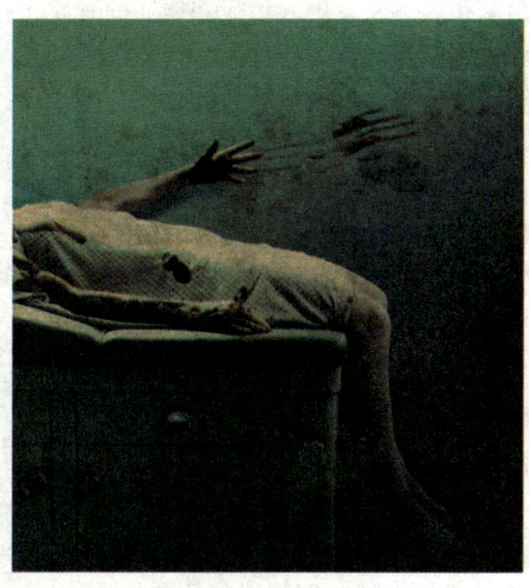

梦游者在事发时处于错乱自动性状态。

这个时候，人容易从床上起来，混乱而无目的地兴奋起来。他们尽管目光呆滞却睁着眼睛，动作常常既缓慢又笨拙。有的人不仅到处走动，还会说话，穿衣服，上下楼梯，做饭，吃东西，甚至在壁橱等不合适的地方排尿。更危险的是离开家，把汽车开到公路上去。2005 年，一位酒吧老板免受酒后驾驶的判罚，因为他钻进宝马车绕着一棵树兜圈的时候是睡着的。还有个更有趣的例子，一名女子最近忽然发现，梦游中的丈夫正在割草，而且赤身裸体！

人们曾认为梦游完全是心理问题，但现在把

它理解为心理因素和化学干扰等生理因素的复杂混合体。在儿童中，4 ~ 12 岁的男孩易患梦游症，尤其是过度疲劳的孩子。梦魇是一种噩梦，能让半清醒状态的孩子尖叫着醒来，它和尿床都与梦游有关。梦魇中出现一段情节的时候，梦游者的行为更加疯狂，可能到处急速奔跑，撞到墙上。幸运的是，多数儿童经过青春期之后就不再梦游了。在成人中，梦游可能由饮酒或用药过度引起，二者都对大脑的化学平衡有影响。梦游也可能与压力、焦虑（像白天吵架这样的小事）和服用安眠药有关。梦游能持续几分钟到将近 1 个小时，但梦游者普遍对梦游时发生的事没有一点印象。成人阶段才开始梦游的人日后容易患病，而且有一些长期梦游的人把自己缚在床上，想阻止再次发作。虽然成人病例中没有发现共同的神经化学问题，但马里兰州毕士大国家睡眠失调中心的主任卡尔·亨特说，有相当多的人后来患有帕金森病，这说明梦游可能是一种不断发展的神经疾病。

成人梦游的后果相对严重一些，因为它更具有危害性。在美国，梦游者不准拥有武器，因为有了武器，他们会给别人和自身带来太大的威胁。有一个例子说明了梦游者的潜在危险：2003 年，英国曼彻斯特的朱尔斯·劳尔袭击了他 82 岁的父亲艾迪，使其不幸身亡。攻击发生的时候朱尔斯还在熟睡，事后他对此事没有任何记忆。伊伯汉姆医生在审判前对被告做了一系列的睡眠研究，证明他当时的确在梦游。他说："劳尔先生有梦游史，喝酒之后尤其严重，但他之前从未有过暴力行为。然而，当时他继母刚刚去世，而且他还经受着一些其他的压力。"在发生袭击行为的时候，劳尔处于所谓自动性的状态，这表示他的行为是无意识的。他的梦游更多来自内因（比如压力），而非外因（比如药物或饮酒）。由于他处于错乱自动性状态，法庭免除了他的谋杀罪名。

还有个著名的例子，2002 年，摇滚乐吉他手皮特·巴克在一架横渡大西洋的飞机上攻击机组成员，但最后被免罪。法庭相信他由于在刚登机时饮酒并服用了安眠药，所以当时处于非错乱自动性状态而对事件没有记忆。

一个普遍错误的观点是，叫醒梦游者很危险。实际上，即使梦游者自己一直在说话，他也不会听到你对他讲的话，所以很难叫醒他们。最明智的做法就是引导他们安全地回到床上。

2004年在澳大利亚睡眠协会的一次会议上，报告了一种关于梦游的现象。据睡眠医生皮特·布加南描述，他的患者中有一名情趣高雅的中年女子，她有一个固定的伴侣，但是她在梦游中和一些陌生人发生性行为。这个女子完全不知道自己的双重生活，直到她男友在房子附近发现了可疑的避孕套，产生怀疑并最后在某天晚上把她现场捉住。她的情况被诊断为睡眠性行为。

在正常情况下，进入经常做梦的睡眠状态时人体保持不动，但在睡眠性行为状态下不是这样，人会把梦表现出来。因为还没有失去肌肉运动能力，我们其实能做出梦到的任何事情。如果做的事情和梦里的相符，就不会醒来。英国睡眠专家尼尔·史丹利解释说："如果你躺在那儿，梦见正在和妻子性交，而此时你恰好在和妻子性交，梦就不会醒来。你感觉不到发生了什么。"

事实上，人们睡着的时候可能同自己或别人进行性行为（有时是暴力的）。有一名男子想制止自己在晚上的行为而把自己捆住，醒来发现为了挣脱束缚，他甚至弄伤了两根手指。研究这一现象的美国科学家发现，受睡眠性行为影响的患者们没有经过正常的睡眠阶段，而是各自拥有独特的脑电波形式，他们在某个睡眠阶段表现出异常的脑电波，或者睡眠发生短暂的中断。睡眠性行为就发生在睡眠循环中这些暂时中断的时候。很多患者也有梦游史。与梦游类似，睡眠性行为可能是遗传的，也可由酒精和压力引起，但美国科学家注意到，每位患者都有感情问题，如果没有感情问题，他们的睡眠中断就能以梦游或简单地说梦话等形式表现出来。

能预测天气变化的关节炎

guan jie yan

目前受阳光照射而患皮肤癌的人数激增，这使我们更加关注天气和健康的关系。最近皮肤癌的危险性备受关注，而疾病和天气的关系至少可以追溯到公元前 4 世纪希波克拉底的年代，许多那个时候的传说都讲到下雨和疼痛的关系。我们知道，一些人说他们能“预测天气”，在天气晴朗的时候，经常有年近古稀的阿婆注视着窗外，抚摩着有关节炎的肩膀，一脸严肃地说：“要下雨了。”

关节痛和天气潮湿之间有科学的联系吗？目前还没有得到确定的证据。1948 年，科学家爱德斯特姆最先对这一问题进行了研究。他发现，风湿性关节炎患者在温暖干燥的环境中感觉很好。1961 年，宾夕法尼亚医科大学的荷兰籍博士约瑟弗·赫兰德做了一个实验，让 12 个人（8 个患风湿性关节炎，4 个患骨关节炎）进入特殊的“天气室”中，里面的温度、气压和湿度可以调节。他们中间有 8 个人之前说自己能预感天气，而这 8 个人中有 7 个在湿度增大、气压降低的时候症状加重。

气压降低之后经常出现暴风雨。有一种理论说，大气压降低能引起关节周围的组织肿胀，导致关节疼痛，这可能是细胞渗透性所造成的结果。关节炎患者的血管壁一般渗透性比较好，因此有较多的血液进入组织。血液受到的压力总是比其周围的身体组织大，当外界环境压力降低的时候，就有很多血液进入组织。如果关节已经又疼又肿，那么增加的体液会令疼痛加剧。

对关节炎患者的测试表明，女性的关节对天气变化的敏感性明显比男性强。

为了证实这个观点，人们利用放在气压室里的气球作为模拟装置进行了实验。外面的气压降低，气球中的空气就膨胀起来。如果发炎的关节周围也发生类似现象，加剧的肿胀就会刺激神经，引起疼痛。神经对气压非常敏感，即使有微小的变化也会发生反应。

这个解释听起来非常可信，但

它尚未得到科学的验证，还只是一种理论。部分原因是气压降低引起的人体关节肿胀程度十分微小，不能用科学手段检测出来。其实，和暴风雨相关的气压变化与乘电梯的时候所生产的气压变化差不多。因为在医学文献中还没有乘电梯使关节炎加重的记载，所以这个解释还没有得到认可。

另一个使天气和健康难以联系起来的障碍是大气状况的变化多端。气压、温度、湿度和沉积物都可能使疼痛加重。而且，患者之间说法不一。有的说天气变化之前感到疼痛；有的说是同时发生的；还有更多的人说变天之后才有感觉。怪不得解决了这个问题的科学家少之又少。

荷兰人后来做的实验对证明关节炎痛和天气有关更加不利，让事情变得扑朔迷离。1985 年，他们对 35 名骨关节炎患者和 35 名风湿性关节炎患者进行了研究。在受调查者不知道的情况下改变气压和湿度，虽然 62% 的人自称对天气敏感，但是结果却是在天气状况和关节痛之间没有找到确定的联系。对 62 名以色列关节炎患者的研究得到了稍稍令人欣慰的结果。风湿性关节炎患者中只有 25% 的人感觉到了天气变化，而骨关节炎患者中有 83% 感觉到了。温度变化、下雨和气压波动都影响着骨关节炎患者的关节痛，他们中 80% 以上的人能准确地预测降雨。其中，女性对天气变化比男性敏感，但一些女性说男人对什么东西都不敏感！然而，美国关节炎研究协会主任弗朗西斯・威尔德最近进行了研究，却没有发现关节炎和天气变化之间有任何有意义的联系。但威尔德保持乐观，他说："我想也许是科学还没能抓住有力的证据。"

即使天气和疼痛之间确有联系，但也可能不是身体的关系，而是心理关系。人们在潮湿天气里心情不好，郁闷的情绪可能使疼痛更难以忍受。还有另一种可能，雨天让老年人喜欢长时间待在床上或舒适的沙发里，缺乏运动使他们感到关节僵硬。怀疑者还指出，如果你很想相信一些坏事情，那就真的会发生。有的疼痛和痛苦受心理影响。美国气象学教授丹尼斯・崔西科说："如果你确信天气和疼痛有关，那么，天呐，真的有关。每当气压计读数下降，阴云密布，凉风骤起，如果你想着关节炎又要发作了，那它就真的会疼起来。"

虽然对于是什么使天气潮湿和关节痛联系在一起还有相反的观点，但有一点绝大多数专家都表示赞同：不要急于搬到气候干燥的地方——变换环境带来的压力可能让症状加重，而且经过几个月，身体适应了新的气候之后，感觉不会比原来更好。

另据报道，名古屋大学环境研究所的佐藤纯副教授等人研究了患类风湿关节炎的老鼠对气压和气温变化的反应。他们先在实验室内制造出与台风来临时相似的低气压环境，然后用针刺激老鼠的腿部，记录老鼠抬腿和腿部晃动等回避动作的次数。结果发现，健康的老鼠对轻微和强烈刺激的回避次数在气压下降前后没有变化，而有关节炎的老鼠对轻微刺激的回避次数在气压下降后比气压开始下降时多 2 ～ 4 次，其对强烈刺激的反应在气压下降后比气压开始下降时多 6 次。此外，这些老鼠对气温下降的反应也是如此。

研究人员认为，导致这一现象的原因是，在气压、气温开始降低时，患关节炎的老鼠炎症加重，其对刺激的敏感性下降。但气压、气温下降了一段时间后，老鼠的炎症有所减轻，其对刺激的敏感性增强。 在实验中，研究人员还设法使老鼠下半身的交感神经麻痹，结果老鼠对气压变化没有反应，但对气温变化仍有反应。这说明，在上述条件下，交感神经以外的传达疼痛的神经还在起作用。但研究人员仍不了解，为什么气压、气温降低会加重关节炎症状。

佐藤纯说，实验说明，气候变化与关节炎疼痛症状的变化有因果关系，患者可在感到天气要显著变化时服用预防药物。

致命肿瘤忽然消失

zhi ming zhong liu

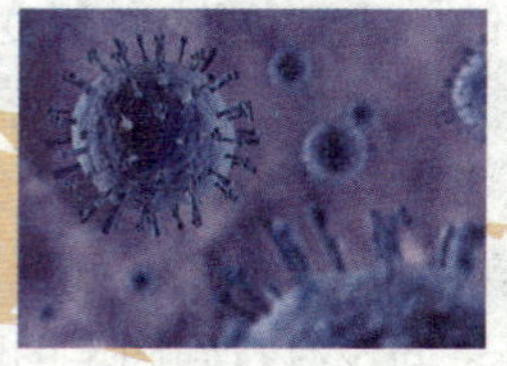

布兰登·考诺出生的时候脊柱上就长了肿瘤，医生说不论做什么样的手术都会有相当大的风险。他父母不知如何是好，两年中时刻观察肿瘤是否有恶化的迹象。孩子每次感冒、发热或胃痛的时候，他们都担心是不是肿瘤扩散了，担心肿瘤细胞在摧毁儿子幼小的身体。最后，布兰登病了3个星期，出现不明原因的发热和腹痛，考诺夫妇终于决定做出行动，给儿子在旧金山联系了手术。但是谁都没有料到的是，手术前的一次检查显示，肿瘤完全消失了。对此，医生也无法解释清楚。

布兰登的家在美国佐治亚州的亚特兰大市。克丽斯汀怀孕8个月的时候，医生给她做超声检查，第1次发现了拳头那么大的肿瘤。她在整个怀孕期间一直生病。她说："怀孕这么久了，我不相信他会出什么毛病。我们惊呆了。"他们当然不知道那到底是什么病，因为布兰登出生5个星期之后，医生才诊断出来那是神经母细胞瘤，一种最危险的儿童癌症。神经母细胞瘤源于神经细胞，多在肾上腺附近出现，非常靠近背部。少数情况下，神经母细胞瘤会在胸部和颈部的交感神经上生长，偶尔长在大脑中。80%的病例在10岁之前，其中多数在4岁前发病。神经母细胞瘤从相对无害到严重恶性有不同的程度，在肿瘤已经蔓延到器官才被诊断出来的孩子中，只有不到40%能再活两年以上。在所有死于儿童癌症的孩子中，有15%是因为得了神经母细胞瘤。

做手术摘除长在脊柱上的肿瘤是很危险的，可能引起瘫痪；而另一方面，置之不理会导致死亡。这让布兰登的医生左右为难。最后他们决定，暂时的最佳办法就是通过核磁共振成像扫描监测肿瘤的生长情况，因为不满1周岁的小孩易患神经母细胞瘤并发症。考诺夫妇还是找不到最好的治疗方法，每当布兰登身体出了点小毛病或胃痛，或者其他可能是癌症的症状，夫妻俩的心情就特别沉重。所有的检查都显示，肿瘤还在那里。

到了2003年8月，离布兰登第2个生日还有几个星期的时候，他们经历了一场恐慌。克丽斯汀回忆说："他浑身发热，开始是37.2℃，后来烧到39.4℃。他在浴盆里站起来，哭了45分钟，说'妈妈，疼，疼！'医生认为肿瘤开始全面扩散了。"虽然克丽斯汀和麦克知道还存在着风险，但他们决定动手术。所以他们把另一个儿子——5岁的罗恩留在爷爷奶奶身边，然后带布兰登去了旧金山。在手术计划日期的前两天，布兰登接受了最后一次对脊柱的扫描。那天晚上，医生盯着核磁共振成像仪，不敢相信自己的眼睛：肿瘤消失了，只剩下脂肪组织。

克丽斯汀·考诺说："格普塔医生问我，'先听好消息还是坏消息？'我当然想先听好消息。他说，'好消息是肿瘤不见了。坏消息就是，你们来旧金山只是做了个核磁共振成像。'我欣喜若狂。过了 12 个小时，他们还在说那是不可能的事。真是个奇迹。"

2 年之后医生还是不知道肿瘤忽然消失的原因，但承认他们对神经母细胞瘤知之甚少。布兰登的私人医生布莱德利·乔治说："在我们遇到的在脊柱附近长肿瘤的孩子中，布兰登是唯一一个康复的小家伙。而且在其他儿童癌症患者中，再也没有过神经母细胞瘤这样忽然消失的例子。我们被难住了，根本不知道应该如何治疗。"

马塞医生说，如果运气好，布兰登的肿瘤就不会再出现了。麦克·考诺对儿子意外的暂时康复感到庆幸。他说："我们不想问为什么，只要接受这个礼物就好。"

人脑 ren nao 之谜

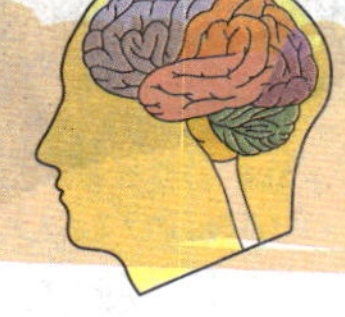

人类在世界的历史上创造了许多伟大的奇迹，而这些奇迹的创造要归功于我们人类有一个与众不同的脑。尽管人类创造出了种种的奇迹，但是对于人脑的认识却充满了未解之谜，等待着我们去探索、去解决。

人脑之谜面临的问题很多，最首要的问题就是大脑的工作机理和它的微观机制。目前人们对这个问题的认识仍然是很少的。例如，人脑是如何处理信息的？是序列式还是并列式处理？他们又是怎样具体进行的？人脑中信息的表象是什么？怎样对化学密码做出阐释？其次是关于脑功能和结构异常引起的疾病问题。占首要地位的可以说是精神分裂症，病人有思维障碍、幻觉、妄想、精神活动与现实活动脱离等症状。大约有 1% 的人可患此病，这个比例意味着在中国将有上千万的患者。对于它的病因目前仍不很清楚。

CT 扫描机拍摄出来的头颅的图像，其中白色区域表明被感染的区域。

另一种疾病是癫痫，大约有 0.5% 的患病几率，对人类的健康

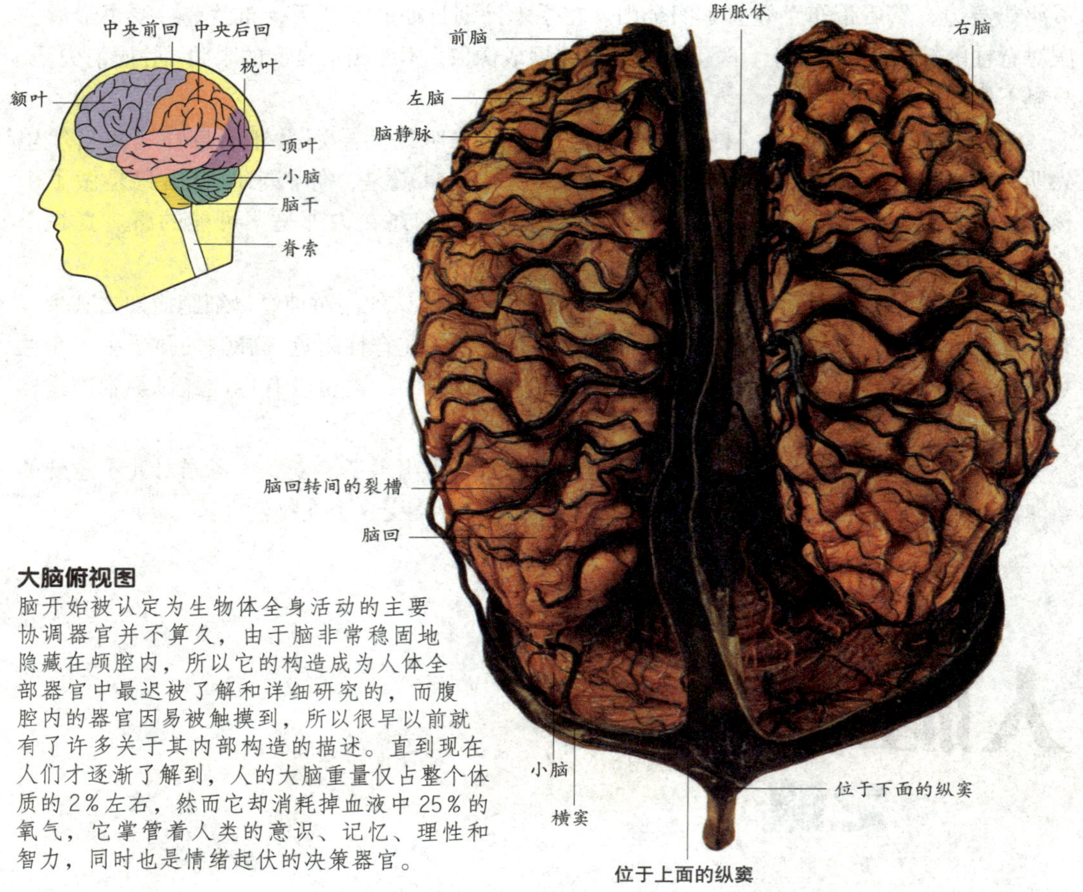

位于上面的纵窦

大脑俯视图

脑开始被认定为生物体全身活动的主要协调器官并不算久，由于脑非常稳固地隐藏在颅腔内，所以它的构造成为人体全部器官中最迟被了解和详细研究的，而腹腔内的器官因易被触摸到，所以很早以前就有了许多关于其内部构造的描述。直到现在人们才逐渐了解到，人的大脑重量仅占整个体质的2%左右，然而它却消耗掉血液中25%的氧气，它掌管着人类的意识、记忆、理性和智力，同时也是情绪起伏的决策器官。

构成严重的威胁。病因也不是很清楚。

再有一种疾病就是老年痴呆症，在病人的脑中可以看到一种特殊的蛋白质的沉积，但是它是如何产生、在发病过程中所起的作用如何，都还是未解之谜。

最后一个问题就是人类对自己大脑的认识。在近代的科学史上，生理学家一致认为，大脑皮层是智力和意识活动的中枢，并且认为大脑的发达程度和智力的高低与脑子的大小有密切的关系。

为了弄清这个问题，医学家们甚至解剖过许多杰出人物的大脑。通过无数的实验得出结论：正常成年男子的脑重1.42千克左右，女子的脑重比男子要轻10%，如果男子脑重轻于1千克，女子轻于0.9千克，人的智力就会受到影响。

但是，随着科学的发展，往往可以得出一些与定论相悖的结论。例如英国的神经科专家约翰·洛伯教授就指出，人类的智力可能与脑完全无关。一个完全没有脑子的人一样可以有极好的智力。

他提出的理论根据是，英国的谢菲尔德大学数学系有一个学生，每次考试成绩都名列前茅，可是在对他的脑部进行探测时却发现，这个学生的大脑皮层的厚度仅有1毫米，而正常人是45毫米。而在他的脑部空间充满着脑脊液。另外，教授还发现一位医院女工作人员，根本就没有大脑这一部分，而她的智商却高达 120。

如果说大脑皮层是智力和意识的活动中枢，那么我们如何解释“没有脑子的高才生”的现象？洛伯教授发现的“水脑症”，不是根本没有大脑，而是有脑，但不及正常人的 1/4，既然如此，那么对于他们的超常智力又做何解释？

在人脑探秘中，科学家们现在进行的另一个关于人脑中枢的研究是：人脑中是否存在着嗜酒中枢。我们经常见到一些嗜酒如命的人，为了帮助这些酒鬼戒酒，有些科学家首先想到这样一个问题，在大脑中有负责正常人进食和饮水的延脑，那么有没有嗜酒的中枢呢？有的话，这种中枢又位于哪里呢？

苏联的科学家们首先进行了这方面的研究。他们发现下丘脑与嗜酒有一定的关系。苏联医学科学院的苏达科夫经过研究认为，酒精破坏了下丘脑神经细胞的作用，从而形成了一些副作用。

在对许多的动物和人类中的酒鬼的下丘脑检测实验中，他发现了酒精破坏的痕迹。酒精破坏了神经细胞的正常工作，被损坏的神经细胞会发出“索取”酒精的指令，于是酒鬼们就会无休止地沉湎于酒精的麻醉中。

为了证实这一点，他做了这样一个实验：他让一群老鼠连喝了一个月的酒，结果把这些老鼠全都变成了酒鬼，接着再破坏一部分老鼠的渴中枢，并一连数天不让所有的实验鼠喝水，最后，当把清水和酒精放在这些老鼠面前的时候，在 90 只老鼠中，只有 6 只选择了清水，其余的 84 只全部选择了酒精。而未喝过酒和动过手术的老鼠选中的都是清水，这个实验有力地说明，动物大脑中的嗜酒中枢可能是渴中枢受酒精的刺激转化而成的。有些科学家由此断言，嗜酒中枢就是渴中枢。

这个实验在学术界产生了很大的影响，但是一些生理学家和医学家对于人脑中存在着嗜酒中枢却持怀疑的态度。他们认为，首先，在动物身上获得的结果能否在人体重新获得还有待于证实，动物的嗜酒是一种人工形成的生理需要，而人的嗜酒情况是很复杂的。还有遗传、环境、习惯、性格的各种因素的作用。其次，动物脑中的嗜酒中枢，仅仅是实验证明的一部分，对于所有动物来说是否成立还需要实验的证明。至于人脑中是否存在着嗜酒中枢就更需要进一步的实验来证明了。

科学本来就是在辩论中不断更新和发展的，法国著名的文学家巴尔扎克说：打开一切科学的钥匙都毫无异议地是问号；我们大部分的伟大发现都应归功于不断的疑问，而生活的智慧大概就在于逢事都问个为什么。究竟哪一种结论是正确的，这还需要科学家们用实践来证明。

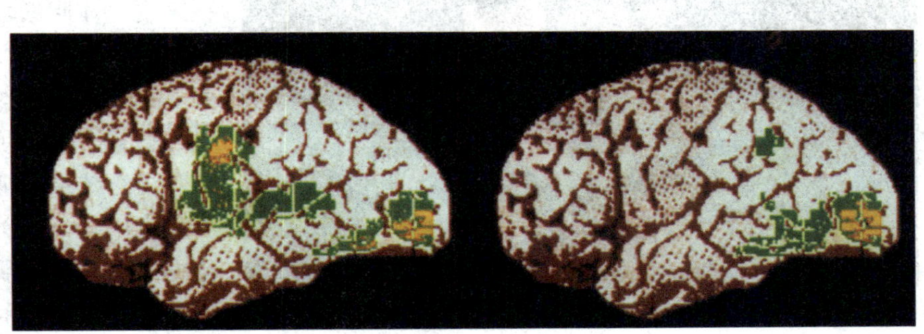

此图显示了人在高声朗读时和默读时脑的两种状况。

5岁诞婴 wu sui dan ying 的女孩

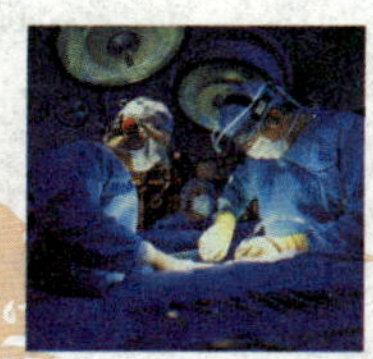

5 岁的小女孩莉娜·麦迪纳腹部出现了巨大的肿块，父母怀疑她长了肿瘤。她家住在秘鲁安第斯山上一个偏远的小村庄里，当地人迷信地认为，她体内有条蛇，蛇长大了会把她杀死，可是巫师们对她的病无计可施，父亲只好带她去了附近皮斯科镇的医院。那里的医生宣布了一个惊人的消息：莉娜腹部隆起是因为她怀孕了。她转院到利马的一家医院，一个多月之后，在 1939 年 5 月 14 日——那一年的母亲节，莉娜通过剖腹产顺利分娩了。她以 5 岁 7 个月零 21 天的年龄，成为世界医学史上最年轻的母亲，这一令人惊异的纪录保持至今。

莉娜的儿子出生时体重 2.665 千克，为了感谢实施剖腹产的医生吉拉德·罗札达，男婴取名叫吉拉德。婴儿很健康，几天之后母子俩就出院了。

专家无法确定吉拉德的父亲究竟是谁，因为年幼的母亲给不出准确的答案。而小男孩从小一直以为莉娜是他姐姐，他 10 岁的时候受到同学的嘲笑才发现，“姐姐”竟然是他的生母。

罗札达是皮斯科医院的内科主治医师，1939 年 4 月初，莉娜的父母怀疑女儿长了肿瘤，所以送女儿去他那里看病。罗札达查看了莉娜的病历，发现她两岁半就出现了月经初潮，4 岁的时候发育出乳房和阴毛。这种情况是典型的青春期提前。

女孩的青春期应该在 8 ~ 13 岁之间，男孩是 9 ~ 14 岁，一些研究表明，高加索女孩的青春期可能提前到 7 岁，黑人女孩可能提前到 6 岁。但是一般认为，女孩在 8 岁之前发育乳房、腋毛或阴毛，或者来月经，就属于青春期提前。导致这种病症的原因还不完全确定，但普遍认为这是基因造成的，对女孩来说，体脂增加也可能是一部分原因。

5 岁诞婴，莉娜成为世界医学史上最年轻的母亲。

罗札达医生对莉娜做了进一步的检查，发现了胎儿的心跳，X 射线的结果也证实她怀孕了。剖腹产的时候，医生从莉娜的卵巢中取出一块组织，对组织的解剖结果表明，她的卵巢已经完全成熟了。

当时秘鲁著名的内科医生爱德蒙多·埃斯克默认为，小女孩的早熟不仅是由卵巢引起的，一定也和脑垂体分泌的荷尔蒙异常紊乱有关系。

莉娜分娩所在医院的院长称这件事令人惊异。消息传到美国，一名芝加哥的医生回想起另一个女孩青春期提前的例子，那个俄罗斯女孩在6岁半的时候就生了孩子，她的身体当时发育到10岁或12岁的程度。莉娜奇特的经历被诸如美国妇产科医师大学这样的机构确认是真实的。

妇产科医生约瑟·桑多瓦尔对莉娜做了研究，据他所说，她是个心理正常的孩子，没有任何异常的迹象。她宁可玩布娃娃也不愿意搭理自己的儿子，这对于5岁的小孩子来讲毫不奇怪。

莉娜于1972年结婚，并在首次分娩之后的第33年生下第2个儿子。1979年，40岁的吉拉德死于骨髓疾病，但他的死和他母亲的年龄没有明显的关系。莉娜和丈夫现在住在利马一个贫民区，她在那里保持低调，拒绝谈及往事。莉娜的丈夫罗尔·朱拉多说妻子一直心情沉重。

撞击带来的神奇复明

shen qi fu ming

丽莎·莱德的脑部长了癌症肿瘤，阻断了向眼睛的供血，导致她失明。虽然通过手术成功地摘除了肿瘤，保住了性命，但她的视神经却遭到永久性的伤害。她14岁的时候完全失明，毫无康复的希望。然而10年之后，她头部受到撞击，奇迹般地重见光明。她的这种经历让医生感到迷惑。

丽莎11岁的时候就被诊断患了癌症。医生发现她脑部的肿瘤之后，估计她存活的概率不到5%。对癌症的放射线治疗和手术都取得了成功，但是肿瘤一度中断了眼部供血，并压迫视神经，对眼睛造成了伤害。3年之后，医生从理论上断定她永久失明，她的眼睛只能判断出明暗。

在苦难的经历中她从不放弃恢复视力的希望。她教授其他人关于眼盲的知识，还捐助为她训练导盲犬的组织。通过做这些事，她保持了充沛的活力。她的导盲犬是一条拉布拉多猎狗，名字叫阿米。正是阿米在不经意间给丽莎的命运带来了意外的转机。

丽莎的家住在新西兰的奥克兰市，2000年11月16日晚上，24岁的她弯下腰想亲吻阿米，道个晚安，她的头却重重地撞在咖啡桌上。“我有点失去平衡，”她说，“我的头磕到咖啡桌上，又撞到地板。”

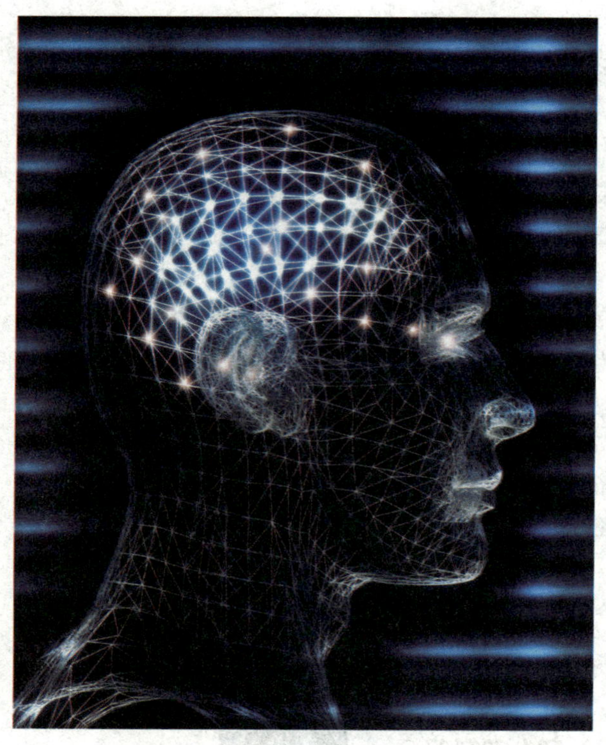
曾有头部受到撞击后重见光明的先例。

她第二天醒来的时候，惊讶地发现，10年来她第一次能够看见东西了。“我先是看见白色的天花板。环顾房间……明亮的光线穿过窗帘……窗框……哦，还有颜色……我看到了阿米，她真漂亮。”

丽莎决定暂时保守这个秘密，在后院和阿米玩了几个小时。那天下午她才和家人联系，在电话里她给母亲念了一段烟盒上的健康警告。她母亲璐易丝回忆道：“丽莎打来电话，说‘我有变化啦。听着。’然后就开始给我念。我惊喜得喘不过气来。”

丽莎还不确定她的视力能不能持续下去。第二天，好消息传来，她马上扔掉导盲棍，告诉了更多的人。

亲友来到她家向她祝贺的时候，丽莎都认不出他们了。她弟弟已经从12岁的孩子长成小伙子了，她也第一次看到了相处2个月的男朋友是什么样子。

医生无法解释丽莎为什么重新获得视力。人体中不能再生的组织不多，视神经就是其中一种。

接下来的检查也显示，她眼睛的损伤情况还和原来一样。奥克兰医院的眼科医师罗斯·麦基透露，尽管丽莎还不能完全辨别颜色，但她左眼已经恢复了80%的视力。

丽莎想到了视力可能像忽然恢复那样再忽然消失，但她并不忧虑。“那个医生曾告诉我再也看不见东西了，但同样是他，说现在我的视力恢复了80%。能够眼看着他告诉我这个消息，感觉太棒了。如果我的视力像原来那样忽然消失，我还是会感到幸运和幸福，因为我已经体验到了奇迹，这是上帝的神迹，而且我可以将这个特殊的经历同每个人分享。”

她的男朋友说：“她如此坚强，如此热情，我相信那双眼睛总有一天会看见的。你可以感受到，它们能行。”

虽然丽莎·莱德惊人的康复让医学界困惑，但她自己和与她密切接触的人却没那么惊讶。

之前也曾有少数经过磕碰或震动后恢复视力的先例。84岁的老太太艾伦·海德住在澳大利亚的纽卡斯尔，丧失90%的视力已经3年了。1989年，她在公寓里遭遇到5秒钟的地震，震动之后，她发现眼睛又能看见了。

听觉 ting jue 的离奇丧失和恢复

2004 年 4 月，21 岁的埃玛·哈塞尔去浴室洗澡，忽然听到“嘭”的一声，随后她的世界一片寂静。从那开始，她耳聋了 7 个月。直到有一天她得知自己怀孕的时候，她的听觉又意外地恢复了，和消失时一样地突然。

埃玛在南安普敦当保姆，她的苦恼经历开始于本应该快乐的一天——那天她和男朋友凯文·拉夫计划晚上出去庆祝他俩的订婚。准备出门之前，她上楼洗澡，但是 20 分钟后，她发现自己站在浴室里，什么都听不到。而且，她不知道中断的那段时间里发生了什么。

她说：“我刚要冲澡，周围的声音都低沉下去，变得非常微弱，后来完全消失。刚开始感觉耳朵里面有模糊的声响，响了一下之后就完全没声了。我搞不清楚这是怎么回事。我记得向楼下的母亲求助，说自己听不见了，可是我不知道发生了什么。有 20 分钟时间是中断的。我猜测是头撞到什么东西了，但是并没有磕碰的迹象。”

在南安普敦综合医院，医生给她做了检查，确认她已经完全失去了听力。医生也不知道她为什么忽然耳聋，但表示这可能是心理问题。所以埃玛去找催眠师，接受精神自由疗法，这是一种类似针疗法的精神治疗，用指尖而不是针来刺激全身的穴位。她进行了 8 个疗程。

后来，11 月 1 日的早晨，她在家里做了孕检，结果呈阳性。这对埃玛来讲是个天大的好消息，因为她曾在 2002 年做过流产，医生说她也许再也不能怀孕了。几个小时过去了，她的情绪一直比较激动，开始坐下来看电视。

“我坐在沙发上看《威尔与格蕾丝》。当时我开了字幕，盯着他们的嘴读唇语，但是后来我感觉能听到他们讲话。我担心是心理作用在捣鬼。

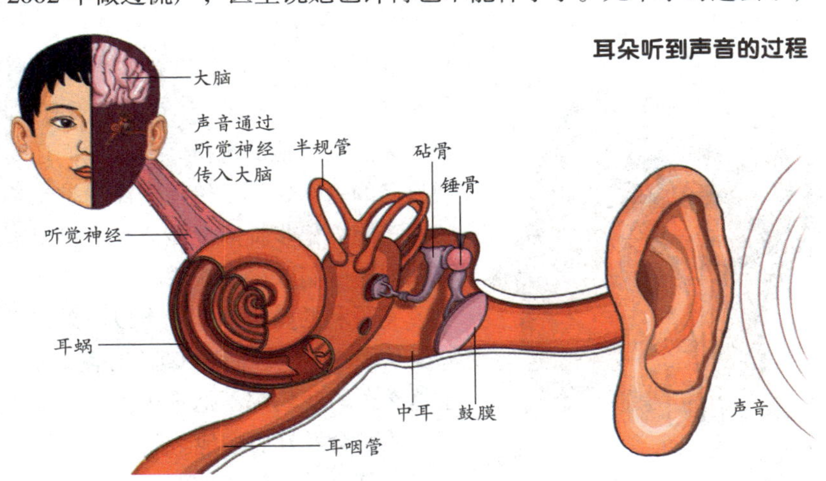

耳朵听到声音的过程

我试着敲打手指，看能不能听到，然后给凯文打电话，看能不能听见电话里的声音。我确实听得见，但在惊讶中慌乱地挂断了电话。

“我还是担心，祈祷着‘但愿这是真的’。我又给凯文打过去，他没说话。我告诉他这不是沉默的时候！我希望他一直说，好让我相信这是真的。

“尽管希望康复，但这还是太出人意料了。我没有绝望过，但感觉好转的可能性很小。这件事真是太奇怪了。”

尽管埃玛和专家一样对听觉的忽然丧失又忽然恢复感到迷惑，但她坚信是心理使然。目前对她的耳聋还没有明确的解释，但她恢复听觉会不会和得知怀孕时的欣喜有关依然不能确定。

失忆失语 6年离奇恢复

shi yi shi yu

1997年12月，艾马利·卡里克斯托和他的孩子在库里提巴附近横穿公路时被汽车撞倒，孩子在这次事故中死亡。车祸使他的腿和手臂部分瘫痪，而且由于头盖骨受伤，他失去了记忆和语言能力。因为入院的时候他没有携带任何资料，所以，库里提巴卡朱拉医院的医生无从知晓他的名字和家庭住址。他们利用电视和报纸确认这个神秘病人的身份，但是没有结果。

经过紧急的手术和长时间的加强护理，他被转移到神经科。那时医生已经放弃了确认他身份的希望。但是，他们继续每天为他进行物理治疗，希望促进他的活动能力，还开始对他使用语言疗法。

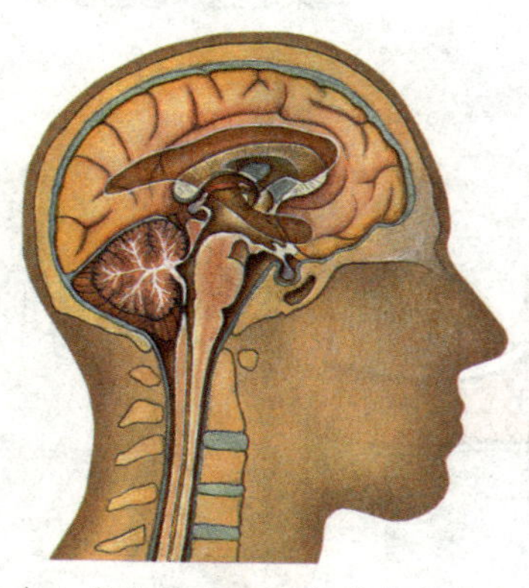

在人类大脑中，语言功能由大脑半球脑叶前部的一个区域控制。

2003年9月30日，他正在接受语言治疗的时候，说出了6年来的第1个字。尽管医生没有发现他恢复记忆的迹象，仍然无法确认他的身份，但是他们还是感到震惊。不久，他把自己的名字告诉了给他洗澡的护士。之后的几个星期，他的语言能力稳步提高，能详细地讲出家庭和家人的情况。医院立即与他们取得了联系。

艾马利的姐姐罗莎芭本以为弟弟已经不在人世了，她得知自从1997年艾马利一直在住院之后，感到非常惊讶。“过了这么久，我们都不抱希望了，”她说，“但现在他要回家了，我们会好好照顾他。”

比特利兹·阿尔维斯·索加医生曾经治疗过艾马利，他对病人的好转感到惊喜。“他没有失去听觉，因此能够恢复语言能力。他的例子告诉我们，没有什么事是不可能的。”

持续 68 年的打嗝 *da ge*

人类打嗝的原因几个世纪以来一直困扰着科学家。打嗝看上去没有任何实际作用，它不仅没有什么好处，还是件讨厌的事，尤其像艾奥瓦州安东市的查理斯·奥斯伯尼那样，打了 68 年的嗝！1922 年，在杀猪前给猪称重的时候他开始打嗝，一直不见减轻，直到 1990 年——据估算他打嗝达 4.3 亿次。很不幸，他在停止打嗝的第 2 年就去世了。

幸运的是，多数的打嗝发作起来并没那么严重，用各种民间方法几分钟就可以治好（喝水、憋气、拍打背部等）。打嗝是由于膈肌受到刺激而抽搐引起的。多数情况下，膈肌正常工作。我们吸气的时候它下沉，帮助肺部吸入空气，而当我们呼气的时候它向上推，帮助排出肺中的空气。但是，有时候由于控制膈肌的神经兴奋，膈肌会不自觉地收缩。最常见的原因是吃东西或喝东西太快，身体努力要在吃东西的同时进行呼吸，引起了刺激。当人受到刺激并吸入空气时，咽喉后侧声带之间的空隙（声门）忽然关闭，发出响声。这就是我们打嗝时听到的声音。

但是尽管我们完全清楚是什么引起打嗝，但打嗝的具体目的多年来连最杰出的医学家亦感到困惑。科学家们试图找到答案，于是从人类的初级阶段开始研究。超声波扫描显示，两个月大的胎儿在子宫里就会打嗝了，而此时呼吸运动尚未开始。一种理论说，这种收缩锻炼了胎儿的呼吸肌，为出生后的呼吸做准备；另一种理论说这是为了避免羊水进入胎儿肺部。但是，这些理论都没有解释清楚打嗝的所有特征。例如，如果打嗝的目的是不让液体进入肺部，那么和向内吸气相反，像咳嗽一样的向外呼气岂不更奏效。

2003 年 2 月，法国科学家提出一种新的理论。在巴黎的一家医院，由克里斯丁·史兆斯带领的研究小组表示，人类打嗝的原因可能跟祖先曾在海里生活的进化论有关。他们指出，某些动物关闭声门并收缩呼吸肌有其特定的目的——呼吸空气的原始动物还保留着腮，比如肺鱼和青蛙，这些动物挤压口腔使水流过腮，同时关闭声门以防止水进入肺。史兆斯说，原始动物控制腮部呼吸的大脑回路可能一直保留到现代哺乳动物身上，包括人类。

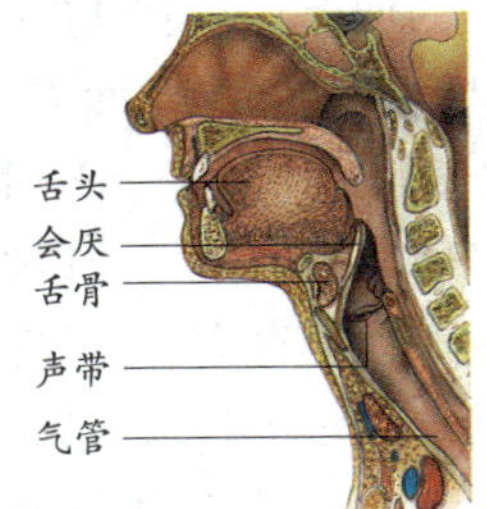

咽喉
咽喉位于气管上端。当我们发音时，空气穿越咽喉，使喉腔内的声带振动，然后通过舌头、嘴唇和脸部肌肉的运动，把这种振动转化为各种各样的声音。

研究人员指出，打嗝与蝌蚪等动物的腮式呼

吸有很多相似之处。肺里充气或外界二氧化碳水平较高的时候，二者都受到抑制。人类的祖先早在 3.7 亿年前就开始向陆地迁移了，为什么人类现在仍然在打嗝呢？史兆斯认为，控制膈和声门的大脑回路之所以经过多年进化还能保留下来，是因为它对产生其他更复杂的运动模式有帮助，比如吃奶。吮吸乳汁的一系列动作与打嗝相似，关闭声门可以防止奶水进入肺部。史兆斯说：“打嗝可能是为了保留吃奶的动作而付出的代价。”

在得克萨斯州，50 岁的肖恩 · 沙弗自从中风之后就不停地打嗝，持续了 1 年之久。有时候，打嗝与颈部、胸部神经受到刺激有关，而像肖恩这样的打嗝与中风引起的迷走神经紊乱有关。和迷走神经有关的脑细胞与其他膈神经细胞群是有联系的，外科医生怀疑中风使二者的联系变得异常。持续打嗝令沙弗十分痛苦，每天需要注射 10 次镇痛剂或者催吐才能得到些许的缓解。2004 年，他在路易斯安那州立大学进行了开拓性的手术，使用了一种叫作迷走神经刺激器的装置，这种装置能控制对神经的刺激。植入患者体内的发生器产生电脉冲，传导到两条缠绕在颈部神经周围的细线上。植入的装置一启动，沙弗的打嗝就停止了。

奇异的人体第六感

di liu gan

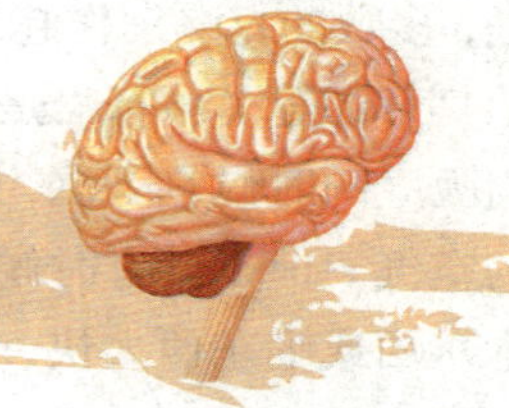

2000 多年以前，亚里士多德总结出人类有五种主要感觉：视觉、听觉、味觉、触觉和嗅觉。不过，人们有时候会忘记自己还有一种感觉，它被称作本体感受，字面意思是“对自己的感觉”。这个术语是英国生理学家查尔斯 · 谢林顿爵士发明的，他称之为“神秘的感觉、第六感”。本体感受由神经系统产生，目的是保持方位感并控制身体不同部位的运动。知道自己在哪里，知道自己的手臂、腿和身体其他部位的相对位置，这非常重要。正是本体感受使我们闭着眼睛也能摸到鼻子，并能准确无误地给头部抓痒。

大脑每天接收到大量的感觉信息，为了防止负担过重，必须区分出优先次序。它学会了忽略一些预料之中的信号，并用无意识的部分对这些信号做出反应，比如大脑不去理会走路时部分皮肤受到的伸展。只有新的、没有预料到的信息可以到达大脑有意识的部分。我们的每个动作都是由大脑的指令而来。我们决定做某个动作的时候，大脑的运动皮质发出命令，让相关肌肉做出这个动作，不到 60 毫秒，感觉系统就把实际运动情况报告给大脑。大脑不停地接收从身体发来的信号，以便及时发现任何身体位置和动作协调方面的错误。例如，即使我们站着不动，也会一直轻微地左右晃动。如果晃动的幅度太大，本体感受信号就给大脑发出警报，使它立即命令肌肉做出必要的调整。

特殊的本体感受器遍布在身体各处，与前庭系统（在内耳中由液体构成的网络，能察觉头部位置、保持身体平衡）协同工作。例如，从本体感受器发出的反馈信号使大脑计算出需要运动的角度，然后精确地命令肢体移动相应的距离。在关节、肌肉和肌腱中的本体感受器能察觉出细微的位置变化。它们从眼睛、耳朵和其他感觉器官得到新信息并传递给大脑，使身体平衡、动作协调。这样就保证了身体各个部位不会孤立地运动。

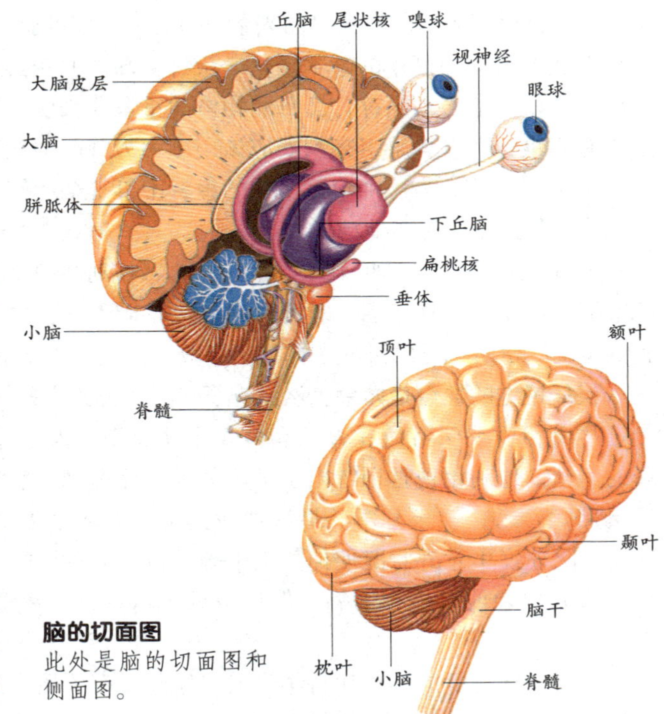

脑的切面图
此处是脑的切面图和侧面图。

多数人都不知道我们有这种“第六感”，但它对人体的运动至关重要。如果没有本体感受，我们就无法行走、托举、伸展肢体或舞蹈。尽管大脑最重视从眼睛反馈来的信息，但视觉信号的处理速度远远低于本体感受信号。所以当舞蹈者对着镜子练习的时候，与其依靠镜子中的形象判断动作，还不如自己来感受身体。

幸运的是，虽然我们有时候失去嗅觉或味觉，但很少失去本体感受。然而一旦失去它，将产生严重后果。全世界至今只发现 10 个人不能无意识地协调动作，英国南安普敦的伊恩·沃特曼就是其中一例。1971 年 5 月，他割伤了手指并引起感染，很快连手臂也红肿、发炎了。他开始感到忽冷忽热，全身无力，只好停止了屠夫的工作。当他攒足了力气去修剪草坪的时候，发现自己无法控制剪草机，只能任由它乱跑。一个星期之后，他起床的时候摔倒了，被送往医院。当时他不能正常行动，手脚能感知温度和疼痛，却察觉不到触感和压力。

病毒感染损坏了他控制本体感受和触觉的神经，使他从脖子以下失去所有的触觉。控制肌肉运动的神经还完好无损，但是大脑命令肌肉运动的时候接收不到反馈信号，所以他不知道动作是否执行完毕，只能靠眼睛判断四肢的位置。因此他可以做出动作，却没办法控制它们。他瘫痪了，而更糟糕的是，医生不知道病因。一开始医生将他诊断为末梢神经紊乱，说他很快就能康复，但 7 个月过去了，他还是行动困难。最后医生说他没救了，下半生只能在轮椅中度过。

感觉系统正常的人可以轻松地前后移动手指，但失去本体感受之后，大脑感觉不出手指在做什么，所以正常人轻松的动作却需要患者大量地思考和计划。沃特曼发现，用视觉来弥补缺失的反馈信号是唯一的解决办法。通过观察自己的身体，同时专注地移动相关部位，他终于可以费力地坐起来了。“我先看看腿、胳膊和身体都在哪里，然后一点点地坐起来。

第 1 次自己坐起来的时候我太高兴了，可是一没留神就险些跌下床。”

对我们认为很简单的基本动作，沃特曼却需要花费很多心思，所以他把每天的努力比作跑马拉松。他必须训练自己目测物体的重量和长度。他试图举起一件东西的时候，感觉不出有多重，只有凭眼睛来判断应该用多大力气。他花了整整 1 年学习站立，并以此为基础学会了行走，成为这种罕见疾病的患者中第 1 个能够走路的人。通过一步一步地分解每个动作，他还学会了其他动作。

“我先分别练习一些动作，比如抬腿、移动胳膊，然后再同时做，一点点地进步。熟练掌握这些基本动作之后，就可以在这个基础上学会更多的动作，实际上我能够很安全地到处走动。虽然练习的过程中摔了很多跤，但这是必要的。”

仅凭视觉的缺点是如果忽然没有了光亮，他就会瘫倒在地，直到有了光线才能动弹。

尽管伊恩 · 沃特曼一直没有恢复本体感受，但他通过几年的练习之后出院，开始了新的生活。他利用视觉训练出了准确估计身体运动速度和方向的独特能力，不仅能走路，还会照顾自己，甚至开车。最后他找到工作并成了家。他成功地克服了看似不可逾越的障碍，除非发生意外状况使他失去平衡，否则见过他的人只是觉得他的动作有一点机械，很少有人怀疑他身体有毛病。但他最近承认说：“运动还是要耗费大量的心思，花太多力气。”

伊恩 · 沃特曼的例子让科学家对本体感受有了更多的了解。沃特曼举起物体的时候对重量的估计相当精确，这使科学家们感到惊讶。一般认为，人们要依靠肌腱和肌肉拉伸程度的反馈信号才能判断出物体的重量和长度。而沃特曼没有这些反馈信号，拿起东西的时候只能用眼睛观察身体对运动的反应。肢体动得越快、越高则说明物体越轻。其实他的眼睛已经锻炼得极为敏锐，能够根据身体反应辨别出不同物体之间 1/10 的重量区别，而闭上眼睛的时候只能分辨出一半的区别。

美国著名舞蹈指导阿妮莎·迪米欧也失去了本体感受，必须努力训练自己再次学会运动。1975 年 5 月的一天，她想签署一项合约的时候忽然发现手不好使了。她此前曾患中风，虽然没有任何疼痛，但右侧身体失去了感觉和控制能力。扫描显示，中风影响到了丘脑，而丘脑是大脑中负责接收、处理并传递感觉信号的区域。她失去了本体感受。

然而，尽管她已将近 70 岁高龄，并经历了一次心脏病和若干次轻微中风，却能鼓起勇气与瘫痪做斗争。像伊恩 · 沃特曼一样，她用视觉弥补了失去本体感受带来的不便。虽然她没想到能平安度过最后一次中风，但她又顽强地活了 18 年，甚至重返舞台。1988 年，观众对她长时间起立鼓掌，向她的艺术才能和勇气致敬。

第七篇
CHAPTER SEVEN
宗教探秘
Exploration of Religion

新巴比伦王国修建过通天塔吗

tong tian ta

如今的人们，已能利用航天飞机进入太空，更能用望远镜探望宇宙深处的秘密，但人们还是很向往更遥远的天外，希望能达到世界的顶端。这种愿望自古有之。

基督教经典著作《旧约·创世记》第11章曾有这样一段记述：古时候，天下众多的人口，全都说着同一种语言，人们在向东迁移时，走到一处叫示拿的地方，发现那里是肥沃的平原，就定居下来。他们商定在这里用砖和生漆修建一座城和高耸通天的塔，以此传播声名。

这件事惊动了耶和华，他看到城和大塔就要建成，十分嫉妒人们的智慧和成就，便施法术变乱了人们的口音，使人们的言语各不相同。

结果工程不得不停顿下来，人们从此分散到了世界各地，大塔最终没有建成，后人把这座大塔称作巴别，“巴别”就是“变乱”的含义。

巴比伦宝塔式建筑遗迹

如何看待《圣经》中这段记述，史学界众说纷纭，有的人认为《圣经》中这段传说，有所根据，主张《创世记》记载的那座大塔的原型，就是古代两河流域（即示拿）新巴比伦王国时代巴比伦城内的马都克神庙大寺塔。

这座大寺塔，被称作埃特曼安基（意为天地之基本住所）。它兴建于新巴比伦国王那波帕拉沙尔（公元前626～前605年）在位时，到其子尼布甲尼撒（公元前604～前562年）在位时才建成。

这一传说也反映了新巴比伦王国时代，巴比伦城内居民众多、语言复杂的情况。

公元前5世纪古希腊历史学家希罗多德在其所著的《历史》一书第1卷181节中，记载了如下事实：“在这个圣域的中央，有一个造得非常坚固、长宽各有一斯塔迪昂（古希腊长度单位，约合185米）的塔，塔上又有第二个塔，第二个塔上又有第三个塔，这样一直到第八个塔。人们必须循着像螺旋线那样地绕过各塔的扶梯走到塔顶的地方去。那里有一座宽大的圣堂。”希罗多德说塔共11层，可能是把塔基的土台或塔顶的庙也计算在内了。

公元前331年马其顿亚历山大到巴比伦时，这座大塔已非常破败。为了纪念自己的武功，亚历山大曾有意重建此塔，可是，据估算，光是清除地面废料，就需要动用1万人，费时2个月。由于工程浩大，亚历山大只好放弃了这个打算。

相反，有的学者不同意《圣经》中提到的通天塔就是新巴比伦时代马都克神庙大寺塔的观点，认为在巴比伦城内，早在新巴比伦时代以前就曾有两座著名的神庙，一座叫作萨哥——埃尔（意为“通天云中”），一座叫作米提——犹拉哥（意为“上与天平”），它们很可能就是关于通天塔的传说的素材。但是，有关这两座神庙，没有更多的史料可以提供参考。

阿迪密斯神庙建造之谜

a di mi si shen miao

充满神话色彩和宗教气氛的阿迪密斯神庙坐落在希腊的埃菲索斯喀斯特河口的平原上，被希腊人称为是“希腊的神奇”和“上帝的居所”。

阿迪密斯是古希腊的一位女神。直到公元4世纪末期，当地的埃菲索斯人仍然是她忠实的崇拜者。在圣窗上有她的塑像，塑像的技法是粗糙的，僵硬而呆板。在塑像的身上刻满了各种图画，其中有狮身人面的形状和半人半鸟的图像。学者认为这座神庙是古希腊精妙的艺术和东方精神的完美结合，是世界共同拥有的一个来自神的馈赠。

目前，人们并没有清晰的关于神庙的架构的概念，只是通过发掘出来的残存物进行推测。从神庙的遗址上可以看到庙的支柱是经过雕琢的圆形基座，这在其他的庙宇建筑里是常见的，并不能说明它的特色。从神庙出土的钱币上，还可以看到平台的外延，距离很长，人们想象神庙一定是一个极大的、向外扩展的造型，以象征神的无限包容能力。尽管柱子的确切数目和它们各自的位置还存在疑问，但这种做法在萨莫斯神庙里已经存在。一些保存较好的钱币上的图案向我们显示了神庙的屋顶结构和山墙的设计。阿迪密斯的中央并没有顶，而是10根圆柱，在和中央相连的部分是由屋宇的结构支撑的，由于考古学家又发现了内殿区内有排水沟的迹象，证明了这座神庙是露天的，但有的专家从黏土制的屋顶砖和喷水头等方面出发，坚决说神庙的屋顶是存在的。

神庙建筑的神秘来自遗物的难以存留和现代人们丰富的想象力，但真正神秘的是来自阿迪密斯的魅力。在发掘现场，最壮观的是成堆的塑像，是由金子、象牙或黏土制成的。我们无法想象在古罗马和古希腊，女神的神秘力量有多大，但神庙的非凡构造应属于那些具有重大作用的人，这是不是表明在古希腊女性依然像原始社会那样具有主导地位？

阿迪密斯神庙主殿建筑遗址

这个神庙曾经是一个露天的建筑，主殿里石像、石柱都是原来的东西。

在古希腊，庙宇有双重功能，它一方面是宗教圣地，另一方面是战争和瘟疫的避难所。对于所有的逃难者来说，圣庙的遮风避雨是女神的最好的照顾，同时也是人们灵魂皈依的处所。据记载在6世纪，一个妙龄的少女遭受残忍的暴君毕达哥拉斯的追捕，逃往神庙，在绝望中悬梁自尽。再比如，波斯王耶克萨斯被希腊人打败，无路可走，为了保存自己的后代，将他的孩子送往阿迪密斯神庙。这座庙宇曾经承受了希腊和罗马人民的风风雨雨，它是历史的见证，是多难的人们的庇护所，在今天，它的建筑已经被毁灭了，甚至都无法想象出和恢复它的历史风貌，但它依然吸引了众多的朝拜者。阿迪密斯的多乳塑像和相似的塑像在今天还存在。考古学家和地质家一直没有停止对神庙的发掘和考查，从各种发现的古文物中探索神庙的遗留，重新绘出神庙的原样，是考古学家最大的愿望，因为阿迪密斯神庙是古希腊人灵魂的表达方式。但神庙的建筑结构和女神的身份等具体情况并不清晰，这个建筑来自远古，也带来了难以解开的谜。

欧洲的修道院创建之谜

ou zhou de xiu dao yuan

电影《修女也疯狂》给人们展现了一群活力四射、可爱有加的修女及一个充满了快乐和静雅的修道院。但就现实而言，真正的修道院却并非如此。

修道院源自西方早期宗教信徒私人修道隐居的生活传统，又称“隐修院”。基督教也和不少宗教如佛教、道教等一样都具有禁欲隐修传统。传说施洗约翰、耶稣、圣保罗都曾在旷野中独居，潜心隐修，亲自领略与神沟通的滋味，在宁静中体验宗教的细微神秘之处。基督教早期最著名的隐修者是安东尼。他将追随者组织起来集体隐修，从而创立了基督教最早的隐修院。初创的隐修院只是基督教隐修院的最早雏形，隐修者生活比较散漫，没有严格的规章，人数也不是太多。

约与安东尼同时，生于埃及的帕科米乌是使隐修院初具规模的另一著名创始人。他吸取军队生活的经验，对修道院进行统一管理，制定了一套集体隐修制度，而且将这些制度编成《隐修规则》。《隐修规则》原为埃及文，后来被译为拉丁文传入欧洲，对欧洲修道院的兴起产生了很大影响。帕科米乌修道院对要入院的修士并不是随便接纳的，要求他们经过试修和考核方能正式入院，入院后不允许存私财，各自居住在固定的寝室里，服装也是统一的，按统一作息时间起居作息，进行祈祷、礼拜、读书以及生产等活动。每个人必须参加生产劳动，或编织，或园艺，或农作，没有文化者还必须上课识字。帕科米乌生前建的修道院有 10 个之多，修士近 1000 人，临终前又帮妹妹建起了一个女修道院。

修道院传入欧洲后，数 6 世纪意大利的本笃修道院最为著名。他按自己的见解制定规章制度，严格管理。院长是修道院最高首长，全院修道人员必须绝对服从他的命令。一旦立誓入院修道则终生不可反悔，必须在院长领导下按院规过完自己的修道生涯，想入院的修道人员可以先用 1 年时间体验生活，再决定去留。修道士的日常生活，除祈祷、静修、礼拜等宗教活动外，主要是劳动和读书，每天要劳动 12 个小时，读完规定的书目。本笃修道院因为管理严格，获得很高声誉，是欧洲各地修道院学习的典范，对欧洲修道院的兴盛起了很重要的作用。大大小小的修道院发展很快，逐渐遍及欧洲。由于宗教势力强大，它们往往有较强的经济实力，进而形成了一种特殊的宗教文化。

罗马地下墓穴如何产生

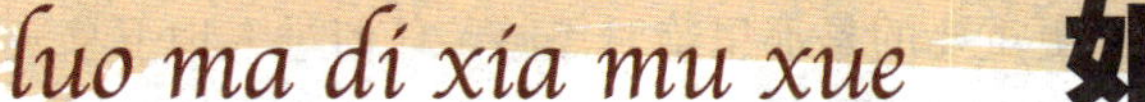

luo ma di xia mu xue

据史料记载，在公元 2 世纪到 4 世纪期间，罗马帝国曾实行这样的法律：死去的人只能被火化，或被埋入城墙内。这条严厉的法令被强加于所有罗马居民的身上，基督教徒也不例外。但基督教徒的信仰是：只有把他们死去的亲友埋在地下后，他们的亲人才会复活并获得重生。为了维护自己的信仰，同时又为了不冒犯帝国的法令，基督教徒中的富裕人家就将坟墓修建在了罗马城外的道路两旁。这些坟墓被称为卡塔康巴斯，希腊语是“洞穴”的意思。最初的基督徒公墓就建在道路两侧的这些空地上。

罗马的地下墓穴就是从这些早期的公墓发展演变而来的。那些早期的墓穴是一些简单的洞穴，用以纪念基督教忠实的信徒，同时也表达基督徒们对基督教的无限忠诚与支持。地下墓穴的建造始于公元 2 世纪，因为公墓的空间越来越拥挤，原本在地面进行的墓地建设最终不得转移到地下，长时间后就逐渐形成了巨大的地下墓穴。罗马的地下墓穴中的大多数墓穴都有四层，有一个体系庞大的陈列馆和许多狭窄的通道和阶梯。死者的尸体都放在墓穴中的壁灶里，这些壁灶有 4.8 ~ 7.2 米高，8.1 ~ 18 米长，是由多孔凝灰岩石制造而成的。那么这个庞大的地下墓穴是怎么样制造的呢？

原来这座地下冥府是由一群被称为“法苏里”的专业人员建造的。这些建造者充分运

奥古斯都陵墓

这是当时富人的陵墓。它的直径达87米，上端是锥形土丘，土丘上种了树，并竖立着皇帝的塑像。

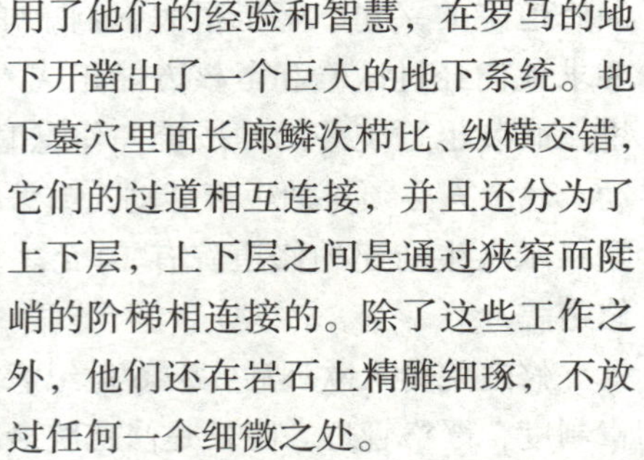

用了他们的经验和智慧，在罗马的地下开凿出了一个巨大的地下系统。地下墓穴里面长廊鳞次栉比、纵横交错，它们的过道相互连接，并且还分为了上下层，上下层之间是通过狭窄而陡峭的阶梯相连接的。除了这些工作之外，他们还在岩石上精雕细琢，不放过任何一个细微之处。

罗马地底的土质属于凝灰岩层，属于一种软性泥土的性质，它们的质料细腻，有时也较粗，并且中间有时还混杂着类似火山喷口的碎屑。这类泥土开掘时极其容易，但是这种泥土一旦和空气接触，便凝固犹如坚石。罗马土壤干燥，掘下几丈或十余丈深，还是见不到水，死人埋于地下，可以永久安眠。这样的墓穴安排既不冒犯帝国的法律，又保护了基督教徒的信仰。

为了防止盗墓并且保护死者不受亵渎，早期的隧道挖掘者设计了迷宫一样的长廊和狭窄的通道，使闯入墓穴者几乎无法找到出口或按照原路返回，这样的安排是为了保护死者。地下墓穴里阴冷、潮湿，空气中弥漫着令人窒息的尸臭味，更重要的是那里绝对黑暗，任何进入地下墓穴的人都会被这绝对的黑暗所震惊。

有的墓穴的墙壁是用一根根的人骨堆砌而成。并且中央还设有祭坛，祭坛的底座是使用人骨横着堆放的，祭坛高约2米，上面是用一个个人的头骨镶嵌而成的圆形图案，这些头骨都保留了骷髅的形状，有的露出了两个眼洞，有的张着大嘴，使人毛骨悚然。祭坛的后面还矗立着高高的人骨十字架纪念碑，这些组成十字架的人骨是经过了精心挑选的。除此之外，还有许许多多用人骨拼凑的海盗的符号，并且周围还有完整的人骨柱，靠近墙根的地方还有很多没有整理的人骨堆。

这是版画《罗马的地下》中的插图，这是早期的基督教的殉教者的遗体被放在地下墓穴里保存起来。

地下墓穴是古代基督徒拜祭圣徒和殉教者的地方。几个世纪以来，虔诚的基督徒在地下墓穴中跪拜，以表示他们对那些因信仰而死去的人的敬仰，这样的人被称为殉教者派。从地下的绘画中可看出，有些不同身份的人围坐在桌旁喝酒吃面包，而这就是一种简单的让人难以置信的仪式。

这种地下墓穴，不但罗马一城有，意大利各城市也有。不但意大利有，而且法国也有。巴黎的地下墓穴面积巨大，几乎与整个巴黎城市相当。据考古学家的考查，今日的小亚细亚、叙利亚、克里特、爱琴海诸岛、希腊、西西里等各地也都发现有地下墓穴，可见这个风俗的广泛性。

这几幅在地下墓穴中发现的浮雕或表示生活场景，或表示交谈场面，图案异常生动。

今天罗马地下墓穴还在持续不断的发现中。已经发现的墓穴，它们的起点均在郊外，这些墓穴环绕着罗马城垣，成了纵线向外引伸，纵线中有横线来加以贯通。倘若我们把罗马城市比作一只大肚的蜘蛛，那么这些纵横交错的墓穴，就好像一副大蛛网布满了罗马的各个角落。地下墓穴的大小不一，现在已经发现的墓穴，按照初步计算，埋葬在其中的死者，约有600万人。

寻找伊甸园 *yi dian yuan*

《圣经》中描绘了一个令人神往的伊甸园，那里是人类的始祖亚当和夏娃居住的乐园。据《圣经》记载，上帝创造了人类的祖先亚当、夏娃，然后在伊甸（地名，希伯来语）为他们建造了一个乐园供他们居住。那里溪流淙淙，鸟语花香。亚当和夏娃在伊甸园无忧无虑地生活着，直到他们在蛇的引诱下偷尝了禁果，被震怒的上帝逐出伊甸园，从此开始经受各种痛苦和磨难。自从《圣经》问世以后，“伊甸园”就成了地球人类生命与文明起源的象征。人类无时无刻不在寻找这个美丽的地方。

古人类学家和宗教界人士认为，作为伊甸园应当具备三个条件：一是人类最早的发祥地，二是有温润的环境气候，三是有远古人类文明。总之，伊甸园是人类最为理想的发祥地和居住地的象征。那么，伊甸园在哪里呢？人们探寻的目光与搜寻的脚步布满了非洲、美洲、欧洲、亚洲的高山、峡谷、平原、大海，利用现代尖端的科技手段考证历史、文物，收集大量传说，但似乎都未能够真正触及“伊甸园”的神秘踪影。

《圣经·创世记》中曾记述，从伊甸有河水流出，分为四条支流——幼发拉底河、底格里斯河、基训河和比逊河。一些学者根据这些线索，开始探寻。但是，学者们遇到的第

上帝用尘土造人，给他起名叫亚当，让他修理、看管伊甸园。后来又为他造了一个配偶帮助他，名叫夏娃。上帝吩咐他们园中的果子随便吃，只是知善恶树上的果子不可以吃。与上帝作对的魔鬼变化成蛇诱导夏娃尝了知善恶树上的果子，夏娃又让亚当吃了。由于违反了上帝的命令，上帝把他们逐出伊甸园。

一个难题是，《圣经》中所说的四条河如今只剩下两条，长期以来人们一直无法确定比逊河和基训河在何处。

美国密苏里大学的扎林斯教授经过长期的考证后，提出比逊河位于沙特阿拉伯境内，只不过由于地理气候的变迁，那里现在已成为浩瀚沙漠中一条干涸的河床；基训河则是现在发源于伊朗的库伦河。据此，扎林斯推断，伊甸园就位于波斯湾地区四条河流的交汇处，大约在最后一次冰川纪后，由于冰川融化导致海面升高，伊甸园遂沉入波斯湾海底。如果真有所谓的伊甸园，扎林斯之说应符合逻辑，也最为接近《圣经》中对伊甸园地理环境的描绘。被古希腊人称为“美索不达米亚”的两河流域，是人类早期文明的发祥地，是最早宜于人类生息的地方。

考古学家还发现，苏美尔（今伊拉克境内的上古居民）神话与《圣经》故事颇有渊源，它们的造物神话都说人类是用黏土捏成的。楔形文字中也有“伊甸”和“亚当”等词，苏美尔神话中也有一片没有疾病和死亡的乐园，在那里生活着水神恩奇与地母女神宁胡尔萨格，他们是夫妻，后来，恩奇偷吃了宁胡尔萨格造出的8种珍贵植物，宁胡尔萨格一气之下离开了丈夫。不久，恩奇身体的8个部位患病，宁胡尔萨格不忍，便造出8位痊愈女神为丈夫疗伤，其中有一个名叫“宁梯”的肋骨女神，又称“生命女神”。而众所周知，《圣经》中夏娃就是上帝用亚当身上的一根肋骨造的，夏娃也是人类之母，与“生命女神”有相通之处。

关于伊甸园的推测还有不少，有人说伊甸园在以色列，有人说在埃及，有人说在土耳其，还有人说在非洲、南美、印度洋等地。一些学者认为，如果4条大河是从伊甸园中流出的，那么伊甸园的位置肯定在幼发拉底河和底格里斯河文明的北面。因此，他们认定这块神秘的乐土是在土耳其北部的亚美尼亚。不过这一理论假设比逊河和基训河不是确切的地理河流，因此只是对遥远国度的一种含糊的描写。

还有一些学者则认为伊甸园是在以色列，约旦河流入伊甸园后又分为4条支流，基训河很可能就是尼罗河，而哈维拉就是阿拉伯半岛。这一理论的某些支持者宣称耶路撒冷的莫利亚山就是伊甸园的中心，伊甸园的范围包括整个耶路撒冷、巴斯利姆和奥利维特山。

而支持伊甸园位于埃及的学者则宣称，只有尼罗河流域才符合《创世记》对伊甸园的描绘——这是一片水源丰富的乐土，但是水不是来自天上，而是从大地中冒出的水雾。事实上，尼罗河在到达第一处瀑布之前，确实是在地底下流淌的，然后才从泉眼里流出地面。

近年来，学者们又几乎不约而同地把目光集中到地球东方的中国，因为中国是世界上保持了数千年文明历史而没有中断的古国。

对伊甸园的寻觅，是人类对自身从何而来充满好奇心的探究，反映了人类对始祖的一种认同感和亲和力。应该说，在崇尚科学的今天，“创世记”说早已让位于“生物进化论”。

然而，有关伊甸园、亚当和夏娃等的话题仍频频被提起。伊甸园究竟有没有，到底在哪里都不重要。重要的是，伊甸园已成为人类心灵栖息地和精神图腾的代名词，可以肯定，对伊甸园的追寻还会继续进行下去，有关伊甸园的话题也将长久地与人类如影相随。

创世记　米开朗琪罗

寺庙为何 zhuang zhong 撞钟 108 响

“姑苏城外寒山寺，夜半钟声到客船。”在中国的寺庙中都有撞钟的传统，并且撞钟次数也有严格规定，那就是撞 108 次。苏州市寒山寺，每年除夕撞钟 108 下。该寺在除夕之夜 11 时 42 分开始撞钟，当敲到 108 下时，恰是凌晨 0 时 0 分，预示新年的到来；而在受中国文化熏陶的日本，全国寺院在除夕夜也是敲钟 108 下。因为在中国古律声学中，“徵”的律数为 108。

撞钟为何撞 108 次呢？难道仅仅因为“徵”的律数是 108 吗？诸多学者为解释这 108 次钟响，努力研究，力图找到科学的答案。汇集这些前人的成果，分析起来共有三种说法：

第一，据麟庆《鸿雪因缘图记》记载：“钟声之数取法念珠，意在收心入定。”该书又载：“素闻撞钟之法，各有不同，河南云：前后三十六，中发三十六，共成一百八声任；京师云：紧十八，慢十八，六遍凑成一百八。”撞钟 108 响是给 108 位神佛歌功颂德，因此“108”成为佛的象征。为了表示对佛的虔诚，人们往往撞钟 108 下、念经文 108 遍或拨动 108 颗佛珠。

第二，按照《周易》说法，“九”数含有吉祥之意，108 是 9 的倍数，将“九”的吉祥之意推向了极限，象征至高无上。黄烈芬认为：“一百零八也是一种文化运动的象征，是《易经》中思想的演化。在易学中，天一地二天三地四天五地六天七地八天九地十。天为阳，地为阴，阳中九为老、七为少，阴中六为老、八为少，老变而少不变。故阳爻称九，阴爻为六。一百零八，其和为九，九九归一，一主至高无上的天。”

第三，郎瑛的《七修类稿》中说：“撞一百零八声者，一岁之意也。盖年有十二月，二十四节气，七十二候，正是此数。”108 这个数字经常出现在中国文史古籍中：《水浒传》中齐聚梁山好汉 108 位；在中国武术中，人有 108 个穴位；泉城济南有趵突泉点 108 个；拉萨大昭寺殿廓的初檐及重檐间有 108 个雄狮伏兽；北京天坛祈年殿每层有石栏 108 根；北京雍和宫法轮殿内放的大藏经刚好是 108 部……这些 108 的含义是什么，是不是表示对佛的崇敬，还有待深思。

雍和宫法轮殿

乐山大佛 le shan da fo 为何能保存得如此完好

乐山大佛坐落在乐山市峨眉山东麓的栖鸾峰，依凌云山的山路开山凿成，面对岷江、大渡河和青衣江的汇流处，造型庄严，虽经千年风霜，至今仍安坐于滔滔岷江之畔。又名凌云大佛。乐山大佛是世界现存最大的一尊摩崖石像，有“山是一尊佛，佛是一座山”的称誉。乐山大佛雕刻细致，线条流畅，身躯比例匀称，气势恢宏，体现了盛唐文化的宏大气派。

乐山大佛的规模在各类书籍上多有记载，人们比较统一的意见是，大佛头长 14.7 米，头宽 10 米，眼睛长 3.3 米，鼻子有 5.53 米长，肩宽 24 米，耳长 7 米，耳内可并立二人，脚背宽 8.5 米，可坐百余人，但关于大佛的高度说法不一。宋代的《佛祖统纪》、《方舆胜览》，明清的《四川通志》、《乐山县志》等书中，都记载乐山大佛高“三百六十尺”，也就是相当于现在的 110 米左右。中华人民共和国成立后，科研部门采用吊绳和近景测量的方法对大佛进行了多次测量，确认乐山大佛高 71 米。《中国大百科全书》、《中国名胜词典》、《中国名山大川词典》等字典书籍上也明确写有乐山大佛的通高为 71 米。但 1990 年由上海辞书出版社出版发行的《中国地名词典》却把乐山大佛的高度定义为 58.7 米，而且这一观点也同样有很多权威专家认同。

乐山大佛

乐山大佛位于四川省西南的乐山市，岷江、大渡河、青衣江三江汇合处的凌云山上。大佛依山凿石而成，面对三江，背依凌云山，头与山齐，脚抵江波，依江端坐，体型魁伟壮观。始建于唐开元初年(713)，历时 90 年始成，为凌云寺名僧海通和尚发起修建，意在镇压汹涌的江水，保佑船只安全通行。

为什么同一座静止不动的石佛，它的高度会有两个差距如此大的数据呢？据有关专家介绍，这两种观点的主要分歧是定义乐山大佛“通高”的不同。文物界在测查文物时，将文物整体的最高点和最低点之间的差称为通高。中国的佛像底部多有莲花座，测量时通常将佛像和底部与之相连的莲花座看作一个整体，佛像的高度也就是从莲花座底端到佛像的顶端的长度。

就乐山大佛来说，人们对它的莲花座的看法不一致。有人认为大佛脚下有两层莲花座，一层是大佛的足踏，而在足踏下面还有一层更大的莲花座。因此他们认为大佛的通高应该以最底层的莲花座为起点进行测量，也就是大佛高 71 米。与此同时，还有人认为大佛脚下只有一层莲花座，因为与乐山大佛类似的隋唐时期建造的弥勒佛像都只有一层莲花足踏，乐山大佛没有道理在足踏下再加一层莲花座。也有人认为，所谓莲花足踏下一层更大的莲花座，实际上是莲花足踏下的一层石基，只不过建造者为了美观庄严在石基的边缘上刻了一些莲花图案。因此这层石基不能计算在大佛的高度之内，所以持这种观点的人把大佛的通高从莲花足踏开始算起，也就是 58.7 米。究竟乐山大佛最底下一层是莲花座，还只是一层石基，人们争论不休，至今未有定论。

那么，乐山大佛历经千年又是如何保存得如此完好呢？近些年来，通过专家们对乐山大佛的考察研究，不断揭开大佛的一些秘密。专家们认为乐山大佛具有一套设计巧妙、隐而不见的排水系统，对保护大佛起到了重要的作用。在大佛头部共 18 层螺髻中，第 4 层、第 9 层和第 18 层各有一条横向排水沟，分别用石灰垒砌修饰而成，远望看不出。衣领和衣纹皱折也有排水沟，正胸右向左侧也有水沟，它与右臂后侧水沟相连。两耳背后靠山崖处，有洞穴左右相通；胸部背侧两端各有一洞，但互未凿通，孔壁湿润，底部积水，洞口不断有水淌出，因而大佛胸部约有 2 米宽的浸水带。这些水沟和洞穴，组成了科学的排水、隔湿和通风系统，防止了大佛的侵蚀性风化。也有专家指出，大佛的雕刻结构对大佛的保存起到了至关重要的作用。人们观赏这尊世界第一大佛，往往只看到依山凿就的外表，看到它双手抚膝正襟危坐的姿势，而对它的部位结构则看不真切。其实，细究它的形体结构，是很有趣味的。乐山大佛屹立千年仍然风采依旧，究竟是什么原因使它如此“坚强”，人们仍在争论探索。

乐山卧佛远景

景山平面图为何酷似打坐的人像

jing shan

景山在紫禁城北门神武门对面，元代时本是大都城内的一座土丘，名叫青山。传说明代皇宫在这里堆存煤炭，又俗称煤山。崇祯十七年（1644）三月十九日拂晓，李自成率起义军攻进北京，崇祯帝朱由检逃出宫城，在煤山东麓的一棵槐树上自缢。清顺治十二年（1655）改名景山。

1987 年 1 月，在北京地区航空遥感成果展览会上，爆出了一个惊人的消息：遥感拍摄的北京景山公园平面园林图，酷似一尊盘腿打坐的人像，被称之为“景山坐像”。这不是杜撰，而是通过精密的遥感技术测定的。在园林北部的寿皇殿建筑群是“坐像”的头部，大殿和宫门组成眼、鼻、口。眼睛眯着，面带笑容；胡须是松柏；肩、胸、手、腿是南部那座山。“景山坐像”引起了科技界和考古界的广泛兴趣，几年来，专业人员为此做了大量的研究考证，但收获甚微，至今还没有解开这个谜。

后来，关于“景山坐像”又有了一个新说法。武当山拳法研究人员谭大江经过倾心研究分析，认为北京“景山坐像”与武当山“紫霄坐像”均为道家养生图示。“景山坐像”系道教之神，“坐像”头上戴冠，面有胡须，双手合并放在腹前，特别符合道教之神的貌态，与真武大帝像相似。而且“景山坐像”建于明朝永乐年间。明成祖朱棣打进南京，夺了皇位，也附会为得到了真武神的帮助，因此即位后即建宫观报答真武神。

多年前，谭大江与有关人员在对武当山古建筑群研究中就发现，武当山紫霄宫建筑群与其周围山势地形是根据人体形象巧妙安排的，酷似一尊人像，所以称为“紫霄坐像”，与“景山坐像”有异曲同工之趣，所以说两者都是道家练功养生的示意图。这个推断很

景山全景

让人迷惑，道家为什么要将建筑设计为养生图示而却又让人不易发觉呢？谭大江认为，道教的经典《道藏》虽十分庞杂，但始终贯穿着一个愿望——“长生不老”。道家按照“天人合一”的道义修性炼真，并力图把这种奥秘告知世人。但是，道家最讲究的是“冲虚”、“恬淡”，在清高脱尘的心理和观念的支配下，他们又不愿将“天机”廉价地送给“俗人”，所以他们便煞费苦心地在建筑布局上“暗示”众人，通过这种玄妙的方式来启示他们。说“景山坐像”是道家练功图示，还在于北京景山公园的建筑布局、方位以及建筑景点的名称都符合于道家内功修炼的术语要求，而道家修炼功的术语从来均是以隐语出现的。

但这毕竟只是一家之见，并不能完全地解释清楚。那么这座建筑到底要告诉人们什么呢？在500年后的今天，“景山坐像”仍然是个谜。

敦煌藏经洞到底是为什么开凿的

cang jing dong

敦煌藏经洞是莫高窟17窟的俗称。20世纪初在敦煌，一个姓王的道士在废弃的莫高窟每天念经打坐，他虽然是出家人，却私心很重，十分贪婪。无奈当时莫高窟是一个没有什么香火的地方，周围人烟也很稀少。王道士整天愁眉不展。一天，他请人对破败不堪的洞窟进行了整修。一个雇工在施工的时候，居然发现洞窟两侧的墙壁是空的，赶紧告诉王道士。王道士很惊讶，他联想到当地关于这里是宝藏埋藏点的传说，心中一怔。等施工完成了，王道士便在夜里带领些徒弟用流水不断冲刷墙壁后洞窟里的三层洞沙，终于挖通了。他简直不敢相信自己的眼睛：洞里像山一样堆着绢画和各种佛教法器，四壁画着不可思议的精美壁画，整个洞窟犹如神话宫殿。

到现在藏经洞内已经发现了数以万计的古代佛经、道经及世俗文书等，几乎涉及社会和自然科学的各个方面，是研究中国近两千年学术文化发展的宝贵文献，中间有不少的“世界第一”。敦煌学家从文献中发现了世界上最早的纸、最早的活字、最古老的书籍、最早的乐谱、最早的报纸、最早的火枪、最早的马具、最早的星象图、最早的连环画、最早的棋经、最早的标点符号等。敦煌藏经洞因为曾经的辉煌和博大精深的文化内涵而闻名于世。可是另外一方面人们却不知道藏经

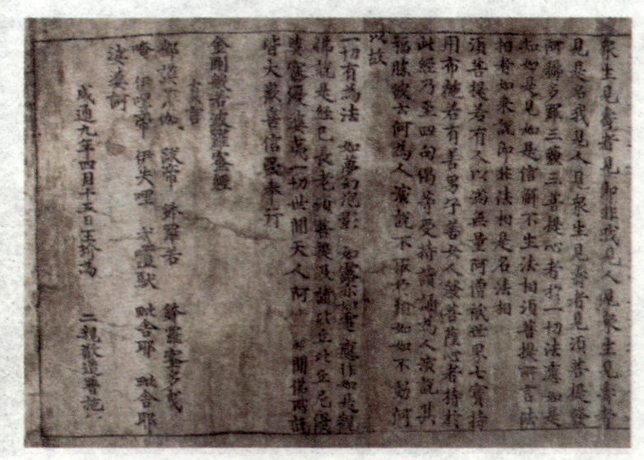

藏于敦煌莫高窟的《金刚经》

敦煌 17 窟藏经洞

洞为什么开凿，是谁在什么时候开凿的，又为什么把这些价值连城的宝贝云集在一个地方。

根据对北区洞窟的考古报告表明，这些洞窟是僧人居住修行或印制佛经的地方，所以关于藏经洞的来历，目前较为公众认可的说法是：藏经洞是僧侣们为了避免战乱而有目的开凿的，以免破坏宝贵的佛教资源，这种说法叫“避难说”。约在 11 世纪，西夏人占领了敦煌。战火四起，百姓流离失所，处于水深火热之中。而在破城之前，寺院的僧人们聚集在一起，将不便带走的经卷、文书、绣画、法器等物分门别类，匆匆忙忙用白布包起来胡乱码放在洞窟之中，然后封闭了洞口，又抹上一层泥壁，再绘上壁画掩人耳目，但后来僧徒也因为逃避战争之难没有再回来，天长日久，洞窟也就慢慢荒废了，加上风沙淤塞了洞窟的通道，才使洞窟因此幽闭近 800 年。从王道士发现的“敦煌遗书”来看，内容主要有佛教、道教、景教等宗教文献，其中还有藏文、于阗文、突厥文、回鹘文、梵文、粟特文、希伯来文等现已成为“死文字”的多种文字写本，的确是 5 ~ 11 世纪敦煌繁荣的历史见证。此外，法国人伯希和也主张“避难说”。他在 1908 年春到敦煌莫高窟，盗窃经卷写本、精美画册 6000 余本，运到巴黎图书馆，他还偷拍了莫高窟全部洞窟的照片。

也有观点认为藏经洞的开凿是为了收集敦煌各个寺庙里的废弃佛教用品，即“废弃说”。因为宗教用品都是礼佛敬神的东西，具有神圣性，是不可随便丢弃的，而且，由于儒家的影响和文化的稀缺，中国古代很尊重写过字的纸，还有人专门走街串巷收集各家的字纸来统一祭拜后焚烧。僧侣们也因此把没有用处的佛教用品保存起来，但他们没有选择焚烧而是凿洞封存。持这种观点的代表人物是敦煌历史上不得不提的第一个盗取敦煌莫高窟的外国人——英国的斯坦因。他在 1907 年到达敦煌，5 月买通了王道士进入莫高窟。所盗卷轴共计写本卷子 8082 卷，木版印刷 20 卷。其中佛教著作 6790 卷。共装 24 箱经卷，5 箱精美绣品。运到伦敦大不列颠博物馆。1914 年他再次来莫高窟，又盗走 5 大箱 600 多卷写本。斯坦因根据所见到的写本和绢画上的记载分析出了“废弃说”，但遭到了很多人的反对，原因是藏经洞的藏品大多十分完整，而且精致细腻。

一个中外人士都关心的问题：敦煌是否还另有藏经洞呢？地质部门在莫高窟探测过程中曾发现一个洞窟墙壁有异常现象，至于是否也是藏经洞，因为没有打开，所以仍是一个谜。

敦煌藏经洞带着这些千古之谜，历经千百年沧桑，在茫茫戈壁沙漠的怀抱中，闪烁着绚丽的光彩。

莫高窟 mo gao ku 万道金光之谜

敦煌有不少谜，莫高窟出现的万道金光就是其中之一。

雨过天晴、空气清新的清晨或黄昏之时，如果从敦煌城驱车沿安敦公路向东南而行，就会被几十里以外的三危山呈现的奇特景象所吸引。只见这座陡然崛起的大山之巅，在朝阳或落日余晖的照耀下，放射出五彩缤纷的光芒。

莫高窟的这种奇特景象，最早记录于唐朝圣历元年（公元 698 年）李怀让的《重修莫高窟佛龛碑》，碑文记载："莫高窟者，厥初秦建元二年，有沙门乐僧，戒行清虚，执心恬静，尝杖锡林野，行至此山，忽见金光，状有千佛，遂架空凿岩，造窟一龛……"文中所指的山即三危山，所造的龛像，就是敦煌千佛洞最早的洞窟。

莫高窟，俗称千佛洞，坐落在敦煌市城东南 25 千米鸣沙山断崖上，是一座中外闻名的艺术宝库。

据《都司志》"三危"条下注释：此山之"三峰耸峙如危欲坠，故云三危"。三危山也由此而得名。若登上山巅，可东望安西，西尽敦煌，山川树木，尽收眼底，所以古来又有"望山"之称。

对于莫高窟的佛光，科学界存在两种解释。第一种解释是，三危山纯为沙浆岩层，属玉门系老年期山，海拔高度约 1846 米，岩石颜色赭黑相间，岩石内还含

莫高窟九层楼
里面是一尊 90 多米高的大佛，此楼是莫高窟的象征。

有石英等许多矿物质，山上不生草木，由于山岩成分和颜色较为特殊，因而在大雨刚过、黄昏将临，空气又格外清新的情况下，经落日余晖一照，山上的各色岩石便同岩面上未干的雨水及空气中的水分一齐反射出五彩缤纷的光芒，将万道金光的灿烂景象展现在人们眼前。

另一种解释是：莫高窟修造在鸣沙山东麓的断崖上。崖前有条溪，在唐代叫“宕泉”，现今叫大泉河，河东侧的三危山与西侧的鸣沙山遥相对峙，形成一夹角。傍晚，即将西落沉入戈壁瀚海的落日余晖，穿过空气，将五彩缤纷的万道霞光洒射在鸣沙山上，反射出万道金光，这正是“夕阳西下彩霞飞”的壮丽景象。

无论是出现在三危山，还是鸣沙山两个方向的所谓“金光”，都是一种在特殊条件下的自然现象，究竟何种解释更为客观，有待进一步探索。

丹丹乌里克 dan dan wu li ke
千年古画描绘的是什么？

唐代高僧玄奘在《大唐西域记》中记下了自己去天竺(今印度)取经途中的所见所闻，里边记载着许多奇闻轶事。千万不要以为这些故事是玄奘胡编乱造的，因为近代考古已经发现了这些神话传说的实物证明，这就是沉寂了 1000 多年之久的丹丹乌里克的千年画图。

丹丹乌里克位于新疆维吾尔自治区和田东北部塔克拉玛干沙漠深处，玉龙喀什河畔。其遗址散落在低矮的沙丘之间，一群群古老的建筑物在沙漠中半露半掩着，残垣断壁随处可见，呜咽的风沙似乎在向人们诉说着昔日的辉煌。丹丹乌里克在唐代称梁榭城，属于当时的于阗国，是当时一个非常重要的佛教文化中心，印度文化源源不断地从外面注入，与当地文化和大唐文化相互融合，相生相长，形成了自己特有的文化风格。今天在那里发现的许多古代文书(有多种文字)、钱币、雕刻、绘画等文物，就有力地证明了这一点。

20世纪初，英国考古探险家斯坦因发现了几幅珍贵的唐代木版画和壁画，在世界美术界曾经轰动一时。这就是《鼠神图》、《传丝公主》和《龙女图》。抛开其绘画风格和艺术价值不论，单就说其竟能与《大唐西域记》的某些记载完全一致，就够神奇的了。

先说《鼠神图》。据《大唐西域记》记载：于阗国都城西郊有一座鼠壤坟，传说里面的老鼠个个大如刺猬，领头的是一浑身金银色的硕鼠。但人们只是听祖辈们说过，谁也没有真正见过。有一次，匈奴数十万大军进犯于阗，恰巧就驻扎在了鼠壤坟旁。可怜于阗国小人少，只有数万兵力，哪里抵挡得住！于阗国王急得像热锅上的蚂蚁，实在走投无路，想起了传说中的神鼠，于是抱着侥幸心理摆出供品，向神鼠祭拜了一番。晚上，国王果真梦见一巨鼠，建议他第二日出兵，并许诺说必助其一臂之力。第二天交战时，匈奴军的弓弦、马鞍、军服之类不知什么时候都被老鼠咬断了，这样一来，自然丧失了战斗力。于阗军队大获全胜。为了感谢神鼠，国王就下令建造了神祠来供奉它。木版画《神鼠图》就画着一个头戴王冠的鼠头人身像，在其身后还放射着椭圆形光环，威风凛凛地坐在两个侍从中间。或许，这就是传说中的鼠王吧！

木版画《传丝公主》画的是一个贵族模样的唐代妇女。只见她戴着高高的帽子，帽子里似乎藏有什么东西。在她两边都跪着侍女，左边侍女左手还指着贵妇人的帽子。画板的一端画着一个篮子，装满了葡萄之类的小圆物。另一端还画着一个多面形的东西。这幅画是什么含义呢？它想向我们讲述怎样的故事呢？结合《大唐西域记》这个谜就水落石出了。原来，画上的贵妇人是唐代的一位公主，被皇帝许配给了于阗国王。于阗国那时没有蚕丝，国王于是恳求公主带蚕种过来。可是，当时中国严禁蚕丝出口，怎么办呢？这位聪明的公主就把蚕种藏在了帽子里，顺利出了关。如此说来，那画中篮里装的根本不是什么葡萄，而是蚕茧，而另一端画的则应是用来纺丝的纺车。相传这位公主是第一个把蚕桑业介绍到于阗的人，这么重要的人物和事件在艺术上有所表示是很合情合理的事。

关于《龙女图》的故事就更加充满浪漫色彩。与之相佐证，《大唐西域记》里有一则《龙女索夫》的记载。传说在于阗城东南有一条大河，原本浩浩荡荡，奔流不息，哺育着于阗国无数的农田。可不知怎么回事，河水有一次竟然断流了。这可把百姓们害苦了。听说这与河里的龙有关。国王于是在河边建了一座祠庙来祭祀，果真出现了一龙女，说她丈夫死了，以致如今无依无靠。要是国王能送她一个丈夫，水流就可以恢复。国王同意了，选了一个臣子，穿着白衣骑着白马跃入河中。从此，河里的水真的就再也没断流过。了解了这个故事，再来欣赏这幅被称为古代东方绘画艺术杰作的壁画就不觉得怪异了。壁画的正中画着一名头梳高髻的裸女，佩戴着项圈、臂钏、手镯，身段婀娜多姿，亭亭玉立于莲花池中。左手抚乳右手置腹，欣喜而又羞涩地回头俯视着脚下的一个男童。这名男童也是赤身裸体，双手抱着裸女的腿，并仰视着她。根据古代佛教绘画神大人小的处理方式，很明显，裸女应该是龙女，而男童是她向人间求婚得来的新夫。

实物与史料获得惊人的统一，这在考古学上已不是什么新鲜事。但有的学者仍持有异议。他们认为绘画内容的解释应该从佛教故事中寻求，而不能只停留于当时的世俗生活中。木版画和壁画的内容真是《大唐西域记》里所记载的内容吗？至今谁也说不清楚。

第八篇
CHAPTER EIGHT
动植物探奇
Exploration of Animals and Plants

动物之间为什么会发生争斗

fa sheng zheng dou

在地球上，除了人类，动物界也经常发生大大小小的争斗。在以往的很长时间内，动物学家们都认为大多数的动物并不会杀害它们的同类。动物之间经常会发生侵犯的行为，主要是一种耀武扬威的姿态，而不是残杀性的。有时为了集体的利益，它们通常是相互合作的。

比如说在草原上生活的土狼，为了捕捉长耳兔经常采用接力的方法来弥补体力的不足。当第一条土狼追到体力不足的时候，就把长耳兔沿着对角线的方向追赶到一个隐蔽处，等在那里的另一条土狼会跳出来接着追赶，第一条土狼趁机抄近路跑到前边，等到充分的休息后，再接着追下去，就这样两条土狼轮番地追赶，直到兔子筋疲力尽成为土狼的口中美食。

还有一种长鼻浣熊，生活在中南美洲。喜欢吃栖息在树上的一种蜥蜴，可是对于浣熊来说，到树上捉蜥蜴是不容易的，它们就采取兵分两路的方法，一个在树下等，另一个则到树上把蜥蜴赶下树，彼此配合来捕捉蜥蜴。

几十年来，通过大量的观察，科学家们发现，在动物中间也存在着争斗的现象。而且在争斗的过程中还有着一定的规则，任何一方都是严格遵守决不违背。

蝙蝠的争斗方式是身体倒挂在石岩上，彼此通过鼻子的碰撞来发泄愤恨。

蛇类相斗时从不以毒牙加害对方，常常采取的方式是将尾部交缠在一起，挺起胸膛竭力将对方的头部按下，谁将对方牢牢按压住几秒钟，谁就是胜者。

狮群的生活一般都是很平静的，但是当不同的狮群相遇时，战争却常常不可避免。在肯尼亚马赛—马拉国家公园中，一个狮群里的狮子正在为保护领地而与入侵者进行斗争。这些战争看上去很危险，事实上大多数进攻只是虚张声势而已，很少会出现真正严重的伤势。

雄旱龟在彼此相斗时，仅仅将对手翻个仰面朝天失去战斗力就算赢。

鸟类之间的竞争准则很多。如鸽子之间仅仅是以发怒的一方羽毛横竖，挺着胸在另一方面前踱步的方式来进行对抗。谁的外貌显得雄壮威武谁就为胜利的一方。红眉雄黑禽鸡在争斗时要先发出一阵啾啾声，然后张开翅膀像公鸡一样厮杀，胸脯碰撞，相互击打，看起来就像一大团羽毛在狂飞乱舞。

大型的动物中争斗方式比较奇特的要数棕熊了。雄性的棕熊在发情期间会变得格外的凶悍，不仅会因争夺配偶斗得头破血流，还会疯狂地袭击附近的民宅。

对于动物来说，在争斗中总是以最强壮的器官作为理想的兵器。袋鼠的争斗很像是拳击，因为它们相信自己的后爪最有力。海狸争斗的武器是尾巴，而长颈鹿则用脖子来击打对方。有蹄类的动物常常将角作为自卫的武器。但是对于过于锋利的武器，动物之间也是要遵循一定的规则的，如直角羚从不在同类的争斗中使用角。而鹿和驼鹿则在准备争斗的时候，目不转睛地盯着对手，直到弱小的一方认输为止。狼和狗在争斗中如果认输时，会把身体中最薄弱的咽喉暴露给对方，而胜者绝不会再碰负者一下。

无论是长颈鹿、斑马或是羚羊，它们的争斗行为基本上是为了争夺配偶、领地或食物等，所以它们的争斗往往只是分出胜负即可，并非定要将对手置之死地才罢手。

对于动物之间的这种争斗和残杀，有一些是可以找到原因的。比如为了争夺配偶、领地或者食物等。美国动物学家曾经目睹过海豹为了争夺首领之位而撕打的场面。当两头雄性海豹中的一头被打得晕倒在地的时候，一群雄性海豹扑到战败者的身上，把它折磨致死。在1990年的6月，澳大利亚曾发生过一起大群企鹅自相残杀的事件。这场残杀导致大约7000只企鹅丧生。其中雏企鹅6000只。而科学家们对于事件的原因却是无法解释。

社会生物学家对于动物之间的争斗现象是这样解释的。他们说这完全是出于动物的一种自私的本性。所有的动物都想把自己的基因或者亲属的基因传到下一代去。所以，它们进行漫山遍野的厮杀，只是为了让自己的后代进行繁殖，并不是为了种族的利益。因此，在一个亲属关系比较稳定的群体里很少发生剧烈的厮杀。

而动物学家却认为，动物是不存在传宗接代的自觉意识的。它们所进行的争斗和残杀原因很可能是偶然的。随后发生的大规模的征战很可能是由于受到刺激而引起的，而且在缺乏信息交流和手段的动物中是很容易发生这种情况的。

动物学家们有着不同的观点，但是有一点是统一的，他们一致认为动物之间进行的不流血争斗有着积极的生态学意义。年轻而健康的动物虽然在争斗中败北，却为以后获得幸福准备了条件，而在争斗中以流血殆命的动物也是自然淘汰的一种途径，也就是说残杀的威胁可能有助于形成动物的行为，对于物种遗传是有利的。但是，真正引起动物们争斗的谜底是什么？人类至今不得而知。

动物为何冬眠

dong mian

冬眠是一些不耐寒动物度过不利季节的一种习性。许多动物都会冬眠，每年的霜降前后，气温逐渐降低，池塘里的蛙鸣消失了，刺猬、仓鼠等也进入了洞穴开始了它们的长睡。进入冬眠的动物在体温、呼吸以及心率等方面都要发生改变，新陈代谢会降到最低。而且热血动物和冷血动物的冬眠还不同，在冬眠的时候，冷血动物体温的升降是一种被动的形式，完全由外部的环境来决定。而热血动物则不同，它们是有目的地对体温加以控制，调节到冬眠时的最佳温度后才开始冬眠。而当它们苏醒的时候，制造热量的器官会充分地调动起来，在几小时内把温度恢复到原来的水平。

研究人员经过研究发现，刺猬在冬眠的时候会把身体蜷缩起来，不吃不喝。呼吸变得极其微弱，心跳缓慢，每分钟只跳 10 ~ 20 次，一只清醒的刺猬被放到水里几分钟就会淹死，而冬眠的刺猬半小时也淹不死。黄鼠在冬眠的 130 多天中总共放出的热量才 29 焦耳，而在冬眠过后的 13 天中却放出 2420 焦耳的热量。

动物在冬眠的时候，白血球还会大大地减少。通过对土拨鼠的实验发现，平时土拨鼠 1 立方毫米的血液中含有的白血球数是 12180 个，而冬眠时平均只有 5950 个。

獾栖息和冬眠的地点

科学家们对动物冬眠时制造热量、补偿体温消耗和保持恒温的复杂生理现象非常感兴趣，做了许多的研究，但迄今为止，有关动物冬眠诱因和生理机制还是众说纷纭，莫衷一是。

冬眠是一种适应性习性。它帮助动物熬过天气寒冷、食物匮乏的冬季。

有的科学家认为，外界的刺激是导致动物冬眠的原因。外界的刺激主要有温度下降和食物不足两个方面。有人对蜜蜂做过这样的实验，当气温在7℃～9℃的时候，蜜蜂的翅膀和足就停止了活动，但轻轻的触动还是能微微抖动的；当气温降到4℃～6℃的时候，就完全进入了麻痹的状态。如果再降低温度，蜜蜂就会进入更深的睡眠状态。由此可见，动物的冬眠和温度的关系密切。实验中还发现，笼养的小囊鼠在供食充足的情况下，冬季的时候不会进入冬眠的状态。

但是有人提出，人工降温并不能保证所有的冬眠动物都能进入冬眠的状态；不少冬眠动物在进入冬季的时候就会自动地停止进食或拒绝进食，并不是由于食物不足的原因。以此来反对上述的观点。

还有的科学家提出了生物钟学说，认为是生物的节律控制了每年冬眠动物的代谢变化，恒温动物的冬眠变温现象是进化生态的一种次生性的退化，是和动物迁徙、冬季储藏食物相似的一种生态的适应，是在进化中已固定下来的一种生物节律。但是这种学说缺少事实性的根据。

科学家们发现在冬眠动物的体内存在一种诱发冬眠的物质。在对黄鼠进行的实验中，科学家在人工条件下冬眠的黄鼠身上抽取出血液，然后注射到活蹦乱跳的生活在夏季的黄鼠体内，这些黄鼠很快进入了冬眠状态。目前在冬眠动物的血液中还有3种颗粒无法鉴定。与正常的黄鼠相比，冬眠黄鼠的血液红细胞较结实，不容易分解，一种还呈褶皱状。而且进入冬眠时间长的动物的血液比刚进入冬眠的动物的血液诱发冬眠的作用更强烈。诱发动物冬眠的物质存在于血清中。我们知道，通常不同动物之间会发生物质的排异反应，但令人奇怪的是，将正在冬眠的旱獭的血清注射到清醒的黄鼠的体内，黄鼠不仅不会发生排异的反应，反而会呼呼大睡。科学家们还发现，在冬眠动物的体内不仅存在诱发冬眠的物质，还存在和冬眠物质相对抗的另一种物质。这种物质可以维持动物的正常活动和清醒状态，它和冬眠物质相结合形成复合体，当冬眠物质超过抗冬眠物质的时候，动物才会冬眠。

由此看来，动物何时开始冬眠，不仅取决于诱发的物质，还取决于诱发物质和抗诱发物质的比例。科学家推断，冬眠动物可能全年都在制造诱发物质，而抗诱发物质是在进入冬眠之后才产生的。该物质产生之后就会不断地上升，直到春天来临的时候才会下降。当它在血清中的浓度高于诱发物质的浓度时，动物就会从冬眠的状态中苏醒过来。但是，冬眠诱发物质和抗冬眠物质到底性质如何、为什么会引起动物生理发生这么大的变化，科学家们还是不了解。

1983年，科学家从松鼠的脑中提取了一种抗代谢的激素。把这种激素注射到没有冬眠习惯的小鼠的体内，发现小鼠的代谢率会明显地降低，体温也会降到10℃左右，看来激素

刺猬在冬眠的过程中，通常躲在用树叶或干草做的窝里，并且将身体蜷缩起来，不吃不喝，心跳减慢，不过在天气稍暖的日子里，它们也会醒来，到外面觅些食物，以提供消耗的热量。

可能也是诱发动物冬眠的一个因素。最近，又有科学家想从细胞膜的角度来探讨动物冬眠的机理。但是，细胞膜的变化和神经传导如何联系，对动物的冬眠是否具有关键性的作用，还有待研究。

到现在为止，人们还没有完全地揭开动物冬眠的秘密，科学家们还在继续探索。让我们踏着前人的足迹，透过历史的帷幕，在奇妙的大自然里去大胆地探索寻觅吧，谜底终究会揭开的。

动物 dong wu 治病之谜

古书中早就有类似记载：熊食菖蒲叶，可治胃病；龟食薄荷以解蛇毒；野猪食荠苨，可治箭毒；野兔食马莲叶子，可治腹泻。春天来临时，生活在北美洲的一种熊冬眠醒后，为了迅速恢复冬眠带来的疲倦，就会去寻找一种能引起轻微腹泻的植物果实。更有意思的是，当幼獾的皮肤生病后，母獾会带它们去洗温泉，以便皮肤早日痊愈。许多动物都有自疗行为，这些行为都出于它们生存的本能。人类是从动物进化而来的，所以，原始人类依然保留着动物自疗的本能，并且通过观察动物自我治疗获得了许多启示，学会了应用某些天然药物的本领。

黑猩猩不仅能用药物进行自我治疗，还能够不断地尝试、发现新药物。

在乌干达的达基巴拉森林里生活着一群黑猩猩，它们有时候会吃一种茜草科植物的叶子，而当地人也常用这种植物来治疗胃病。动物学家还发现非洲热带雨林中的黑猩猩也会自疗。每当它们食欲不振、大便不畅时，它们就会去嚼一种苦扁树的枝叶，然后再吐掉残渣。这种植物中的苦汁是治疗胃肠不适的良药。在坦桑尼亚的贡贝国家自然公园，黑猩猩有时会吞食一种向日葵科植物的嫩叶。药物学家进一步研究发现，这种植物中有一种特殊的药物成分，能治疗寄生虫和细菌引起的疾病。

生活在南美洲亚马孙河两岸的一群吼猴，当雄性吼猴数量偏少，不能保持群猴雄雌性别平衡时，雌性吼猴就会吞食一种草，此后生下的小猴中，雄性的比例就会占优势。科学家们检验了这种草，原来这种植物中含有某些药物成分，能使雌猴阴道的酸碱度发生改变，因此有可能影响后代的性别。

一位英国生态学家在野外考察时发现，怀孕的母象会吞食一种紫草树的叶子，母象吃了这种叶子后，没过几天便产下了一头活泼可爱的小象。原来这些叶子中含有催产的成分。

动物的自疗行为虽然只是一种本能，但是人类从动物的这些行为中受到了许多启发，从而把最原始的医疗活动发展为现今的医药学，这不能不说是人类的进步！

动物肢体再生的奥秘

zai sheng de ao mi

动物世界是一个弱肉强食、适者生存的世界。大自然中的竞争如此激烈，使得动物在进化过程中逐渐具备了各自的防御本领。其中有一部分动物为了自卫，瞬间舍弃自己的一部分肢体，掩护自己逃生，过不了多久，它们的肢体又会重新长出来。这让人惊叹不已。

动物世界中的肢体再生之王当属海绵，它有着无与伦比的再生本领。若把海绵切成许许多多碎块，非但不能损伤它们的生命，相反，在海中它们中的每一块都能逐渐长大形成一个新海绵，各自独立生活。即使把捣烂过筛的海绵混合起来，只要条件良好，它们重新组成小海绵的个体也只需要几天的时间。

海星也分身有术。海星是养殖业的大敌，因为它吃贻贝、牡蛎、杂色蛤等养殖场的饲养物。养殖工人把捉到的海星，碾成粉末后再投入大海，结果这些海星粉末又繁殖出了新的海星。这令养殖工人大为光火。

还有海参，遇到敌人时，它倾肠倒肚，把内脏抛给敌人，过不了多久，只剩躯壳的它又再造出一副内脏。再生，成了海参逃命的重要工具。

章鱼也有利用腕手逃生的本领。章鱼的腕手在平时是很结实的，当有人抓住它的某只腕手时，这只腕手就像肌肉回缩被刀切一样地断落下来，掉下来的腕手还会用吸盘吸在某种物体上蠕动。当然这只是障目法，章鱼并不是整个肢都断了，而是在整个腕手的4/5处，腕手断掉后，它的血管自行闭合，极力收缩以避免伤口处流血。6小时后，闭合的血管开始流通，受伤的组织也有血液的流动，结

海绵是动物界的肢体再生之王。

实的凝血块将手腕皮肤伤口盖好。第二天伤口完全愈合后，新的腕手就开始慢慢长出。1.5个月后，就能恢复到原长的 1/3 了。

不仅海星等水中动物有肢体再生的能力，陆地上的动物也有这方面的高手，我们最熟悉的莫过于壁虎了。处于险境的壁虎，可以自行折断尾巴，当进攻者被断了的扭动的尾巴所迷惑的时候，壁虎已逃进了洞穴。用不了多久，壁虎尾巴折断的地方就长出了新的尾巴。

兔子也有弃皮的本领，当兔子的肋部被别的动物咬住时，它会丢掉被咬住的皮，自己逃跑。兔皮跟羊皮纸一样薄，被扯掉皮的地方没有一点儿血，并且很快地，新的皮毛就在伤口处长出来了。还有山鼠，它毛茸茸的尾巴一旦被猛兽咬住，皮很容易脱落，山鼠则秃着尾巴逃跑。据说黄鼠、金花鼠都具有再生的本领，遇到危险时，它们也会露上一手绝技。

动物的这种“丢卒保车”般的再生本领实在令人羡慕。那么能否使人的断肢重新长出来呢？研究动物的再生能力，无疑对人类有很大的启发。

在美国，贝克尔在研究中发现了一种生物电势：蝾螈的肢体被截断了，在未复原时，有一种生物电势产生了，残肢末端的细胞通过电流获得信息，开始分裂，形成新的组织，最后新的肢体长出来了。研究表明，青蛙之所以不能再生失去的肢体，就是因为没有这种电流产生。老鼠前腿的下部被切断，并让电流从此断裂处通过实验的结果让人震惊，老鼠失去的肢体开始复原了。

我们是否揭开了动物再生的秘密呢？答案是否定的，因为现在还没有充足的实验证据，而且并非所有的有再生能力的动物都遵从这一理论。但是，可以肯定地说，不久的将来，我们一定能揭开动物再生之谜，那时人类肢体的再生将再也不是梦想。

鲸鱼 jing yu 集体自杀现象

1976 年的一天，突然有 250 条鲸鱼出现在佛罗里达州的海滩上。当潮水退下时，这些被搁浅在海滩上的鲸鱼无法动弹，很快就会死掉。美国海岸警卫队员们和数百名自愿救鲸者进入冰冷的海中，企图阻止那些鲸鱼自杀；有的人用消防水管在鲸鱼身上喷水，想以此延续它们的生命；有的人甚至开来起重机，试图把鲸鱼拖回大海，由于鲸鱼重量过大，反而把起重机拖翻了。

鲸鱼冲上海滩集体自杀的现象在许多地方都发生过，没有人驱赶，没有人捕捞，鲸鱼为什么要自杀呢？这真是令人费解。

对于鲸鱼集体自杀的原因，大多数人认为是由于某种原因干扰了鲸鱼对方向的判断，从而使其“误入歧途”。

1984 年，95 头鲸鱼集体冲上美国马萨诸塞州海滩，随后全部丧生。

鲸鱼并不是靠它的眼睛辨别方向的，这一点同海豚相似。鲸鱼的眼睛与它的身材是极不相称的，一头巨鲸的眼睛只有一个小西瓜那样大，而且一般只能看到 17 米以内的物体。一头巨大的鲸能看到的距离还没有自己的身体那么远。但鲸鱼具有一种天生的高灵敏度的回声测距本领。它们发射出的超声波频率范围极广，这种超声波遇到障碍后会立即反射回来，形成回声。鲸鱼就根据这种超声波的往返时间来准确地判断自己与障碍物的距离，定位非常准确，误差很小。

由于鲸鱼具有这个特点，如果非自然原因影响了鲸鱼的回声定位系统，就有可能使鲸鱼找不到方向。学者们对制造鲸鱼自杀惨案的“凶手”进行了追捕，并且找到了几个“嫌疑犯”。

1975 年 7 月，在美国佛罗里达州发生了一群鲁莽的逆戟鲸在洛捷赫特基海滩集体搁浅的事件，动物学家发现鲸鱼的内耳中有许多圆形的昆虫。研究人员因此认为，耳内寄生虫破坏了鲸鱼的回声定位系统，可能是导致鲸鱼不能正确收听回声而犯致命错误的原因。

此外，那些污染海水的化学物质也有可能会扰乱鲸鱼的回声定位系统，所以环境污染也可能是致使鲸鱼搁浅的原因之一。另一些科学家通过解剖数头冲进海滩搁浅的自杀鲸鱼后发现，绝大多数死鲸的气腔两面红肿病变，因此科学家们认为，可能是由于鲸鱼定位系统发生病变使它丧失了定向、定位的能力，导致其搁浅海滩。鲸鱼的恋群性特征表明，只要有一只鲸鱼冲进海滩而搁浅，那么其余的就会奋不顾身地跟上去，造成接二连三的搁浅，最终形成集体自杀的惨剧。

伦敦大学生物系的西蒙德斯教授和美国拉斯帕尔马斯大学兽医系的胡德拉教授却认为，军舰发动机的噪声以及水下爆炸等才是鲸鱼集体自杀的真正原因。因为他们在将一系列鲸鱼集体自杀事件进行分析之后，发现了其中的巧合。

这种观点认为，在海洋深处定向、定标的发达的定位系统是每头健康的鲸鱼都拥有的，而那些军舰声呐和回声探测仪所发出的声波及水下爆炸的噪声，把鲸鱼的回声定位系统破坏了，从而导致鲸鱼集体冲上海滩自杀。

美国海军两年前曾进行过一系列实验，实验中产生了巨大的海底噪声，结果 24 小时之内，有 16 头鲸在巴哈马群岛群体触礁。哈佛医学院和伍兹霍尔海洋研究所对在该事件中死亡的两只鲸部分取样后进行了研究分析。鲸类听觉及解剖学专家通过研究发现，鲸的一些对强烈压力都很敏感的部位出现了损伤，如内耳出血，并伴有大脑、听觉系统和喉部的损伤。在其中一具鲸尸中，甚至连接耳鼓鼓膜的韧带都断裂了，这显然是由于受到了强烈的肢体冲撞而造成的。触礁事件之前的10年里，该地区的鲸类科学研究报告中都没有发现有类似状况的鲸。

为此，国际爱护动物基金会的海洋生物学家表示："我们希望通过不杀害或威胁海洋哺乳动物的其他方式进行研究，尽管我们很清楚海军所致力的研究对国家安全至关重要。"许多环保组织则对低频活动声呐表示关注。

对鲸鱼自杀之谜，科学家们做了种种推测后，普遍认为是人类社会的某种原因导致的悲剧。但联想到其他动物群体中一些难解的现象，鲸鱼的集体自杀也许是其社会中的一次集体行动。

抹香鲸 mo xiang jing 为何有如此惊人的潜水能力

拥有"海上巨无霸"之称的抹香鲸是海洋中的潜水冠军，海里的其他动物都难以与之相媲美。抹香鲸屏气潜入水下的时间可以长达一个多小时之久，而且其潜水深度可达2200米。它的潜水时间之长，入水之深都令人惊叹不已。科学家们对抹香鲸充满了好奇，为什么它会有如此惊人的潜水能力呢?

据海洋生物学家考察，抹香鲸是一种生活在海洋中的肉食性哺乳动物，它的主要食物是生活在深海中的头足类动物，例如乌贼等。大王乌贼个头很大，已发现的长达17米的乌贼伸展开来的触角足有6层楼高。与这些庞然大物搏斗对抹香鲸来说绝非易事。抹香鲸经常潜入深海来捕食这些动物，因此，时间一长，它练就了一身深潜的好本领。鲸的呼吸系统也随之发生了相应的变化，其右鼻孔通道的容量差不多与肺相等，演变成了一个空气贮藏室。因此，抹香鲸的肺容量可以说增加了一倍。

这头在海面游荡的抹香鲸已经准备好又一次的深潜了。它可以潜水达1个小时以上，而每次到海面呼吸只要5分钟即可。

人类在潜水时不能

世界上最大的潜水高手是重达50吨的抹香鲸，可以下潜到2000米以下，有能力袭击最大的无脊椎动物——巨型鱿鱼。

像抹香鲸那样下潜到如此深处，在海中更不能逗留过久。潜水员上浮时也不能太快，否则就会使压力骤降，导致组织破坏或神经受压，引起血管闭塞或麻痹，甚至死亡。然而，令人感到不解的是，抹香鲸却能自由地下潜和上浮，它下潜、上浮的速度甚至达到每分钟120米，也毫无不适之感。那么，为什么抹香鲸能自由地下潜和上浮而人却不能呢？

原来，鲸类在潜水时，胸部会随着外部压力而进行调节。压力大时，肺部会随着胸部收缩而收缩，因而肺泡就不再进行气体交换，防止氮气自然溶解到血液中去。这就是一位名叫斯科兰德的科学家于1940年创立的“肺泡停止交换学说”。

我们期待着人类有一天也能像抹香鲸一样自由地上浮和下潜，希望科学家利用鲸鱼的“肺泡停止交换”原理，早日研究出适用于人体的肺泡停止交换器。

魔鬼鲨 *mo gui sha* 为什么能自我爆炸

魔鬼鲨也是一种极为特殊的鲨鱼。在人类现代战争中，一些像航天器或飞机之类的秘密武器都携带有自爆装置，只要落入敌人之手或出现重大故障，就会自行爆炸销毁。而魔鬼鲨天生就具有这种特性。直到今天，世界上还没有一个人看到过一条活的魔鬼鲨，也没有一个国家捉到过一条完整的魔鬼鲨。这是为什么呢？原来魔鬼鲨一旦落入渔网而又脱不了身时，它就会自行爆炸成大小不一的碎块，宁愿粉身碎骨也不愿被活捉。所以，一般情况下人们见到的只不过是魔鬼鲨的碎块而已。

科学家从魔鬼鲨自爆后留下的碎块中发现，几乎所有的断口都参差不齐，与瓷器或砖石破碎后的断口极为相似。这是因为魔鬼鲨的皮肉很厚，缺少弹性和韧性，特别是鱼皮，就跟陶器制品一样坚硬。平时，我们可以把不小心打碎的一件瓷器按断口完整地拼凑起来。爆炸后的魔鬼鲨也是如此，其碎片也可以拼接，甚至丝毫不差。

魔鬼鲨体内究竟有什么特殊的构造，致使它能在危难关头自爆身亡呢？这至今还是一个谜，希望这个谜团能早日被人类解开。

旅鼠 lü shu 投海自杀之谜

旅鼠在北欧斯堪的纳维亚半岛的挪威和瑞典一带生活。它们属于小型哺乳动物，最大的身长也不过 15 厘米。它们平时居住在高山深处，主要以树根、草茎、苔藓为食。在食物极度缺乏的灾年里，它们就会几十万甚至几百万的大规模地迁移。可人们迷惑的是，是什么原因使它们偏偏要拼命地奔向大海、走向死亡呢？

据史料记载，早在 1868 年，这种奇怪现象就已经出现过。那是一个阳光灿烂、晴空万里的春日，一艘满载旅客的轮船正航行在碧波荡漾的海面上。突然，船上的人们发现一大片东西在远离挪威海岸线的大海中蠕动，后来知道这是一大批在海中游泳的旅鼠。它们从海岩边一群接一群地向大海深处游去，那些游在前面的旅鼠精疲力竭时，便溺死在大海里。但令人不解的是，跟随其后的旅鼠却仍奋不顾身、继续前进，直到溺死为止。数以万计的旅鼠就这样溺死了，海面上漂浮着大片大片黑色的尸体。

1985 年春季，一群旅鼠成群结队，浩浩荡荡地向挪威山区挺进，所到之处庄稼被吃得一塌糊涂，草木也被洗劫一空，它们甚至还把牲畜也咬伤了。一时间，成群的旅鼠使当地蒙受了极大的损失，人们日夜为此烦忧。但是，不知为什么，旅鼠大军在 4 月份的时候却突然每天前进 50 千米，直奔挪威西北海岸。一旦在行程中受到河流阻挡，那些走在前面的旅鼠便毫不犹豫地跳入水中，用身体为后来者架起一座“鼠桥”；一旦遇上了悬崖峭壁，自动抱成一团的旅鼠们就会形成一个个大肉球，勇敢地滚下去。一路下来，尽管伤亡惨重，但活着的仍会继续前行。就这样，它们遇水涉水，逢山过山，前仆后继，勇往直前，几乎沿着一条笔直的路线向大海挺进。来到海边后，

北欧寒冷地区是旅鼠的生活栖息地。

旅鼠的耳朵很小，掩在浓毛中，毛色会因时变化。它们在迁移途中的自杀行为至今令科学家们迷惑不解。

它们纷纷跳下大海，毫无惧色，奋力往前游去，直到所有的旅鼠都在水中溺死。

旅鼠集体自杀的原因到底是什么呢？至今还没有一个解释能够让人信服。

有一种解释是“生存压力说”。根据这种说法，由于旅鼠的繁殖力过强，导致数量太多，无法得到充裕的食物和生存空间，所以它们必须另找生路。但是它们为什么非得自杀呢？而且为何只有在北欧生活的旅鼠，才会有这样的举动？一些生物学家因此又进一步解释说，几万年前的挪威海和北海比现在要窄一些，因此旅鼠很容易便能游过大海，从此旅鼠迁徙的习性就作为一种本能遗传下来。可是如今的挪威海和北海比过去宽得多，而旅鼠仍在起作用的遗传本能下照样迁徙，淹死在海中便也不足为怪了。可这也不是一种令人信服的解释，原因在于旅鼠一般以北寒带所有的植物为食，按理说，即使它的数目达到每公顷 250 只的密度，也不会有“吃饭”问题。再说在迁移过程中，旅鼠通常也会遇到食物丰富、地域宽广的地带，但是这并不能使它们停住不前。所以，认为旅鼠集体自杀是因为缺少足够的食物和生存空间才向外迁徙的说法不是很可信。

苏联科学家对此又提出新的想法。他们认为，在 1 万年以前，地球正处在寒冷的冰期，北冰洋的洋面在这个时期形成一层厚厚的冰，由于风和飞鸟的原因，大量的沙土和植物的种子被带到冰面。所以，一到夏季，这里水草丰盛，旅鼠在此生存不成问题。但是后来气候变化，原有冰块不复存在，旅鼠之所以要向北方迁徙并且最后跳入巴伦支海，正是为了寻找当年居住的“乐土”。虽然这一解释听起来很有道理，但是也由于没有充足的证据而显得有些牵强。

还有观点认为，急剧增加的旅鼠的种群数量，使它们的神经变得高度紧张，社群生存压力也大为增加，旅鼠的肾上腺增大，因此变得急躁不安。与此同时，它们的运动欲望又非常强烈，所以便进行分散和迁徙来运动。擅长游泳的旅鼠们妄图横渡江河湖泊甚至大海，可是最后还是因为体力不支而被淹死。

当然，这种说法也颇为牵强。一些科学家指出，旅鼠通常情况下不可能很快看见群体密度高的后果，这种影响要到下一代才会显现出来。早期时，一片葱郁的冰块完全适合旅鼠的生存，后来气候发生了变化，冰块消失了。为了寻找昔日的居住地，它们集体向北迁徙，并且义无反顾地跳入巴伦支海。这个解释不乏一定的合理性，但也因证据不足而不能使人信服。

除此之外，还有些科学家以旅鼠的生命周期为研究对象，他们的发现表明，在数量急剧增加的时候旅鼠体内的化学过程和内分泌系统会发生变化。有人认为，这些变化可能正是生物体内的“开关”，它们以此来控制其种群数量。当其数量多到一定程度时，该种群大量的“集体自杀”现象就会出现。但旅鼠到底是“集体自杀”，还是因为在迁移过程中“误入歧途”坠海而死，这一直是尚未搞清的难题，科学家至今仍然有许多不同的看法。

总而言之，科学家认为，应该把旅鼠自身生理上、行为上和遗传上的因素，加上外部环境条件的影响作为研究其自杀之谜的基本着眼点。但是旅鼠真的是集体自杀，还是在迁徙过程中不小心坠海而死，至今仍是生物学界中解释不清的谜题。看来，人类要想破解这个谜，还需假以时日。

大象 da xiang 怎样埋葬自己的同伴

1978 年 12 月，在调查非洲象的分布时，一位动物学家声称他无意中遇到一场大象的葬礼。据他说，在距离密林不到 70 米的一片草原上，一头雌象被几十头大象围着。那是一头患了重病连站都站不住的老年雌象。过了一会儿，老象蹲了下来，低着头，不停地喘着粗气，偶尔扇动一下耳朵，发出一种低沉的声音。附近的草叶被围在四周的象用鼻子卷成一束，投在雌象的嘴边。可这只雌象已经任何东西都吃不下了，只是艰难地支撑着身体。最后，终于支持不住的雌象倒在地上死了。这时，一阵哀号从周围的象群发出，为首的雄象用自己的象牙掘松泥土，并用鼻子把土块卷起投到死象身上。其他的大象纷纷仿照这只雄象，把石块、泥木、枯草、树枝用鼻子卷成团，投到死象身上。

不大一会儿，死象就被完全掩埋了，一个土墩在地面上堆起。为首的雄象用鼻子在土墩上加土，同时用脚踩踏土墩。其他的象也跟着它去做，将那土墩踩成了一座坚固的坟墓。最后，只听雄象发出一声洪亮的叫声，听到命令的象群马上停止踩踏，开始绕着土墩慢慢地走。就这样一直走到太阳下山，象群才耷拉着头，甩着鼻子，扇着耳朵，恋恋不舍地离开土墩，往密林深处走去。

人们对这场罕见的大象葬礼议论纷纷。有的动物学家从生物进化的角度对大象这种神秘的殡葬行为进行解释。就像前述动物学家观察的那样，群居的大象可能会对死去的同伴表现出某种怜惜，它们可能掩埋伙伴，或者为其收尸。

有时候，大象也许会用长长的鼻子，把象骨和象牙卷起来放到某一个集中的处所去，即它们的公墓区。但有的时候，可能因为象牙是大象生命的某种象征物，所以大象会将死去同伴的象牙拿走。但是，一些科学家仍然认为，目前还缺少足够确凿的资料证实大象有真正的殡葬行为。所以，人类还是持谨慎态度来看待“大象葬礼”为好。

大象用脚踩踏土墩，以使其足够结实，以此号召众象也如此做，为死去的大象举行葬礼，表达哀悼之情。

布加莱夫斯基兄弟是苏联探险家，他们曾经追寻“大象墓园”这个传说，去非洲的肯尼亚寻找象牙。

据说有一天，在一座高高的山顶上，他们看见有许多白花花的动物尸骨堆在对面的山上，一头大象正摇摇摆摆地走到骨堆旁边，哀叫了一声后便倒地而亡了。兄弟俩惊喜万分，确定那里就是大象的墓地，于是立刻向那里奔了过去。但他们却在途中遭到野兽的袭击，又遇到深不可测的沼泽，只好无功而返。

既然已经看到了那块神奇的地方，布加莱夫斯基兄弟为什么又会功亏一篑？由于无法确证是否真的有人去过那里，所以人们对有关大象墓园的传说一直持怀疑态度。更多的学者则认为，自从被列入贵重商品的行列后，象牙在非洲的地位就日益重要，而且流传的那些有关动物生活习性的神秘说法，也日益变味走样。特别是当猎杀大象的行为被法律禁止后，一些偷猎者为了达到自己不可告人的目的，故意渲染所谓“大象墓园”的传说，以探险、科学考察为幌子，肆意捕杀大象、攫取象牙，事后却声称象牙是自己在“大象墓地”中找到的。

所以，人类应该更好地了解大象、保护大象。

蝙蝠 bian fu 夜间“导航”的诀窍

蝙蝠为什么在黑暗中飞行却不会撞墙？

蝙蝠会在深夜出现在牛棚里，牛棚里伸手不见五指，但蝙蝠却可以避开所有的柱子、房梁和酣睡的牲畜。事实上，蝙蝠并没有特别的夜间视觉，在黑夜里，如果只凭双眼辨别环境的话，蝙蝠会和人一样到处乱撞。

蝙蝠有一种在黑暗中认路的方法，它们靠听辨别周围的环境。

蝙蝠通常会在日落之后外出觅食。白天，它们大都待在自己的巢穴里，要么倒挂在岩洞里，要么树上，甚至是阁楼的屋顶。

很多蝙蝠有着超大的耳朵，能捕捉回声形成“声波图像”，导向追踪目标（例如蛾）。很多蝙蝠在聚居地一起栖息，用脚爪钩住岩壁或树枝等倒悬。

蝙蝠会花很长时间来为夜晚的宴会做准备，它们“梳妆打扮”，用爪子梳理毛发，用舌头把翅膀舔干净。它们会在梳妆的间隙打个盹，休息一下。

夜幕降临时，蝙蝠就开始拍着翅膀出门寻找食物了。有的蝙蝠专吃水果。热带的吸血蝙蝠靠吸食鸟类、牲畜和其他动物的血液为生。但是大多数蝙蝠以各种小虫子为食。

蝙蝠喜欢在夜间捕食是因为黑暗能让它们避开天敌，并且能使它们宽大无毛的翅膀避免

大部分果蝠都栖息在树上，但是这些非洲果蝠却喜欢生活在岩石缝和洞穴中。每天晚上，它们集体出行，飞出 25 千米之远，寻找食物。

被阳光灼伤。

蝙蝠利用声音在黑暗中为自己导航，这与潜艇上发出声波用来测量水深的声呐相似。蝙蝠用嘴或鼻子发送声音脉冲，这些脉冲遇到物体反射回来，传进蝙蝠的耳朵里，蝙蝠就知道障碍物的轮廓了。这个过程叫作回声定位法，蝙蝠就是用这种方法来确定位置并捕获猎物的。蝙蝠的大耳朵形状古怪，但它却是接收回声、辨别方向的得力工具。

即使是在凌晨三点钟误闯进你家的客厅，蝙蝠也不会在黑暗中到处乱撞。声波遇到沙发、椅子和电视都会发生反射。而对于开着的窗户，声波就会传播到户外去，没有反射。这样，蝙蝠就知道如何离开了。

蝙蝠发出的声波遇到小物体也会发生反射。一旦有晚餐（比如一只苍蝇）在屋子里转悠，蝙蝠一定会发现它。

在寻找食物时，通常蝙蝠会用声波扫描整个屋子，发射稳定频率的声波脉冲，比如每秒 10 次。如果声波遇到苍蝇发生反射，回波中每秒内的脉冲数就会增加，达到每秒 20 多次。这些信息告诉蝙蝠，苍蝇在什么位置、正在向着什么方向飞。然后蝙蝠会瞄准猎物，向其进攻。

蝙蝠越接近猎物，它发出声波脉冲的频率就越高，每秒钟多达 200 次。如果没能一次捕获猎物的话，会在附近盘旋，准备下一次捕猎。

飞行中的蝙蝠不停地摆动头部，向各个方向发出高频声波即超声波，当这种声波遇到其他物体时，就会发生反射，产生回声。若蝙蝠的两耳接收到的回声强度相同，那么蝙蝠就能据此判定前方有猎物存在，随后径直飞向猎物所在的位置，即回声源。

蝙蝠是捕猎能手，整个捕猎过程可以在半秒钟之内完成。蝙蝠可以在半个小时之内吃掉相当于自己体重 1/4 重量的食物。其中有些像蚂蚁这样的昆虫几乎没什么重量。所以，有些蝙蝠可以在一个小时内捕获 1200 多只昆虫，也就是说平均每 3 秒钟一只。

蝙蝠探测物体的能力极强，使用回声定位的方法，蝙蝠可以辨认出头发丝粗细的电线，然后敏捷地绕开。

蝙蝠是人类的好朋友，它们充当了人们家居生活中的清道夫，对创造美好的生活环境功不可没。

猫从高处坠落不死的奥秘

bu si de ao mi

一位纽约城的兽医在他的笔记中曾经记载过一只名叫塞布丽娜的猫，这只猫从 32 层楼上跌落到地面，却没有摔死，只是摔断了牙齿并受了些轻伤，然后喵喵叫着走开了。

塞布丽娜的故事听起来让人惊奇，却并不稀罕。如果人从这么高的地方跌落下来，后果一定很严重，不但颅骨和背骨会破裂，身体内脏也会出血。人从几层楼的高度跳下，生还的几率就不大了。

从人和其他的动物都会毙命的高度坠下，猫却有可能生还。也许它们被送去兽医院时浑身是血，牙齿摔掉了好几颗，甚至肋骨骨折，但它们仍然可以活下来。看起来，猫是在经历了生死考验之后戏剧般地活了过来。这种事情发生多了，人们便怀疑，猫是不是真的有九条命。

当然，猫只有一条命，但是它们的确很耐摔，为什么呢？其一，它们比我们人类体重轻很多，所以它们掉在地上受到的冲击也小很多。但这并不是它们的唯一优势。猫与同等大小的动物相比，比如狗和兔子，也更不容易被摔死。

如果猫是四脚朝天从高处落下的，那么它会在最短的时间内扭转身体，以确保落地时四肢着地。它们内耳里的一个器官具有强大的平衡功能，它能够迅速地判断出身体的位置，并帮助身体及时调整姿态，就像随身携带了陀螺仪。着地时，冲击力会由四条腿吸收。而且猫的四条腿在着陆时会弯曲，这样冲击力就不会直直地沿着骨骼传播，还会分散到肌肉和关节之间，这就更加降低了骨折的几率。

关于猫摔不死的现象还有更加离奇的事实：从高处跌落的猫比从低处跌落的猫更容易生还。在纽约，有些兽医发现，从 2 ~ 6 层跌落的猫的死亡率是 10%，而从 7 ~ 32 层跌落的猫的死亡率却是 5%。

这又是为什么呢？物体在下落的过程中会加速，所有下落物体（不考虑质量）降落速度每秒钟增加 35 千米 / 小时，

猫的落地

猫从很高的地方摔下时，能在空中转身，使身体保持平稳，然后伸出两前足先着地，以减少落地的冲击力，这样可保证头和软组织不受伤害，最终安全地着地。

也就是说，在几秒钟之内，猫的坠落速度就会从 0 增加至 160 千米 / 小时。

在真空中，两个从高处坠落的物体将同时落地——无论这两个物体质量差别多大。但是在有空气的环境中，由于物体在下落的过程中受到空气阻力，它的降落速度会达到一个终止速度，这个终止速度的大小取决于降落物体的质量和面积，也就是说要看这个物体的质量是不是分散在一块很大的面积上。

在实际情况下，一个平均身材的人从 6 层楼的高处坠落到地面时的速度大约是 190 千米 / 小时，而一只普通大小的猫从相同的高度落下，着陆时的速度仅为 96 千米 / 小时。

除此之外，猫还有一个令人意想不到的优势：下降的过程中，一旦达到终止速度，猫就会稍微放松。如果是短程的降落，可能在到达地面之前还不会达到终止速度。如果是从很高的地方坠落，猫就有足够的时间伸展四肢，直到达到终止速度。此时，猫的身体伸展开来，就像是降落伞。

我们都知道降落伞的功用。上升气体作用在猫身体上的面积更大，阻力也就更大，于是速度也就降低了，这正是塞布丽娜从 32 层楼上坠落却大难不死的原因。

企鹅 qi e 为何有翅不能飞翔

企鹅是一种人们非常喜爱的动物，它生活在南极洲，是那里鸟类中最大的宗族。企鹅虽然长着鸟的头和喙，还有两个翅膀，却不能飞翔。相反，它一到海里却活蹦乱跳地像条鱼，能以每小时 18 千米的速度在水中遨游。为什么企鹅有翅却不能飞翔呢？

古生物学研究表明，企鹅出现在 5000 万年前的第三纪，但是迄今为止仍未发现 4500 万年前的企鹅化石，因此进一步的论证陷入了停滞状态。谈及企鹅的起源，大家都很关心究竟是企鹅的祖先本身就不会飞呢，还是企鹅原本会飞，后来在进化中改变了生存方式呢？

科学家们指出，企鹅有一个突出的特征，说明它的祖先可能会飞，这就是因为它的身上存在着尾踪骨。鸟类的祖先是蜥蜴型的，它们继承了一个鞭状的由脊椎骨组成的长尾巴。在进化过程中，受流体动力和运动的影响，鸟的尾骨逐渐缩短，最终缩成一块小的骨节，用来支持呈扇形排列的尾羽，即尾踪骨。从最早的始祖鸟到所有现代鸟类都有尾踪骨，企鹅的尾踪骨无疑是其祖先会飞翔的证据。

同时，企鹅的许多特征都表明它的祖先会飞翔。企鹅的鳍翅尽管变成了桨状，但仍属飞翼，这种腕和掌骨形成的联合结构适合于飞羽翮羽的附着，这正是飞翔所必需的结构。虽然企鹅早就没有翮羽了，但支撑翮羽的结构依然存在。

不仅如此，企鹅胸骨的许多特征也和飞翔鸟相似，比如有明显的龙骨在企鹅的胸骨处突起，这正是飞翔肌肉所附着的地方，而且，飞翔鸟的小脑很发达，这是由于在飞行中，它们需要迅速调节肌肉的活动及协调身体的动作，而企鹅的小脑也相当复杂而且发达，这也应该是祖先会飞的一个遗迹吧。此外，企鹅同翅膀发达的飞翔鸟一样，都是把喙插在翅下睡觉的，不会飞的鸟一般不会有这种姿势，这说明必然有某种关系存在于企鹅和飞翔鸟之间。

企鹅

也有人不同意这种观点。科学家孟兹比尔认为鸟类的起源不是单一的，与其他鸟类不一样，它们是单独从爬行类动物演变来的，它们的祖先并不会飞翔。企鹅的鳍翅是一个爬行类的前肢在水下的直接应用，而不是所谓的翅膀的变异，它并不像飞翔的鸟一样经历过飞翔的阶段。

近年来，在研究南半球的企鹅和北半球的已经灭绝的海鸦的构造之后，鸟类学家们认为企鹅和美洲沿岸发现的海鸦化石之间可能有密切关系。海鸦化石有 3000 万年的历史，故有的学者认为企鹅起源于北大西洋海鸦，而这些海鸦都不会飞行。

海鸦与企鹅在骨骼体形方面有许多相似之处，在适应水面游泳和潜水方面表现得尤为突出。孟兹比尔的理论似乎得到了论证，但仍存在一个问题——很难判断它们之间的亲缘关系。因为它们一个位于北半球，一个位于南半球，而且它们的化石几乎是在同一个时代出现的。

撇开以上理论不说，假设现今的企鹅真的是由会飞的海鸟进化而来的，那么，企鹅究竟从什么时候开始不会飞的呢？据说，在距今 2 亿年前，地球上有一个冈瓦纳古陆是由若干大陆组成的，冈瓦纳古陆后来分裂和解体，从中分出南极大陆，并开始向南漂移。

此时，有一群鸟发现漂移的南极大陆是一块生活乐园，于是它们就降落到这块土地上。起初它们生活得很美满，可是随着这块大陆不断南移，气候越来越冷，生活在大陆上的鸟儿们的身体构造也发生了变化，以适应气候的变化。最终，南极大陆盖上了厚厚的冰雪，除了企鹅的祖先，原来种类繁多的生物大批死亡。在冰雪茫茫的陆地上，它们找不到可吃的东西，只好到茫茫的海洋里去寻找食物。它的翅膀退化后，就不会飞翔了，也渐渐开始直立行走，经过漫长的岁月，终于演变成现今企鹅的模样。

这种说法也有些科学根据，尽管听起来像故事。在南极洲，古生物学家曾发现类似企鹅的化石，它高约 1 米，体重约 9 千克，或许这个具有两栖动物特征的企鹅化石就是企鹅的祖先。对企鹅起源及其演变的科学解释由于缺乏足够的证据，目前动物学家仍无法揭开这个谜。

企鹅在捕鱼，它的翅膀像桨一样可以在水中划动。

蝌蚪 ke dou

尾巴自动脱落的奥秘

不管是这个世界上最大的还是最小的生物，其度过的每一天都是一场生存的竞争。对于这些小蝌蚪而言，生命是以非常艰难的方式开场的，因为这个池塘已经开始干涸了。

相信大家都不会忘记《小蝌蚪找妈妈》这个童话故事。在这个童话的结尾，那群身体扁圆、屁股后面拖着一条长尾巴的小蝌蚪渐渐长大，后肢与前肢都慢慢长了出来，尾巴也悄悄地自动脱落，终于变成了青蛙的样子。对于青蛙来说，由蝌蚪到活蹦乱跳的“田园卫士”似乎只是个简单的生命现象，但细心的科学家们却一直在思考：蝌蚪尾巴为什么会自动脱落呢？思考的结果为“细胞凋亡学说”的诞生奠定了一个有力的理论基础。

科学家们经过研究发现，在生长过程中，细胞自身可能已经被编制好了一道程序。在这个程序的控制下，哪些细胞该自动死亡，都已经被精密地计算过了。由此看来，蝌蚪的尾巴细胞便在规定的时间自动死亡。大自然中还有一些类似的例子，例如在冬天到来之前，大树之所以会自动落叶是因为在发育的某个阶段，枝芽中间的某些细胞自动死亡了。人类胚胎时期的小拳头会逐渐分为五指，也是因为这个原因，否则不就变成鸭蹼了吗？

科学家们称这种细胞按照程序死亡的现象为“细胞凋亡”，或者“程序死亡”，认为这可能是受一种自杀基因的控制。“细胞凋亡学说”对研究肿瘤的生长和消亡具有非常重要的理论意义和实际价值。肿瘤细胞本是应该自动死亡的，可是在这些细胞内的程序出现了问题的情况下，“自杀基因”不能行使自己的功能，以至于它们竟不听指挥，反而持续不断地扩充壮大，无序生长，越繁殖越多，从而无限制地繁殖下去。

科学家们设想，假如可以设计出某些有效药物，提醒那些应该自杀的细胞死亡的时候已经到了，或者诱导肿瘤细胞自我凋亡，使自杀基因清醒，到了那一天，人们也就不会闻癌色变了。

癌症的死亡率在现代社会中一直居高不下，虽然科技不断进步，医药事业发展迅猛，但目前人们对这个“黑色杀手”——癌症却依然无可奈何。如果上文中所提到的科学家们的设想可以成真，人类就可以彻底战胜可怕的癌症，那么，我们在神秘莫测的自然界面前便又会增加一份自信和勇气。

龟类 chang shou zhi mi 长寿之谜

为什么人们将龟比作老寿星，龟为什么长寿百岁？虽然人们说法不一，却不能否定龟是一种长寿的动物。

沙漠龟的前肢特别发达，还有宽大的脚和结实有力的爪子，可以在沙土里挖掘地洞，以使自己钻进洞中躲避炎热。

1971 年，人们在长江里抓获了一只大头龟，龟甲上刻有“道光二十年”（即公元1840年）字样，这分明是记事用的。1840 年，正是中国的鸦片战争发生的那一年。换一种说法，从刻字的那年算起，到抓获的时候为止，这只龟至少有 132 年的寿命。在上海自然博物馆里，它的标本至今仍在。另外，据说有一只龟经过 7 代人的饲养，足足有 300 年，一直到抗日战争时候才中断了对它的喂养。

1737 年，在印度的查戈斯群岛有人捕到一只龟，那个时候科学家鉴定它有 100 岁左右。后来，它被送到了英国，在一个动物爱好者的家里生活了很长的一段时间后，被送到伦敦动物园。到 20 世纪 20 年代，它有了 300 年左右的寿命。

1983 年，一只海龟在中国人民革命军事博物馆展览，重 120 千克，在展览的过程中，它还生了 30 个蛋。根据有关人的鉴定，这只海龟已经活了 3 个世纪。

龟虽然堪称动物世界中的“长寿冠军”，可是，不同种类的龟，它们的寿命也是长短不一的。有的龟能活 100 岁以上，有的龟仅能活 15 年左右。就算是长寿的龟种，事实上也不是每一只都能长命百岁。因为疾病和敌害从它们诞生的那一刻起就时刻威胁着它们，人类的过量捕杀和海洋环境的污染，也直接威胁到它们的生命。

雌海龟在夜间爬到岸边沙滩上，挖一个大坑，在坑内产卵，然后回到海中。雄海龟则除了到干燥的沙地孵卵外从不离开海洋。

人们都认为龟是长寿动物，可是对于龟的长寿原因能不能下定论呢？

有的科学家认为，龟的寿命跟龟的个子大小有关联。个头小的龟寿命短，个头大的龟寿命就长。有记录表明，龟类家族的大个子像海龟和象龟都是长寿龟。但在中国上海自然博物馆的动物学家并不认同这样的观点，因为前边提到的那只大头龟至少已经活了 132 年了，可是它的个头就不大，这又如何解释呢？

有些养龟专家和动物学家认为，食素的龟要比杂食或食肉的龟活得久。生活在印度洋和太平洋热带岛屿上的象龟，是世界上最大的陆生龟，它们以吃青草、仙人掌和野果为生，所以寿命十分长，能活到 300 岁，大家都认为它是长寿龟。但另一些龟类研究人员却并不这样认为。比如以鱼、蛇、蠕虫为食的大头龟和一些杂食性的龟，寿命超过 100 岁的也不少见。

目前，一些科学家还从细胞学、生理学、解剖学等方面去研究龟的长寿秘密。有的生物学家将一组寿命较长的龟和另一组寿命较短的普通龟进行了对比实验。研究结果表明，那组寿命较短的龟细胞繁殖代数一般较少。这也就得出结论，龟细胞的繁殖代数多少，跟龟的寿命长短关系非常密切。有的医学家和动物解剖学家还对龟的心脏进行了检查，他们把龟的心脏取出来之后，整整两天龟的心脏还在跳动。这表明，龟的心脏机能很强，跟龟的寿命长也有直接的联系。还有科学家认为，龟的长寿跟它的新陈代谢较低、行动迟缓和具有耐旱耐饥的生理机能有着直接的联系。

总而言之，科学家从各种不同的方面对龟的长寿原因进行探索和研究，得出的结论却各不相同，为什么会不同呢，还需要科学家们进行深层次的论证。

匪夷所思的蚂蚁行为

ma yi xing wei

科学家们发现，生活在南美洲的蓄奴蚁竟然是靠掠夺、蓄养奴隶为生的，它们就像我们人类社会的奴隶主那样实行王国统治。蓄奴蚁是一种非常强悍的蚂蚁，它们没有兵蚁、工蚁之分，几乎所有的工蚁都变成了兵蚁。这些蓄奴蚁大都懒惰成性，从不进行造巢、抚幼、觅食、清洁工作。看到这里，读者不禁要问：它们是如何生存的呢?

原来，蓄奴蚁都勇猛好战。它们通过发动战争，闯入其他蚂蚁的巢穴，将其他蚂蚁的幼虫和蛹掠夺过来抚养长大，使它们最终成为蓄奴蚁蓄养的“奴隶”。蓄奴蚁懒得去做的如造巢、抚育幼虫、觅食、打扫卫生等种种繁重的工作，都由“奴隶”们去做。由于“奴隶”蚁寿命很短，为了补充“劳动力”，蓄奴蚁就会不断发生战争。

一种叫红蚁的蓄奴蚁长期过着“剥削”的生活，它们衣来伸手、饭来张口，懒惰成性，完全丧失了独立生活的能力。这种蓄奴蚁宁愿饿死也不肯自己张口取食，就算食物就在眼前也要“奴隶”蚁侍候喂食。

蚂蚁虽小，可它们的力量却不可忽略。有人曾在非洲看见一只大老鼠不小心闯进了蚂蚁的阵营，几秒钟之内，这只大老鼠的身上就爬满了黑色的蚂蚁。一会儿工夫，只见地上血淋淋的鼠肉连续不断地被运回蚂蚁巢穴。5 小时之后，那只活蹦乱跳的大老鼠就只剩下一副骨蚂蚁的腹部能分泌出一种物质，称为追踪素，通常蚂蚁出洞的时候，一般都是很有秩序地排成一纵队前进，前边蚂蚁分泌出这种带有象征气味的追踪素，边走边散发在路上，留下痕迹，后边走的蚂蚁闻到这种气味，就能紧紧地跟上，即使有个别的蚂蚁暂时掉队，也能沿原路前进不会迷路。

头架子了。

在南美洲的热带丛林里，生活着很多种蚂蚁，其中最厉害、最凶猛的当属食肉游蚁了。当食肉游蚁来“拜访”人类住宅时，人们就得提防它们的攻击。尽管它们会让人心惊肉跳，但房屋一经它光顾以后，屋里的蟑螂、蝎子等害虫就会一扫而光，其效果是杀虫剂也比不了的。

在草丛里，食肉游蚁若碰上了别的动物，它们就会成群地聚集起来，群起而攻之。一次，食肉游蚁遇上了一条睡在草丛里的毒蛇，它们立即把毒蛇团团围住，并逐渐缩小包围圈。然后，一些游蚁冲上去狠狠地咬住毒蛇。蛇受痛惊醒过来后，会凶狠地向四周冲撞，可是食肉游蚁并不放松，迫使它不断退缩回来。游蚁们同毒蛇扭成一团，边咬边吞食蛇肉。这样，只需几小时，地下就只剩下一条细长的蛇骨架了。

蚂蚁非常聪明，其自身有一种化学信息素会在蚁群的集体行动中发挥神奇的作用。搬运食物时，它们会散发出气味，形成一条“气味走廊”。它们还能发出警戒激素，接收到这种警戒激素的蚁群就会做好防卫或逃离的准备。

有一次，几只蚂蚁一起抬出了一只强壮的蚂蚁。这只蚂蚁一次次地爬回到蚁巢里，但很快又被蚁群一次一次地抬出洞外。这是怎么回事呢？原来，那只蚂蚁身上沾上了死蚂蚁的气味，回巢后，引起了蚁群的误会，蚂蚁可不允许洞内有死亡气味，也不管你是死是活。于是，众蚂蚁把它当作死尸抬出洞外，不管它如何挣扎，直到它身上的那种气味完全消失了，才被允许回巢。

夏日里，人们常常能看到成群的蚂蚁在一起混战，一直杀得天昏地暗。蚂蚁为什么这样好战呢？原来，不同窝的蚂蚁身上都有一种独特的“窝味”，能分辨出对方是不是“自家人”。如果不是，就有可能厮杀。如果其他同窝的蚂蚁看见了，就会立即赶来增援，一场血腥“大战”就这样开场了。有趣的是，如果去掉正在拼杀的蚂蚁身上的“窝味”，它们便会相安无事地走开。如果同窝的一只蚂蚁身上沾上香料后回到窝中，那么同窝的同伴马上会把它当作异己分子驱赶出去。

人们还发现了一个有趣的现象——蚂蚁经常会跟在蚜虫后面。经过研究后才知道，蚜虫在蚂蚁触角的按摩下，会分泌出乳汁。担任运输工的蚂蚁就会从伙伴手中接过乳汁，运回巢中。在蚂蚁的按摩下，有些蚜虫能不断分泌蜜滴。例如，一只椴树蚜虫能分泌 23 毫克的蜜汁，超过自身体重的好几倍。

最大的黑树蚁“嗉囊”的平均容量为 2 立方毫米，而褐圃蚁只有 0.81 立方毫米，全体“搬运工”要将 5 升蜜滴运回蚁穴就必须往返数百万次。负责按摩的“挤奶员”占蚁群总数的 15% ~ 20%，它们平均每天要“挤”25 次“奶”。一棵老树根上大约有 2 万个黑树蚁家庭营巢，它们能在一个夏天得到寄生在豆科植物上的蚜虫分泌的高达 5107 立方厘米的“奶汁”。

为了保证蚜虫的生活，蚂蚁会不惜花费大力气来修建“牧场”。在聚集大量蚜虫的枝条的两端，它们用黏土垒成土坝，形成一个牧场，土坝上开的两道缺口就是牧场的入口和出口。为避免“小偷”混入，两边“拱门”都会有蚂蚁重兵把守。当“牧场”的蚜虫繁殖过多时，蚂蚁就会把多余的蚜虫转移到新的地方。为了保护和抢夺蚜虫，不同家族的蚁群经常会展开战争。

令人费解的是，没有蚂蚁的地方绝对找不到蚜虫。蚂蚁甚至会把蚜虫的越冬卵也保存在蚁穴里，像照顾自己的孩子一样照顾虫卵。春天，蚂蚁会把从卵中孵化出的小蚜虫小心翼翼地护送到幼嫩的树梢上。

更让科学家感到惊讶的是，有的蚂蚁还会种蘑菇，这就是生活在南美的一种切叶蚁。切叶蚁整天在枝叶繁茂的大树上爬来爬去，如果相中了哪一棵果树，它们就会用大颚切光满树的叶子，只剩下光秃秃的树干。所以，果农们对这些破坏树木的家伙讨厌极了。不过，切叶蚁并不喜欢吃树叶，而是把切碎的叶子搬回蚁巢，再用大颚将碎叶反复嚼成碎屑，堆入一间间的“蘑菇房”，还在其上排泄粪便并用来栽培蘑菇。不久，碎叶堆里就会长出一种小型蘑菇。等蘑菇长大后，切叶蚁咬破蘑菇的顶部吸吮破口处分泌出来的黏液，这种黏液就是蚂蚁们的第一道菜。子实体表面积聚了很多蛋白质，会慢慢变黏稠，这些蛋白质就是切叶蚁的第二道菜。有趣的是，年轻的雌性切叶蚁会在自己的“嗉囊”里装上蘑菇碎片去为自己另辟新家。雌蚁们在新家里种下带有孢子的碎蘑菇，孢子萌发后又会长出新蘑菇。

让人不可思议的是，这种小蘑菇只有在切叶蚁的蚁穴中才能看到。如果没有切叶蚁的帮助，它们肯定早就绝种了。看来，切叶蚁完全可以申请“种植专利权”了。

蜜蜂为什么有如此高的筑巢技能

zhu chao ji neng

蜜蜂不仅十分勤劳，而且还是高明的建筑师，它的筑巢技能常令人叹为观止。从数学角度来看，如果整个平面都由正多边形来铺满，那么只有正三角形、正方形和正六边形这三种图形可完成。然而，蜜蜂在建筑蜂房时，正是选择了角数最多的正六边形。整个蜂房由无数个正六棱柱状的蜂巢组成，紧密而有序地排列在一起。这种结构不仅非常符合实际需要，而且还十分精巧奇妙。

长期以来，蜜蜂筑巢的技能引起了许许多多科学家的注意。早在2200多年前，古希腊数学家巴普士就仔细地观察并研究了精巧奇妙的蜂房结构。在其著作《数学汇编》中，巴普士这样写道：“蜂房里到处是等边等角的正多边形图案，非常匀称规则。”而著名的天文学家开普勒也曾经说过：“这种充满空间的对称蜂房的角，应该与菱形12面体的角相同。”法国天文学家马拉尔第则亲自测量了很多的蜂房，结果发现每个正六边形蜂巢的底，均是由3个完全相同的菱形拼成的；同时，他还测量出每个菱形的锐角均为 70° 2′，钝角都是 109° 28′。

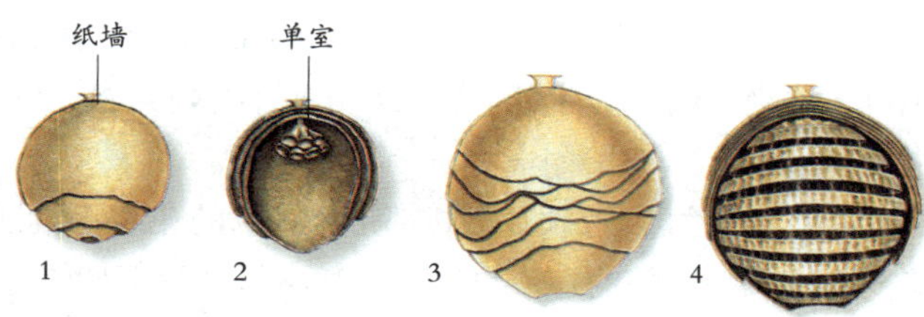

普通黄蜂筑巢，是通过咀嚼木质纤维，然后将之像纸一样层层铺摊而成的。图 1 和图 2 显示的是一只黄蜂蜂后新建的蜂巢。而图 3 和图 4 显示的是同一个蜂巢在 3 个月以后的样子。工蜂将蜂巢扩建了，并且添加了很多额外的“楼层”。这些“楼层”中有发育中的幼虫细胞。

18 世纪初，法国自然哲学家列奥缪拉提出这样一个设想：以这样的角度建造起来的蜂房，应当是相同容积中最省材料的。为了证实自己的这个猜测，列奥缪拉便向巴黎科学院院士、瑞士数学家克尼格请教。克尼格用高等数学的方法对这个数学上的极位问题作了大量计算，最后的结论是要建造出相同容积中最省材料的蜂房，每个菱形的锐角应为 70° 34′，钝角应该为 109° 26′。这个结论与蜂房的实际数值仅差 2′，这么小的误差当然可以忽略不计了。

就在人们对蜜蜂的这一小小误差表示惊讶时，著名数学家马克劳林在研究中发现，要建造相同容积中最省材料的蜂房，每个菱形的钝角应该为 109° 28′ 16″，锐角应该为 70° 31′ 44″。这个结论与蜂房的实际数值正好吻合。原来，数学家克尼格在计算时使用了印错了的对数。

小小的蜜蜂在人类有史以前就已经将人类到 18 世纪中叶才计算出并证实的问题运用到蜂房上去了。所以，人类虽说是万物之灵，但小动物的智慧力量也是不可忽视的。

吃掉自己丈夫的黑寡妇蜘蛛

hei gua fu zhi zhu

体型微小的黑寡妇蜘蛛可谓臭名昭著。它罪行累累：毒害昆虫；毒害人类；最残忍的是把自己的丈夫当大餐吃掉。不幸的是，这些罪名都是真的。

世界各地都可以找到黑寡妇蜘蛛踪迹，黑寡妇蜘蛛不太会在人类的居住环境里安家落户，但以防万一，你还是要在自己的房间里仔细排查一遍。黑寡妇蜘蛛是亮黑色的，腹部有一个沙漏形的花纹，通常是红色的，或者黄色或橙色的。

直到 1900 年，黑寡妇蜘蛛还没有一个固定的名字，它在不同国家的叫法各不相同，在有些国家它被叫作沙漏蜘蛛，有些地方叫它鞋扣蜘蛛，还有人叫它“毒女士”。一个世纪过去了，“黑寡妇蜘蛛”这个名字被大多数人接受了，于是就这样固定下来。

在黑寡妇蜘蛛中，雌性和雄性之间有着显著的区别，这也解释了黑寡妇蜘蛛为什么如此声名狼藉。

雄性黑寡妇蜘蛛是深棕色，腹面有白色条纹。通常雄性黑寡妇蜘蛛体形特征不明显，颜色也不鲜艳。成年雄性黑寡妇蜘蛛几乎不分泌毒液，它们分泌出的“毒液”甚至还不能让小虫子晕厥。

相反，雌性黑寡妇蜘蛛，腹部带有张扬的花纹，而且所有的毒腺都在不停地分泌毒液——这些毒液比响尾蛇的毒液更厉害。通常雌性黑寡妇蜘蛛比雄性大两到三倍。

黑寡妇蜘蛛有剧毒无比的毒螯，但它不会招摇过市。黑寡妇蜘蛛的毒液是用来捕食昆虫的，但这种液体对人体也是有毒的，所以我们要尽量避开黑寡妇蜘蛛。有很多资料也记载了人类被黑寡妇蜘蛛叮咬后的惨状。

1993 年，一位科学家的手指被黑寡妇蜘蛛咬了一口，他记录下了自己的痛苦经历。疼痛感迅速蔓延至整条胳膊，然后胸部开始隐隐作痛，接着感到困倦，并且头痛。他的心跳减慢。很快，他的助手便不得不接替他继续记录。疼痛又蔓延至腹部，腿开始发抖，他于是被送去医院，但在去医院的途中，他便失去了交谈能力，继而呼吸困难。幸运的是，他最终活了下来，但中毒的种种症状在他的身体上持续了 8 天之久。

在交配季节，雄性黑寡妇蜘蛛也时刻处于死亡的边缘。在找到雌性黑寡妇蜘蛛之后，雄性会用腹部晃动蛛网向雌性黑寡妇蜘蛛发出信息，就像是在敲门。如果此时雌性黑寡妇蜘蛛同样晃动蛛网，就表示它欢迎雄性的到来，这时雄性蜘蛛就相对安全了。否则，如果雌性刚好没心情与雄性蜘蛛交配，那雄性蜘蛛可就惨了。雌性黑寡妇蜘蛛会扑向雄性，将它用蛛丝像包木乃伊一样裹起来，吊在一旁留作点心。

如果雌性黑寡妇蜘蛛准备交配，就万事大吉了——只有雌性在极度饥饿的情况下才会在交配之后吃掉雄性蜘蛛。通常，它会放走雄蜘蛛，然后悄无声息地完成传宗接代的重任。

植物血型之谜

zhi wu xue xing

我们都知道，人类和动物的血液有不同的类型，科学家们将其称为“血型”，不同的人血型是不相同的，目前已知道的人类血型有 4 种类型，即 A 型、B 型、AB 型和 O 型。对于血型的区分可以避免在给病人输血的过程中，由于血型的不吻合发生危险。不仅人类的血型不同，动物的血型也是不相同的，这一点已经得到了科学家的证实。然而，令人感到惊奇的是，人们发现植物也有血型。植物既没有红色的血液，又没有红细胞，怎么会有血型呢？这个消息立即引起了科学家们的研究兴趣，纷纷要揭开植物血型的秘密。

大家知道，人和一些动物的血液呈现红色是因为里面有红细胞，在红细胞的表面有一种特殊的抗原物质，是它决定了血液的类型（即血型）。但是植物没有红色的血液，也没有红细胞，为什么会有血型呢？

日本警察研究所的法医山本茂最早提出植物具有血型。他对植物血型的发现源于一起凶杀案，在侦查案件时，他在一点血迹都没有的现场，发现在一个枕头上竟有微弱的 AB 型反应。为了弄清事实的真相，他对装在枕头里面的荞麦皮进行了血型的鉴定，鉴定的结果却让他大吃一惊：荞麦皮显示出 AB 血型的特征。山本茂随后又对 150 种蔬菜、水果以及几百种植物的种子进行了实验检测，结果显示有 79 种的植物有血型反应。在这些植物中，大多数的血型是 O 型，其余为 AB 型、B 型。进行了大量的实验后，山本茂在世界上首次宣称：植物也有血型。他还认为，在植物的血型中，O 型是最基本的类型，B 型和 AB 型是从 O 型发展而来的。

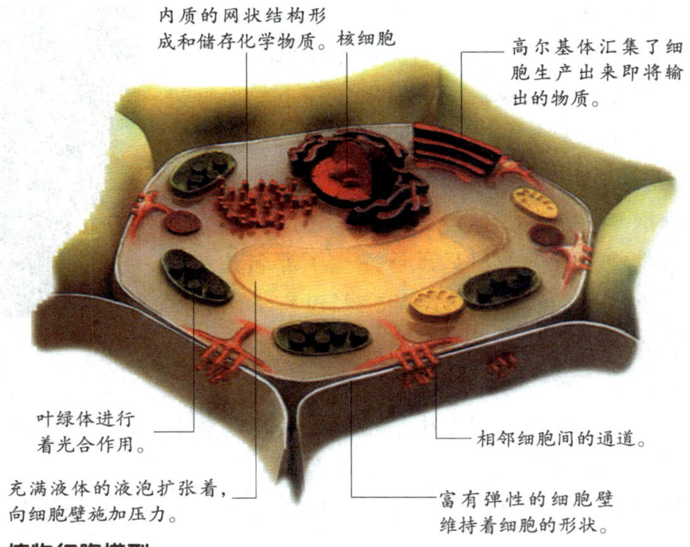

植物细胞模型

后来，世界上的许多科学家对植物的血型进行了研究。科学家通过研究发现，植物体内有和人类很相似的附在红细胞表面上的血型物质，即血型糖。人体的血型是由血型糖来决定的，O 型血、A 型血、B 型血，分别由岩藻糖、N- 乙酰 -D- 半乳糖、D- 半乳糖所决定。植物体内也有和人类这些血型物质相同的东西，其中在红色果实的植物中数量最多。科学工作者还发现，大多数植物的种子和果实都含有血型物质，并且植物的血型物质在果实成熟和发育过程中，从无到有逐渐增多，到发育成熟后，血型物质便达到最高点。

植物体内血型物质的发现，不仅为植物的分类测定、细胞融合、品种杂交等提供了新思路，还可为案件的侦破提供方便。举例来说，通过对被害者胃里食物的检测，确定食品的类别，可以为侦破案情提供线索。

现在人们已知道，大多数的生物机体内部有血型物质，氨基多糖和蛋白质是决定血型抗原性的基本物质，不同种生物血型物质是不同的，即使是同种生物，血型物质也不相同。由于各种氨基多糖的差别很大，结构也不稳定，导致血型物质种类很多。

对于生物界存在血型物质的原因，目前还不十分清楚。但是，科学家对血型物质的作用目前有几种不同的看法。有的科学家认为血型物质起一种信号作用。比如，通过实验发现，生物体内的糖链合成达到一定长度时，在它的顶端就会形成血型物质，然后合成就停止了。有的科学家认为，植物的血型物质，具有贮藏能量的作用；还有科学家认为植物的血型物质的黏性大，似乎担负着保护植物体的任务。

虽然目前还没有全部揭开植物血型之谜，但是已开始在侦破案件中应用。据报道，在

云杉

据说杉树也有一种“流血”的本领，在威尔士有一株700多年的云杉，树干上有一条2米多长的裂缝，里面长年流出一种像血液一样的液体，引起科学界的注意。

日本中部地区的某县发生了一次车祸，肇事司机把一名儿童撞伤后，开车逃跑了。后来警察发现了这辆汽车，对车轮子上的血型进行验证后发现，除了有被撞儿童的O型血外，还有B型血和AB型血。当时警察怀疑，这辆汽车除了撞伤这位儿童外，还撞伤或撞死过其他人，但司机只承认撞伤了那名儿童，不承认还撞过其他人。后来经过科学研究所的验证，原来其余两种血型是植物的血型，这样才使案件得到正确处理。

现在日本已研究出了检验荞麦、胡萝卜等一些植物的抗血清。山本茂等人声称，一旦有了已经确定血型的植物的全部抗血清，就能准确地判断植物的种类，这样，利用植物血型侦破案件的时代就将到来。

现在，对植物血型的探索还只是刚刚开始，植物体内存在血型物质的原因以及血型物质对植物本身有什么意义，还需要科学家们进一步研究和探索。随着研究工作的不断深入和发展，人们也将会揭示出植物血型在其他方面的广泛用途。

光合作用之谜

guang he zuo yong

作为地球上最重要的化学反应，光合作用对大多数人来说，好像并没有什么太大的秘密，它的过程无非就是吸收二氧化碳，放出氧气。然而，尽管光合作用的发现距今已有200多年的历史，并且已有多位科学家在光合作用前沿研究上频频摘取诺贝尔奖，但其内在复杂机理仍被重重谜团笼罩。科学家坦言，要真正揭开“绿色工厂”的全部谜底，仍有很长的一段路要走。

为什么科学家们要对光合作用进行研究呢？这是因为人类所需要的各种生产生活资料都是由光合作用产生的，如果没有光合作用就不会有人类的生存与发展。所以，对光合作用的研究是一个重大的生物科学问题，同时又与人类现在面临的粮食、环境、材料、信息问题等密切相关。现在世界上每年通过光合作用产生2200亿吨生物质，相当于世界上所有能耗的10倍。要植物产生更多的生物质，就需要提高光合作用效率。通过高新技术转化，我们甚至可以让有些藻类在光合作用的调节与控制下直接产生氢。根据光合作用原理，还可以研制高效的太阳能转换器。

光合作用与农业的关系同样密切，农作物干重的 90% ~ 95% 来自光合作用。高产水稻与小麦的光合作用效率只有 1% ~ 1.5%，而甘蔗或者玉米的效率则可达到 50% 或者更高。如果人类可以人为地调控光能利用效率，农作物产量就会大幅度增加。

近年来，空气里面二氧化碳不断增加，产生温室效应。光合作用能否优化空气成分，延缓地球变暖，也很值得探索。光合作用研究，还可以为仿真模拟、生物电子器件、研制生物芯片等提供理论基础或有效途径，对开辟 21 世纪新兴产业产生广泛而深远的影响。正是这些，使得光合作用研究在国际上成为一大热点难点。

早在一个多世纪以前，科学家就已经知道了光合作用，但真正开始研究光合作用还是在量子力学建立之后，人们也越来越为它复杂的机制深深叹服。

现在，科学家们已经知道，光合作用的吸能、传能和转化均是在具有一定分子排列及空间构象、镶嵌在光合膜中的捕光及反应中心色素蛋白复合体和有关的电子载体中进行的。但是让科学家们觉得不可思议的是，从光能吸收到原初电荷分离涉及的时间尺度仅仅为 10–15 ~ 10–17 秒。这么短的时间内却包含着一系列涉及光子、激子、电子、离子等传递和转化的复杂物理和化学过程。

更让人惊奇的是，这种传递与转化不仅神速，而且高效。在光合膜系统中，在最适宜的条件下，传能的效率可高达 94% ~ 98%，在反应中心，只要光子能传到其中，能量转化的量子效率几乎为 100%。这种高效机制是当今科学技术远远不能企及的。

那么，光合系统这个高效传能和转能超快过程到底是如何进行的？其全部的分子机理及其调控原理究竟是怎样的？为什么这么高效？这些都是多年来一直困扰着众多科学家的谜团。有科学家说，要彻底揭开这一谜团，在很大程度上依赖于合适的、高度纯化和稳定的捕光及反应中心复合物的获得，以及当代各种十分复杂的超快手段和物理及化学技术的应用与理论分析。事实上，当代所有的物理、化学最先进设备与技术都可以用到光合作用研究中。

光合作用的另外一个谜团是：生化反应起源是自然界最重大的事件之一，光合作用的过程是一系列非常复杂的独立代谢反应，它究竟是如何演化而来？美国亚利桑那州立大学的生化学家罗伯特教授说：“我们知道这个反应演化来自细菌，大约在 25 亿年前，但光合作用发展史非常不好追踪。有多种光合微生物使用相同但又不太一样的反应。虽然有一些线索能把它们联系在一起，但还是不清楚它们之间的关系。”罗伯特教授等人还试图通过分析 5 种细菌的基因组来解决部分的问题。他们的研究结果显示，光合作用的演化并非一条从简至繁的直线，而是不同的演化路线的合并，把独立演化的化学反应混合在一起。也许，他们的工作会给人类这样一

水草在水中进行光合作用。

些提示：人类也可能通过修补改造微生物产生新生化反应，甚至设计出物质的合成的反应。这样的工作对天文生物学家了解生命在外星的可能演化途径，也大有裨益。

我国著名科学家匡廷云院士曾深有感触地说："要揭示光合作用的机理，就必须先搞清楚膜蛋白的分子排列、空间构象。这方面我们最新取得的原创性成果就是提取了膜蛋白，完成了 LHC- Ⅱ三维结构的测定。由于分子膜蛋白是镶嵌在脂质双分子膜里面的，疏水性很强，因此难分离，难结晶。"现在，中国科学院植物所经过多年努力已经提取了这种膜蛋白，在膜蛋白研究上，我国已经可以与世界并驾齐驱。

那么，是否可能会有那么一天，人们可以模拟光合作用从工厂里直接获取食物，而不再一味依靠植物提供呢？科学家们认为，这在近期内不可能，因为人类对光合作用的奥秘并不真正了解，还有很多问题需要进一步弄清楚，要实现人类的这一长远理想，可能还要付出更为艰辛的努力。

植物也能用语言交流吗

yu yan jiao liu

英国专家在很早的时候就知道植物有"语言"了。他们的研究结果表明，在正常情况下，植物发出的声音节奏轻微、曲调和谐，但遇到恶劣的天气情况或某种人为的侵害时，它们就会发出低沉、混乱的声音来表现它们的痛苦。据英国专家介绍，植物的语言被称为"微热量语"。人们通过一种特殊的仪器——植物探测仪，把仪器的线头与植物连接，人戴上耳机，就能够听到植物说话的声音了。

但是，除了能够听到植物说话之外，人们还想知道植物到底说了什么。研究表明，各种植物在生长过程中，能量交换的过程是时刻进行的。这种交换虽然很缓慢、不易觉察，但交换过程中微弱的热量变化和声响还是可以察觉的。如果把这些动静用特殊的录音机录下来，经过分析，我们就能解开植物语言的密码，明白它们说什么了。如果你能听懂植物的话，那么它会告诉你什么样的温度、水分和养料是它最喜欢的。

苏联的科学家通过电子计算机与植物进行交谈。据报道，计算机通过与植物特殊的连接后，根据它所"听到"的在屏幕上打出数据。然后，另一台计算机来解读这些数据，绘出简单的图表。人们根据这些图表就能明白植物说了什么，人与植物的交流就是这样进行的。

其实，这个过程并不神秘。科学家们用计算机询问植物一些问题，植物通过自身的形状变化、生长速度等向人们传递一些信息。这些信息必须通过仪器解码才行，而且即使是解码之后的信息，也只有专家才懂。但目前这种状况已经有所改善。意大利的科学家发明了一种能与植物直接交流的对讲仪。只是在目前来看，这种先进的对讲仪也只能与植物进行很初级、很简单的交流，因为它只能辨别出诸如“热”、“冷”、“渴”等单词。

美国学者在研究中证实，植物缺水时也是会发牢骚的。因为植物缺水时，其运送水分的维管束会绷断，而维管束绷断时会发出一种超声波。这种声音很低很低，一般情况下是听不到的，因为它比两人说悄悄话的声音还低1万倍。目前，人们发现，渴了能发出这种超声波的植物有苹果树、橡胶树、松树、柏树，等等。

尽管人类对植物语言的了解到目前为止仍然是非常有限的，但是，不管怎么说，能听到植物“说话”，能知道植物说些什么，仍然算得上是科学的一大进步。如果人类能真正听懂植物的语言，那人类的农业生产将发生一个历史性的飞跃。但愿人与植物间的交流能获得成功，届时人类的粮食短缺问题将会有所缓解，人类也将彻底从饥荒中解放出来。

受到攻击的植物可以散发一种气体信息。

周围的植物接到这种危险信号，会继续把信号传递给其他植物。

植物之间的会话

遭受昆虫的攻击，植物可以通过根部传递信息，或通过茎叶散发诸如乙烯之类的气体，通知其他植物有危险。某些植物也可以通过改变体汁的味道，使攻击者知难而退。

食虫植物 shi chong zhi wu 为什么喜欢“吃”虫

地球上很多地方都分布有食虫植物。食虫植物主要分布在热带和亚热带地区。根据目前的统计数据显示，地球上的食虫植物共有500种左右，其中，在我国境内的约有30种。这些食虫植物“猎手”身上都具有特殊的武器，一是香饵或伪装，用来诱捕昆虫，像气味、花蜜、颜色等；二是各种陷阱；三是具有分泌溶化昆虫的消化液。

捕蝇草是一种珍奇植物。18世纪中叶，科考人员在美洲的森林沼泽地里进行科学考察时发现了这种植物。这种植物有一个美丽的名字——孔雀捕蝇草。其叶子是长形的、厚实的，叶面上长着几根尖尖的绒毛，边缘上还有十几个轮牙。每片叶子中间有一条线，把叶子分成两半儿，可随时开合，就像开屏的孔雀一样，十分漂亮。

平时，捕蝇草像敞开的蚌壳一样，还有一种香甜的气味散发出来，诱惑那些贪婪而愚蠢的昆虫上钩。捕蝇草的叶子只要一经昆虫触动，就会迅速地折叠起来，边上的轮牙也互相交错咬合，虫子就被关在陷阱里，成了它的食物。它的叶子既是用来捕捉猎物的武器，又是消化器官。陷阱里会分泌出消化液，将昆虫消化掉。这个叶子就像一个临时胃，虫子越挣扎，叶子就夹得越紧，分泌的消化液就越多。猎物很快就被吃完了，然后叶子又设下新的陷阱，等待着别的虫子上钩。然而，这个漂亮的猎手一生中只有3次打猎的机会，然后就逐渐枯萎，再也不能狩猎。

在沼泽地带或潮湿的草原上生活着一种植物猎手，叫“毛毡苔”。那里繁衍着众多小虫和蚊子，它们都是毛毡苔捕获的对象。

茅膏草是一种淡红色的小草，它的叶子大小就像一枚硬币，上面长着许多既能伸开又能合拢的绒毛。一片叶子上有200多根绒毛，它们像一根根纤细的手指。在绒毛的尖上有一颗闪亮的小露珠，这是绒毛分泌出来的黏液，散发出蜜一样的香味。昆虫闻到香味后禁不住诱惑，就会迅速飞过来，碰到绒毛时，绒毛上吸引昆虫的黏液就会粘住昆虫。这时候绒毛就像手一样握起来，抓住昆虫，不让它跑掉。接着，绒毛又分泌出可以分解昆虫的蛋白酶。然后，茅膏草的叶细胞就把消化后的养料吸到植物体内。一切结束后，它的绒毛就又伸开了，等待新的“猎物”，就像刚才什么也没有发生过一样。

最有代表性的食虫植物要属猪笼草。它看上去像普通的百合花或喇叭花，有的还能散发出香味，这些香味像紫罗兰或蜜糖一样吸引昆虫到来。它是一种生活在我国海南岛、西双版纳等地的绿色小灌木，这些地方一般有潮湿的山谷。

每片猪笼草叶子尖上，都挂着一个长长的带盖的小瓶子。由于它们很像南方运猪用的笼子，所以被称为“猪笼草”。它身上的瓶子色彩鲜艳，异常美丽，甚至还镶着紫色的斑点。而且，与别的植物猎手一样，这些瓶子能在瓶口和内壁处分泌出又香又甜的蜜汁。闻到香味，小虫子就会爬过去吃蜜。正在享受之际，小虫子的脚下突然一滑，一头栽进了瓶子里，再也爬不出来了。小瓶子里盛的是酸溜溜的黏液，被黏液粘住的小虫子就成了猪笼草的一顿美餐。

不仅陆地上有这种吃虫的植物，水里也有，比如狸藻。狸藻没有根，它漂浮在池塘的静水里。这种水草的叶子伸展开来，就像丝一样，长达1米。有很多扁圆形的小口袋长在它的茎上，口袋的口上有个小盖子，盖子都是向里打开的，盖子上长着能“绑”住昆虫的绒毛，口袋里能产出消化液。上千个小口袋长在一棵狸藻上，每个小口袋就像是一个小陷阱。狸藻在水里分布开来，上千个小陷阱形成一个陷阱网。小虫子不小心撞进网里，只要碰到小口袋盖上的绒毛，小口袋盖就会张开，小虫就随着水进入陷阱，小口袋很快合上，把小虫子囚禁起来。这时候，口袋的内壁分泌出消化液杀死小虫子。小口袋很快就会恢复原来的样子，等待下一个猎物的到来。

为什么这些植物要“吃”虫子呢？一些科学家认为，这也许跟它们生存的环境有关。食虫植物一般分布在贫瘠的地方，例如生长在酸性沼泽地、泥炭地、水里、平原、丘陵或高山上。这些食虫植物居住的地方一般缺少养分和阳光，它们的生存受到威胁，但那里一般有很多昆虫，它们学会了捕食昆虫的本领，这种本领使它们能在当地生存下去。当然，这只是人们的一种猜测，很多问题现在都无法解答。比如，为什么这些植物的感觉非常灵敏？在它们体内又是怎样传递外界的刺激信息的呢？它们是否有神经系统和大脑呢？这些问题都有待人们进一步研究。

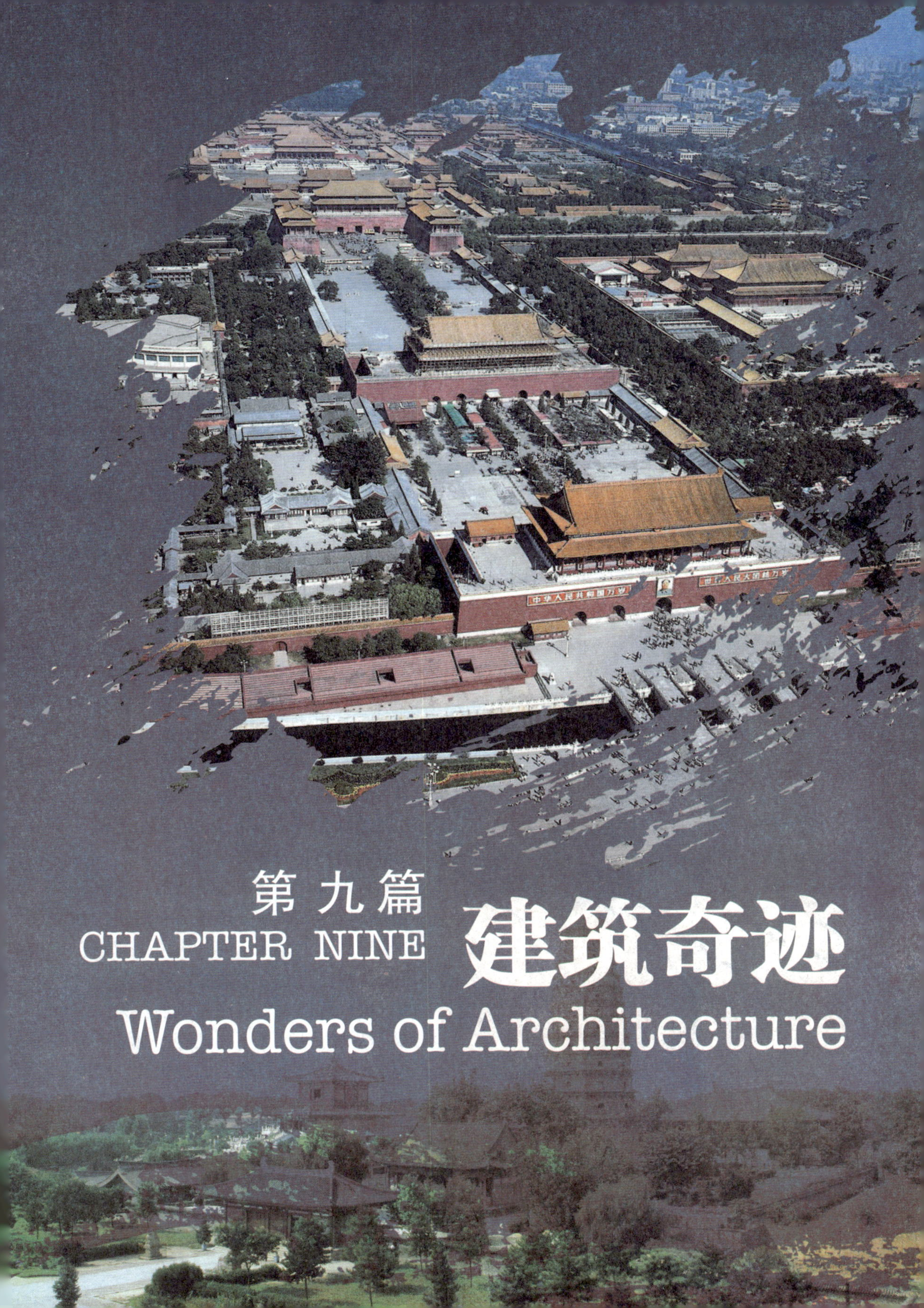

第九篇
CHAPTER NINE

建筑奇迹

Wonders of Architecture

金字塔 jīn zì tǎ 到底是什么

在北非埃及的尼罗河畔散落着90多座金字塔，成为世界八大奇迹之一。胡夫金字塔是其中最高的一座，金字塔用巨石砌成，石块之间不用任何粘着物，而是由石块与石块相互叠积而成，人们甚至很难将一把锋利的刀片插入石块之间的缝隙，金字塔到现在已经经历了近5000年的风风雨雨，至今它仍傲视长空，巍峨壮观，令人赞叹！

那么，金字塔是怎样建造的呢？这一问题曾引起了许多学者研究的兴趣，但他们的说法不大一样。

一般认为金字塔是这样建造的：首先采石，工匠们把加工过的平整光滑的巨石用人或牛拉的木橇运往现场。由于木橇运行需一条平坦的道路，这就需要先修路，据估计仅这项工程就花去了将近10年的时间。可是，他们又是如何把一块块巨石一直垒到百米以上的高度呢？据传，工匠们先把地面一层砌好，然后堆起一个与第一层一样高的土坡，这样，就可以沿着土坡把石块拉上第二层。以此类推，等到塔建成后，再将土坡移走，让金字塔显露出来。在技术非常落后的古代，进行这样巨大的工程是异常艰苦的。这些金字塔的建成，充分显示出建造者已经掌握了相当丰富的物理学和数学知识，表现了古代埃及劳动人民的聪明才智。

胡夫陵内部结构示意图

胡夫金字塔由大约230万石块砌成，外层石块平均每块重2.5吨，塔原高146.5米，经风化腐蚀，现降至137米。整个塔建筑在一块占地约5.29万平方米的凸形岩石上。

对于埃及人建造金字塔的巨石是用天然石块加工而成，还是另有制法，有专家对此做了深入研究。法国化学家杜维斯认为，建造金字塔的巨石不是天然的石块，而是人工浇注而成的。为此，这位科学家进行了一些试验，他将从金字塔上取下的小石逐个进行化验，结果表明，这些石块是由人工浇注的贝壳石灰矿组成。他又据此推测，当时埃及工匠建造金字塔时，很有可能先把搅拌好的混凝土装进筐里，再抬上正在建造中的金字塔。另外，他还在石块中发现一缕大约有 3 厘米长的头发。这缕头发很可能就是古埃及人辛勤劳动的见证。他的这一见解吸引了学术文化界的广泛注意。

为了揭开金字塔的神秘面纱，1978 年 3 月，日本早稻田大学古代埃及调查室组织了一支考古实验队，采用模拟古代埃及人造塔的方法，在古塔的前面建造了一座新塔，其规模相当于原塔的 1/4。首先是如何采石。实验队先在石面上凿出连成点线的小孔，然后打进木楔子，通过不断敲击直至产生裂缝。现在在阿斯旺采石场上，还可找到残留有木楔子痕迹而未切割下来的石料。

由此可见，这个办法可能与当年的方法相符合。石块又如何搬到现场呢？他们以木橇载着石块，用人力牵引，慢慢运至工地。最后，实验证实了古埃及人在没有现代化机械起重设备的条件下，仍然可以把一块块巨石砌上去，直至墓室最上一层的三角形尖顶。这个实验向人们揭示出古埃及人正是建造金字塔的真正主人。

作为法老陵墓的金字塔，不仅其建造方法令人称奇，更令人费解的是它的神秘力量。据说，这种神秘之力作用于人体或物体，会产生某种神奇的结果。那么这种力量是什么？又是从哪来的呢？有什么作用？目前世界上已有许多科学家对这些问题进行了探索。

法国人鲍比是最早发现金字塔具有神秘之力的。鲍比进入大金字塔里考察时，发现塔内温度十分高，但残留于塔内的生物遗体却并不腐烂变质，反而脱水变干，保存久远。鲍比据此推断塔内可能有某种不可思议的力量在起作用。

意大利的学者还发现，如果人长时间在塔内逗留，会精神失常，意识模糊。为了证实这一点，有人在胡夫金字塔里睡了一宿，第二天早晨果然头脑发昏、神志不清，幸而被人救出。不少游客到塔内参观游览，时间一长，也有这种感觉。学者们认为这就是所谓神秘之力在发生作用。防腐和麻醉可能就是这种力量所带来的效应。

鲍比用薄木板裁成底边为 1 米的三角形，把 4 块三角形的薄板拼起来组成一个金字塔模型，然后把动物的内脏、加工过的肉和生鸡肉等放入模型内部，几天后拿出来一看，并未腐烂，依然新鲜。

鲍比的模型实验进一步引起了各国学者对此的兴趣。后来美国的研究人员又做了一项模型实验。他们把 1000 克牛肉分成两份，每 500 克为一份，一份放在自制的金字塔模型之内，另一份放在模型之外进行对照实验。在同样的室温条件下，放在模型内的牛肉 5 天后完全脱水，变成了牛肉干。而放在模型外的牛肉，不到 4 天，就腐烂发臭了。

在临床医学方面是否适用金字塔力呢？对此，美国牙科医师派力司・盖费斯博士也做过一项实验，他把铝合金板块制成了 72 个小型金字塔模型，挂在自己诊疗所的天棚上，在这些模型下边给牙病患者做手术，效果比较显著，患者说疼痛比以前减轻，术后恢复也加快了。盖费斯博士把这项研究成果写成学术报告，发表在《齿科学术》杂志上，指出可能是金字塔力的防腐保鲜效应对牙科手术的成功起了一定作用。

尽管科学家们做了如此多的对比实验，但也只能说他们对神秘之力的现象有了更多的了解。至于“金字塔之力”的形成原因，至今也没有人能做出科学合理的解释。

传达法老威严的 shi shen ren mian xiang 狮身人面像

在埃及的尼罗河畔，除了众所周知的金字塔外，还屹立着一座巨人——狮身人面像。它从埃及向东方凝视，面容阴沉忧郁，既似昏睡又似清醒，蕴含着一股雄壮的气势，给人以神秘的遐想。经过几千年的风吹日晒雨淋，一切都在变化之中，然而狮身人面像却一直默默地守护在尼罗河畔，似乎在捍卫着什么、守望着什么。然而又是谁建造了它，保护了它，为它除沙除尘呢？

有种意见认为，狮身人面像在埃及古王国时期建成，是由第四王朝的法老卡夫拉建成的（其在位时间是公元前 2520 ~ 前 2494 年）。这是传统历史学观点，它出现在所有埃及学标准教科书、大百科全书、考古杂志和常见的科学文献中。这些文献都表示，狮身人面像的面部是按照卡夫拉本人的模样来雕刻的——也可以说，卡夫拉国王的脸就是狮身人面像的面孔，这一点已被认为是历史事实了。比如，闻名世界的考古专家爱德华兹博士就说过，狮身人面像的面部虽已严重损坏，但依然让人觉得它是卡夫拉的肖像，而不单只是代表卡夫拉的一种象征形式。

他们之所以这样说，根据之一乃是竖立在狮身人面像两前爪之间的一块花岗岩石碑上刻着一个音节——khaf。这个音节被认为是卡夫拉建造狮身人面像的证据。这块石碑与狮身人面像并不是同时出现的，而是对图特摩斯四世法老（公元前 1401 ~ 前 1391 年）功德的纪念。这位法老把即将埋住狮身人面像的沙土彻底清洗干净了。这块石碑的碑文说狮身人面像代表了自始至终存在于此的无上魔力。碑文的第 13 行出现了卡夫拉这个名字的前面一个音节 khaf。按照瓦里斯·巴杰爵士的说法，这个音节的出现非常重要，它说明建议图特摩斯法老给狮身人面像清除沙土的赫里奥波利斯祭司认为狮身人面

夜幕下的卡夫拉金字塔及狮身人面像

狮身人面像全景

像是由卡夫拉国王塑造的。

然而仅仅根据一个音节，我们就能断定卡夫拉建造了狮身人面像吗？1905 年，美国的埃及学者詹姆斯・亨利・布莱斯提德，对托马斯・扬的摹真本进行了研究，却得出了与此相悖的结论。布莱斯提德说："托马斯・扬的摹真本提到卡夫拉国王的地方，让人觉得狮身人面像就是这位国王塑造的——这完全是没有事实根据的；摹真本上根本看不到古埃及碑刻上少不了的椭圆形图案……"

你也许会问什么是椭圆形图案。原来，在整个法老统治的文明时期，所有碑文上国王的名字总是被包围在椭圆形的符号里面，或是用椭圆图案圈起来。所以，很难使人明白刻在狮身人面像两前爪之间的花冈岩石碑上的卡夫拉这位大人物的英名——实际上其他任何一位国王都不例外——怎么可以缺少椭圆图案？

再者，即使碑文第 13 行的那个音节指的就是卡夫拉，也不能说明是卡夫拉雕刻了狮身人面像。卡夫拉身后的许多位（或许其身前也有许多位）国王（如拉美西斯二世、图特摩斯四世、阿摩斯一世，等等）都修复过狮身人面像，卡夫拉怎么就不可能是狮身人面像的修复者之一呢？

实际上，19 世纪末和 20 世纪初开创埃及学的一大批资深学者，都认为狮身人面像并不是由卡夫拉雕刻的。当时担任开罗博物馆古迹部主任的加斯东・马斯伯乐也是那个时代最受人推崇的语言学家，也是认同这种观点的学者之一。他在 1900 年写道：

"狮身人面像石碑上第 13 行刻着卡夫拉的名字，名字前后与其他字是隔开的……我认为，这说明卡夫拉国王可能修复和清理过狮身人面像，这在某种程度上也证明了狮身人面像在卡夫拉生前已被风沙埋没过……千百年过去了，斯芬克斯仍然伫立在尼罗河畔，即使它的身上已经是千疮百孔，但对于敬仰它、膜拜它的人来说，这无损于它的形象。"

如何解释金字塔里的超自然现象

chao zi ran xian xiang

很多人之所以不相信埃及金字塔出自人类之手，在很大程度上是因为围绕着它出现了很多神秘的超自然超时代现象。如果仅仅以为金字塔是生命和能量的源泉，那就错了，金字塔正以它神秘的恐怖手段，阻止人们进一步探索。而迄今为止，也没有人能对这些现象做出令人信服的解释。

金字塔向人们显示了它奇特的结构效应：保存在其中的食物不易腐烂，鲜花不易枯萎；进入金字塔参观的游客也会感觉不一样。对金字塔内部的测定，表明它是一个很好的电磁波的共鸣器，它能够接收许多波段的能量，杀死细菌。有的科学家利用金字塔小模型做实验，发现只要方位放得对，它能使刀片锋利、有机物脱水。

科学家们试图揭开金字塔内部构造的奥秘，然而屡遭失败。

他们发现，似乎一些残留的古代电磁技术依然在保护金字塔，使后人无法窥探它的秘密。有人做过试验，利用宇宙射线对巨石堆进行穿透显示，用以透视金字塔内部结构。虽然试验做得很内行，但是电子计算机等现代仪器在同一区域的记录从来没有稳定过，每天都得出完全不同的记录曲线。这种现象违反了一切已知的科学法则和电子学理论，而且在科学上是不可能的。该试验以毫无结果而告终。究竟是什么能量储存在金字塔内部一直干扰了现代的科学实验呢？这种能量也许与金字塔的死亡效应不无联系。

1922年，人们发掘了公元前18世纪去世的图坦卡蒙国王的陵墓，墓穴入口处赫然写着：“任何盗墓者都将遭到法老的诅咒！”科学家理所当然地蔑视“法老的诅咒”，然而厄运和灾难却一再证明法老诅咒的效力。

先是发掘的领导人之一卡纳冯公爵被蚊虫咬了一口，突然发疯去世。接着，参观者尤

图坦卡蒙金棺

这是一具镀金木棺，上面雕刻着年幼法老的金像。而最内层是纯金，厚为0.38～0.53厘米，棺内放着法老的木乃伊。

埃尔因落水而溺死，参观者美日铁路大王因肺炎猝死，用X光照相机给国王木乃伊拍照的新闻记者突然休克而死，肯塔博士的助手麦克、皮切尔先后去世，死因不明，皮切尔的父亲跳楼自杀，送葬汽车又轧死了一名8岁儿童。在发掘后3年零3月的时间内，先后有22名与发掘有关的人神秘地去世。胡夫金字塔上也有一段可怕的铭文："不论是谁骚扰了法老的安宁，死神之翼将在它的头上降临。"

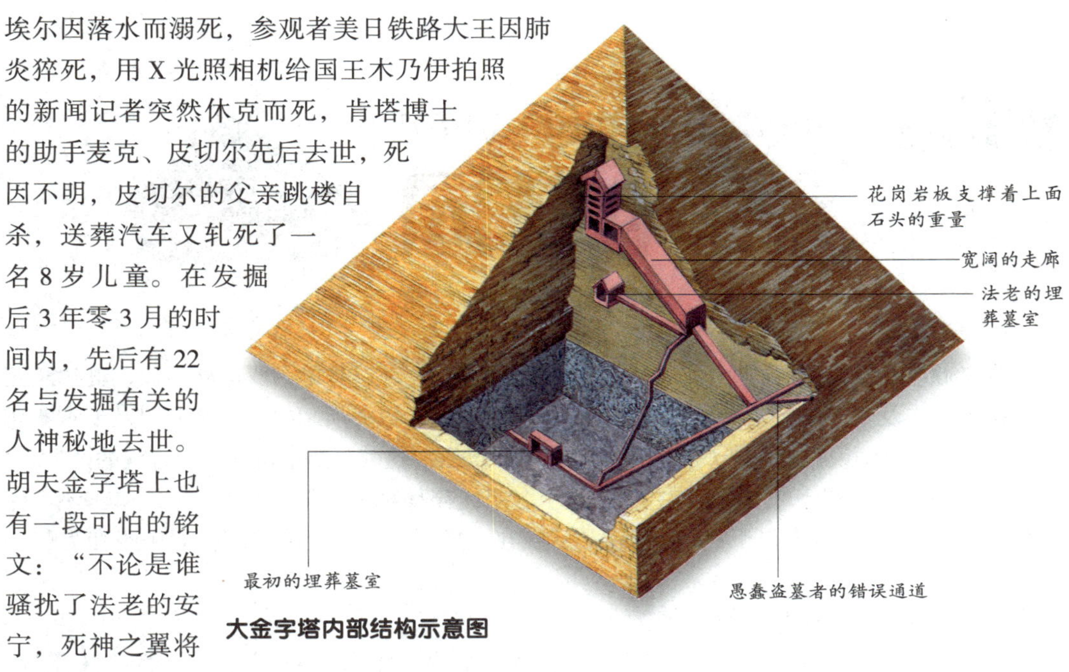

大金字塔内部结构示意图

开罗大学伊瑟门塔亚博士认为，木乃伊体内存在着一种曲霉细菌，感染者的呼吸系统会出现问题，皮肤上出现红斑，最后因呼吸困难死亡。美国《医学月刊》曾刊登一篇调查报告：100名曾经到过金字塔观光的英国游客，在未来10年内死于癌症的竟达40%，而且，年龄都不大。而那些爬上金字塔顶的人，都很快出现昏睡现象，无一生还。最近，迈阿密贝利大学的化学教授达维多凡从金字塔中检验出衰退的辐射线，很显然，这正是英国游客患癌的主要原因。但是，金字塔外却没有这种辐射。可见，金字塔的结构可以防止放射线的外泄。因此，达维多凡提出了一个推断：金字塔是史前外星人的核废料储存所。但是这种推测似乎与金字塔结构效应相矛盾。

考古学家们在大金字塔进行内部设计技术研究时，发现塔内密室中藏有一件冰封的物件。探测仪器显示该物体内部有心跳频率及血压，这使人相信冰封底下是某种具有生命力的生物。据同时在塔内发现的一卷象形文字资料记载：5000年前，一辆飞天马车从空中坠落在开罗附近，并有一名生还者。古卷中称这位生还者为"设计师"。考古学家联想到塔中的冰封生物可能就是参与金字塔设计与建造的外来世界的智能使者。所谓飞天马车可能就是我们今天所说的UFO的星际交通工具。

那么，发现于金字塔中的千年不化的冰格是怎样制造出来的？是否可以唤醒冰封状态中的外来使者呢？金字塔是否既是法老陵墓又是星际联系的文明标志呢？

科学家们普遍认为金字塔内确实存在一种超自然的因素，能够产生一种超自然的力量，而这种超自然的因素是什么呢？为什么能够产生超自然的力量呢？这种种问题，目前仍然没有结论。

巴比伦空中花园

kong zhong hua yuan

在2500年前，一名希腊经师写下了眩人耳目的七大奇观清单：罗得岛巨像、奥林匹亚宙斯神像、埃及金字塔、法洛斯灯塔、巴比伦空中花园、以弗所阿提密斯神庙以及毛索罗斯王陵墓。这位经师说：七大奇观，心眼所见，永难磨灭。这就是所谓世界七大奇观的由来。

巴比伦空中花园当然不是建在空中，这个名字纯粹是对希腊文的意译。其实，应译作“梯形高台”，所谓“空中花园”实际上就是建筑在“梯形高台”上的花园，后来蜕变为英文paradise（天堂）。

巴比伦空中花园是什么时间建造的呢？

一般认为，巴比伦空中花园是在幼发拉底河东面，距离伊拉克首都巴格达大约100千米，是在巴比伦最兴盛时期尼布甲尼撒二世时代（公元前604 ~前562年）建造的。

千年古都巴格达曾是阿拉伯鼎盛时期阿拔斯王朝的首都，向来以文学艺术和雕塑绘画著称于世，世界名著《一千零一夜》中许多故事的出处都在巴格达。然而，美丽的巴比伦空中花园究竟在哪里呢？

据历史记载，巴比伦是公元前626年迦勒底人建立的新巴比伦王国的遗址，主要由阿什塔门、南宫、仪仗大道、城墙、空中花园、石狮子和亚历山大剧场等建筑组成。遗址一直埋在沙漠中，直到20世纪初才被发现。而汉谟拉比（公元前1792 ~前1750年）时代的古巴比伦王国遗址，至今还被埋在18米深的沙漠底下。

古巴比伦女神雕像

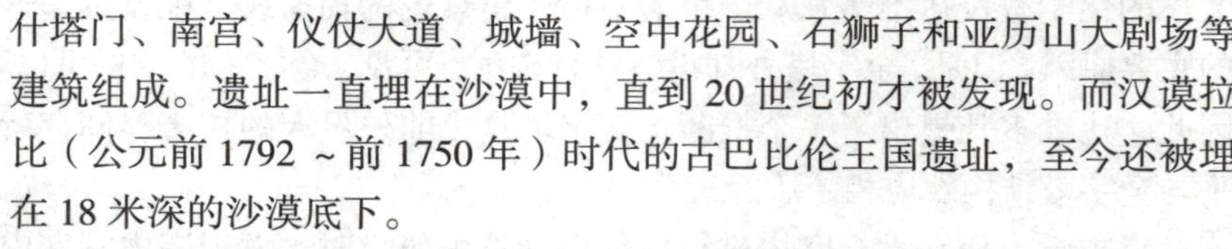

在遗址宫殿北面外侧不远的一堆矮墙中间是一个深深的地下室，散发出一种异样的味道，原来这就是空中花园的所在地，阿拉伯语称其为“悬挂的天堂”。据说，花园建于皇宫广场的中央，是一个四角锥体的建筑，堆起纵横各400米、高15米的土丘，共有7层，每层平台就是一个花园，由拱顶石柱支撑着，台阶并铺上石板、芦草、沥青、硬砖及铅板等材料，眼前只有盛开的鲜花和翠绿的树木，而不见四周的平地；同时泥土的土层也很厚，足以使大树扎根；虽然最上方的平台只有20平方米左右，但高度却达105米（相当于30层楼的建筑物），因此远看就像一座小山丘。

更有历史学家放言道：“从壮大与宽广这一点看，空中花园显然远不及尼布甲尼撒二世宫殿，或巴别塔，但是它的美丽、优雅，以及难以抗拒的魅力，都是其他建筑所望尘莫及的。”

然而这么豪华的“天堂”现在却什么也看不到了，只有一段修复后的低矮墙中残留的一小块原址遗迹，旁边有一口干枯的老井。据说这就是当年空中花园的遗存品，但经过考证，现在仍不能确认这就是真正的空中花园遗址，因为这里离幼发拉底河20多千米，而资料记载空中花园就在河边上。事实上，大半描绘空中花园的人都从未涉足巴比伦，只知东方有座奇妙的花园。而在巴比伦文本记载中，也没有一篇提及空中花园。所以真正的空中花园在哪里，至今没人能说得清楚。

至于为什么要建造奇特的巴比伦空中花园，古代世界就有两种不同的说法。

一种说法是，公元前1世纪中叶，西西里岛的希腊历史学家狄奥多罗斯在他的40卷《历史丛书》中提及，“空中花园”由亚述女王塞米拉米丝供自己玩乐所建。空中花园或许真的曾名噪一时，但塞米拉米丝却实无其人，她只是希腊传说中的亚述女王。

另一种说法是，巴比伦祭司、历史学家贝罗索斯（公元前3世纪前期）写过一部向希腊人介绍巴比伦历史和文化的著作，曾提及公元前614年巴比伦国王去世，新国王尼布甲尼撒即位后，迎娶了北方国米提之女安美依迪丝为妃。而米提是一个山国，山林茂密，花草丛生。出生于米提的王妃，骤然来到长年不雨的巴比伦，触目皆是黄土，不觉怀念起故乡美丽的绿丘陵来。她日夜愁眉苦脸，茶不思，饭不想，这可急坏了巴比伦国王。怎么办呢？他请来了许多建筑师要他们在京城里建造一座大假山。经过几年的营造，也不知花费了多少奴隶的血汗，一座大山终于造好了。山上还种上了许多奇花异草。这些花木远看好像长在空中，所以叫作“空中花园”。花园里，还建造着富丽堂皇的宫殿，国王和王后得以饱览全城的风光。据说，米提公主从此兴高采烈，思乡病一下子消失得无影无踪。

虽然空中花园已全部为荒漠所吞噬，但同伊甸园一样，空中花园的传说一直吸引了无数人。很长时间以来，许多古代的著作对它是否真的存在过表示疑问。19世纪，德国考古学家罗伯特·科德卫发现了一些证据，他认为可以证明空中花园确实存在过。第一条线索是若干个石拱，它们可以轻易支撑住树林、土壤、岩石以及导水管的巨大重量。接着，他又发现一根轴，从屋顶一直延伸到地面，这可能就是一口井，空中花园的水也就从这里抽取。进一步的研究表明，屋檐正下方的地面曾用于某种形式的储存。这极可能是一个蓄水库。今天美索不达米亚一带气候干燥、缺少石材，空中花园离幼发拉底河又有一段距离，而花园的花离不开水，那么它是如何解决供水问题的呢？如果真是这样的话，在水泵发明几个世纪前，水又是如何被运到屋顶花园的？

古巴比伦城墙遗址

空中花园想象图
当时人们可能从幼发拉底河里抽水灌溉空中花园梯形平台上种植的花草树木。

公元前1世纪的历史学家兼作家斯特拉博曾记载："有专门的旋转式螺旋桨把水送到屋顶。这些螺旋桨的功能就是不断地从幼发拉底河抽取水源以滋润整个花园。"尽管人们一直把这种旋转式螺旋桨视为阿基米德螺旋泵，并且由于它能够较好地输送大量水源，最终引发了全世界农业的革新，然而奇怪的是，古代文卷中没有一处特别提到巴比伦曾使用过这种水泵。可这种水泵却被另一位统治者亚述国王塞纳恰诺波使用过，他的都城设在尼尼微，横跨巴比伦西北部的底格里斯河。

专家们认为，空中花园应该要有完善的输水设备，由奴隶不停地推动连系的齿轮，把地下水运到最高层的储水池中，再经过人工河流往下流以供给植物水分。同时美索不达米亚平原没有太多石块，因此研究员相信花园所用的砖块定是与众不同，相信它们被加入了芦苇、沥青及瓦，狄奥多罗斯甚至指出空中花园所用的石块加入了一层铅板，以防止河水渗入地基。

事实究竟如何呢？迷人的空中花园，将无尽的谜尽藏于腹中，还有待进一步考证。

罗得岛巨人雕像之谜

ju ren diao xiang

希腊邮票上的罗得巨像——太阳神赫利俄斯穿着短裤，头戴太阳冠冕，左手按剑于腿上，右手托着火盆在头顶上，双腿叉开立于两座高台上，背后是海港，胯下是出入口航道。那样的巨像该有多大？据说神像高约32米，以450吨青铜铸成，站立的石座高达四五米，巨人的手指头有几人合抱之粗，大腿中空，内部可居住一家人。

罗得巨像建于公元前292～前280年，历时12年完成。巨像与希腊神话中的一则故事有关：远古时代，希腊诸神为争夺神位而混战，宙斯最终成为最高的统治之神。宙斯给诸神分封领地时，唯独忘了出巡天宫的太阳神赫利俄斯。等赫利俄斯归来时，宙斯指着隐没于爱琴海深处的一块巨石，将其封给赫利俄斯。巨石欣然升出海面，欢迎太阳神的到来。赫利俄斯以爱妻之名命名那里为罗得岛。

后来的历史渐渐失去了神话色彩。公元前408年，罗得国控制了爱琴海几个岛屿，向地中海沿岸殖民，引起雅典、斯巴达、马其顿、波斯人的嫉恨与恐慌。公元前 305 年，波斯的季米特里国入侵罗得岛，全岛居民撤守罗得城。波斯人围困一年未能攻陷，只好撤离该岛。走时匆忙，将攻城装备和大批兵器遗弃于城下。罗得人感谢太阳神的保佑，决定将收集的金属器材熔化铸造一尊赫利俄斯的神像。铸成的巨大铜像立于港口，雄镇海疆。

巨像坠倒的时间确认在公元前 225 年。在一次大地震中太阳神像坍塌，倒在原地。这就是说，神像立于基座不过 55 年，这可能是罗得巨像记载不详的原因之一。

巨像倒地后，断成几截，后人记载称："底座只剩下巨像的双脚，其他部分全散落地上，露出中间的铁质骨架。"

罗得人认为这是神的意志，不愿再加修复。后来罗得城从破坏中复苏，繁荣不减当年，要复原巨像毫无问题，然而再也找不到像以前的艺术大师，只好任其自然了。

巨像散落后，为何消失得无影无踪？此谜有三解：

第一，公元 653 年，阿拉伯人占领罗得岛，看中了神像残骸的巨大物质价值，击碎躯体，搬走碎块，运往意大利，变为废铜出售。

第二，铜像可能被人盗走，赃船在海上遇风沉没了。

12 世纪的编年史，记载了阿拉伯人捣毁巨像的细节：阿拉伯人用粗绳系住巨像残腿，用力把它拉倒在地，将大块残体打碎以便于搬运，甚至就地起炉生火，将碎铜熔为锭块。在整个搬运过程中，阿拉伯人动用了 980 匹骆驼才将金属碎片运完。搬运使用了骆驼，金属残片显然是从陆路运走，即从罗得岛渡海运到最近的土耳其大陆，再以骆驼运到阿拉伯某地。若运去意大利出售，必然要装船海运，哪里还用得着骆驼？上述记录属于追记，并不全然可信。但加强了阿拉伯人毁灭铜像的可信性，排除了就地熔化铸为其他器械或盗运沉海的两种猜测。

第三，难道铜像残骸真的躺在地上达 887 年之久才被阿拉伯人拿走？不大可能。大概坠地不久便被入侵者或当地人就地熔化制成其他器械了。罗得岛从公元前 2 世纪开始，历经罗马帝国、拜占庭、阿拉伯、土耳其的统治。罗得人视太阳神像为圣物，肯定不会自行捣毁。

在罗马帝国时期，恺撒、庞培等帝王、贵族都曾到过罗得城游览，他们对太阳神巨像的精巧与庞大惊叹不已。罗马人不可能当废金属处理掉，很有可能运回本土收藏起来了。

然而，这仅仅是猜测而已，太阳神巨像的下落就像它的铸成一样，千百年来一直都是个谜。

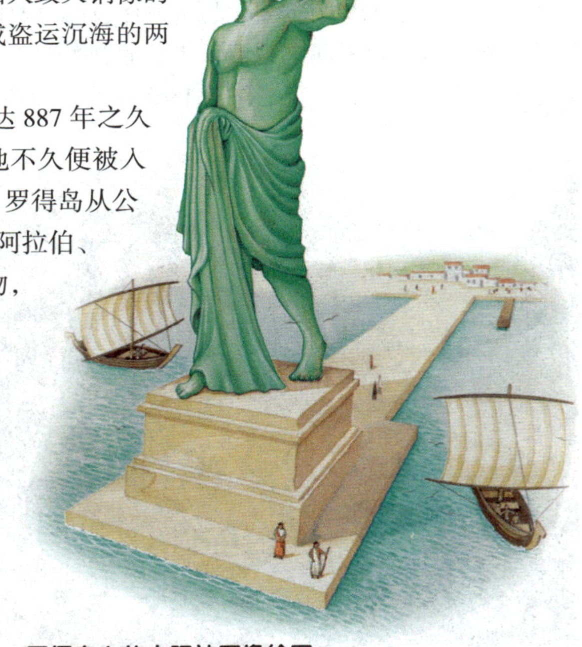

罗得岛上的太阳神巨像绘图

谁在何时建造了 ya li shan da deng ta 亚历山大灯塔

今日埃及最大海港城市亚历山大，早先是马其顿帝国的亚历山大大帝在埃及尼罗河口西面建立的一个古城。公元前 236 年，古希腊最为显赫的风云人物亚历山大在 20 岁时继承王位，成为马其顿国王。后来他率领希腊联军，在埃及尼罗河口一个地理位置优越的无名渔村，建起了这个希腊化的城市，并用自己的名字将其命名为“亚历山大城”，命大将托勒密驻守于此。

亚历山大大帝死后，埃及托勒密王朝开始兴起，亚历山大便成为托勒密王朝的首都并因此繁荣起来，加上亚历山大位于亚洲、非洲及欧洲三个洲的接合位置，亦能通往尼罗河及地中海的港口，可以想象当时亚历山大的繁荣景象，通商有多么发达，而且被称为“世界七大奇迹”之一的亚历山大灯塔更是照耀着港口，日夜注视着过往的人群，成为朝代更迭的观望者。

据史料记载，亚历山大灯塔建于公元前 285 年 ~ 前 247 年间，位于法罗斯岛，督造人为托勒密大将，也就是后来的托勒密王朝的国王，设计师是希腊人。建造此灯塔，一是为了方便当时人们的航海需要，另一方面也彰显亚历山大大帝的赫赫战功。自从亚历山大海角尖端的法罗斯岛有了它以后，塔顶的柴薪燃烧不息，地中海航船有了导航方向，夜航海难事件大大减少。它一直工作了 15 个世纪，即使亚历山大城多次地震，大部分房舍坍塌，

埃及亚历山大城遗址图中那个圆柱形可能就是后来人复制的亚历山大灯塔。

灯塔依然屹立不倒。

灯塔总高134米，比现代最高的日本横滨港灯塔还高28米。据说，由凹面金属镜反射出来的耀眼的火炬火光，使得夜晚航行的船只在距离它56千米的地点就能够找到开往亚历山大港的航向。灯塔塔身是由上、中、下三个部分组成的，全部以纯白色大理石砌成，缝隙用熔化了的铅液浇铸，坚如磐石。下层塔身底部呈方形，塔身随着上升逐渐收缩，高约71米，底部每一边长为高度的一半，上面四个角各安置一尊海神波塞冬的儿子口吹海螺号角的铸像，以此来表示风向方位。中层呈八角形，高约34米，相当于下层高度的一半。上层呈圆柱形，高约9米，上层塔身之上是一圆形塔顶，其中一个巨大的火炬不分昼夜地冒着火焰。塔顶之上铸着一尊高约7米的海神波塞冬青铜立像。塔身外围筑环形驰道盘旋到炉室，供马车拉运燃料。这灯塔实际上也是一座摩天大楼，内设300间厅室，供管理人员和卫兵居住。

亚历山大市的法罗斯灯塔是如此知名，以至于“法罗斯”一词已具有“灯塔”的含义。

然而传说只是传说，没有见到实物，终归是一个谜。难以相信2000多年前能够造出那样庞大的灯塔。一段时间以来，一直没有灯塔的任何实质性东西出现，以证明那个遥远的时代的确存在这样一座雄伟的灯塔，以至于人们不能不怀疑：2000多年前的亚历山大人果真能建造如此雄伟的巨塔吗？甚至有人认为，历史典籍中所描绘的高耸入云的亚历山大灯塔也许只是个美丽的传说。

在亚历山大城发现的刻有表现亚历山大大帝功绩的石雕艺术品。这也从一个侧面证实了亚历山大大帝的确修建过大灯塔。

后来经过考古学家们的考证，公元前235年的地中海大地震以及随之发生的海啸，将亚历山大城的无数建筑转眼间夷为平地，并使5万居民丧生，但法罗斯灯塔却奇迹般地保留了下来。不料在1301年、1302年先后两次的强烈地震将灯塔的部分震塌。

随后1375年又一次更加猛烈的地震，终于将残存的塔基倾覆于地中海海底。千百年傲视地中海狂风巨浪，为古代航海

亚历山大古城城墙遗址

事业做出非凡贡献的法罗斯灯塔从此销声匿迹。此后的一个多世纪中，亚历山大城战火纷飞，灯塔的光芒在弥漫的硝烟中逐渐被人遗忘。

特别是1472年，统治埃及的马穆鲁克王朝为了抵御外来入侵，干脆在灯塔的原址修造了一座军事要塞，命名为马穆鲁克要塞。

1994年，在灯塔旧址附近修筑防波堤时，意外地发现古代石料船之类的东西，于是令世人瞩目的海底考古开始了。考察队在法罗斯灯塔旧址周围发现了公元3世纪地震时没入海底的大量古代文物，其中有托勒密王朝末代女王克娄巴特拉的王宫，她的情夫、罗马统帅安东尼的宫殿，许多小型的人面狮身石像，有头部重达5吨的托勒密王朝二世时期的，其身体和雕像的底座也在附近被发现，底座长达3.5米，侧面刻有托勒密王朝二世的称号。另外在海底还发现一组巨型雕像，总数达2000具以上。它们体积巨大，高度多在13米以上，重达数十吨。经过长时间水下搜索，考察队终于找到了法罗斯灯塔塔身。经测量，灯塔边长大约36米。在灯塔的每个侧面，都有大量的精美巨型雕像作为装饰。可以想象，昔日的灯塔是何等的壮观！

令人困惑的是，打捞中还发现了古埃及的方尖塔。它是太阳神的象征，也是法老时代的遗物。该方尖塔的头部是花岗岩制成，高1.44米，尖端为金字塔状，在塔的下面用象形文字刻有赛帝一世的名号和它统治的第19王朝守护神的形象。据推测，此文物应有3000多年的历史，见证了过去的沧桑。此外，刻有大量的象形文字和法老时代的符号的文物也重见人世。披着神秘面纱的亚历山大灯塔终于得以再现人间，人们对灯塔长期以来是否存在的疑问被彻底打消了，但灯塔周围为什么发现大批雕像和石材，甚至公元前3000年前古埃及时代的遗物，这留给人们太多的猜测，而且灯塔本身到底是在什么时候建造的也无从探索。

有人认为，灯塔本身是出自3000多年前法老时代的古埃及人之手。更多人认为，灯塔是托勒密王朝所建，这些古埃及时代的雕像和石材只是亚历山大大帝征服埃及后从古埃及神庙征调来的。也许这是一种合理的解释，毕竟当时战火纷飞，亚历山大率军远征，所到之处无所不能，这些东西作为战利品被运回也是可能的。

今天的亚历山大拥有250万人口，每年的夏天有100多万人来此避暑。港口年吞吐货物量2760万吨；在港口的海角的确有一座灯塔，但与古灯塔相比却大为逊色。1892年由避暑行宫改建的希腊—罗马博物馆，收藏着零散的文物，展示亚历山大饱经沧桑的历史，但亚历山大灯塔究竟是在什么时候由什么人建造的，至今迟迟不见定论。

重见天日的古罗马庞贝城

gu luo ma pang bei cheng

在意大利半岛西南角坎佩尼地区有一座历史悠久的历史名城——庞贝城。它曾经是罗马富人寻欢作乐的胜地；它曾经是一座人口超过 2.5 万人的酒色之都；它也曾经是一座背山面海的避暑小城。然而在一夜之间，这一切都灰飞烟灭了。

公元 79 年 8 月 24 日这一天，维苏威火山醒过来了。刹那之间，火山喷出的灼热岩浆四处飞溅；浓浓的黑烟，裹挟着滚烫的火山灰，铺天盖地地降落到庞贝城。令人窒息的硫磺味弥漫在空气中，弄得人头昏脑涨。很快，厚约 5.6 米的熔岩浆和火山灰就毫不留情地将庞贝城从地球上抹掉了。

1748 年，一位当地的农民偶然发现了埋葬于地下 1000 多年的庞贝城。即使到今天，庞贝城也只有 3/5 被考古学家们发掘出来，仍有许多死难者、器具和建筑物被深深地掩埋在地下，尽管如此，富丽堂皇的庞贝城也使人们产生无限遐想。

庞贝城占地面积 1.8 平方千米，用石头砌建的城墙周长 4.8 千米，有塔楼 14 座，城门 7 个，蔚为壮观。纵横的 4 条石铺大街组成一个“井”字形，全城被分割成 9 个区，每个城区又有很多大街小巷相通，金属车轮在大街上辗出了深深的车辙，历历在目，仿佛马车刚刚驶过一般。

庞贝遗址

庞贝原是一个平凡的城市，住着平凡的市民，在历史上充其量只能占一个不起眼的地位。但是一场浩劫把它从活人的世界上抹去，把庞贝人的生活冻结了十几个世纪。

在大街的十字路口都设有高近 1 米、长约 2 米的石头水槽，用来向市民供水。那么水槽里的水又是从哪里引来的呢？原来水槽与城里的水塔相通。水塔的水则是通过砖石砌成的渡漕从城外高山上引进来的，然后分流到各个十字路口的公共水槽中，这个系统也为贵族富商庭院的喷泉和鱼池供水。

画家笔下的庞贝末日

公元79年，维苏威火山的喷发悲剧触动了那些19世纪参观过庞贝城的艺术家，图为一幅表现庞贝末日的油画。

庞贝城里还有3座大型剧场，其中最大的一座剧场位于城东南，建于公元前70年，可容纳观众2万人，也可以当作角斗场，当年人与人、人与兽的角斗就曾在这里举行。

这座大型剧场的东侧还有一座近似正方形的圆形体育场，边长约130米，场地三边用圆柱长廊围住，黄柱红瓦，金碧辉煌，场地正中是一个游泳池。这个体育场估计能容纳观众1万余名。

城西南有一个长方形广场，是全城政治、经济和宗教中心，四周建有官署、法庭、神庙和市场。城市至少建有一座公共浴室，冷热浴、蒸汽浴样样俱全，还有化妆室、按摩室，装修也十分到位，墙上还用石雕和壁画装饰着。

庞贝城遗址充分反映了古罗马社会的道德沦丧，一部分人沉溺于酒色，纸醉金迷，生活糜烂。庞贝城明显有两多：一是妓院多，二是酒馆多。不堪入目的春宫画画满了妓院的墙壁，各种淫荡的脏话在墙壁上随处可见，城内酒店林立，店铺不是很大，酒垆与柜台都在门口，酒徒可以站在柜台外面喝酒，酒鬼们在一些酒店的墙壁上留下了信手涂鸦的歪诗邪文，至今依稀能够辨识出来。

比起埋在地下20～30米深且被新城覆盖的赫库兰尼姆，庞贝城埋在地下平均深度为3.6米，较易发掘，但要运走那么多的泥石，也不是一件容易的事。目前，整个庞贝遗址就是一座博物馆，用外墙围住，不准任何人居住，更不准车辆入内，而在遗址外围，逐渐形成了一座几万人的游览城市。

庞贝城复原图

共和国时代典型的庞贝城式房屋，有镶嵌式地板和墙壁漆画。

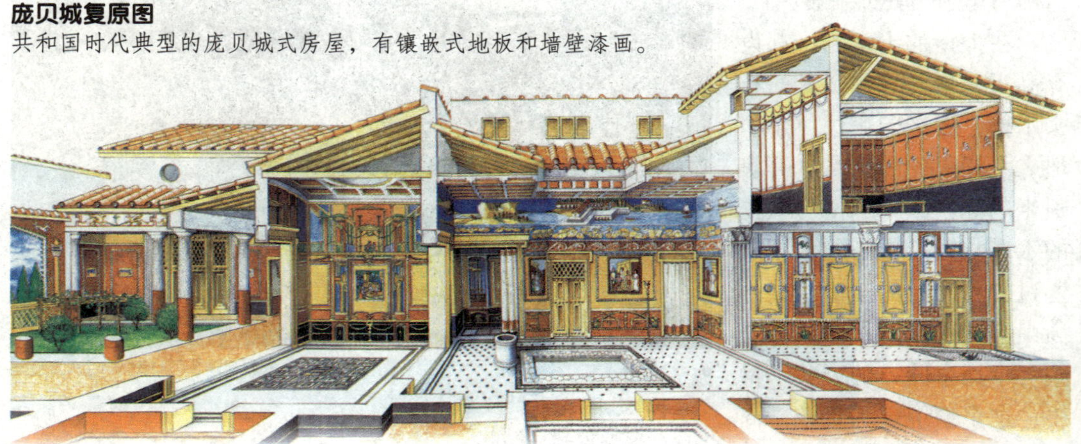

一座死城在科学家们的努力下重见天日。它反映了古罗马时代城邦居民的日常生活，是一座世界少有的天然历史博物馆。

雄伟壮观的 tai yang men 太阳门之谜

在层峦叠嶂的安第斯高原上，有一个名叫提亚瓦纳科的小村庄，它位于秘鲁东南部靠近玻利维亚边境的地方。小小的提亚瓦纳科村本身并没有什么出奇之处，但在村庄附近却有一个散落在长 1000 米、宽 400 米范围内的大遗迹群。这就是世界闻名的印加时期的提亚瓦纳科文化遗址。

遗址被一条大道分成两部分，大道一侧是阶层式的阿加巴那金字塔，另一侧是至今仍保存得很完整的卡拉萨萨亚建筑，在卡拉萨萨亚西北角就是美洲古代最卓越的古迹之一——太阳门。

太阳门是由一整块重达百吨以上的巨石雕刻而成的，它高 3.048 米，宽 3.962 米，中间凿开了一个门洞。据说，每年 9 月 21 日黎明时分，第一缕曙光总是会很准确地从门中央射入。

太阳门

太阳门位于秘鲁的蒂亚瓦纳科城，它是古印加文化最为杰出和典型的代表，它是用一整块巨石雕刻而成的。

这座雄伟壮观的太阳门是怎样建造起来的呢？它又有什么用处呢？对于这些疑问，至今还没有人能做出正确的解答。

关于太阳门的来历，在当地有两种传说，一说是由一双看不见的大手在一夜之间把它建造起来的，另一说是由一个外来的朝圣者变出来的。

然而，传说毕竟是传说，代替不了历史事实。为了弄清太阳门的真实来历，许多国家

古印加石城遗址

像太阳门一样，印加人的多数建筑都采用整块巨石雕刻，这是奥兰太坦特的台形门。

的学者们做了大量艰苦卓绝的工作，也取得了很大的进展。

美国考古学家温德尔·贝内特用层积发掘法，证明太阳门和其他一些建筑是在1000年正式建成的。这里曾经是一个宗教圣地，朝圣的人们跋山涉水去那里参加仪式，可能在朝拜的同时采运了石料，建造起了神殿，而太阳门就是这座神殿的一部分。

以上观点得到了很多学者的支持，但如果真是这样的话，却有一些事情无法解释。据估计，在当时要把数十吨甚至上百吨重的石块从5千米外的采石场拖拽到指定地点，每吨至少要65人和几里长的羊皮拖绳，这样就得有一支2.6万人左右的队伍，而要解决这支大军的吃住，非得有一个庞大的城市才行，这在当时还没有出现。

著名的玻利维亚考古学家卡洛斯·桑西内斯认为，提亚瓦纳科曾经是一个举行宗教仪式的中心场所，而太阳门则是卡拉萨亚庭院的大门。门楣的图案反映了宗教仪式的场面。

美国的历史学家艾·托马斯则认为，这里并不是一个宗教中心，而是一个大商业中心，或者说文化中心。阶梯通向之处是中央市场。

1949年，苏联的几位学者成功地破译了太阳门上的部分象形文字，发现它是个石头天文历，只不过它不是一年365天，而是290天，即在一年中的12个月里，10个月24天，2个月25天。这样的历法在地球上有什么用呢？于是有人推测提亚瓦纳科文明来自外星世界，它是某一时期外星人在地球上建造的一个城市，太阳门是外空之门。

印加库斯科城遗址

库斯科古城曾是印加人的政治、经济、文化和交通中心。在印加文化衰落后，随着西方殖民者的入侵，印加古城也就完全衰落，只留下废墟一片。

又有人根据这里的另一处象形文字，发现太阳门上留有大量天文方面的记载，记录了2.7万年前的天象，其中还有地球捕获到卫星的天象，而当初卫星的“一年”是288天。由此就可以得出结论，太阳门是当时人用来观察地球卫星用的。

然而，这种解释本身就难以让人信服。在2.7万年前，最先进的地球人还处于石器时代，他们有这样高深的天文知识和高超的建筑技能吗？

太阳门的秘密还需要人们进一步探索。

马耳他地窖 ma er ta di jiao 是庙宇还是坟墓

在马耳他岛繁荣兴旺的佩奥拉镇，一家貌不惊人的小食品店的下面却埋藏着地中海地区一座令人赞叹不已的遗迹——马耳他地窖。马耳他地窖自从发现以来已经吸引了众多的观赏者，但是你可知道这座地窖最初是如何被发现的。

马耳他地窖是建筑工人开凿岩石修建蓄水库时偶尔发现的，起初工人是利用马耳他地窖来堆放碎石废泥的，并且还堆放了垃圾。但是有一个工人认为这个洞穴不同寻常，它好像不是自然形成的，它更像是人工加工的石室。于是，这位工人就将这个发现向当地的考古学家报告，而考古学家的调查，不仅证实了这位工人的发现是具有重大意义的，而且还发现了更多的令人不解的现象。

马耳他地窖里面石室众多，好比一座地下迷宫，最深处距离地面10米，石室一间一间连通，上下有三层。游人游览时莫不对地窖的独特构造啧啧称奇。马耳他地窖的开凿工程十分浩大，它的建筑特色，包括石柱和屋顶，与马耳他岛的许多的古墓、庙宇如出一辙。但是马耳他地窖是庙宇还是坟墓，这个问题现在还没弄明白，是困惑着众多的考古学家的一个难题。

马耳他岛的庙宇是建筑在地面上的，而这座在石灰岩中凿出的地窖的结构迥异于通常的庙宇，是完全在地底的，而且考古学家在地窖范围内越向下挖掘，越发觉这不是一座庙宇，尤其当发现地窖内竟然有70具骸骨的时候，试想，哪一座的庙宇里面竟然有如此多的尸骨。地窖既然不是庙宇，那么它到底是什么作用？它又是什么年代筑成的？

马耳他哈尔·萨夫列尼的地下陵墓的墓室。这个墓室全部用条形石块砌成。

地窖的建筑年代较容易解答。因为马耳他岛上与这个地窖建筑风格相似的庙宇多建于公

哈尔·萨夫列尼的地下陵墓的门。这个门是进入地下墓室的唯一通道。

元前2400年左右，当时岛上石器时代的居民以牛角或者鹿角所制成的凿子或者楔子，用石锤敲进岩石以进行开凿，建成了不少宏伟的庙宇。而当时居民所用的建造工具也在考古发掘时被挖掘了出来。

在马耳他地窖里面，有一个名为“神谕室”的石室，石室里有一堵墙壁削去了一块，后面是状似壁龛、仅容一人的石窟。一个人坐进去像平时一样说话，声音就可以传遍整个石室，并且没有任何的失真。女人因为说话声音较高，所以不能产生同样的效果。这座石室就在靠近顶处的地方，沿着四周的墙壁开凿了一道脊壁，女人的声音就可以沿着这道脊壁向四处传播了。

因为这个石室的发现，考古学家推测这座地窖可能是在宗教方面有特殊用途的建筑，而这个石室说不定就是祭司的传谕所。而且祭司祭祀的大概是女神，因为考古学家在地窖里发现了两尊女人的卧像，她们都是侧身躺卧的。另外还有几尊特别的肥大应该是以孕妇作为蓝本的侧卧像。这些证据显示地窖可能是崇拜地母的地方。然而，不管崇拜什么神，这座地窖的阴森恐怖的环境一定会使前来敬神求谕的人肃然敬畏、诚惶诚恐。这座巨大的建筑深埋地下，里面是阴暗不见天日，置身这样宽大的石室中，诡秘幽玄的气氛无处不在，充溢着石室。

大约公元前2000多年，马耳他属于巨石文化时代，此图是当时一座神殿的遗址。这些遗址都用巨石建成，巨石之间不用任何黏和物，但巨石之间吻合得天衣无缝。

这样看的话，地窖或许就是一座庙宇。但是，就是在这座地窖里，还有一个宽度不足20米的小室，小室里竟然有70个人的骸骨，这应该怎么解释呢？很明显，这种现象说明它已经不是庙宇的用途了。这70多具骸骨，并不是一具具完整的骷髅，因为那么小的地方是根本不可能容纳那么多的骸骨的。骸骨在室内是散落的，说明是以一种移葬的方式集中到室内的。这种埋葬方式，在原始民族中是很普遍的。所谓移葬就是土葬若干年后，尸体腐烂成了骷髅，然后捡拾遗骨重新埋葬。那么地窖就应该是善男信女的永久安息之所了？如此说来，这座地窖既是供人礼拜的庙宇又是供死者安息的坟墓。难道马耳他岛上的居民早期的宗教信仰里包含了崇拜死者吗？

没有人知道马耳他岛的居民是从什么时候开始如此安放骨殖的？也没有人知道为什么要如此的安放骨殖。同样，没有人知道为什么这座庙宇会变为坟墓？或者它本身就是一座坟墓，抑或这座建筑物的初期就已经具有了庙宇与坟墓的双重功能。许多屹立在地上的庙宇是模仿早期的石墓建造的，说不定这座地窖就是把这种建筑方式倒转了过来，是一座模仿地上庙宇而兴建的地下坟墓。马耳他岛的这种举世无双的地下建筑到底是什么用途？为什么如此建造？大概就永远成不解之谜了。

重现于世的 wu ge gu cheng 吴哥古城

历史总留下很多遗憾，光阴总毁去太多珍奇。庞贝古城、玛雅文化遗址已让人们感慨不已，吴哥古城更在丛林之中吸引着人们的目光。吴哥古城是柬埔寨的象征，它是人类文化宝库中的明珠。它与埃及金字塔、中国的长城、印度尼西亚的婆罗浮屠并称为“东方四大奇观”。12 世纪前半叶，吴哥王朝进入全盛时期，信奉婆罗门教的高棉国王苏利耶跋摩二世，为了祭祀“保护之神”毗湿奴，炫耀自己的功绩，而建造了著名的吴哥窟（小吴哥）。

大吴哥位于吴哥窟的北部，是阇耶跋摩七世统治时期建造的新都。吴哥城规模非常宏伟壮观，护城河环绕在周围。城内有各式各样非常精美的宝塔寺院和庙宇。在吴哥城中心的是巴扬庙，它和周围象征当时 16 个省的 16 座中塔和几十座小塔，构成一组完美整齐的阶梯式塔形建筑群。重现于世的吴哥古迹，具有独特和永久的魅力，这使世人为之倾倒、赞服，同时又使人们产生了无穷的遐想和许多疑问。

疑问之一，是何人建造了美妙绝伦的古城。它的每一块石头都是精雕细琢，遍布浮雕壁画，其技巧之娴熟、精湛，想象力之丰富，使人难以置信，以至于长时间流传着吴哥古迹是天神创造，不可能出自凡人之手的说法。在垒砌这些建筑时，没有使用黏合剂之类的材料，完全靠石块本身的重量和形状紧密相连，丝丝入扣。时至今日，吴哥古迹的大部分建筑虽历经沧桑，仍岿然不动。吴哥古迹充分向人们展示了柬埔寨人民高度的艺术才能和伟大的智慧。

吴哥城遗址

吴哥城出土的女子立像

疑问之二，通过对吴哥城的规模进行估计，在这座古城最繁荣的时候，至少近百万居民生活在这儿。可是为什么这样一座繁荣昌盛的都城竟会淹没在茫茫丛林里呢？它的居民为什么都不见了呢？有人猜测，流行瘟疫或霍乱之类的疾病，使他们迅速地在极短时间内全部死去。还有人猜测，可能是外来的敌人攻占这座城市后，将城里的所有居民赶到某一地方做奴隶去了。

疑问之三，在柬埔寨历史上，放弃吴哥是一个具有重要转折意义的事件，它标志着一度强大的吴哥王朝的瓦解。那么，是不是有别的因素呢？中国一些学者认为，这种结局与暹罗人的不断入侵有关，这使得高棉人做出了撤离吴哥的最终决定。自从暹罗人不断强大后，使高棉人蒙受深重的灾难和巨大的损失。日益衰竭的国力使高棉人无法应付暹罗人的挑战，只好采取回避的方法。O.W. 沃尔特斯博士也有相似的看法。但是他认为，吴哥王朝的衰弱和抵抗力的丧失，并非完全是暹罗人所造成，而是高棉王族之间内部矛盾斗争发展的后果。暹罗人入侵，从而导致了吴哥王朝放弃古城之举。

15 世纪上半叶，吴哥王朝被迫迁都金边，曾经繁华昌盛的吴哥城杂草丛生，逐渐被茂密的热带森林所湮没。由于有关柬埔寨中古时代的史料极其缺乏，重现于世的吴哥古城只能有待后人去探索研究。

令人惊奇的土耳其地下城市

di xia cheng shi

世界上有许多神奇而又古老的地方，土耳其的卡帕多基亚就是其中之一。它位于土耳其的格尔里默谷地，有许多奇形怪状的石堡，这一地貌是由火山熔岩硬化后形成的。真正使卡帕多基亚闻名世界的是这里地下城市的发现。

地下城示意图
①地下街道　②小教堂　③通风井　④箱式床　⑤滚轮门

地下城市确确实实存在着，可谁是它的建造者呢？它们是什么时候建成的？用途又是什么？对此，人们众说纷纭。当然也有人举出具体的史实加以考证。

史实之一是，据记载在基督教诞生早期，这一新生宗教的信徒为了寻找避难之地来到了此地。最早的一批大约在公元2世纪或3世纪至此，以后一直延续到拜占庭时期，也就是阿拉伯军队攻打君士坦丁堡（即今伊斯坦布尔）的时候。然而考古学家发现他们并不是真正的建造者，因为在他们到来之前地下城市就已存在。

这一带的地基是由凝灰岩构成的，因为附近就是火山群。只要有黑曜岩，即火石，地基就十分容易被凿空，而火山在这一地区十分常见。就这样，也许花了不过一代人的时间，地基就被掏空了。地下城市大多是超过13层的立体建筑。在最低的一层，人们甚至发现了闪米特时代的器物。

问题是人们修建这些地下城市有什么用途？他们为什么要躲避在地下？一个最有可能的原因是出于对敌人的畏惧。那么谁又是敌人呢？

首先，假设地面上的敌人拥有军队，在地面上，他们肯定能看到耕种过的土地和没有人烟的房屋。而地下城市里建有厨房，炊烟将通过通气井冒出地面，很容易被敌人发觉。要把待在鼠洞般的地下城市里的人们饿死或者憋死是一件轻而易举的事。所以，有研究者

凝灰岩石堡

推测，人们恐惧的不是地面上的敌人，而是能飞行的敌人。这个猜测是否有道理呢？

当然有。根据闪米特人在他们的圣书《科布拉·纳克斯特》中的记载，我们知道所罗门大帝曾经利用一只飞行器把这一地区搞得鸡犬不宁。不仅他本人，他的儿子、所有服从他的人，也都曾乘坐过飞行器。阿拉伯历史学家阿里·玛斯乌迪曾描述过所罗门的飞行器，并大致介绍了他的部族。当时的人类对于飞行器现象产生恐惧，这是很有可能的。也许他们曾被剥削、奴役过，所以每当报警的呼喊响起来的时候，人们就纷纷逃进地下城市。当然这种说法也仅仅是一种推测。人们至今仍不知道土耳其地下城市的真正用途，但神秘的地下城市却引起人们更多的关注。

斜而不倒的意大利比萨斜塔

yi da li bi sa xie ta

意大利比萨斜塔修建于 1173 年，由著名建筑师那诺·皮萨诺主持修建。它位于罗马式大教堂后面右侧，是比萨城的标志。开始时，塔高设计为 100 米左右，但动工五六年后，塔身从 3 层开始倾斜，直到完工还在持续倾斜，在其关闭之前，塔顶已南倾（即塔顶偏离垂直线）3.5 米。1990 年，意大利政府将其关闭，开始进行整修。

在实际工作中，许多专家对比萨斜塔的全部历史以及塔的建筑材料、结构、地质、水源等方面进行充分的研究，并采用各种先进的仪器设备进行测试。比萨中古史学家皮洛迪教授研究后认为，建造塔身的每一块石砖都是一块石雕佳品，石砖与石砖间的黏合极为巧妙，有效地防止了塔身倾斜引起的断裂，成为斜塔斜而不倒的一个因素。但他仍强调指出，当务之急是弄清比萨斜塔斜而不倒的奥妙。

从事观测该塔的专家盖里教授根据比萨斜塔近几年来倾斜的速度推测出，斜塔将于 250 年后因塔身的重心超出塔基外缘而倾倒。但是公共事务部比萨斜塔服务局的有关人员却对盖里教授的看法提出了反驳，认为只按数学方式推算是不可靠的，比萨斜塔是一个由多种事实交织成的综合性问题。另一些研究者通过调查发现，比萨斜塔塔身曾一度向东倾斜，尔后又转向南倾斜，他们同样认为250年后该塔会不会倒不能局限于简单的假设和预测。

比萨斜塔全景

比萨斜塔位于比萨市奇迹广场，它是由著名建筑师皮萨诺建造的。比萨斜塔奇特的结构和宏伟的外观吸引了众多游人，它与大教堂、洗礼堂和公墓构成了比萨“奇迹区”。

当然，最关心斜塔命运的自然是比萨人，尽管他们也对斜塔的倾斜感到担忧，但更多的是骄傲和自豪，为自己的故乡拥有一个可与世界上任何著名建筑媲美的斜塔而感到自豪。他们坚信它不会倒下，他们有这样一句俗语：比萨塔像比萨人一样健壮结实，永远不会倒下去。他们对那些把斜塔重新纠正竖直的建议深恶痛绝。如1934年，相关部门在塔基及四周喷入90吨水泥，实施基础防水工程，塔身反而更加不稳，向周围移动，倾斜得更快。

人们目前还难以预言比萨斜塔今后的命运，但仍感叹它斜而不倒的壮观景象。

如何解释 qin shi huang ling mu 秦始皇陵墓之谜

秦始皇陵墓位于西安市临潼区东，背靠骊山，面临渭水。据《史记》记载：秦始皇13岁即位（公元前247年）就开始建造自己的陵园，直到死时（公元前210年）建成，历时37年。为造秦陵，当时征发了所谓的“罪人”有72万之多。秦始皇陵墓规模宏大，气势雄伟，经勘察，面积达57平方千米，分内外两城，内城周长2.5千米，外城周长6千米，呈南北长方形。秦陵的布局，东侧1500米处是大型兵马俑坑，西侧是车马陪葬坑及大批刑徒墓地，西北角有面积相当大的秦代石料加工场，南面还有一道长达1500米防止洪水冲毁陵墓的人工堤渠。据《史记》记载，陵墓内挖地极深，用铜液浇灌加固，上面放置棺椁；墓中建有宫殿及文武百官的位次，还有大量的珠宝玉器等；为防盗墓，里面设有弩机暗器，地底下又灌注水银，造型似江河、大海，以机械转动川流不息；又用鱼油膏做成蜡烛，点燃长明，久不熄灭。

秦始皇陵墓至今还未完全发掘。科学家利用高科技手段对秦始皇陵墓进行了多次探测，也由此引出了一系列谜团：秦始皇陵墓的封土取自何处？史料中记载的“旁行三百丈”究竟是什么意思？秦陵司马道究竟是南北走向还是东西走向？是谁点燃了秦宫火？

秦始皇陵封土堆呈覆斗形，高 76 米，长和宽各约 350 米，如此大规模的封土堆是国内之最。体积如此庞大的封土取于何处，历来人们说法不一。在临潼地区长期流传着一种说法，认为封土堆的土是从咸阳运来的，因经过烧炒，所以秦陵上寸草不生。关于秦始皇陵的封土来源，史书中也多有记载。《史记·秦始皇本纪》中说，“复土骊山”。《正义》注释道：“谓出土为陵，即成，还复其土，故言复土。”意思是说把原来从墓穴中挖出来的土，再回填到墓上去。《水经·渭水注》记载：“始皇造陵取土，其地深，水积成池，谓之鱼池。池在秦始皇陵东北五里，周围四里。”今天在秦始皇陵封土东北 2.5 千米的鱼池村与吴西村之间，确实有这处地势低洼、形状不规则的大水池，有人曾估算鱼池总面积达百万平方米。于是郦道元“取土于鱼池”的说法也得到了不少考古专家的认可。究竟秦始皇陵的封土取自何处，还要通过大量的勘测、体积还原计算和对比才能最后定论。

《汉旧仪》一书中有一段关于修建秦陵地宫的介绍：公元前 210 年，丞相李斯向秦始皇报告，称其带了 72 万人修筑骊山陵墓，已经挖得很深了，好像到了地底一样。秦始皇听后，下令“再旁行三百丈乃至”。“旁行三百丈”一说让秦陵地宫的位置更是显得扑朔迷离。近些年来，科技人员运用遥感和物探的方法对秦始皇陵进行了多次探测，

秦兵马俑

证实了地宫就在封土堆下，距离地平面35米深，东西长170米，南北宽145米，主体和墓室均呈矩形。秦始皇陵的地宫虽然被定位，但史料记载“旁行三百丈”究竟何意？有专家认为：“旁行三百丈”是地宫初挖点比原来计划向北移了700米。因为在封土堆南约700米处出现了重力异常的现象，按地质理论说明该异常区与周围土质存有差异。所以有人推断，秦始皇陵地宫最初挖掘点可能位于这个异常区，因土中含有大量砾石，修陵人无法挖掘，只好向北移到了目前封土堆的位置。也有专家认为，秦始皇陵封土堆南部紧挨骊山，由于山间冲积扇的原因，山下的地层中分布着厚层的砾石，修陵人从地宫向南挖巡游通道时，遇到了大砾石，最后不得不顺着砾石层改向挖掘，即所谓的“旁行三百丈”。

秦俑头

古时候，帝王在世时专用的道路叫“御道”，而死后特意为其专修的道路就叫“神道”，也叫司马道。司马道一般也是帝王陵墓的中轴线，具有重要的考古意义。可是秦始皇陵司马道究竟是南北走向还是东西走向，考古学家和地质专家说法不一。袁仲一、王学理等众多秦陵考古专家都一致认为，秦陵的司马道为东西走向，即陵园面向东。但也有专家认为，陵园南高北低，背依骊山，俯视渭河，南北高差达85米，陵园面向北是再合适不过了。同时，其他国君大多将封土堆安置在“回”字形陵园的中部，而秦始皇陵的封土堆却位于内城南半部，从对称角度讲，司马道东西走向说不通。

另外，火烧秦陵仅仅是一种燎祭方式还是项羽所为？在对秦始皇陵的发掘过程中，考古专家发现了陵区有大面积的火烧土分布，同样考古专家在对秦陵陪葬坑的挖掘中也发现了大量火烧土和残余焦木。有人认为这正验证了历史上项羽火烧秦宫的记载。但也有人提出，如果是项羽火烧了秦陵，那么陪葬坑里的珍宝为什么没有被运走？珍禽异兽坑虽然遭到了火烧，但坑内却完好保存着精美的铜鹤、铜鹅、铜鸭子等，这让人觉得不可思议。于是有专家认为火烧陵墓很可能是当时的一种祭祀方式，即所谓的燎祭。

立射俑　2号坑出土

这种兵俑均是战袍轻装，左腿微拱，右腿后绷，左臂向左侧半举，右臂横曲胸前。这与我国古代的立射之道相吻合。

关于秦始皇陵众多谜团的种种说法，只是人们根据已有材料的推断。我们期待着秦始皇陵墓的进一步考古发掘，也期待着考古专家们早日为我们揭开这些谜团。

小雁塔为何乍离乍合

xiao yan ta

小雁塔底层北门楣有明嘉靖三十年（1551年）“王鹤刻石”的刻石题字，上面写道：“荐福寺塔肇自唐，历宋元两代，明成化末长安地震，塔自顶至足中裂尺许，明澈如窗户，行人往往见之。正德末地再震，塔一夕如故，若有神合比之者。”原来小雁塔是由于一次地震裂开的，不过又在另一次地震中自己将裂缝合上了，真是奇怪至极。

清初名学者贾汉复、王士祯等人记述了小雁塔的另一次裂合：“荐福寺塔……十五级，嘉靖乙卯（1551年）地震裂为二，癸亥（1563年）地震复合无痕，亦一奇也。”这第二次的裂开，距王鹤刻字所记不到5年，经过了8年又第二次自然复合起来了。

清道光十八年（1838年），钱咏在其著作《履园丛话》中又有这样的记载：“西安府南十里有雁塔，嘉靖乙卯地震，塔裂为二，癸亥复震，塔合无痕。康熙辛未（1691年）塔又裂，辛丑复合，不知其理。”后面记载的是前一次砖塔复合128年后小雁塔又一次裂开，再经30年后自然复合的第三次裂合事实。一个砖塔经过6次地震不倒塌，反而自然复合，确是一件令人难解的奇事。

小雁塔

此塔里有一口重万余斤的金代大铁钟，钟声洪亮，“雁塔晨钟”为关中八景之一。

第四次裂开虽无具体时间记载，但是这是解放后许多人共睹的事实，自顶至足有30多厘米宽的裂口，后经西安市人民政府进行加固和整修，才恢复了原来的面貌。

小雁塔的自裂自合共有3次，这到底是怎样形成的呢？近年来有人推测，小雁塔的离合和西安地区地面裂缝的发展和消亡的机理是一样的，是地壳运动在不同物体上的不同表现，是一种“同质异相”，即地裂、塔裂，地合、塔合。一般裂开时要快速猛烈一些，容易被人们注意到。而合拢起来时则要缓慢得多，地壳在均衡的调整应力的作用下，会自动地缓缓合拢。

由于合拢的速度小，所以一般不为人注意。

这种因地壳运动引起小雁塔的离合之说，还不能完全令人信服。因为除了小雁塔之外，西安地区在小雁塔发生离合的三次地震中，并没有其他自动离合的例子出现，为什么独独小雁塔会四离三合呢？也许当科学更发达的时候，小雁塔离合之谜就会被揭开了。

悬空寺之谜

xuan kong si

悬空寺位于山西浑源县，距大同市65千米，是国内仅存的佛、道、儒三教合一的独特寺庙，属于国家重点文物保护单位。悬空寺始建于1400多年前的北魏王朝后期，北魏王朝将道家的道坛从平城（今大同）南移到此，古代工匠根据道家“不闻鸡鸣犬吠之声”的要求建成了悬空寺。

悬空寺距地面高约50米，悬空寺建造的位置山势陡峻，两边是直立100多米、如同斧劈刀削一般的悬崖，而悬空寺就建在这悬崖上，它给人的感觉像是贴在悬崖上似的，从远处抬头望上去，看见的是层层叠叠的殿阁，只有数十根像筷子似的木柱子把它撑住。而悬空寺顶端那大片的赭黄色岩石，好像微微向前倾斜，马上就要塌下来似的。

于是有不少人用建在绝壁上的“危楼”来描述悬空寺，那么这座绝壁上的“危楼”又是怎么建造的呢？它又为什么要建造在悬崖绝壁上呢？又是什么原因使它历经千年仍旧保存得如此完好呢？

近些年来，专家们对悬空寺进行了多次实地考察，提出了许多新观点。

有专家认为悬空寺之所以能够建在悬崖上，主要是由“铁扁担”把楼阁横空架起。专家们介绍说，从三官殿后面的石窟侧身探头向外仰望，会发现凌空的栈道只有数条立木和横木支撑着。这些横木又叫作“铁扁担”，是用当地的特产铁杉木加工成为方形的木梁，深深插进岩石里去的。

据说，木梁用桐油浸过，所以不怕被白蚁咬，还有防腐作用。这正是古代修筑栈道的方法，悬空寺就是用类似修筑栈道的方法修建的，把阁楼的底座铺设在许多“铁扁担”上。与此同时，也有专家指出悬空寺之所以能够悬空，除了借助“铁扁担”之力以外，立木（即柱子）也立下了汗马功劳。这些立木，每一根的落点都经过精心计算，以保证能把整座悬空寺支撑起来。

据说，有的木柱起承重作用；有的是用来平衡楼阁的高低；有的要有一定重量加在上面，才能够发挥它的支撑作用，如果空无一物，它就无所借力而“身不由己”了。

还有专家认为悬空寺全寺40间殿阁，表面看上去支撑它们的是十几根碗口粗的木柱，

悬空寺

其实有的木柱根本不受力，所以有人用“悬空寺，半天高，三根马尾空中吊”来形容悬空寺。而真正的重心撑在坚硬岩石里，利用力学原理半插飞梁为基。也就是在山崖上先开凿好窟窿，将粗大的飞梁插到这些窟窿里，这插到山里的一大半支撑着楼体，露在外面的一小半便是楼阁的基石。这样，看上去像是空中楼阁平地而起，实际上楼阁的重心在山体。悬空寺到底是怎样建造的，专家们各持己见，争论不休。

那么悬空寺又为什么要建造在悬崖绝壁上呢？又是如何保存得如此完好呢？人们也是说法不一。有人说以前这里暴雨成灾，只好把寺建在悬崖上，悬空寺处于深山峡谷的一个小盆地内，全身悬挂于石崖中间，石崖顶峰突出部分好像是一把伞，使古寺免受雨水冲刷。山下的洪水泛滥时，也免于被淹。也有人说以前这里是南去五台、北往大同的交通要道，悬空寺建在这里，可以方便来往的信徒进香。而且浑河河水从寺前山脚下流过，当时常常暴雨成灾，河水泛滥，人们以为有金龙作祟，便想到建浮屠来镇压，于是就在这百丈悬崖上悬空修建了寺院。另外，也有人指出这里的山势好像一口挂起来的锅一样，中间凹了进去，而悬空寺恰好就建在锅底。这种有利的位置，不仅使得塞外凛冽的大风不能吹袭悬空寺，而且寺院前面的山峰又起了遮挡烈日的作用。

据说，在夏天的时候，悬空寺每天只有 3 个小时的日照时间，这也正是悬空寺为什么能够历经千多年风吹日晒，仍然牢牢地紧贴在峭壁上的重要原因之一。近些年有专家指出，悬空寺之所以历经千年而保存得如此完好，除上述原因外，也归功于它奇特的建造。

悬空寺除一进寺门有一条长不及 10 米，宽不到 3 米的长方寺院可容数十人外，其余楼台殿阁尽由狭窄廊道和悬梯相连，游人只能鱼贯缓行，不会造成拥挤现象，这就大大减轻了游人对廊道和悬梯的压力。

另外也有专家认为悬空寺还有一个与众不同的特点，就是“三教合一”。在寺院北端的最高层，有座三教殿，中国佛、道、儒三大教派的释迦牟尼佛、老子、孔子端坐一殿。自古以来，各教派为赢得百姓崇信，各执己见，争论不休，故天下寺殿多是分立，而悬空寺却将三教融入一殿，实为罕见。而悬空寺内佛、道、儒三教兼有，历代朝野臣民对其都倍加爱护，这也是其完好无损的一个重要原因。

远望悬空寺，其凌空欲飞，似雏燕展翅；近观，如雕似刻，镶嵌在万仞峭壁。“飞阁丹崖上，白云凡度封。蜃楼疑海上，鸟道滑云中。”古代诗人用这样优美的诗句赞美悬空寺，并非夸张。唐朝大诗人李白游完悬空寺，大笔一挥，写下“壮观”二字。明代旅行家徐霞客当年游历到此，惊叹悬空寺为“天下巨观”。悬空寺以其独特的建筑风格和文化内涵吸引着古往今来的游人，那一个个至今尚未被世人解答的谜也给悬空寺增加了几分神秘。

为何称西夏王陵为“东方金字塔”

dong fang jin zi ta

970多年前，西北大地耸立着一个与宋、辽鼎立的少数民族政权——“大夏”封建王朝，西夏语为“大白高国”。因其位于宋、辽两国之西，历史上称之为“西夏”。它东尽黄河，西界玉门，南接萧关，北控大漠，地方万余里，倚贺兰山以为固，雄踞塞上，立朝189年，传位十主。

13世纪，蒙古迅速兴起并日渐强大，开始对外扩张和掳掠，西夏便成为蒙古对外扩张的首要目标。1227年，成吉思汗包围西夏都城兴庆府达半年，威震四方的成吉思汗虽战无不胜，但西夏人拼死抵抗，双方陷入苦战之局。

经过一番惊心动魄的战斗，蒙古大军攻下了西夏都城兴庆府，接着在城里四处抢掠、大肆屠杀，铁骑所到之处，白骨蔽野。历时189年，曾在中国历史上威震一方的西夏王朝灭亡了，党项族也从此消失。只有贺兰山下一座座高大的土筑陵台——西夏王陵，仍然默默矗立在风雨之中，展示着神秘王朝的昔日辉煌。

于是，西夏王朝留给后人的，只剩下这些历史遗迹和一个又一个难解之谜。元人主修的《宋史》、《辽史》和《金史》中各立了《夏国传》或《党项传》，但没有为西夏编修专史，这无疑给研究人员增加了困难。近年来，研究人员试图从那些废弃的建筑、出土文物和残缺的经卷中，寻找西夏王国的踪迹，以求破译众多谜团。

西夏陵园出土的石柱础

从20世纪70年代开始，考古人员对矗立在荒漠中的西夏王陵进行了科学的考察和研究，清理了一座帝王陵、四座陪葬墓、四个碑亭及一个献殿遗址，并从中发现了

东方金字塔——西夏王陵

西夏陵园在明代以前被掘被毁，地面建筑只剩遗址，但仍保存着大量的建筑材料和西夏文，这对破译西夏王陵留给世人的独特谜题有着重大的价值。

一些很珍贵的西夏文物。

这些文物中有西夏文字，有反映西夏人游牧生活和市井生活的绘画，有各式各样的雕塑作品，有“开元通宝”、“淳化通宝”、“至道通宝”、“天禧通宝”、“大观通宝”等各个时期的流通钱币，有工艺精巧的各类铜器、陶棋子等文物。更让人惊讶的是，这当中出土了大量造型独特的石雕和泥塑。

与此同时，考古工作者还对陵区进行了多次全面系统的测绘与调查，陆续发现了新的大小不等的陵墓。发现的陵墓从15座增加到70多座，后又增加到200余座。

截至1999年共发现帝陵9座、陪葬墓253座，其规模与河南巩县的宋陵、北京明十三陵相当。东西5千米，南北10多千米，总面积50多平方千米，如此规模的皇家陵园在中国实属罕见。人们还惊奇地发现，在精确的坐标图上，9座帝王陵组成一个北斗星图案，陪葬墓也都是按星象布局排列！为什么要这样排列呢？至今仍没人能够解释。

西夏王陵和其他陵园相比，有自己的特点。西夏王陵三号陵园陵城和角阙形制具有西夏佛教的显著特点。研究人员在清理陵塔墙基周围的堆积物时，未发现有登临顶端的任何形状的阶梯、踏步，角阙附近也仅发现大量的砖瓦及脊兽残片，而未发现明显的方木支撑结构，由此专家们推测角阙之上应为一种实心的，用砖瓦、脊兽垒砌的高低错落的塔式建筑，而绝非可以拾级而上的亭台楼阁，而在此出土的铜铃应为佛塔角端悬挂的装饰物。

研究人员说这种在陵园中修建的佛塔式象征性建筑目前尚属首见，这可能与西夏尊崇佛教有直接关系。另外陵园所有角阙和门阙皆由一座座大小不一的佛塔组成，与陵塔遥相呼应，形成一座气势恢宏的具有浓郁民族特色的建筑群。研究人员推想，西夏王陵应是以高大宏伟的密檐塔状陵台为中心，四周围绕高低相间、错落有致的佛塔群，从而使整个陵园充满尊崇佛法的宏大气势，突出了西夏王陵别具一格的建筑特色。

西夏王陵另一个与众不同之处是，它放置石像的位置。石像生自东汉创制以来，列于陵园正门外的神道两侧，成夹道之势。而西夏却将月城作为列置石像生之地，与传统的正门外神道两侧置石像生完全不同。

考古工作者从月城残留的遗迹现象中，已找出了四条摆放石像生的夯土台基，台基呈窄长条形，南北长41.5米，东西宽3.7～3.9米。月城出土了数百块石像生碎块，研究人员根据石像生碎块的分布状况分析，一条夯土台阶上可能有5尊石像生，两条台阶上约摆放石像生10尊。三号陵园石像生的摆放状况可能是4排20尊，改变了宋陵将石像生群列于神道两侧“一”字排开的做法，这样使石像生更加集中、紧凑，缩短了陵园的南北纵向距离，形成了“凸”形的基本结构，与宋陵方形布局有明显不同。

研究人员认为，把文臣武将集中摆列在月城，突出了皇家陵园的威严和气势。西夏陵月城的设置不同于宋陵，研究人员认为西夏陵园平面可能是仿国都兴庆府城之平面。陵园前凸出的一块，是仿常见的城门外之瓮城，突出了月城保卫陵园（陵城）的作用，可见西夏人仍按古代“视死如生”的丧葬要求设计陵园。

另外，研究人员在西夏王陵还发现了中原地区陵墓所没有的塔式建筑。据此有关专家推测，西夏王陵可能吸收了中国秦汉以来，特别是唐宋陵园之所长，同时又受到了佛教建筑的巨大影响，使汉族文化和佛教文化、党项民族文化三者有机地结合在一起。

西夏王陵以其独特之处吸引着众多研究者，而那一个个未解之谜也给它增加了几分神秘，使它备受人们的关注。

故宫为何称为紫禁城

zi jin cheng

故宫旧称紫禁城。明永乐四年至永乐十八年（1406 ~ 1420 年），明成祖开始修建故宫，明、清两代 24 个皇帝在此执政。

紫禁城为皇家宫殿，红墙黄瓦，金碧辉煌，为什么称皇家宫殿为紫禁城呢？大致有如下三种说法：

一种说法认为这与古时候“紫气东来”的这个典故有关。传说老子出函谷关，有紫气从东至，被守关人看见，不久，老子骑着青牛姗姗而来，守关人便知道这是圣人。守关人请老子写下了著名的《道德经》。因此紫气便被认为具有吉祥含义，预示着帝王、圣贤和宝物出现。由此可知紫禁城中“紫”大有来头。皇帝居住的地方，防备森严，寻常百姓难以接近，所以称为紫禁城。

另一种说法认为紫禁城的来历与迷信和传说有关。皇帝自命为是天帝之子，即天子。天宫是天帝居住的地方，也自然是天子居住之地。《广雅·释天》曰：“天宫谓之紫宫。”因此皇帝住的宫殿就被称为紫宫。紫宫也称为紫微宫，《后汉书》说：“天有紫微宫，是上帝之所居也，王者立宫，象而为之。”《艺文类聚》记：“皇穹垂象，以示帝王，紫微之则，弘诞弥光。”

还有一种说法认为紫禁城的来历与古代“皇垣”学说有关。古时，天上星垣被天文学家分为三垣、二十八星宿及其他星座。三垣指太微垣、天市垣和紫微星垣。而紫微星垣是代称天子的，处于三垣的中央。紫微星即北斗星，四周由群星环绕拱卫。古时有“紫微正中”和“太平天子当中坐，清情官员四海分”之说。

故宫太和殿云龙石刻御路

太和殿云龙石刻御路在殿前正面中央，大块青石雕刻而成，两边施以青石阶及汉白玉栏。刻工精细，下有山海之势，上有盘龙戏珠之妙，云气腾绕，可谓气象殊观。

既然古人将天子比作紫微星垣，那么紫微垣也就成了皇极之地，所以称帝王宫殿为紫极、紫禁、紫垣。“紫禁”的说法早在唐代即已有之，王维《敕赐百官樱桃》诗曰：“芙蓉阙下会千宫，紫禁宋樱出上兰。”北京故宫占地1087亩，南北长961米，东西宽753米，周长约7华里，全部殿堂屋宇达9000多间，四周城墙高10余米，称这座帝王之城为紫禁城不仅名副其实，且含天子之城的意思。考察故宫中的建筑，象征着“天”的崇高和伟大的太和殿，位于故宫中极，是最高大突出的地方；象征着天和地的乾清、坤宁二宫紧密相连；它们两侧的日精、月华二门，象征着日和月；而象征着十二星辰的东西六宫以外的数组建筑则表示天上的群星。这些象征性的建筑群，拱卫着象征天地合璧的乾清、坤宁二宫，以表明天子“受命于天”和“君权神授”的威严。

故宫的旧称——紫禁城，从“星垣”学来看，其命名与建筑设计可以说是高度统一、珠联璧合的。

北京古城墙为何独缺一角

bei jing gu cheng qiang

《光绪顺天府志》说，北京城雉堞11038，炮窗2108。内城周长约四十里。墙高三丈五尺五寸，围栏高五尺八寸，通高四丈一尺三寸。明洪武、永乐年间都重修加固城垣。宣德九年（1434年），以五城神机营军工和民夫修城垣。这时才把城垣外壁包上砖。正统元年到四年（1436～1439年）才建成九门城楼和桥闸、月城（平常叫瓮城）和箭楼等。城垣内壁也包上砖。各城门外立牌楼，内城四隅各立角楼。城外挖壕建石桥。嘉靖年间又在南边增修了二十七里的外城。修建北京城一直是“皇极用建，永固金汤”的大事。

全城以前门至地安门为中轴，正南正北，整齐如划。从1972年和1975年美国发射的两颗地球资源卫星在北京上方900多千米的高空拍摄的卫星照片上看，最为清晰的就数明代修建的内城城墙形象了。一般说来，城墙应修筑成方形的，中国的一些古城大都如此。可是北京内城城垣的西北角却不呈直角，城墙到了这里，却成了东北－西南走向的。这究竟是为什么呢?

长期以来,人们一直解不开这个谜。

有人从地形上进行分析:元时大都的北城墙,在现今德胜门和安定门以北五里处,至今遗迹犹存。它的西北角并无异常,是呈直角的。明代重修北京城,为了便于防守,放弃了北部城区,在原城墙南五里处另筑新墙。新筑的北城墙西段穿过积水潭最狭窄的地方,然后转向西南,把积水潭的西端隔在城外,于是西北角就成了一个斜角。明初时,积水潭的水远比现在要深得多,面积也大得多。为了城墙的坚固和建筑的需要,城墙依地形而呈抹角是合乎情理的,所以这种观点被很多人所接受。

第二种说法是,从国外卫星影像分析,北京城西北角既有直角墙基的影像,又有斜角的墙基影像。这两道墙基的夹角为 35° ~ 36°,正东正西墙基线正位于元代海子西北端北岸附近,和东段城墙在同一纬线上,这说明这里确实曾修过城墙。可是为什么没有修成呢?通过卫星影像还可以看到,从车公庄到德外大街有一条地层断裂带,正好经过城的西北角与那段直角边斜向相交。现在的北京城是明朝永乐年间修建的,建成时北京城四角都是直角。但明清两代,北京及其附近地区经常发生强烈地震,每次地震北京城西北角从西直门到新街口外这段城墙都要倒塌。虽经重修多次,但无论建得怎样坚固,总是被地震震塌。据考证,原来地下地基不牢,可能有活断层。皇帝陛下不得不屈服于地震的威力,决定将西北角的城墙向里缩一块,避开不稳定地段。以后北京地区虽又经历几次地震,城墙却再没有倒塌。这就是为什么缺一个角的原因。

第三种说法是,北京城的设计处处都有含义,其中不修全可能是因为上天的暗示。如紫禁城这个名字取自紫微星垣,紫微星垣系指以北极星为中心的星群。古人认为紫微星垣乃是天帝的居所,而群星拱卫之。所以自汉以来皇宫常被喻为紫微。为佐证这个说法,紫

故宫俯瞰

钟楼和鼓楼

钟鼓楼位于北京古城中轴线的北端，建于明永乐十八年(1420)，后经重修。钟楼内悬大钟，鼓楼内有巨鼓，为明清时向全城鸣钟击鼓报时之处。

禁城内特意设有七颗赤金顶（分别是五凤楼四颗，中和殿、交泰殿、钦安殿各一颗），喻北斗七星。有七星在此，谁能说不是天上宫阙？所以北京城墙缺一角必然有什么含义。其中就有这么一个故事，在明初年，燕王修建北京城，命手下的两个军师刘伯温和姚广孝设计北京城的图样。他们俩在设计的时候，不知为什么眼前都出现了哪吒的模样，他们很害怕，哪吒说：不用害怕，我是上天派来的，告诉你们要如何建造都城，你们按我手中的图建造吧。于是两个人就都各自照着画了。姚广孝画到最后，吹来了一阵风，把哪吒的衣襟掀起了一块，他也就随手画了下来。后来建城的时候，燕王下令：东城照刘伯温画的图建，西城照姚广孝画的图建。姚广孝画的被风吹起的衣襟，正好是城西北角从德胜门到西直门往里斜的那一块，所以至今那里还缺着一个角呢！

北京城墙到底为什么缺少一角现在仍不得而知。令人叹息的是，北京城墙现已拆除殆尽，城墙缺一角之谜也许将永远不得破解。

中国明十三陵碑文之谜

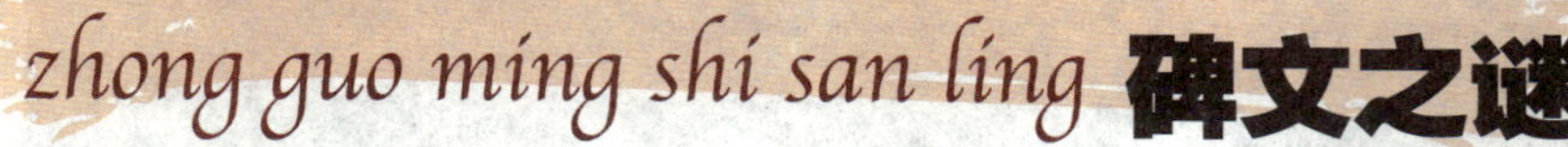

明王朝自朱元璋创立后，历经几百年，其间有辉煌也有没落，中国资本主义的萌芽就是从明王朝开始的，在中国历史上，它占有举足轻重的地位。明王朝为历史留下许多不解之谜，其中十三陵的无字碑，便给后人留下许多想象的空间，这里面蕴藏着何种奥秘呢？

在这十三陵中，只有明成祖朱棣的石碑上有碑文，这块长陵石碑，正面刻有“大明长陵神功神儒碑”字样，下面刻有朱棣儿子明仁宗亲自题写、为其父歌功颂德的3000余字的碑文。既然十三陵中的第一陵有碑文，其余十二陵为什么不刻上碑文呢？

顾炎武在访问十三陵之后写出的《昌平山水记》中这样说：传说嗣皇帝谒陵时，问过随从大臣：“皇考圣德碑为什么无字？”大臣回答说：“皇帝功高德厚，文字无法形容。”而《帝陵图说》给出了另外一种解释，《帝陵图说》写道，明太祖朱元璋曾说：“皇陵碑记，都是大臣们的粉饰之文，不能教育后世子孙。”他这一批评，使翰林院的学士们，再不敢为皇帝写碑文了。后来，写碑文的任务，便落在嗣皇帝的肩上。所以孝陵（太祖）碑文是成祖朱棣亲撰，而长陵（成祖）的碑文，是明仁宗朱高炽御撰。

但明仁宗以后各碑的碑文，为何嗣皇帝不写了呢？据说，长、献、景、裕、茂、泰、康七陵门前，并没有碑亭和碑。到了嘉靖时才建，嘉靖十五年（1536）建成，当时礼部尚书严嵩，曾请世宗撰写七陵碑文，可是嘉靖帝迷恋酒色，又一心想成仙，哪有心思写那么多的碑文，因此就空了下来。

世宗以外的各皇帝，看到祖碑上无字，自己也就不便只为上一代皇帝写碑文，但如果都写的话，也没有太多的精力。因此，一代一代的皇帝传下来，就出现了这些无字碑。实际上，自明朝中期以后，皇帝多好嬉戏，懒于动笔，而最主要的原因是，如不加以粉饰，他们所谓的“功德”已不能直言了，因而这些皇帝干脆不写了。

还有人认为，这些皇帝是效仿武则天。因为武则天是一个聪明的人，“无字碑”立得真聪明，功过是非让后人去评论，这是最好的办法。这些皇帝们知道自己有可以肯定的地方，但同时肯定也有应该否定的地方。他们知道对自己的一生人们会有各种各样的评价，碑文写好、写坏都是难事，因此才决定立“无字碑”，功过是非由后世评说。

不管这些说法怎样，到现在，这些无字碑还在十三陵中，同那些皇帝一起，真正是做到了功过是非由后世评说。

避暑山庄 bi shu shan zhuang 为何钟情于青砖灰瓦

河北承德避暑山庄是中国最后一个封建王朝清朝的皇家宫殿。承德地处古北口外，其地理位置在清代很受统治者重视，顺治帝曾来围场北部察看过地形。自康熙四十一年（1702年）开始，从北京到承德及至围场沿途中修建了8处行宫，到乾隆中期，口外已有14处行宫。

正宫门

此“避暑山庄”门额为康熙皇帝亲题。

避暑山庄和北京故宫同是清代皇家宫邸，但是避暑山庄里的建筑并不像故宫那样金碧辉煌，而却全部罩以灰瓦，这是为什么呢？

避暑山庄是按照康熙皇帝的意思建造的。康熙在中国历史上可算是一位远见卓识、文武兼备的明君，他对于当时社会经济的恢复和发展、反对外来殖民势

避暑山庄内的建筑

力的侵略和颠覆、维护国家的统一和国内各民族的团结都做出了杰出贡献。他一生南征北战，学贯中西、知识渊博，在数学、天文、地理、医学、书法、诗画等方面都有研究。他更提倡节俭，常以“勤俭可以兴邦，奢侈可以亡国”的道理来勉励自己。正因为如此，1703年，康熙在修建承德离宫时，提倡以朴素淡雅为主要建筑格调，下令这里的所有建筑全部以灰瓦罩顶。

其中最能体现他这一思想的，便是避暑山庄的正殿“澹泊敬诚”殿。此殿全部为楠木结构，俗称“楠木殿”。殿顶为灰瓦，天花板及门窗全部为楠木雕刻。殿内“宝座”上方高悬“澹泊敬诚”匾额，这四字的意思，就是康熙严于律己的节俭思想。他从诸葛亮的《诫子书》中得到启发。诸葛亮在写给儿子诸葛瞻的信中曾有这样两句话，即“非澹泊无以明志，非宁静无以致远”，意在告诫其子应该如何修身、立志、治学。康熙对此十分欣赏，于是按此意把避暑山庄的正殿取名为“澹泊敬诚”殿。这样，“澹泊”二字可解释为恬淡寡欲，没有奢望，而“敬诚”二字便可引申为只有在宁静之中才能修身、养德，达到远大的目标。

既然避暑山庄外罩灰瓦，可建在离宫旁边的外八庙为何却又金碧辉煌呢？康熙和乾隆经常在承德接待漠北、漠南、青海、西藏、四川，以及台湾等地的少数民族上层人物；邻国的使节也来避暑山庄觐见皇帝。为尊重各民族的宗教信仰，避暑山庄周围建起了汉族、蒙古族、藏族等不同风格的寺庙，俗称“外八庙”。清政府在这里进行了一系列政治活动，以缓和民族矛盾，调节外交关系。外八庙位于离宫东面和北面的山麓间，其实共有12座（现存9座）。这些寺庙是按照清朝统治者的意图，实行“佛法两施”的政策而建造的宗教建筑，不仅形状高大巍峨，而且装饰华贵，更以金碧辉煌取胜。屋顶除有金漆、彩画、琉璃瓦外，有的寺庙还用上了金瓦，大大超过了皇宫的规制。这与离宫的灰瓦相比，恰恰成了十分鲜明的强烈对比。原来，皇帝这么做是为了怀柔的需要，这一切都表现了清帝“尊崇黄教、绥服远藩”的政治需要。

因此，承德不仅是清帝与后妃们避暑的胜地，也成为北京以外的第二个政治中心，对于巩固国内统一和防御外来侵略具有重要的意义。

第十篇
CHAPTER TEN

文化谜踪
Exploration of Culture

神异巨制——沙漠岩画

sha mo yan hua

在世界文明发源地之一的非洲有许多史前原始岩画，这些岩画精美绝伦，分布极为广泛，有十多个国家，如阿尔及利亚、埃塞俄比亚、埃及、莫桑比克、肯尼亚等都有这种原始的艺术作品保留下来，而且数量非常多，流传也很广。

这些岩画有相当复杂的表现形式和手法，还有丰富多彩的内容。粗犷朴实的笔画使用的是水混合红岩石磨成的粉末冷制而成的颜料，由于颜料中的水分能充分渗入岩壁内，长久接触后发生化学变化，使颜料浸进岩壁。因而很多年后，画面依然鲜艳夺目。

早在1721年，一个葡萄牙人旅游团从委内瑞拉出发到莫桑比克旅游观光，一个旅游团成员偶然在岩壁上发现了一幅画着动物的岩画。随后人们又发现了位于阿尔及利亚东部的巨大颜料库，它位于撒哈拉沙漠中的恩阿哲尔山脉，这条山脉长800千米，宽50～60千米，岩画的主要颜料就是那里蕴藏着的丰富的红砂土矿藏。1956年，一个法国探险队在这片广阔的山区里竟发现了1万多幅岩画作品。

科学家们根据这些岩画所反映的内容，推断撒哈拉地区以前并不是沙漠，这里曾生存着一群处在旧石器时代和新石器时代的人们，他们的谋生手段是猎取大型水栖动物，也放牧羊群。大量考古资料证实，公元前8000～前2000年，在地质学上是非洲寒武纪的潮湿期，那时撒哈拉地区并不是沙漠，而是一片布满热带植物的草原，这种草原正适合狩猎。

撒哈拉沙漠化后，岩画开始出现线刻的骆驼图像，多概括的几何图案。

非洲原始岩画中，有许多神秘的人物形象，有的是手持长矛、圆盾的武士，他们乘坐战车迅猛飞驰，仿佛雄伟的战士；有的场面则是人们射击野鹿和狩猎野牛，他们手持弓箭，个个身材魁梧。科学家们由此得出以下结论：当时战争频繁，战士甚至成为人们的职业，而在经济中占突出地位的是狩猎。画面上有些人戴着小帽子，身缠腰布；有些做出敲击乐器的样子；有些做出贡献物品的样子，仿佛是描述祭神的画面。其中还有巨大圆脑袋的人像，他们的服饰非常厚重笨拙，除了两只眼睛，脸上什么也没有，而且表情呆滞。人类发明了宇宙飞船以后才明白这些画的意思，现在的宇航员穿上宇航服、戴上帽子后，与那些圆头人像有着惊人的相似。

究竟是谁创作的非洲原始岩画呢？许多人认为是当地的土著布须曼人创作的。布须曼人的文化中心正是撒哈拉地区，在这个中心地区发现的许多岩画都可以证明这一点。北边的塔西里，南边的非洲中部及南部，东边的埃及的岩画都是从这个中心地区传播出去的。

而一些欧洲学者则坚持认为外来文化的传播创造了非洲史前岩画，有的干脆说非洲史前岩画是欧洲史前岩画的复制品。他们认为首批欧洲移民尼安德特人在公元前5万年左右来到非洲，大批克罗马侬人在4000年后移居非洲，他们是欧洲史前岩画的创造者，是他们把岩画带到了非洲。

但不少专家指出，岩画中表现了非洲一些部族的人种特征，例如非洲人一般都是高耸臀部，这是欧洲史前岩画中不可能有的。非洲岩画究竟是天外来客的随心之作，还是非洲土著布须曼人的智慧结晶，或是欧洲史前岩画的复制品？现在仍然众说纷纭。然而非洲岩画的发现对世界原始文化研究有着重要的意义，它能使我们了解、考察非洲原始部族的生活与社会形态，这一点是毋庸置疑的。

而在所有的非洲原始岩画中，撒哈拉大沙漠的壁画尤为壮观。

那些充满神秘色彩的沙漠壁画是德国探险家巴尔斯于1850年在撒哈拉考察时无意中发现的，有鸵鸟、水牛及各式各样的人物像。由于缺乏考古知识，当时这些壁画并没有引起他的重视。

23年后，科学家专门对这些壁画进行了考察，结果发现在画中记述的都是1万年以前的景象。

沙漠岩画经历了四个时期，最早的是“狩猎时代”，画的是撒哈拉仍是草原绿色时的情景。稍后开始畜牧，进入“牛的时代”，画的是平原放牧情景。后来沙漠化开始，绘画主题变化，进入“马的时代”，骑马种族追逐住在岩场处的敌人。随着沙漠化加剧，骆驼替代了马，进入“骆驼时代”。

后来，在撒哈拉大沙漠中部的塔西利台地恩阿哲尔高原上，人们又偶然发现了一处巨大的壁画群落。这个壁画群落长达数千米，全都绘在岩阴上，上面刻画了远古人的生活情景，五颜六色、色彩雅致。亨利·罗特于 1956 年率法国探险队进入沙漠，第二年，他们回到巴黎，带回面积约 11.6 万平方英尺的壁画复制品及照片，成为当时轰动世界的考古新闻。

在沙漠中，科学家还发掘出许多的村落遗址，它们都是新石器时代的人类遗址。从发掘出的大量文物来看，撒哈拉在距今 1 万年至 4000 多年间是一个草木茂盛的绿洲。当时在这里劳动、生息、繁衍的部落和民族，创造了高度发达的文化，磨光石器的广泛流行和陶器的制造是其主要特征。当时的文化已发展到相当高的水平，从壁画中的撒哈拉文字和提斐那文字可以看出这一点。

壁画中绘有很多的马匹，还有形象生动、神态逼真的鸵鸟、大象、羚羊、长颈鹿等，甚至有描绘水牛形象的壁画。科学家断言，以塔西利台地为起点，南到基多湖畔，北到突尼斯洼地，构成了撒哈拉地区庞大的西北水路网。台地在多雨期出现了许多积水池，沿着这些积水池，繁殖出各种各样的动植物，撒哈拉文化得到高度发展，昌盛一时。

人们同时发现，只有极少数地区才有关于骆驼的壁画，而且这些骆驼形象的壁画都属于非洲岩画的后期作品。

据推测，大约在公元前 400 年～前 300 年，撒哈拉成为沙漠，骆驼才从西亚来到这里，罗马共和国的疆土扩张时期也在此时。根据壁画内容可以推测当时人们很可能喜欢在战争、

撒哈拉岩画最集中的地方是在塔西里，在阿拉伯语里塔西里是“有水流的台地”的意思，但现在河流没有了，完全干涸了，这个山地中遗存有大量的史前岩画，都是撒哈拉沙漠化之前，仍处于湿润时期的作品。

这幅画表现的是被放牧的牛群，描述的是一种比较完善的、以畜牧业为基础的生活方式。

狩猎、舞蹈和祭祀前后在岩壁上画画，用画来鼓舞情绪，或者表达对生活的热爱。这些画生活气息非常浓郁，非洲人民勤劳勇敢、乐观豪迈的民族性格和鲜明的地方特色得到了充分的体现。

正如前文所说，另外一些学者以人种学为研究方向，认定并非由非洲本土的布须曼人绘制了岩画。其中之一的根据是布须曼人对透视法一无所知，而非洲岩画中却充分运用了这一技法。根据西班牙东部、北非、撒哈拉、埃及等地区岩画之间的相似之处，一些考古学家推测在遥远年代，从地中海有一群人漂泊到好望角去了。当他们漫游到撒哈拉及东非大平原时，那里还是一片充满生机的绿洲，正是他们理想的狩猎区和栖息地，而后他们停留在山区高原，在那里创作了许多最早的非洲岩画，成为最早的狩猎者以及狩猎艺术家。

然而这些只是部分人的主观猜测和臆想，毫无根据可言。至于说岩画不是布须曼人的作品，原因是他们不懂透视法则更显得荒谬。因为即使说后来的布须曼人不懂岩画知识和技巧，也并不代表那些已灭绝的布须曼人不懂。这种知识与技巧只有极少数人才能掌握，而且传授方法非常神秘，所以后来的布须曼人看不懂前人所画的岩画并不足为奇。何况因年深日久不少岩画已模糊不清，后来者也难以辨认了，以人种学观点为依据是一种种族偏见，缺乏足够的说服力。

还有个别学者认为很难弄清岩画究竟是非洲本土的古老艺术还是外界文化的辐射，而且他们认为任何伟大艺术都是国际性的，没有必要把任何艺术都贴上民族的标签，这种工作是毫无意义的。如同世界其他地区的画廊一样，非洲文化也兼容诸多民族及其原始宗教派别的艺术。尽管这种泛论并不能让所有的人满意，但它提供的认识非洲岩画出处的思路仍有可取之处。

羚羊与人

大羚羊的形象较为写实，造型准确，姿态优美；而人物形象则采用了夸张手法，图案性较强，富有节奏感。

撒哈拉大沙漠的岩画究竟是谁绘制的呢？这至今仍是一个未解之谜，如果能找到答案，将会对人类更全面地认识撒哈拉大沙漠的史前文明和发展历程有很大的帮助。

西班牙的史前画廊

shi qian hua lang

1879年，考古学家索图勒在西班牙阿尔塔米拉的一个洞穴内发现了大量壁画。经过考证，这些壁画被证实是出自原始人之手，描绘的是当时的各种动物。然而，许多考古学家对此不置可否，因为他们是反对达尔文的进化论的，自然不能接受这一结果。

但是，这些绘画终于被证明是史前艺术的最伟大的发现，其中大部分都是公元前1.5万～前1万年的作品。

1902年，即在索图勒去世约14年后，考古学家阿贝·亨利·布罗伊尔也来到了这个洞穴，不少动物的骨头被他从地下挖了出来，上面的雕刻画几乎和穴顶上的一模一样。于是，人们再也不能怀疑这些绘画的真实性，而该洞穴也就此被称为“史前艺术的西斯廷教堂”。这些绘画的保存状态也同样出乎众人意料。在欧洲，特别是在西班牙的东北部和法国的西南部还发现过100多个洞穴，里面刻满了石器时代的绘画和雕刻，但是，许多都因时间和气候的原因而毁损了。

人们称创造这一艺术的人为克罗马尼翁人，他们生活在公元前3.2万～前1万年之间，也就是石器时代。他们虽依靠采集植物和狩猎为生，却也不乏创造性的想象力。考古学家的研究表明，他们独特的文化有其连续性，生活在公元前1.5万～前1万年间的马格德林人的文化是这一时代文化最晚期的代表。

法国拉斯科山洞岩画

这些绘画的制作过程是这样的：先用尖利的燧石雕刻出轮廓，然后添加各种不同的颜色。当时的艺术家们不能创造出绿色和蓝色，但可能从氯化锰、煤炭和烟灰中提取了黑色和紫黑色。褐色、红色、黄色和橙色是由铁矿石、动物血或脂肪和植物汁液混合制成的。首先用骨制的臼和杵将铁矿石研磨成粉末，然后倒入动物血或脂肪以及植物的汁水，搅拌均匀，最后这些颜色就制出来了。作画的工具也是品种繁多：手指、兽毛或羽毛制成的刷子，或一根捣碎的树枝条。不过艺术家们有时也用苔藓做垫料，或者用中空的芦苇秆把颜色吹出来。

在阿尔塔米拉，考古学家们不仅发现了马格德林人令人叹为观止的艺术，而且还发现了牛脂制成的赭色画笔。这些画是当时的艺术家们小心翼翼地在几乎无法透入日光的昏暗的内室中完成的，这表明当时人造光已经被使用了，事实上的确如此。从穴顶上的绘画我们可以知道，当时的人们已经使用的某种形式的脚手架。

西班牙阿尔塔米拉山洞岩画

许多考古学者认为，这类洞穴壁画很可能是某种迷信仪式的组成部分，即通过符号的诅咒使野兽易于捕获。

公元前1万年，冰川时代即将结束，气候慢慢变得温暖起来，自然万物开始复苏，马格林德人离开了洞穴来到地面。农垦时代就这样开始了，人类正朝着文明不断迈进。而史前画廊就成了他们留给自身历史的一笔丰富的遗产。正如目前的现代化常给人类设置陷阱一样，马格林德人学会了耕种，却丧失了想象力与丰富的创作才华。使得曾经辉煌的一切都湮没在历史的尘埃之中。

澳大利亚原始洞穴中的神秘手印

shen mi shou yin

直到现在，在澳大利亚保留着的许多原始洞穴中，仍可经常看到许多抽象化的飞行器或其他军事武器的简化符号，以及各种各样的手印。

人类学家曾做过如此的记载，在澳大利亚，图腾信仰十分盛行，在有的土著人中还普遍保留着这样的习俗：当一个人结婚时，在神庙中应留下他右手的印记，而在死去时，在神庙中留下其左手的印记。由此可以推测，旧石器时代洞穴岩画上留下的手印，不仅仅是表示一种企图去控制猎物的力量，也可能是作为参与一种神圣仪式的印记。后来在太平洋群岛、非洲、印度等地均发现这些手印，中国嘉峪关也曾发现过印有手印的石块，不过已很难确定其确切年代。

目前，有关原始洞穴岩画上的手印主要有以下几种不同的看法。

壁画中的马与赫然醒目的手印

第一，认为这些手印是岩画作者留下的符号，表示“我在这里”。

第二，认为是成人把婴儿的手印印在上面的，意味着对某种社交活动的参与。亚历山大·马沙克就持这一观点。

第三，认为这些手印只是属于妇女和儿童的，他们之所以在岩壁上印上手印，目的仅是为了好玩或者是一个审美显示，也就是一种“为艺术而艺术”的解释。

第四，古德恩把手印视为史前人类的一种自残行为，其目的等同于现代原始部族中的自残行为。他说：“自残的手印像一个悲剧合唱中的迭句那样，在那里永远地呼唤，要求帮助和怜悯。”

第五，认为手印与狩猎巫术密切相关。A.R. 韦尔布鲁真就认为手印是为了唤起狩猎者的巫术能作用于被符号化了的动物，或者是作为一种变感巫术的手段，以祈求使动物不断繁殖。

原始壁画中的手印

第六，认为它是一种求子的丰产巫术留下的印记，目的在于想与“母神”取得联系。

第七，认为所有手印均为妇女的手印，手印是一种女性性符号，与手印相伴的点和短线是男性性符号。安德烈·勒鲁伊·古朗是持这种观点的代表人物。

由于目前手头掌握的依据很少，所以每一派都很难为自己的论点提供足以令人信服的证据。不过有不少人，根据现代原始部族中盛行的习俗，比较认同人类学家斯潘塞和吉伦的解释，亦即所谓的当珠灵牌从洞穴中被移走时，洞穴入口处上面留下的珠灵牌所有者的手印是为了让灵魂知道。

但要把澳大利亚原始洞穴中的手印究竟代表什么搞清楚，还需人们继续探索。

人类历史上是否存在“食人之风”

shi ren zhi feng

达尔文曾具体细致地描写了南美洲火地岛人吃人的惨相：“在冬天，火地岛人由于饥饿的驱使，就把自己的老年妇女杀死做吃食，反而留下狗到以后再杀。”

无独有偶，英国赫胥黎在1863年出版的《人类在自然界的位置》一书中，详细地描述了非洲的食人风气：“在非洲刚果的北部，过去住着一个民族叫安济奎，这个民族的人非常残酷，不论朋友、亲属，都互相吃食。”而在著名小说《鲁宾逊漂流记》中，对野人之间互相吃食的描述就更是惨不忍睹。

有人说，人类历史上自古以来就存在着食人之风，现代的吃人现象，正是原始人食人之风的遗留。那么到底远古时代有没有食人之风？对于这个问题，有两种针锋相对的观点：一种认为远古时代就广泛存在食人现象；一种认为古代人类相互和平共处，并没有食人之风。

1940年，古人类学家魏敦瑞在深入研究了北京猿人化石后，在他的论文《中国猿人是否蚕食同类？》中认为，北京猿人存在着食人之风：“他们猎取自己的亲族正像猎取其他动物一样，也用对待动物的方式来对待他的受害者。”其根据是，北京猿人化石产地发现的头骨特别多，而躯干骨和四肢骨却特别少，并且颅骨往往还是打开着的。那么，为什么要打开颅骨呢？魏敦瑞认为是为了取食脑子。

1961年，伯高尼奥提出了另外一种解释。他认真研究了印度尼西亚苏拉威西岛南岸的布晋人，发现他们在18世纪以前有一种习俗：如果有人死了，就把死人送到远离住所的空旷地方掩蔽起来，等尸体干燥后，不用割下颈椎就能轻而易举地把头取下，然后用棍棒打击颅底，扩大枕骨大孔，取食脑子——他们认为吃食脑子会获得死者的智慧和优点。之后就将头颅极为庄重地运

图为古人类头骨碎片，它是由西班牙古生物学家在阿塔普尔卡发现的，经鉴定，这些头骨碎片距今已78万年。

在欧洲直立人曾居住过的地区，考古学家们发现了大量的古象遗迹。当时，人类也许已经会狩猎大动物了，虽然它们也可能是食腐肉者。

回村里，像神像一样祭拜。根据这个发现，伯高尼奥认为北京猿人洞里没有发现过颈椎，头骨比较多，而头部以下的骨骼很少，就是因为北京猿人也像布晋人那样，实行的是“两阶段”的葬仪。他认为远古人类不存在食人之风，而食取脑子，只是一种风俗，仅对死人而言，并且吃食的时候，对死者是极为尊敬的，毫无残忍的地方。

1979 年，中国人类学家贾兰坡撰文批驳了伯高尼奥的观点。他对北京猿人化石做了深入仔细的研究之后发表《远古的食人之风》一文，在文章中，他认为学者魏敦瑞的分析是正确的。他肯定地说，远古的北京猿人绝对存在食人之风。他推测说，北京猿人在“吃人”之后，将被吃的人的头骨带回山洞作为盛水器皿，这就是为什么山洞里头骨多的原因。

他具体提出了四个理由：第一，猿人头骨的颅底部分破裂，这应当是用棍棒敲破颅底，取食脑子的结果；第二，猿人洞有大量纵裂的长骨，这应该是取食骨髓造成的；第三，在猿人洞还发现了大量火烧过的人骨，应当是烧烤人肉后留下的；第四，洞穴灰堆里有很多人骨碎片，这明显是食用后留下的。

同年，吴汝康教授在《也谈“食人之风”》一文中，对此提出了异议。他认为北京猿人并没有食人风气。并且对以上四个方面一一进行了反驳。

第一，头盖骨部是穹隆形的，厚薄比较一致，由于受力均匀，可以经受较大压力而不破碎；但头骨颅底部分有许多供神经和血管通过的孔道，骨质厚薄不一，受压后容易破碎。所以猿人的头骨颅底部分破裂，也是很正常的。第二，除了敲打之外，造成长骨纵向裂开的原因还有很多，例如泥沙侵入断裂的长骨髓腔，由于潮湿膨胀从而产生向外的压力，在这种力的长期作用下，就可以导致长骨发生纵裂。第三，骨骼是一种良好的燃料，北京猿人很可能用人骨做燃料，所以才会在山洞里发现大量的烧骨和骨骼碎片。此外，如果人骨靠近火源，也可能被火烧到。

《鲁滨逊漂流记》第一版书影
在《鲁滨逊漂流记》里，有野人互相残食的情节。

吴汝康还认为，像大猩猩这样与人类关系密切的动物，它们之间是和平共处的，并没有相互而食的习性，所以人类在远古时候也不会存在食人之风。

究竟远古时候有没有食人之风，至今还是个谜，也许我们永远也无法解答。但是这又有什么关系呢？我们唯一的愿望是：食人的现象永远别在人类文明进程中出现。

神秘的 nuo ya fang zhou 挪亚方舟

1916年，俄国飞行员拉特米途经亚拉腊山时，偶然发现山头有一团蓝色的东西，在好奇心的驱使下，他飞回去细看，竟然是一艘房子般大的船，一侧还有门，只是其中的一扇已经损坏。飞行员把这个奇遇汇报了沙皇尼古拉二世。沙皇组织专家进行研究，结果得出了一个石破天惊的结论：这只像房子的船有可能是挪亚方舟！

《圣经》中有一段关于挪亚方舟的传说：亚当和夏娃偷尝禁果之后，被上帝赶出了伊甸园，他们来到地面，从此之后整个大地就布满了人类。人类的贪欲似乎是与生俱来的，以至人间到处都是罪恶。

在5000多年前，上帝终于厌烦了，有一天突然决定要把自己所造的丑恶的人和所有的生物都消灭。可是那时有一个叫挪亚的信徒，品行端庄，心地善良，上帝不忍心让他陪着恶人一起死去，就对他说："这块土地上的罪恶实在太多了，我后悔自己在这个世界创造了生命，于是我将把他们毁灭，可是我的儿子，你是这样的善良，因此我必须拯救你以及你的家族。我即将使洪水肆虐地上，毁灭天下，而你，我的儿子，凭我赐予你无比的智慧，造一艘大木船，载上你的家人，并带上地球上各种动物雌雄七对。在此之后，暴雨将连降四十个昼夜。"

挪亚按照上帝的吩咐用木头制造了方舟。其长360米，宽23米，高13.6米，共有三层，相当于今天的1.5万吨级巨轮。挪亚刚把家人和动物转移到船上，只见乌云密布、飞沙走石、电闪雷鸣，灾难开始了。天好像破开了一个大窟窿，大雨整整下了40个昼夜。整个大地白茫茫一片，看不见丑恶，也看不见生命，只有挪亚方舟孤零零地漂泊于其间。

挪亚方舟

当"大洪水"威胁世界时，挪亚将饲养在地球上的动物雌雄各一只载入方舟。

上帝创造世界 壁画

挪亚方舟的故事不仅在《旧约》里记载得清清楚楚，而且在有“世界最古老的图书馆”之称的古代亚述首都尼尼微的文库里发掘出来的泥版文书上，也有关于此事的记载。世界上几乎没有人不知道挪亚方舟的故事，但是大多数人只不过将它视为一个有趣的传说而已。因此当俄国飞行员的发现公布之后，世界为之震惊。

第二次世界大战以后，一位土耳其飞行员又在天空俯视到“挪亚方舟”，并拍了照片。1955年7月，琼·费尔南带了11岁的小儿子登上亚拉腊山顶。皇天不负苦心人，他们终于找到了“挪亚方舟”的残片，并且带回来了一块木板。这样，在照片和实物的双重证据面前，一向认为“挪亚方舟”是无稽之谈的人们，这时不禁皱起了眉头，其中一部分人改变了他们的观点，认为或许在人类历史上有过一场大洪水，也的确可能发生过“挪亚方舟”这样的事情。但是另一部分人在仔细地了解了事情的来龙去脉之后，对有关“挪亚方舟”的发现提出了几点的疑问。

第一，即使再大的洪水，水位也不可能升到5000米的高度。第二，如果在5000年前发生过挪亚时期的大洪水，那么为什么今天在地球表面找不到有被水改变的痕迹？第三，即便是所谓的“照片”，也都模糊不清，往往要依靠人的想象力去辨认方舟的形象。第四，假如说方舟被搁浅在亚拉腊山附近，那也应该会被冰川运动冲回较低的地方，怎么有可能在高达5000米的山顶上呢？第五，5000年前的木板船，怎么有可能存放到今天呢？恐怕早

大洪水 壁画

就支离破碎了，又怎么可能呈现出方舟的形象？

这个谜还在继续，那么世界上到底有没有挪亚方舟呢？我们相信总有一天会解开这个谜的。

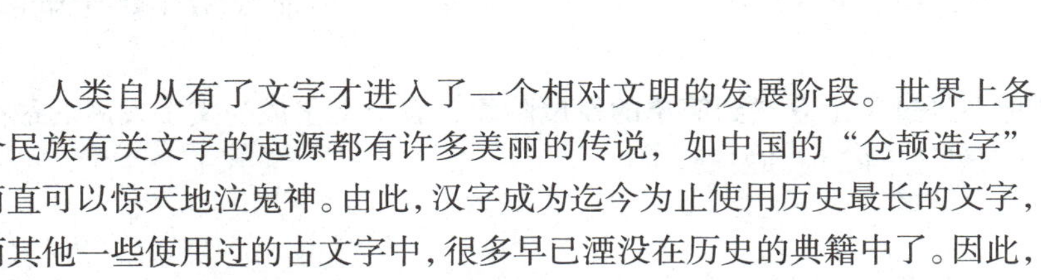

人类文字 ren lei wen zi 是怎样起源和发展的

人类自从有了文字才进入了一个相对文明的发展阶段。世界上各个民族有关文字的起源都有许多美丽的传说，如中国的“仓颉造字”简直可以惊天地泣鬼神。由此，汉字成为迄今为止使用历史最长的文字，而其他一些使用过的古文字中，很多早已湮没在历史的典籍中了。因此，人们要探索人类文字的最早起源，最好从人类文明古国的浩瀚历史中去仔细寻找。

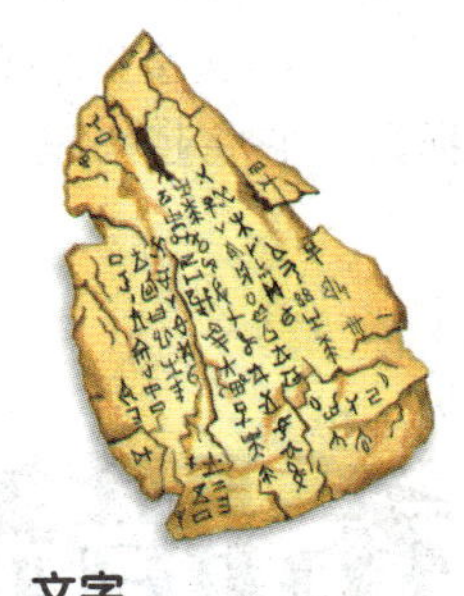

文字
写在动物骨头上的记号是中国最早的文字。文字是文明的一个主要特征。

文字其实就是人与人之间通过约定俗成的可见符号进行交流的媒介，它是人们记录语言的书写符号系统。人类文字历史贯穿了从早期图画文字到字母文字的整个视觉联系的历史。也就是说，图画文字是文字发展的最初阶段，虽然它处在不断变化发展之中，但是世界上很多民族的文字从没有超越这个阶段。

最原始的非书面的联系手段是与利用参照物紧密联系在一起的，如中国的结绳记事等。而确切地称之为文字，始于当标记刻铸在参照物上被描绘和雕刻出来作为“文字”符号的语言，在旧石器时代早期的洞穴绘画中可以看到这种情况。古文字学家所确认的最古老的图画文字出现在公元前3500年人类文明的发祥地之一——美索不达米亚地区，这种对原始文字的图画描述是独立于语言之外的，因为它不能达到复制声音的水平。

因为这种以“物”表达的文字与人类社会活动的扩大和智力的发展不相符合，所以当人们对这种起初带有非凡想象力的创造发明不满意时，一种新的能表达复杂概念和含义的图画就应运而生了。

它使简单的描绘概念成为可能；使之能够一定程度地体现人类的抽象思维能力。那么，真正代表发音的符号是何时出现的？多数古代文字学家主张是公元前1800年。居住在两河流域的美索不达米亚地区居民的创造使人类文字的历史迈入了音节文字阶段。

音节文字应是字母形成前的最后一个阶段。公元前3100年的苏美尔文字、公元前3000年左右的埃及文、公元前2200年的原始印度文、公元前2000年的克里特线形文字、公元前1500年的赫梯文以及公元前1300年前后的中国甲骨文都处在这一阶段。随着文字的发展，

公元前 3200 年的陶土“书板”

上边的一块记载的可能是货物，右边的陶土块意思尚不明确，但肯定表示了更丰富的信息。

发音符号的抽象性逐渐加强，大大超出了符号的具体性，它们愈发灵活了。

文字发展的最后一个阶段是字母文字，字母文字标志着文字规范化的到来。美国语言学家格尔帕认为，第一个能被公正地称为字母文字的应该是希腊语。希腊语在公元前 9 世纪充分接受了闪米特语的音节表，发展了元音制度，而且，首创元音与辅音的结合，第一次导致了完备的字母文字体制的问世。

最早的文字是公元前 3000 年初期苏美尔人印刻在泥板上的图画。后来，当文字的发展较为显著时，削尖的、楔子形状的茎杆笔成为常见的书写工具，这样楔子形状的文字本身逐渐地被称为“楔形文字”。这种文字最早是从上至下在圆筒上书写的，后来到了公元前 2600 年就改为在水平面上从左到右书写。

人类文字发展到现在经过了由复杂到简单的发展阶段，表音文字成为文字发展的最高阶段，它将越来越方便于人类的交流和发展。

希腊智慧女神为何从父身诞生

xi la zhi hui nü shen

在希腊神话传说中，智慧女神雅典娜集其父母的智慧于一身，她的出生成为后代许多专家学者们研究的对象。

雅典娜是天神宙斯和智慧女神墨提斯的女儿。临产前墨提斯对宙斯说，将要出生的孩子一定会比宙斯更强壮、更聪明。宙斯唯恐降生后的孩子会危及他在奥林匹斯山的统治地位，于是他就将墨提斯吞到肚子里去了。不料，宙斯突然感到头痛欲裂，急忙让火神赫菲斯托斯用斧子劈他的脑袋，这时满身铠甲的雅典娜就从宙斯脑袋里呼叫着蹦了出来。这就是她那不寻常的诞生。

那么，雅典娜为什么不是脱胎于母腹，而是由父亲产出呢？她为什么偏偏从脑袋里蹦出来呢？

当然，对于神话，人们没必要探究其真实性，而应关注它的社会背景。长期以来，许多学者对此做了深入探讨，并从各种不同角度提出了不同的看法，归纳起来主要有以下三种：

有人认为，这段传说只是想说明雅典娜是宙斯的化身。在希腊早期神话中化身法是常用的造神手法。这种方法可使彼此孤立的神之间产生一种类似于人类的血缘关系，从而构成一定的体系，增强神话的故事性和神秘色彩。

但是，更多的人则认为，这个传说反映了早期人类一定的历史状况。他们认为这段传说实际上反映了人类父权制开始取代母权制的情况。

而且，雅典娜就曾经说过："我不是母亲所生的人。我，一个处女，是从我父亲宙斯的头里跳出来的。因此，我拥护父亲和儿子的权力，而反对母亲的权力。"

这意味着女人已经依附于男子，母权制已被父权制所取代。这种说法看来论证比较严密，但也是有漏洞的。这种观点如果要成立，还必须解决如下两个问题：

神的王国

宙斯主宰大地和天空，波塞冬统治着海洋，他们的兄弟哈迪斯则是冥府之神，和其妻珀尔塞福涅共同控制着冥界。

第一，据传说宙斯的妻子是宙斯的同胞姐姐，他们在洪水灾难中死里逃生，并结为夫妻。从这里可明显看出族内婚的痕迹，如果说父权观念在人类族内婚阶段就已出现那是不可能的。

第二，希腊父权制取代母权制是在英雄时代，这早已成定论。从神话描写中可看出雅典娜出生距英雄时代还有相当长的一段时间，是否能说这一过程自雅典娜诞生时已经开始，有待探讨。

还有一种观点认为，这段传说应该与雅典娜在希腊神话传说中的地位和作用有关。雅典娜在希腊神话中是聪明过人的智慧女神，所以把她说成是智慧女神和天神宙斯的女儿。为了让雅典娜没有对手，神话的创作者又煞费苦心地让宙斯把这位老智慧女神吞进肚子里，于是聪明的母亲"隐居"了。这样一来，会更显示出其女儿过人的智慧。当然，这种推论虽然圆满地解释了这段传说中令人费解的情节，但没有涉及复杂的社会背景，是否正确也很难说。

雅典娜女神头像

她头戴羽盔，身披缠着蛇的斗篷。这是战神的形象。

上述三种观点各有道理，但都不能成为定论。之所以如此，可能有这样一些原因：第一，早期神话产生于非理性的、原始的心理状态。第二，神话本身具有两重性。其一是历史的、现实的，它是有其历史现实基础的；其二是虚幻的，即非历史的部分。两者交织在一起，因而神话中的历史与宗教、想象与现实的界限总是模糊的。

是否确有 ya ma xun nü er guo 亚马孙女儿国

在希腊神话中，关于亚马孙女儿国的故事是最为丰富也最为精彩的。亚马孙是一个女性国度，她们一族发源于小亚细亚的峡谷和森林之中，其大体位置在希腊以东黑海沿岸的庞图斯地区，都城在铁尔莫东河畔的泰米细拉。据说亚马孙人有两个女王，一个负责战事，另一个则负责政务，并一同管理整个国家。相传每一个亚马孙女战士长大成人时都会烧掉或切去右边乳房，以便投掷标枪或拉弓射箭。亚马孙人在女王的统治下，相信自己是战神阿瑞斯的后代，此外她们也崇信狩猎女神阿尔特弥斯。战争、狩猎、简单的农业构成了女儿国女人的全部生活。绝大多数的亚马孙女战士都是在马背上作战，精于骑射，甚至有不少亚马孙人以雇佣兵的身份出现在世界各地的军队中。

士兵头盔

传说中男人不能进入亚马孙人的国境，为了避免种族灭绝，她们一般会一年一度地访问临近部落加加里亚人，之后所生的若是女婴，就妥善抚养起来；倘若是男婴，一般直接杀掉，偶尔也送还给他们的父亲。

亚马孙武士多次与希腊英雄交手，例如大力神赫拉克勒斯的12件苦差之一就是取走亚马孙女王的那件漂亮黄金腰带，他因为误会又杀死了女王希伯吕忒和她的很多侍女，于是女王之妹安提奥帕为了报仇，率军入侵希腊，结果战死在提秀斯所率领的军队中，从今天所发掘的希腊绘画中，还能看到那场战争的规模之大。荷马史诗的《伊利亚特》也提到，亚马孙女儿国曾经援助过特洛伊，结果在第十年女王为阿喀琉斯所杀。

在《哥伦比亚百科全书》中，也有关于亚马孙女儿国的词条。它是这样描述这一奇异部族的：亚马孙是一个尚武的部落，生活在小亚细亚。这是一个女权制的社会，妇女善于打仗和管理，男人操持家务。每个妇女必须杀死一个男人才能结婚，而且所有的男婴在出世后就必须被杀死。据说她们英勇善战，征服了小亚细亚的许多地方，如佛里吉亚、色雷斯、叙利亚的许多地方。

长期以来，在神话和事实之间，存在着许多的疑问，如，这亚马孙女儿国仅仅是诗人们的凭空想象，还是确有其事。许多人认为，亚马孙女战士不过是一个神话，因为直到今天，我们也没能找到她们的遗迹。但是假如她们压根儿不存在，那为什么希腊人不惜浪费时间和笔墨去雕刻亚马孙女人的雕像，并且为她们谱写赞歌？

有人说，所谓的亚马孙女儿国不过是男性统治的希腊人的想象，并且这种想象从来就没有中断过。实际上中国也有类似的记载，例如中国唐朝圣僧玄奘法师写的《大唐西域记》中就提到一个女儿国，说东罗马帝国的西南海岛上，全是女人，“有产男子皆不养也”。后来吴承恩在《西游记》中又对女儿国的事情做了夸大处理，结果成了全书极其精彩的一章。一直到了16世纪，一支西班牙寻宝队还宣称在亚马孙河遭到一群酷似传说中亚马孙女战士的袭击。

狩猎女神

图中左边持弓箭的正是狩猎女神阿尔特弥斯，她是亚马孙女性的崇敬对象。图中的猎犬正在撕咬自己的主人阿克泰昂，因为阿克泰昂在爱神阿佛洛狄特洗澡的时候偷看，所以，阿尔特弥斯在盛怒之下叫阿克泰昂自己的狗撕咬他。

但是除了神话传说、美术雕刻和文学作品之外，亚马孙女儿国在历史典籍中也有涉及，这就不能不引起人们的重视了。古希腊历史学家希罗多德的《历史》中对亚马孙女儿国的轶事做了详尽的描述，其中最为详尽的是亚马孙人与希腊人的最后一场战争。希腊人最后打败了她们，并准备把大量俘虏运到雅典，可是当船到海上时，由于看守不严，亚马孙女战士杀死了押运她们的希腊人。但是她们却对航海知识一无所知，于是随船漂流到黑海东北部的亚速海地区，遇到了塞西亚人，旋即与他们发生了战斗。可是塞西亚人发现这些身着男人服装的是女人，就马上放下武器，转而向她们求爱，这样最终他们中的年轻男子和这些女武士生养孩子，组成了一个“女权制部落”。希罗多德说这是绍罗马特亚人的起源。但是究竟希罗多德自己有没有见过亚马孙女战士，我们就不得而知了。

战神阿瑞斯雕像

原雕像创作于公元前320年左右。传说中的亚马孙人自诩为战神阿瑞斯的后代，她们骁勇善战、英勇无畏。

1997年的考古大发现，也许为这个千古之谜打开了冰山一角。在这一年，美国和俄罗斯联合组成的考察队在靠近哈萨克斯坦的俄罗斯南部草原上开启了150多个公元前600~前200年的游牧部落的坟墓。里面的兵器和女性骨骼被埋葬在一起，其中一个妇女的身上深深地嵌着一个箭头，估计是在战斗中被射死的。其中最为惊人的是一个年纪约在14岁左右的女孩子，她的骨架旁边除了放一把剑外，颈上的一个皮革小袋子里还放着一个护身符和一个铜制的箭头，右边是一把匕首，左边一个箭袋装有40多支箭。她的双腿有些弯曲，估计和长时间骑马有关。由此可见，她所在的部落是从小就开始训练打仗的。

这么一幅“巾帼武士”的图画，令很多人都忍不住发问：难道她们就是传说中的亚马孙女战士？但是研究者仔细观察后发现，她们虽然看起来像是武士，但是骨架上并没有显示出更多暴力死亡的迹象。这是一个很大的疑点，由此一些俄罗斯的专家认为，可能她们属于一个好武的部族，这些武器只是陪葬品罢了。

亚马孙女儿国是否子虚乌有，看来仍要时间来验证了。

《荷马史诗》的作者究竟是谁

he ma shi shi

大约在公元前 9 世纪 ~ 前 8 世纪，古希腊产生了一部史诗巨著——《荷马史诗》，直到今天，人们翻开这部史诗，还是会立刻沉浸到其强大魅力的艺术世界里。的确，这部史诗影响了世界上一批又一批著名的文学家、艺术家，从柏拉图和亚里士多德开始，几乎没有一个文学爱好者不从中获益。

但是这么一部文学巨著，人们对它的作者却知之甚少。因为大约在公元前 5 世纪以后，希腊的历史学家、批评家才着手研究、调查有关作者的资料，而《荷马史诗》对于那时的希腊人，无异于近代人眼中的史前神话。柏拉图、亚里士多德所了解的《荷马史诗》，还不如今天读者所了解的莎士比亚戏剧详细。导致这种差异的原因是，莎士比亚生活在印刷术盛行的时代，与他同时代的人都能看到他的剧本；而在当时的希腊，即使是一些受过教育的人，也很难有机会见到《荷马史诗》的手稿本，只是以某种形式在心中记忆他的诗而已，至于具体采用什么记忆方式，我们今天不得而知。或许在公元前 6 世纪，由文学家、哲学家柏拉图整理了荷马的诗文，且以一定形式记载下来。但是它的作者究竟是谁，却没有任何的资料以供参考。

荷马吟咏史诗图

古希腊著名诗人荷马正在爱奥尼亚一条大路旁，一边演奏竖琴，一边吟唱歌颂特洛伊英雄的史诗。

一般认为，《荷马史诗》的作者是盲诗人荷马（Homeros，在爱奥尼亚土语里就是“盲人”的意思），但是对于这位盲诗人的出生地，却有众多说法。因为《荷马史诗》在世界上的巨大影响，一个城邦如果被看作是荷马的故乡便有莫大的荣耀，因此有密而纳、科络丰、皮罗斯、西俄斯、雅典、阿尔格斯等众多城邦争先恐后地宣称是荷马的故乡，直到今天，仍有许多地方以自己培育了一个伟大的诗人荷马而感到自豪。事实上，在古希腊，虽然人们不知道荷马个人的具体资料，但是并不否认盲诗人荷马的存在，他们承认荷马就是《荷马史诗》的作者。柏拉图曾在《理想国》中指出，当时人们尊敬荷马，认为他教育了希腊人民。直到18世纪，这种看法在欧洲一直占主流。

荷马与诸神　浅浮雕

在这个公元前2世纪晚期以“荷马之神化”著称的浅浮雕中，诗人端坐在浮雕底部左侧的王位上。浮雕上部，宙斯和阿波罗被刻画成和众缪斯在一起。

到了1725年，意大利史学家维柯在《新科学》一书中的《发现真正的荷马》一文里，对这种传统的观点率先发难。他认为荷马这个人根本就不存在，因此争论荷马的故乡就显得毫无意义甚至可笑。他的理由是：《伊利亚特》和《奥德赛》之间的间隔达百年之久，怎么可能会是同一作家所为呢？他提出了自己的看法：《荷马史诗》像大多数民间文学作品一样，是古希腊人民共同创造的，荷马也不过是希腊各民族民间神话故事的总代表罢了。

1795年，德国学者沃尔夫在《荷马史诗》研究一书里做出更详尽的论证，指出《荷马史诗》从公元前10世纪开始形成，经过长时间的口头流传，其间又经过不断修改，直到公元前6世纪才用文字记录下来。他的理由是两部史诗都可以分为若干独立的部分，每一部分都曾作为独立的篇章被歌手演唱，经过反反复复的修改才成为我们今天看到的样子。因此他认为《荷马史诗》是由众多民间诗歌汇编而成的。

然而以德国学者尼奇为代表的一部分人，却反对这种“汇编”而成的说法。他们认为历史上确实存在荷马这个人，因为柏拉图等人明确提到过此人；另外《荷马史诗》具有统一的艺术结构，至于其中存在的一些矛盾，尼奇做了这样的解释：一部如此宏伟的巨著，出现一些前后不相一致的地方，是正常的，也是可以理解的。尼奇论断说，那些认为《荷马史诗》是众多人合写而成的说法是毫无根据的，也是荒诞的。

还有一种折中的看法，认为《荷马史诗》刚开始是一部短诗，可能由盲诗人荷马创作，但是随着不断地流传，其他一些诗人对它进行了再创作，不断充实它的内容，就成了今天这样的长诗。

荷马雕像

20世纪美国学者帕里从语言学的角度，又提出了新的见解。他在研究中发现《荷马史诗》中含有大量程式化的语句，数量高达 2.5 万个，几乎占全诗的 1/5，这些程式化的语句是早期诗歌中诗乐结合的常见现象，但如此众多，绝对不可能由一个诗人独创，一定是经过几代民间歌手不断加工而成的。

荷马，究竟是一个诗人的名字，还是一群诗人的名字，今天仍没有定论，但其留下的英雄史诗却与世共存。

米洛的维纳斯断臂之谜

duan bi zhi mi

古希腊神话传说中，有一个女神叫阿芙洛狄特，专管“美”和“爱”。到了古罗马时代，罗马人将她称为维纳斯。没有人见过这位女神，但是关于她的雕像却留下很多。其中最有名的就是一尊断臂的维纳斯雕像。

1820 年 4 月的一天，农民伊沃高斯带着他的儿子在爱琴海中的米洛岛上耕地。当他们正打算铲除一些矮灌木时，突然一个大洞穴出现在他们面前。他们走进这座山洞，发现了一座非常优美的半裸的女性大理石雕像，这就是“断臂维纳斯”神像。

法国驻希腊代理领事路易 · 布莱斯特很快得知了这个消息，他立即向法国公使利比耶尔侯爵报告。侯爵以高昂的代价从伊沃高斯手中买下了这座雕像，价格高达 2.5 万法郎，又把它装上法国军舰，偷偷运往法国。现在这座雕像就陈列在法国巴黎著名的卢浮宫美术馆里，成为卢浮宫的镇馆珍品之一。

从那以后，世上有关断臂维纳斯的故事就开始流传，人们不仅惊叹于维纳斯之美，也对她充满疑问和困惑。她是谁？她的制作者又是谁？她的手脚哪里去了？臂断之前她又是怎样的呢？

这尊在米洛岛上发现的雕像是维纳斯公认的形象，被命名为“米洛的维纳斯”。有些人认为她的这个名字过于外国化，因此将它命名

断臂的维纳斯

希腊化时期（公元前 4 ～前 1 世纪）的经典作品，体现了该时期的艺术新风尚：裸体美神像成为创作主流，风格由庄严崇高向世俗化转变，但仍带有大气磅礴的精神气质。在这件作品中，美神阿芙洛狄忒端庄秀丽，表情宁静平淡，身体曲线呈螺旋上升状，起伏变化中暗含着音乐的节律。裸露与遮掩恰到好处，尽显女性的婉丽娇媚之姿，错落有致的衣褶变化又添其优美的神韵。同时，作者对人物整体简洁阔大的处理又增加了雕塑纪念碑式的崇高感。这种优美与崇高的完美结合使这件作品成为古希腊人体雕塑中美的典范。

为“米洛的阿芙洛狄特”。又因为这座石像的脸型很像公元前10世纪古希腊著名雕像家普拉克西德雷斯的作品《克尼德斯的维纳斯》的头部，所以这件作品又被叫作“克尼德斯的阿芙洛蒂”。

正因为这两件作品如此相似，很多人断言她的创作者就是普拉克西德雷斯。但是也有相当一部分人认为这么优美的作品的作者应该是公元前5世纪古希腊更伟大的雕像家菲狄亚斯或菲狄亚斯的学生，因为作品的风格和这个时代相似。时至今日，比较公认的看法是认为这是一件晚至公元前1世纪希腊化时期的作品；还有一种看法认为这只是一件复制品，是仿制公元前4世纪某件原作而雕塑出来的，而原件已经消失了……总之，众说纷纭，莫衷一是。

现在人们又对另一个问题产生了兴趣：她断了的两只胳膊原来是什么姿势？是拿着金苹果，是扶着战神的盾，还是拉着裹在下身的披布？……近年来的考据家则较一致地认为，她的一只手正伸向站在她面前的“爱的使者”丘比特。虽然不少人曾依照各自的推测补塑了她的双臂，但总觉得很别扭、不自然，还不如就让她缺两只胳膊，让人们用自己的想象去补全它，从此，她就以“断臂美神”而闻名遐迩了。

虽然这是个半裸的女性雕像，而且优美、健康、充满活力，可是给人的印象并不是柔媚和肉感。她的身姿转折有致，显得大方甚至雄伟；她的表情里有一种坦荡而又自尊的神态，显得很沉静。她无需故意取悦或挑逗别人，因为她不是别人的奴隶；她也毫无装腔作势、盛气凌人之感，因为她也不想高踞他人之上。在她的面前，人们感到的是亲切、喜悦以及对于完美的人和生命自由的向往。

自普拉克西德雷斯以来，艺术家们为了歌颂这位女神的美丽与温柔，塑造了各种姿态

维纳斯的诞生　意大利　波提切利

全裸的维纳斯从海中贝壳里升起，她是宙斯和大海女神之一狄俄涅的女儿。维纳斯的美具有全希腊的意义。

的裸女造型，而最成功的就是这尊雕像。她体现了菲狄亚斯的简洁、普拉克西德雷斯的温情，也具有留西波斯优美的人体比例。她的面庞呈椭圆形，鼻梁垂直，额头很窄，下巴丰满，洋溢着女性典雅与温柔的气息。虽然衣裙遮住了她的下肢，但人体动态结构准确自然，艺术家的不凡技艺尽在其中。

然而，可能还是她的断臂让人们最感兴趣：美人的手臂在何处呢？

人们曾经在发现石像的同一座洞穴里找到过一些断臂与手的残碎石片，但这些究竟是不是这座雕像的手与臂的残片呢？目前还没有一致的看法。

“断臂”使这座雕像显得很神秘，却更增添了它的残缺美。人们为了解开断臂之谜，发挥了无尽的想象力，但这个谜也许永远都不会有答案。

奥林匹克运动会是怎样起源的

ao lin pi ke yun dong hui

今天的奥运会，不仅仅涉及运动员的比赛，而且成为国家间综合实力竞争的一场没有硝烟的战争。每当四年一度的奥运会到来之际，人们都会寻思：这场空前的运动盛会是怎样起源的呢？

有人说，奥林匹克运动会起源于祭祀的活动。我们现在都知道，奥林匹克运动会这个名称，是来源于古希腊的奥林匹亚。这是当时希腊风景最为优美的地方，坐落于伯罗奔尼撒半岛的一个平坦幽静的山谷里。希腊人因为它美，就把它献给万神之首宙斯，并在这里修建了宙斯大庙。因为当时希腊常常发生战争，人民苦不堪言，于是就经常在宙斯大庙举行各种各样的祭祀活动，表达对和平的希望和对战争的诅咒。而在这些祭祀活动中，渐渐就有了一些竞技活动的端倪；同时统治阶层利用这些祭祀活动，在主办这些祭祀活动时加入越来越多的竞技项目，目的是锻炼百姓的体魄以赢得战争。尽管统治者本着战争的目的，而民众一心渴望和平，但是殊途同归，致使古希腊的运动盛会得以产生并且久盛不衰。第一届正式的奥运会是公元前776年举办，以后每四年一次，一直到公元394年，已经举办了293届，但是罗马皇帝狄奥多西不知为何突然下令禁止举办奥运会，于是这场盛会中断了1000多年，直到1896年才在雅典恢复。至今新奥运会也有100多年的历史了。

奖品

在古希腊运动会上，赛跑获胜者的奖品是一只盛满了圣油并绘有赛跑场面的土罐。

有人根据希腊民间传说，认为奥运会起源于争夺公主所举行的角斗。据说古希腊有一个波沙王国，国王爱诺麦有一个美若天仙的女儿，自小视若掌上明珠，百般疼爱。后来女儿长大了，国王决定亲自挑选一个好女婿。当时希腊普遍尚武，于是爱诺麦决定比武招亲：所有想做驸马的青年必须和老国王比赛战车，如果胜了，就可以娶到公主，但如果败了，就要被长矛当场刺死。当时许多人以为老国王一把年纪了，就有点轻视他，而国王爱诺麦老当益壮，加上他的马是千里挑一的良驹，于是前后有13个求婚者做了长矛下的冤鬼。这样，即便公主再貌美如花，也没有人拿自己的性命冒险了。招亲大会冷清了好些日子，正当老国王要把女儿许配给邻国一个王子之时，公主的恋人皮罗西出现了。令人感到奇怪的是，战车比赛进行到一半时，国王的车子突然翻了，这样皮罗西就赢得了比赛。原来，公主怕恋人出事，就偷偷派人把国王车上的钉子拧松了。国王当然不知道，还以为皮罗西神勇，很高兴地把公主许配给了他，最后把王位也传给了他。皮罗西为了庆祝自己的婚礼，在奥林匹亚举办了大型的祭奠，感谢宙斯对他的保佑，而在祭奠活动中，皮罗西安排了许多战车、角力等竞技活动。于是人们认为皮罗西是奥林匹克运动会的发起者。

奥林匹亚古建筑遗址

其实在祭奠活动时举办竞技活动，一直是希腊人的习俗。荷马史诗的《伊利亚特》中就有这样的记述：希腊将领帕特洛克在攻打特洛伊城时战死，在众将领为他举行的葬礼上，就安排了战车、拳击、角力、跑步、铁饼、标枪、射箭等比赛。按照这样的推论，奥林匹克运动会恐怕还要更早。1981年，考古学家在雅典西南挖掘出一座古代大型运动场遗址，大约能容纳4万多观众，并且有一条可供13名运动员一齐起跑的长达170米长的跑道。更令人吃惊的是，考古学家推证出，在公元前1250年，这个运动场曾举办过大规模的运动会，这就比现在有记载的第一次奥运会（公元前776年）整整提前了500年。

黎巴嫩巴勒贝克城遗址

最早建于腓尼基时代，腓尼基人曾在这里修建神庙，供奉太阳神巴勒。据说最早的奥运会就是为纪念它而举行。

还有传说认为奥林匹克运动会起源于神的启示。据说伯罗奔尼撒半岛上国家林立，相互之间征战不已，但伊利斯国王伊菲道斯热爱和平，想避免战争，于是就向太阳神阿波罗祈祷，阿波罗神谕：若想阻止战争，就要恢复奥林匹亚祭奠，奉献牺牲，并要在祭祀中举行形式多样的竞技活动，以求能使众神娱乐，于是伊菲道斯带着神谕出访其他国家。在他的带动下，各国一律休战。后来为了感谢神谕，又集体创办了奥林匹克运动会。

还有相当一部分人认为，奥林匹克运动会不是古希腊人的首创，而是由外民族传入的，其中绝大部分又主张是受克里特文化的影响。据文献记载，克里特人在祭祀等活动中，往往加入一些如跳高、赛跑、拳击、斗牛等竞技项目。克里特文化衰落之后，希腊人承继了这一传统。

今天，奥林匹克运动会已经是家喻户晓，人们更想知道这种风靡全球的运动会到底发祥于哪里、又是因为什么发展起来的。可惜今天我们仍然无法解开这个谜。

掷铁饼者

忒修斯传说和克里特文明之谜

te xiu si　ke li te

在古希腊神话传说中，忒修斯因其英勇而成为亮点人物。他有过许多英雄的壮举，但他最伟大的行动却是杀死牛头人身的怪物米诺陶洛斯。

米诺陶洛斯是帕西菲王后与一头公牛交配后产下的怪物。当时，强大的国王米诺斯在克里特统治着希腊，他和帕西菲结婚，但帕西菲却爱上了一头漂亮的公牛。帕西菲让发明家代达罗斯为她制作了一只木制的母牛，以便她可以藏在里面与公牛交配。以后她生下了可怕的米诺陶洛斯——一个半人半牛的怪物。

米诺斯便求助于代达罗斯，修建了一个巨大的迷宫来囚禁这头牛头人身的怪物。每隔9年，国王都要送14个雅典童男童女到迷宫喂这头牛头人身的怪物。这也是为死于雅典人之手的米诺斯之子安德罗奇斯报仇。在忒修斯以前，从来没有一个年轻人生还。忒修斯是雅典国王埃勾斯的儿子，他自愿前往。忒修斯承诺父亲他会回来，并且将升起白色的风帆来表明他的胜利。忒修斯杀死了牛头人身怪物，走出了迷宫。这样就结束了雅典年轻人被残害的无谓牺牲，克里特对雅典的统治也就结束了。

对于忒修斯的故事和克里特文明，后人曾做过深入研究。1900年，牛津阿尔莫宁博物馆的理事亚瑟·伊文思来到了克里特。他的发现证明克里特不仅仅是伟大帝国的中心，而且有关忒修斯的故事远远不像曾经看起来的那般充满幻想。

忒修斯找到父亲的信物 油画

19世纪20年代的艾伦·瓦斯和19世纪30年代的卡尔·布利根，发现了与克里特文明同时存在的迈锡尼文明的证据，这种文明明显独立于克里特文明。他们认为，在公元前1500年后某些时候，迈锡尼人征服了克里特人并接管了诺塞斯。至此，迈锡尼文明得以繁荣发展。

这些材料，在某种程度上似乎进一步证实了忒修斯的传说是有一定历史根据的。和迈锡尼人一样，雅典人是希腊人，所以忒修斯的胜利可能意味着在某次（或者连续几次）实际的战斗中迈锡尼希腊人击败了牛头人身的克里特人。

在迈锡尼人如何替代克里特人这一问题上，考古学家斯皮里宗·马里那多斯有自己的观点，他相信是自然灾害削弱了克里特，以致为迈锡尼人打开了方便之门。他认为，是锡拉岛上的火山爆发行使了这一使命。火山爆发可能源于地震，反过来又引起海啸毁灭了克里特。

他坚持，地震和海啸的破坏足以迫使克里特人向迈锡尼人敞开大门。实际上，在克里特的考古学证据似乎表明，是火而不是火山灰或洪水引起了这里大多数的毁坏。

所以，大多数科学家——虽然不是所有的——都否定锡拉岛火山在克里特文化衰败中扮演过重要的角色。那是否就意味着忒修斯扮演了替代者的角色呢？是忒修斯（或是他作为希腊人的象征）杀死了牛头人身的怪物（或者怪物是克里特人的象征）？由于年代久远，此外也没有众多的史料可考，也许进一步的发现和研究能为这个看似完全虚构的故事增加一点可信度，从而解开克里特文明之谜。

克里特母神

这位神是米诺斯宗教的核心。落在头上的鸽子象征着她的神圣，手中紧握着扭动的蛇则是提醒信徒记起她与地狱的联系。

罗慕洛抢亲 luo mu luo qiang qin 的故事是编造的吗

中国汉字的迷人之处在于，每一个字都有它的来历，都有一段有趣的故事。例如结婚的“婚”字，有许多语言学家就认为起源于古代抢婚的风俗：“婚”字可以拆为“女”与“昏”，这说明古代女子出嫁是在太阳落山之后的黄昏时候进行的，为什么要在黄昏时候呢？因为这个时候方便抢亲。但是学者们却一直找不到关于中国古代存在抢婚风俗的证据。然而在西方的历史记载中，人们却发现这种抢婚风俗在古罗马普遍流行。古罗马有女子出嫁，未婚妻不能直接由娘家走到夫家，而是必须在家里等待未婚夫来“抢”。待到男子将他的未婚妻“抢到”家里后，必须手持长矛挑开女方的头发，之后才能开始举行婚礼。那么，古罗马为什么盛行这种奇特的抢婚风俗呢？据说起源于罗马城创建者罗慕洛诱拐萨宾妇女的事件。

相传，特洛伊城被希腊人攻克之后，特洛伊王子埃纳亚逃到台伯河入海口，受到拉丁国王的热情接待，并招他为婿。这样埃纳亚的后代在此创建了阿尔巴城，开始了漫长的世袭统治。

传到努米托雷为王时，他的弟弟阿穆利奥觊觎王位，就发动政变囚禁了努米托雷，又下令处死了他的儿子，逼其女儿西尔维亚充任女祭司，以免她结婚生子来报复自己。从此阿穆利奥就高枕无忧，安享欢乐了。但是他万万没有料到，战神马尔斯却悄悄地让西尔维亚怀孕，并生下了双胞胎罗慕洛和瑞穆斯。于是愤怒的阿穆利奥处死了西尔维亚，并将她的孪生儿子装进竹篮，投入台伯河中。河中竟起巨浪，这样篮子被冲到另一岸上。饥饿的婴儿从早上啼哭到晚上，结果引来了一只母狼，母狼却没有伤害他们，而是将他们衔回狼窝，像慈母般喂养这两个可怜的婴儿——于是有人说母狼是西尔维亚的化身——两个婴儿七八岁时被猎人带回家中，抚养成人。兄弟二人都天生神力，勇猛无敌。他们杀死了阿穆利奥，迎回了外祖父努米托雷。努米托雷就把台伯河左岸的一片土地赐给两个外孙，让他们在这里共建新城。城堡建成之后，兄弟二人为争夺王位大动干戈，结果罗慕洛杀死弟弟瑞穆斯，并以

埃特鲁斯坎母狼青铜雕像

该像铸造于公元前480年，是一只机敏、警惕的母狼，成为罗马的象征。据说，传说中罗马城的建立者双胞胎罗慕洛和瑞穆斯就是靠吸食狼奶获救的。

自己的名字命名新城，这就是罗马城名字的由来。

古罗马城遗址

可是，罗慕洛创建了罗马城之后，城中的居民都是早先跟着罗慕洛弟兄征战的兵将，大多数人都没有妻子；而且由于罗马城是个新城，生活较为穷困，所以周围城邦的人都不愿意把自己的女儿嫁到这里。于是百姓常有不满的叛乱举动，罗慕洛的统治岌岌可危。在这种情况下，罗慕洛心生一计，他放出风声，让人四处宣扬罗马城发现了“康苏斯”神的祭坛，并邀请邻邦萨宾城和其他城邦的人们来罗马城举行大型的康苏斯节日庆祝仪式。可是在节日庆祝正热火朝天的时候，突然从四面八方拥来了全副武装的罗马青年，他们拿着武器，抢走了所有来罗马的妇女，其中大多数是萨宾妇女。萨宾人知道后，非常气愤，就纠集了其他城邦的人来讨伐罗慕洛，一向以武力著称的罗慕洛自然不甘示弱，于是在罗马城外两军对垒，一场血雨腥风转瞬即来。在这个关键时刻，被抢的萨宾妇女披头散发跑到两军之间，一会儿呼唤父兄，一会儿呼喊丈夫，接着放声痛哭，两军士兵大受感染，纷纷放下武器，最后由罗慕洛和萨宾统帅塔提乌斯达成协议，罗马人和萨宾人合成一个公社，由他们两人共同统治。为了纪念这件事，罗马人后来就都采取抢婚的形式来结婚了。

萨宾妇女　1799 年达维特　法国
罗马人与萨宾人两军对峙，中间是一群萨宾妇女，他们带着孩子，苦苦地哀求自己的父兄和丈夫停止这场战争。

这个情节生动的传说是真的吗？历史学家们争论不休。有人认为，罗马传说的真实性很值得怀疑，这个罗慕洛抢亲就更是子虚乌有了。德国诺贝尔文学奖得主蒙森极力认为这个传说纯属编造。他在厚厚的著作《罗马史》中，对此事只字不提。他曾发表言论说，根据他的考证，萨宾城距罗慕洛创建的罗马城很远，他们是不可能发生抢亲的事情的。

还有人认为，这个传说自然是不可靠的，但是也在一定程度上反映了当时某些历史的真实。比如萨宾人和罗马人的结合，不仅在这个传说里有，而且在许多古代历史记载上都有，因此全盘否定这个传说，是一种不科学的态度。

也有人认为，这个传说的可信度是很大的，证据是意大利考古学家在罗马城北40里处发现了一座古城，根据其中的文物，学者们考证出这就是传说中萨宾人居住的地方，并且古城的年代大约在公元前8世纪左右，而传说中罗慕洛创建罗马城的年代是公元前753年，二者正好一致。

但是持相反意见者认为，萨宾古城的发现，只能证明一个问题：萨宾人确实是罗马人的近邻，但是却证明不了罗慕洛曾诱拐过萨宾妇女，也无法证明萨宾人和罗马人最后合成了一个公社。

有些学者提出，罗慕洛这个人物太有传奇性，比如说他是战神马尔斯的儿子，比如说他吃狼奶长大……因此是不是存在罗慕洛还是个谜，更别说关于他抢亲的事了。

古罗马人为何热衷于沐浴 *mu yu*

罗马共和国建立初期（约公元前400年），上流社会突然兴起了大修澡堂之风。罗马帝国版图日益扩大并强盛后，各城镇继而扩展，公民生活优裕，社会各阶层盛行沐浴之风。其时，公共澡堂很受欢迎。罗马城内的澡堂是最豪华的，其内有热气室、热水浴池、冷水浴池和凉气室。如果一个人跑去洗澡，往往先在特设娱乐室里打球或者做些别的锻炼，随后脱光衣服在热气室内直到全身热汗淋淋，再用油洗净，然后洗热水澡，凉了之后便跳进冷水浴池以强身健体。热澡堂就像一间附设芬兰蒸汽浴或土耳其浴及公共游泳池的现代健身室。

罗马浴室

罗马城有大型的公共浴室建筑。浴室里有不同温度的不同浴室间。既有冲凉水澡的地方，也有蒸汽按摩的房间。人们到浴室不仅仅是为了洗澡，也是为会见朋友与社交。

但这并非罗马热澡堂的全部内容。罗马和其他城市的大型热澡堂规

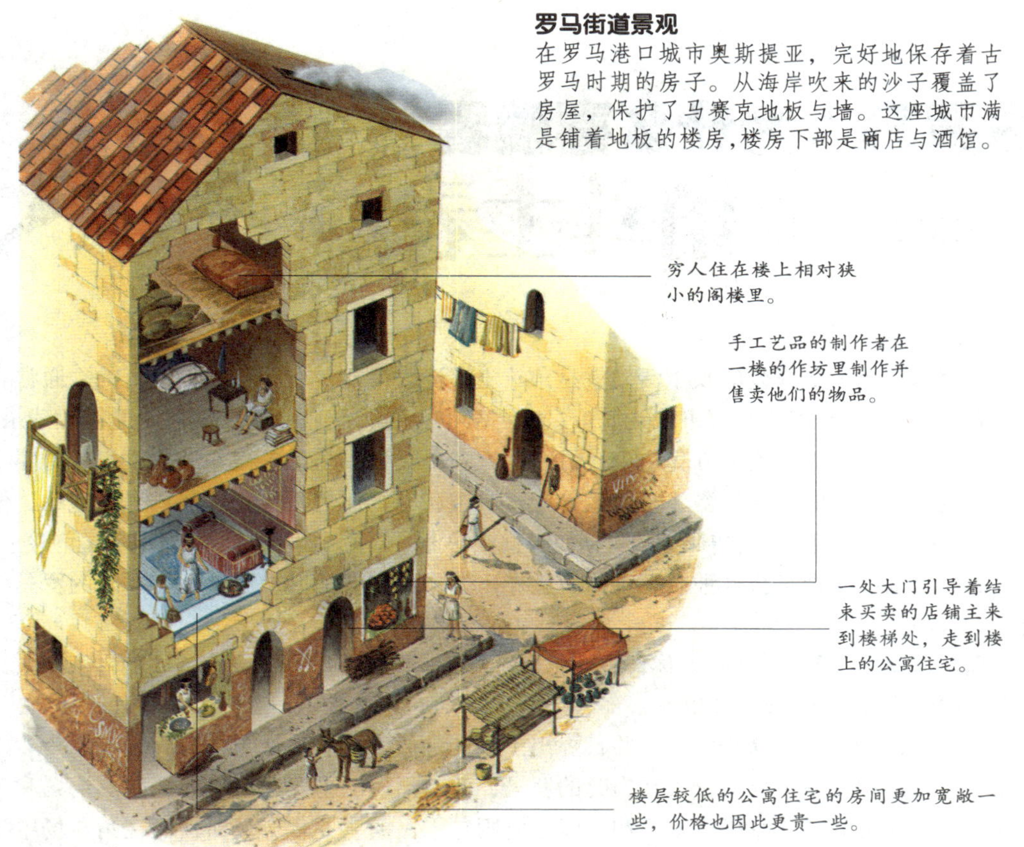

罗马街道景观

在罗马港口城市奥斯提亚，完好地保存着古罗马时期的房子。从海岸吹来的沙子覆盖了房屋，保护了马赛克地板与墙。这座城市满是铺着地板的楼房，楼房下部是商店与酒馆。

穷人住在楼上相对狭小的阁楼里。

手工艺品的制作者在一楼的作坊里制作并售卖他们的物品。

一处大门引导着结束买卖的店铺主来到楼梯处，走到楼上的公寓住宅。

楼层较低的公寓住宅的房间更加宽敞一些，价格也因此更贵一些。

模宏大且气派，内有大理石柱、精美拼花地板、穹隆天花板、喷水池和塑像。罗马城内名喀拉凯拉皇帝修建的澡堂，方圆 11 公顷，可供 1500 多人同时洗澡。罗马市中心戴欧克里兴皇帝的热澡堂占地更广。很多热澡堂除游戏室、热气室和浴池外，还有酒吧、商店和咖啡座。

罗马热澡堂因获得国家和私人捐助，通常收取很低的入场费，有些甚至无须交费。所以无论是富人还是穷人，只要是公民便可到热澡堂去过过瘾。

澡堂也成为狂饮者的最佳场所。不管在运动室或热气室里，总会感觉口干舌燥，那就更易借口喝上几大杯酒。酒使人迷失本性，结果口角和打架之类事情不断发生，喝得烂醉的人较受人注意，小偷扒手也趁机下手，流氓又借机抢劫，因此澡堂安全也成为让人们头疼的事情。

不少罗马人也从沐浴风俗中看到堕落腐化的迹象。富人们喜欢夸耀财富，他们华衣盛装来到公共澡堂，带一群奴隶在两旁伺候，替主人宽衣，用油脂为主人的身体按摩，再用金属或象牙制成的有槽纹的刮板把皮屑刮净，然后全身抹上珍贵的香水。有些年老有德的人看到沐浴前的体操和游戏及涂油脂刮皮屑的夸耀行为，不禁皱起眉头。

现在，曾经辉煌奢华的罗马澡堂已成为众人观赏的废墟，罗马大厦在穷奢极欲中坍塌了。人们在追寻古罗马昔日遗风的同时不能不感慨世事的变迁和历史的无情！

古罗马人为什么喜爱看 *jue dou shi* 角斗士表演

古罗马统治者最喜爱的娱乐活动就是角斗士表演。格斗是在斗兽场里进行的，通常有两种方式，一种是让奴隶与奴隶格斗。角斗士在格斗时手持刀剑和盾牌，实际上是互相残杀，直到其中一人倒在地上死去方算结束；另一种方式是让奴隶与猛兽格斗。奴隶主专门养了狮子、老虎等凶猛的野兽，格斗时使猛兽处于饥饿状态，而把角斗士“喂”得饱饱的，他们坐在看台上“欣赏”人与兽厮杀，看到奴隶被野兽撕吃时则高声叫好。看过电影《角斗士》的人们，恐怕没有谁不被这种血腥场面所震撼。如果你到罗马城旅游，站在空旷的罗马竞技场，这种感觉就更强烈了。

面对这座“欢乐的屠场”，你肯定会思考这样一个问题：创造了高度文明的古罗马人，何以对这样残忍的表演如痴如醉？

史学家们没少争论这个问题，并且提出了好几种假设。有人认为古罗马人爱看角斗士表演和政治活动关系十分紧密。在当时的罗马，政治活动的主要场所有元老院、浴场和角斗场。元老院是罗马的直接议政机构，而浴场则是平民的主要集会场所，而在角斗场中举行的角斗活动，恰恰最易于迎合和笼络平民。有野心的贵族往往通过举办角斗士表演来拉拢民心，巩固其政治地位。例如曾有一个叫赛马修斯的贵族，费尽心力找来了所需的强壮奴隶和猛兽，准备举办一个大型的角斗士表演。可是在比赛前一天晚上，29 名奴隶被政敌秘密勒死了，结果由于没有举办成功而导致平民的强烈不满，使得他的政治地位岌岌可危。另外，据历史记载，著名的奥古斯都皇帝曾严格限制贵族举办角斗士表演，以防止他们拉拢民心危及自己的统治。可是这种说法还是没有回答中心问题：为什么古罗马平民那么喜爱观看角斗士表演呢？

捕捉野兽 壁画

罗马人将野兽圈住，试图捉住送往斗兽场。此画描绘的就是人兽相斗时的紧张场面。

还有人认为这和古罗马人提倡尚武斗勇的风气有关。当时的罗马致力于对外扩张，罗马帝国最兴盛时曾控制了整个地中海，其势力范围之广，扩及欧亚非三大洲。因为长期战争，所以统治者必须想方设法让人民保持战斗传统，为此，他们想出了角斗士表演这个办法，以在公共场合培养一种剽悍勇猛的嗜血风气。考古学家在庞贝遗址发现了一个用黏土做成的奶瓶上绘有角斗士图像，

古罗马斗兽场遗址

人兽相搏 壁画

这说明当时获胜的角斗士就像现在的体育明星一样，是被人崇拜的。而到了后来，罗马曾经有长达200年的和平时期，这时作为战争的一种变体，角斗士表演显得就更重要了。

这种野蛮的角斗士表演现在已经灰飞烟灭。人们只是探求古罗马人为什么如此喜欢看角斗士表演。希望人类永远向着善的方向发展。

纳斯卡地画从何处来

na si ka di hua

秘鲁的纳斯卡高原是世界上最干燥的地区之一，这里终年骄阳似火，经常连续几年滴水不降。

几十年前的一天，位于秘鲁首都利马的民族学博物馆来了一位飞行员，他自称在秘鲁的安第斯山一带纳斯卡高原的沙漠上，发现了古代印第安人的“运河”。他拿出一张用铅笔勾抹着一些奇形怪状线条的地图，作为自己的证据。

几年过去了，这张地图辗转到历史学家鲍尔·科逊克的手里。科逊克带领一支考察队来到纳斯卡高原。在黑褐色的高原上，他们的确发现了十分明显的“白带”。在这条“白带”上，有的沟形状怪异，沿途也崎岖不平；有的沟则笔直，会长达1.5 ~ 2千米。顶多深15 ~ 20厘米左右的河床，即使在如此平坦的原野上，水也不会安然流淌在这样的运河里，用运河来命名它，似乎有些夸张。所以，用“沟”来称呼这条“白带”似乎更为准确和到位。考察队的队员们手拿指南针，沿着弯曲的沟行走，同时在地图上记下沟的形状与方位。一段时间过后，他们完成了这个有趣的实验，沟的形状和方位图画成了。令人惊奇的是，这图就像一只喙部突出的巨鹰。与一条长约1.7千米的笔直的沟相连的是鹰的尾部。

发现于纳斯卡石谷中的地画。

在当时的情况下，人们是怎样画出这幅巨鹰图的呢？又是怎样确定线条方向和准确地制定鹰身各部位的比例呢？当时采用的测量仪器又是什么样的呢？纳斯卡高原沙漠在考古学家面前展现了它迷宫的一角。

紧接着，一些巨大的人工平行线和许多奇异的图案被发现。当考古学家们乘上飞机以一定的角度在纳斯卡高原上空缓缓盘旋时，数千条方向各异的线条，分别组成三角形、螺线、四边形等多种几何图形。真是一组奇妙的画面！而且，人们还发现这里面有一幅章鱼图，章鱼伸展着八条弯弯曲曲的触角，非常形象。

人们还发现了这些地上画的规律，即完全相同的动物画，就像盖图章一样，每隔几十千米就出现一批。同时，比这些动物画大数十倍的人物画也被发现。其中一个长 620 米，躯干挺直而且双手叉在肋下的人像，令人称奇；还有一幅没有脑袋，却画有六个手指的人物，等等。

还有许多沟更令人不解，它们有十分精确的南北走向，误差不超过 1°。史料中没有记载南美居民持有指南针，而且北极星根本不会出现在南半球，在这样的条件下，画家怎么能画得如此精确呢？

以上种种原因和迹象，使纳斯卡高原上的地画引起了人们的惊叹与关注。有些学者认为它可以与埃及金字塔和巴尔贝克神殿相媲美，将之称为世界第八大奇观。

科逊克等人在将星相图和纳斯卡高原平面图进行对照之后，发现整个四季的天文变化在这些地上画中也有明确的显示。有的标记代表月亮升起的地点，有的画还指出了最明亮的星的位置。在这部地上“天文历”上，太阳系的各大行星，都被标上了各自的三角形和线。在形状的帮助下，点缀在南半球空中的众多星座也能够在地上画中一一找到。

尽管人们对这些巨大的地上画有不同的解释，但大多数人都同意一点，即只有拥有高度发达的测量仪器和计算仪器的人才能制作出这些画，而且由于只有在空中才能看到它们的形状，所以它们是为专门从空中看才制作的。

据说印加人的部落曾经观察过在这里出现的让他们终生难忘的外星生物（或外星人），他们极其热切地希望这些外星生物（或外星人）能够回来。在年复一年的等待中，当他们的愿望实现不了的时候，他们便开始像外星生物（或外星人）一样在平地上构建图案。

但是，诸神一直没有光临，在这期间人类周而复始地出生死亡，起初人们借助划线方法并未将诸神召回，就开始刨出巨大的动物形象：首先是人们描绘各种各样象征飞行形象的鸟；后来在想象力的驱使下又去描绘蜘蛛、鱼和猿猴的概貌。

另外一些考古学家则持否定态度，认为这些图形和线条是半神半人的维拉科查人遗留下的作品，并不是出自凡人之手。这个族群在好几千年之前也将他们的“指纹”遗留在了南美洲安第斯山脉其他的地区里。

专家们对镶嵌在线条上的陶器碎片进行了检测，同时对这儿出土的各种有机物质通过碳 14 进行测度，结果证实，纳斯卡遗迹年代十分久远，大概是从公元前 350 年到公元 600 年不等。至于这些线条本身的年代，由于它们跟周围的石头一样，本质上都是无法鉴定年代的，所以专家没做任何推测。年代最近的线条至少也有 1400 年的历史，但在理论上，这些线条可能比我们推测的年代更为久远。如果是后来的人携带这些我们据以推断日期的文物到纳斯卡高原，也是很有可能的。

猴子巨画

非常形象地展现了巨猴的外貌特征，但在纳斯卡高原究竟是谁完成了如此巨大的工程，结论尚未定。

以上的种种假设都存在着一些问题。首先，这些线条的坐标和动物的标志只有从高空中才能看出来，地面上的人如果没有先进的技术，根本无法画出来。其次，位于秘鲁南部的纳斯卡高原是一个土壤贫瘠、干燥荒凉、五谷不生的地方，长久以来人烟非常稀少，恐怕将来也不会有大量人口移居这里，在这种地方谁会去完成如此巨大的工程？

直到今天，人类仍然无法知道纳斯卡线条的真正用途和真正年代，更别说是谁画的。这些线条和图形是一个谜团，有待科学考证。

世外桃源——*gan mei le* 甘美乐

甘美乐的故事以亚瑟王始，也以亚瑟王终。最早提到亚瑟王的作品是 10 世纪的一首威尔士诗歌，但其事迹直到 12 世纪才开始在民间流传。后来法国诗人德特洛伊斯从行吟诗人处取得灵感，在亚瑟王传奇中加入骑士与美人的爱情故事，而鲍朗又添加了追寻圣杯等故事，最后才由马洛礼把这些故事贯串起来。在马洛礼笔下，亚瑟王继承了英雄传统，他从小由魔术师梅林抚养，年轻时拔出了石中神剑。他建立王国后，获得湖中女神赐予神剑。他的骑士都要受过考验，最后更以寻访圣杯显示其英雄气概。

甘美乐就是亚瑟王建立的王国的首都。德特洛伊斯笔下的甘美乐象征着安宁，代表着与野蛮抗衡的文明、纷乱中的秩序。它位于一个永恒的地方，那里有迷人的森林和城堡，骑士从这里出发探险，拯救遭难的少女，最后又回到美丽的家园。

亚瑟王之死 19 世纪　英国　阿切尔

中世纪时，战乱频繁，瘟疫流行，人人渴望能有一个像甘美乐那样安乐祥和的地方。后来，相信确有此地的人，便到处访寻这个世外桃源。

历史上确有些证据，证明亚瑟王这位传奇国王是以 5 世纪时不列颠的一位将领为原型塑造的，在罗马人撤退后，他曾率众抵抗日耳曼族入侵。撒克逊人侵占不列颠后，他的事迹便成为凯尔特人的民间传说，在未受撒克逊人控制的地方，如英格兰西部、威尔士和法国布列塔尼等地代代相传。因此，人们就从凯尔特人的故乡开始了寻访甘美乐之旅。

英国亨利八世时的古物收藏家利兰，曾写道："甘美乐就在卡德伯里教堂的最南端，原有名城或名堡……"他认为卡德伯里是甘美乐的所在地，因为在亚瑟王的时代，萨默塞特郡南卡德伯里的卡德伯里堡是不列颠最大的要塞，以这里做大本营的国王所拥有的资源是无人能比的。

一些考古发现证实了利兰的观点。20 世纪 60 年代，考古学家阿尔科克发现南卡德伯里铁器时代的城堡，在 5 世纪末曾加固再用，这正是传说中亚瑟王活跃的时期。卡德伯里堡始建于公元前 1 世纪，公元 83 年被罗马人摧毁，其后废弃了 400 年，城堡只剩下一些木建筑物。

甘美乐最可能的所在地——卡德伯里堡

另一处可能的地方是康沃尔北岸的廷特杰尔堡，传说亚瑟王在那里出生。发掘出的文物显示那里曾是一座凯尔特古厅的旧址，出土的陶器碎片证明 5 世纪时这里有人居住，但这里自 1145 年起才有一座城堡，年代较近，又不大可能是甘美乐。

有关甘美乐的地点的说法众说纷纭，原因在于这个地方跟亚瑟王一样，只存在于故事中。看样子目前我们也只能在故事中去寻找这个世外桃源。

达·芬奇 *da fen qi*
神奇的创造力来源于他人吗

意大利文艺复兴时代的伟大先驱列奥纳多·达·芬奇，是举世瞩目的旷世奇才。达·芬奇才华横溢，知识广博，在许多领域都有建树。他不仅在绘画、雕塑等艺术领域取得了极为丰硕的成果，而且在物理、数学、解剖、地质学、天文和建筑、工程制造方面都有很高的造诣，在这些学科领域中他无愧于“杰出创造者”的称号。就是现代科学家也十分惊讶于达·芬奇精深的知识结构以及惊人的天赋。因为人们几乎不能相信上天会慷慨地把盖世奇才和美德完全地赋予一个凡人，而天才达·芬奇却能集这两者于一身。他为何如此幸运地得到上苍的青睐成为一个难解之谜。

欧洲一些专家学者近年来广泛而认真地研究了达·芬奇的生平，企图从中找到一些奥秘。有人用计算机分析了他一生的成果。结果令人们大吃一惊，若要完成他全部的绘画、雕塑、研究和各种发明等工作，就算一刻不停地做，需要的时间至少也是 74 年。这对他来说，简直不可能，因为他只活了 67 年。

人们从达·芬奇的生平中，还能隐约感觉到某种神秘之处。他一无家庭，二无亲友，终其一生都在躲避那些被他称为“多嘴的动物”的女人，他隐秘的生活使他从事的事业非

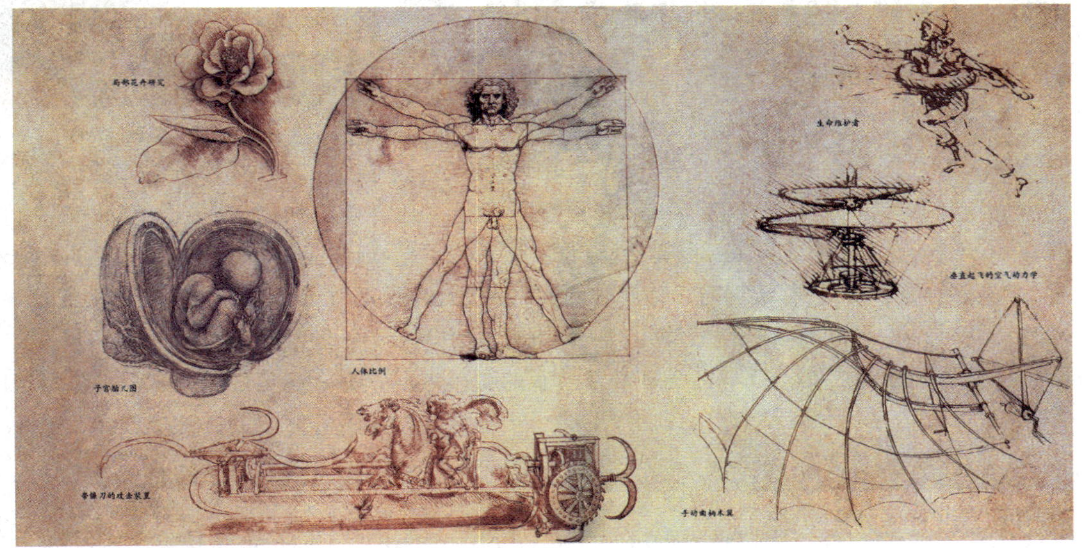

达·芬奇绘制的各种设计草图

达·芬奇的才华并不仅限于绘画方面的成就，在他记录幻想发明和观察自然现象的笔记本中，同样显示了他在其他领域中的才能。如此丰富的创造都出自一己之力吗?

常机密。这更使专家们怀疑，达·芬奇可能是得到了神秘人物的帮助。否则，一个人的精力是有限的，如何能取得如此大的成就？

达·芬奇的社交圈很狭小，这就使人们很容易对达·芬奇唯一的仆人托马兹·玛奇尼产生兴趣。托马兹·玛奇尼是一个时刻跟随在达·芬奇左右的人，他是一位面目慈祥、体格强壮并有一双智慧之目的中年术士，阅历十分丰富，曾到过东方，受到过东方圣人和统治者的接见，还带回了大量的古阿拉伯和古埃及的书籍。据记载，他是一位出色的水力专家、雕刻家、机械师，同时对炼丹术和妖法极为热衷，只是因为他身份低微，故不为人们所知。有些学者从这些史料中得出结论：托马兹·玛奇尼是达·芬奇的有力合作者。

但大多数历史学家对上述的观点颇有微词。他们认为，托马兹·玛奇尼这个人物是人为臆造的，并不是历史人物。

有些专家认为，达·芬奇可能是立足于古人的创造发明并对它们进行了再创造和改良而得到如此丰硕的成果的。他们指出，类似直升机的画，早在达·芬奇之前的佛来米派艺术家手稿中就已出现过，与达·芬奇后来的设计很相像。另外，有记载表明，达·芬奇与东方祭司相交甚密，长期往来。他可能从这些古代文明的传继者那儿，得到许多人类知识的精华。

对达·芬奇一生的创造也有人表现出不以为然的态度。他们指出，达·芬奇的科学创造，都只是停留在构想阶段，与真正的科学发明有着本质的区别。但是，持这种观点的专家不得不承认，达·芬奇是一个集崇高美德和天才智慧于一身的奇才。

蒙娜丽莎的微笑因何神秘莫测

meng na li sha de wei xiao

无论什么人，只要置身于达·芬奇的《蒙娜丽莎》前，必定会被画中女子的微笑深深吸引。蒙娜丽莎嘴角微皱，眉宇舒展，脸部的微笑似乎一掠而过，却又能恰好被人捕捉。她的笑，视你的心情而变化，在你沉静时，你看她的笑，真是清水芙蓉，翠山之黛，不由你不沉醉；若你欢欣时去看，此时倘或带些轻浮的意念，那么画中的笑，又是冰清玉洁，如断臂的女神，教你油然生出庄重之心；或者你是在心情悲寂的时候去看，那么这笑容里又有一丝哀绪与你共鸣，又有一份关心抚慰你正在抽搐的心……总之，蒙娜丽莎的微笑，神秘莫测，令人神往，引人遐想。

为什么这幅画会有这样的艺术魅力呢？是因为出于大画家达·芬奇之故，还是跟这幅画的模特有关？自从这幅画问世以来，几百年的时间里，人们争论不休，可惜仍然不能拨开乌云，让科学之光照彻这个谜团。

有人用审美心理学的原理解答这个问题，说一件艺术品，不同的人来观赏，或者同一个人在不同的时间观赏，其感受和效果自然是不同的。人们欣赏一件艺术品，往往是以自己日常生活经验为基础的。所以说蒙娜·丽莎微笑的神秘，实在没有什么好研究的，争论这个问题，就好比中世纪经院哲学家们争论一枚针尖上可以站立几个天使一样无聊。人们无意否认这种从西方传进的接受美学，但是一件艺术品一旦生成，就有它的独立意义，这种独立意义是绝对的，不以人的意志为转移的。比如说马致远的一首曲词《天净沙·秋思》，无论何人，只要读到“断肠人在天涯”，是无论如何也不会哈哈大笑的；又比如有人吟诵李白的《将进酒》或者苏轼的《大江东去》，即便是他当时再不开心，也断然不会让另一个人感受到他所吟诗歌的悲凉气氛。其实只要我们仔细想想就知道，并不是任何一件文艺作品都会给人以神秘莫测之感。因此争论蒙娜丽莎微笑的神秘，绝非是毫无意义的。

肖像画《蒙娜丽莎》

此画以现实生活中的普通人物作为表现对象，打破了以宗教题材为主的绘画传统，体现了作者的人文主义思想。

有人把这个归结为达·芬奇的天才创作。

第一，作者在创作这幅图画时，力图要在一个个性非常具体的人物身上，加以天马行空的想象力，创造他最理想的美的典型，力图要让一闪即逝的脸部表情，成为永恒喜悦的象征——正是这种矛盾的张力成就了作品的神秘之美。

第二，达·芬奇在绘画技巧上进行了独创。他为这个坐在阳台上的女人，设置了一幅透视不一的背景，当人们的视线集中在右边时，感到远景上升人物下降，而当视线集中到左边时，会觉得远景下降人物上升。就连画像上的五官，其位置也处在游移不定之中。

此外，作者又把表现笑容的载体——嘴角和眼角部位画得若隐若现，界限模糊，这就更使人们在欣赏图画时如堕雾中了。

我们认为，这幅画的神秘与达·芬奇的天才是分不开的，但又不全在此。世界上天才画家的作品多矣，为何都不如这张《蒙娜丽莎》神秘莫测？

更有甚者，有人从医学的角度别出心裁地对蒙娜丽莎的生理状况进行了一番检测，结果认定她患有内斜视，甚至发现她右下脸上有一点肿，这些“大夫”们指出，这或许是蒙娜丽莎神秘微笑之谜吧。

后来甚至关于蒙娜丽莎的年龄，也有人提出质疑，认为她早不是什么妙龄少妇了，而是已经人到中年，很可能已经40岁往上了。这无疑使得蒙娜·丽莎的微笑越发显得扑朔迷离了。

事实上，对于《蒙娜丽莎》的版本，历来也争论颇多，许多收藏家都声称自己拥有《蒙娜丽莎》的真作。据统计，世界各种名画册上登载的《蒙娜丽莎》竟有60多幅，而且竟有一幅《不微笑的蒙娜丽莎》，原画收藏于美国波特兰美术馆，经专家鉴定，确实是达·芬奇的手笔。这会不会是《蒙娜丽莎》的底稿呢？这些问题在增加人们兴趣的同时，也大大增加了破解蒙娜丽莎神秘微笑之谜的难度。

诗人拜伦为何长期漂流国外

shi ren bai lun

拜伦是19世纪英国杰出的诗人，至今在世界上仍享有盛誉。他1788年出生于伦敦一个没落的贵族家庭，10岁继承男爵爵位。拜伦从学生时代开始写诗，1812年发表的《恰尔德·哈罗尔德游记》是他的成名作。1816年，拜伦离开英国移居意大利，之后在漂流的生活中写了许多歌颂自由的诗篇，未完成的《唐·璜》是他最著名的代表作。1823年初，希腊民族运动高涨，拜伦放下正在写作的《唐·璜》，毅然前往希腊，参加希腊人民争取自由、独立的正义斗争，不幸于1824年4月19日死于希腊军中。从1812年离开英国之后，拜伦在有生之年就再也没有重返故土。

有人说，拜伦流亡国外的原因是他的政治信仰与英国主流思想相抵触，所以只好离开国家避难。拜伦在英国不仅是一个诗人，还是一个政治活动家和演说家。他向往当时的美国资产阶级共和国，公开为捍卫人权、反抗暴政而斗争。他为了维护工人的权益，在上议院发表演说攻击当时的托利党统治，同时与当时势力很大的在野党辉格党也不苟合。曾经有人找过拜伦，告诉他如果放弃自己的政治立场，那么将停止对他的攻击。《伦敦评论》的编辑约翰·司格特后来承认，他接受当局的指派，对诗人进行了不公正的攻击。然而拜伦对于反对派毫不屈服，他说："能够忍耐的，我将尽量忍耐；不能忍耐的，我将反抗，他们至多不过使我离开这个社会。对这个社会，我一向不奉承，一向没满意过。"

拜伦像

还有人说，拜伦之所以远走他乡，是因为他的个性不容于英国上流社会。1811年，拜伦在第一次到地中海各岸游历回来之后创作了长诗《恰尔德·哈罗尔德游记》，结果一举成名。在英国上流社会，拜伦成了最耀眼的明星，一时间贵妇小姐们纷纷拜倒在他脚下。可是好景不长，贵族们对拜伦追求自由的个性逐渐不满，于是纷纷对他进行攻击，温和一点的否定他的诗作，恶毒一点的诋毁拜伦的人格，甚至连他的跛脚也要攻击，谩骂和侮辱像暴风雨一样向诗人袭来。在这种情况下，诗人痛苦地说：“如果那些叽叽喳喳的流言都是真的，我没有脸面居住在英国；如果那都是谣言，我也不稀罕这个英国！”于是，拜伦痛苦地离开了，也没有再回来。

也有人说，拜伦离开英国是因为婚姻变故。拜伦本来不是个喜欢受家庭束缚的人，而他的妻子密尔班克是一个比较庸俗的女人，她无法理解诗人的性格，也不能宽宥诗人的过失，于是在感到婚后的失落之后，就想和拜伦离婚，而仍然爱着妻子的拜伦坚持不肯。密尔班克就串通医生，开具拜伦有精神病的证明，不久干脆带着小女儿离开了拜伦。拜伦一直盼望着妻子回心转意，但是却等来了岳父的一封信，信中催促他赶快办理与密尔班克离婚的手续。诗人感觉到心灰意冷，英国再也没有东西值得他留恋了，他要与这个让他伤心的地方诀别，在浪迹天涯中修复心中的伤痕。

但是流传更广的说法是，因为拜伦的私生活混乱，致使他的声誉受损，所以不得不离开英国。其中，拜伦和他同父异母的姐姐奥格斯塔之间的关系尤为世人所嘲讽。拜伦自小就很喜欢姐姐奥格斯塔。后来奥格斯塔嫁给了一个军官，但是婚姻并不幸福，拜伦出于同情和奥格斯塔交往越来越多，但是后来同情演变成怜惜又发展成爱情。他在一首写给奥格斯塔的诗中这样说：

没有一个美貌的女人
有像你这样的魅力；
我听到你说话的声音
与水上的音乐无异。

可见拜伦对姐姐爱恋到了何种程度。很多人传言拜伦甚至与奥格斯塔生了一个女儿，这个女儿由拜伦的夫人抚养长大。乱伦是一种畸恋，拜伦也常常感到不安，他在另一首诗中说：

你的名字我不说出口，我不思索，
那声音中有悲哀，说起来有罪过：
但是我颊上流着的热泪默默地
表示了我内心深处的情意。
为热情嫌太促，为宁静嫌太久，
那一段时光——其苦其乐能否小休？
我们忏悔，弃绝，要把锁链打破！
我们要分离，要飞走——再度结合！

拜伦的这种放浪行为不能见谅于社会，所以他终于离开父母之邦，漫游欧陆，以至于身死他乡。

究竟是什么原因促使拜伦做出永远不再返回故土的决定呢？或许这其中还有许多不为人知的细节，所以直到今天仍然是一个悬案。

安徒生 an tu sheng 是王子身份吗

如果你到丹麦首都哥本哈根旅游，一定会注意到一个美丽的雕像——《海的女儿》，并且导游一定会向你讲述一个与此相关的童话故事：一个万籁俱寂的夜晚，月亮温柔地注视着大海，在海面上缓缓浮出一个人身鱼尾的少女，她是海底的公主，要去和人间的恋人——英俊的王子长相厮守。可是她的鱼尾却阻碍着她的美梦。海巫婆告诉她："有一种药物，可以化鱼尾为双腿，但是你必须放弃你三百年的生命。"她毫不犹豫地把药喝了下去……当她醒来时，慈祥的阳光抚摸着她漂亮的眼睫毛，心爱的王子正抱着她，对着她微笑……

许多人几乎是在安徒生童话的陪伴中长大的。他们为卖火柴的小女孩洒下同情的泪水；做过丑小鸭变为白天鹅的美梦；为皇帝的新装捧腹大笑。

一般的安徒生传记是这样叙述安徒生的生平：1805 年 4 月 2 日出生于丹麦富恩岛上一个鞋匠之家，一家人都挤在一间低矮破旧的平房里。由于一家人的生活重负都压在收入不高的父亲身上，致使其操劳过度，在安徒生 11 岁时他就早早离开了人世。此后家境更为贫困，母亲不得已而改嫁，于是安徒生开始了一生的漂泊。他做过各种行业的学徒，经常梦想着长大后能做一个演员，可以在舞台上成为威严的国王、英俊潇洒的王子。14 岁时，他到丹麦皇家剧院做临时演员，可是因为失声，他的演员之梦破灭了，之后尝试给剧团写剧本，可是每次都被退回，幸亏一个导演看中他的才华，动了惜才之心，就资助他读完大学，这样安徒生才有可能进行学习与积累，奠定了文学创作的基础。因为感慨于自己童年的不幸，他就决定给全世界的孩子写故事，以让所有的孩子有一个梦一般美丽的童年。1835 年，安徒生出版了第一本童话集，反响非常好，于是一发而不可收，以后每年圣诞节，他都新出一本童话集，作为给孩子们的新年礼物。在 40 年的创作生涯里，他写了 160 多篇童话，这些童话，今

安徒生和丑小鸭雕像

《丑小鸭》的故事充满隐喻色彩，是否暗示了安徒生真实的高贵身份？

天成为流行全世界的文学经典。

有人对安徒生的身世提出了怀疑，认为他实际上是一个落难王子。这场争论越来越热闹，以至于1990年在安徒生的家乡欧登塞大学举办了数百名学者参加的研讨会，专门讨论安徒生的身世。历史学家延斯·约根森在他的著作《安徒生——一个真正的童话》中，认为安徒生是丹麦皇室的私生子。他的生母是王储克利斯蒂安的情妇。安徒生出生后，为了遮丑，就被送给一个鞋匠收养。此后安徒生一直受到皇室的照顾，不然一个平民少年，怎么可能出入皇家剧院呢？所谓安徒生吃苦的事情，纯粹是皇室故意编造，为的是掩人耳目罢了。另外有人从安徒生童话中寻找证据，发现许多童话都与王子和皇室有关，并且在安徒生童话中还有这样一个故事：一个鞋匠与一个洗衣妇结婚，生下了一个丑儿，却不能自己抚养，这个孩子四处流浪，无意中得到贵人相助，结果发了财，成为社会名流。最后丑儿知道了自己发财的原因：原来自己是国王的私生子。这个童话中，丑儿显然是安徒生自己的写照，因为他的父亲是一个鞋匠，母亲是一个洗衣妇，并且最后安徒生也功成名就。那么这个故事的后半部分是不是也是作家的真实经历呢？专家们做了这样的猜测：安徒生后来获知自己的身份，也得知自己的成功原来也是别人的刻意帮助，于是非常烦闷，又不能把这件事公布出去，就只能将之编成童话。

为了搞清楚安徒生的真实身份，丹麦政府也提供了大力支持。在政府的许可下，丹麦历史学家塔格·卡尔斯泰德查阅了克利斯蒂安的档案，结果发现，这位风流的国王确实有一个普通的平民情妇。档案中有这样的材料：国王得知自己有了私生子后，曾经派人送钱给他们母子，并且为他的私生子安排了工作。但是说得很模糊，历史学家没有找到有安徒生母子的明确材料。

禹王碑书 *yu wang bei shu* 写的是什么

禹作为一个做出多方面伟大贡献的英雄，因为制服了史前大洪水而受到人们的崇拜，特别是为治水，三过家门而不入的精神深深打动了后人。因此关于他的神话传说也很多。

相传大禹开山制服洪水后留了一块碑竖立在衡山岣嵝山峰上，但人们一直没有找到它。据记载，早在唐代德宗时期，著名文学家韩愈、刘禹锡等就听说过衡山有禹王碑的事了。由此可见，最迟在唐代德宗以前，禹王碑就早已竖立在衡山上了。据说，韩愈曾游览衡山，但没有亲眼看到禹王碑。他在《岣嵝峰》一诗中写道：“千搜万索竟何有？森森绿树猿犹悲。”同时，刘梦得却记述“祝融峰上有‘神禹铭’古石，琅升姿秘，文蝌虎形”，肯定此碑实有之，独异好古者搜索不得，遂致疑以传疑：“岣嵝何须到，韩公浪自悲。”

禹王治水 版画

直到南宋宁宗嘉定五年（1212 年），有一个名叫何致的人游览衡山，在樵夫的指引下，终于找到了这块禹王碑。他照原样拓描下来，回到长沙，摹刻了一块碑竖立于岳麓山。从此，岣嵝峰的禹碑名扬四海。据描述，碑面宽 110 厘米，高 184 厘米，共 77 字，每字径约 17 厘米。

据学者研究，这篇碑文既不同于甲骨钟鼎文，也不同于籀文蝌蚪文，很难辨认，杨慎释文也只是一说，难做定论。据古代传说，大禹为了寻求治水方法，日夜奔波于三山五岳，后来，大禹在南岳衡山梦见苍水使者，在仙翁的指点下，获得有治水方略的金简玉书，终于制服了洪水，有些人便根据此神话传说猜测，禹王碑正面所刻 77 个奇字就是大禹记述的有关治水方略的内容。但传说毕竟是传说，要揭开石碑的真正面目还要依靠科学。据明代学者杨慎等对禹王碑的考译，全文 77 字，有两层意思，一是舜命禹去治水；二是禹治水历尽千辛万苦，累弯了腰，长年泡于水中，连汗毛也掉了，最后治平了九州洪水。还有其他学者考证过，结果大同小异。

许多学者认为，一个人有天大的本事，也不可能创造如此复杂的汉字。目前史学界、书法界普遍同意一种观点：汉字是远古时代的先民们在长期的生产、生活实践中，逐渐积累，几经约定俗成后，为人们共同认识、使用而创制的。但为何其字形奇怪，既不像大篆，更不像小篆，也没有一点甲骨文的痕迹？无论如何仅凭这些文字是考证不出其内容的。

禹王碑至今仍是一个无法彻底揭晓的谜，它涉及远古历史及古文字发展问题，只有等待哪一天像甲骨文一样大量发现，才有可能通过相互对照来解读。